W0191474

UTB **2682**

Eine Arbeitsgemeinschaft der Verlage

Beltz Verlag Weinheim · Basel
Böhlau Verlag Köln · Weimar · Wien
Wilhelm Fink Verlag München
A. Francke Verlag Tübingen und Basel
Haupt Verlag Bern · Stuttgart · Wien
Lucius & Lucius Verlagsgesellschaft Stuttgart
Mohr Siebeck Tübingen
C. F. Müller Verlag Heidelberg
Ernst Reinhardt Verlag München und Basel
Ferdinand Schöningh Verlag Paderborn · München · Wien · Zürich
Eugen Ulmer Verlag Stuttgart
UVK Verlagsgesellschaft Konstanz
Vandenhoeck & Ruprecht Göttingen
Verlag Recht und Wirtschaft Heidelberg
VS Verlag für Sozialwissenschaften Wiesbaden
WUV Facultas Wien

STUDIENSCHWERPUNKTE POLITIKWISSENSCHAFT

herausgegeben von Hans-Joachim Lauth
und Ruth Zimmerling

PQZ 175

PQZ

Katharina Holzinger, Christoph Knill, Dirk Peters,
Berthold Rittberger, Frank Schimmelfennig,
Wolfgang Wagner

DIE EUROPÄISCHE UNION
Theorien und
Analysekonzepte

FERDINAND SCHÖNINGH

Paderborn · München · Wien · Zürich

ausgesondert am 0 3. Mai 2024

Fachhochschule Osnabrück
Bibliothek
D-49090 Osnabrück
06 1240

Bibliografische Information Der Deutschen Bibliothek

Die Deutsche Bibliothek verzeichnet diese Publikation in der Deutschen Nationalbibliografie; detaillierte bibliografische Daten sind im Internet über http://dnb.ddb.de abrufbar.

Gedruckt auf umweltfreundlichem, chlorfrei gebleichtem Papier

© 2005 Ferdinand Schöningh, Paderborn
(Verlag Ferdinand Schöningh GmbH, Jühenplatz 1, D-33098 Paderborn)
ISBN 3-506-72967-5

Internet: www.schoeningh.de

Das Werk, einschließlich aller seiner Teile, ist urheberrechtlich geschützt. Jede Verwertung außerhalb der engen Grenzen des Urheberrechtsgesetztes ist ohne Zustimmung des Verlages unzulässig und strafbar. Das gilt insbesondere für Vervielfältigungen, Mikroverfilmungen und die Einspeicherung und Verarbeitung in elektronischen Systemen.

Printed in Germany.
Herstellung: Ferdinand Schöningh, Paderborn
Einbandgestaltung: Atelier Reichert, Stuttgart

UTB-Bestellnummer: ISBN 3-8252-2682-4

Inhaltsverzeichnis

Vorwort der Herausgeber 13

EINFÜHRUNG 15
Katharina Holzinger

KAPITEL 1
INTEGRATIONSTHEORIEN:
ENTSTEHUNG UND ENTWICKLUNG DER EU
Berthold Rittberger und Frank Schimmelfennig

1. EINLEITUNG 19

2. POLITISCHE INTEGRATION 20

3. INTEGRATIONSTHEORIEN 22
   3.1 Intergouvernementalismus 23
   3.2 Supranationalismus 31

4. SEKTORALE INTEGRATION 40
   4.1 Die Wirtschafts- und Währungsunion (WWU) 42
       4.1.1 Intergouvernementalismus 42
       4.1.2 Supranationalismus 45
   4.2 Zusammenarbeit im Bereich der Außen- und Sicherheitspolitik . . . 48
       4.2.1 Intergouvernementalismus 48
       4.2.2 Supranationalismus 51

5. VERTIKALE INTEGRATION 55
   5.1 Rechtsintegration 55
   5.2 Parlamentarisierung 60

6. HORIZONTALE INTEGRATION 67
   6.1 Erweiterung: die Entwicklung der horizontalen Integration
       der EU 67
   6.2 EFTA-Erweiterung 68
   6.3 Osterweiterung 72

7. FAZIT 78

KAPITEL 2
INSTITUTIONEN UND ENTSCHEIDUNGSPROZESSE DER EU
Katharina Holzinger

1. EINLEITUNG 81

2. DIE EU ALS POLITISCHES SYSTEM 82
   2.1 Die EU: Ein politisches System „sui generis"? 82
   2.2 Welcher Typ Regierungssystem ist die EU? 84
       2.2.1 Präsidentiell oder Parlamentarisch? 84
       2.2.2 Mehrheits- oder Konsensusdemokratie? 87
   2.3 Das demokratische Defizit 89
       2.3.1. Vielfalt der Diagnosen 90
       2.3.2 Was sind die Quellen der Legitimität in der EU? 92
       2.3.3 Wo ist das demokratische Defizit der EU situiert? 93
       2.3.4 Wie lässt sich das demokratische Defizit überwinden? 103

3. DIE EU ALS ENTSCHEIDUNGSSYSTEM 105
   3.1 Die Mitgliedstaaten im Ministerrat und im Europäischen Rat 107
       3.1.1 Entwicklung der Abstimmungsregeln und
             Stimmgewichte 107
       3.1.2 Machtindices 111
       3.1.3 Der Vetospieler-Ansatz 119
   3.2 Die Machtverteilung zwischen den Organen auf der
       EU-Ebene 125
       3.2.1 Die Entwicklung der legislativen Verfahren 126
       3.2.2 Machtindices 130
       3.2.3 Veto-Spieler-Analyse 131

4. DIE EU ALS MEHREBENENSYSTEM 136
   4.1 Theorien der Mehrebenensteuerung 137
       4.1.1 Die Politikverflechtungsfalle 137
       4.1.2 Theorien zum europäischen Mehrebenensystem 140
   4.2 Konzepte der flexiblen Integration in Europa 143
       4.2.1 Politische Konzepte differenzierter Integration 143
       4.2.2 Fiskalischer, kompetitiver und funktionaler
             Föderalismus 146

5. FAZIT 150

KAPITEL 3
DIE EU UND DIE MITGLIEDSTAATEN
Christoph Knill

1. Einleitung 153

2. Europäisierung: Die nationalen Rückwirkungen der
   europäischen Integration 153
   2.1 Forschungsfragen und Konzepte 153
       2.1.1 „Klassische" Forschungsstränge 154
       2.1.2 Neuere Forschungsentwicklungen 155
   2.2 Bereiche der Europäisierung: Wo werden nationale
       Auswirkungen der Integration beobachtet? 156
   2.3 Theoretische Erklärungen von Europäisierungseffekten 157
       2.3.1 Mechanismen der Europäisierung 158
       2.3.2 Europäisierung durch die Vorgabe institutioneller
             Modelle 159
       2.3.3 Europäisierung durch die Veränderung nationaler
             Opportunity Structures 161
       2.3.4 Europäisierung durch Veränderung nationaler Ideen und
             Überzeugungen 163

3. Die Implementation europäischer Politiken 166
   3.1 Implementationseffektivität europäischer Politik:
       Rahmenbedingungen und politische Entwicklungen 167
       3.1.1 Institutionelle Rahmenbedingungen 167
       3.1.2 Politisierung von Implementationsproblemen 169
       3.1.3 Probleme der empirischen Messung von
             Implementationseffektivität 170
       3.1.4 Generelle Entwicklungstendenzen 171
   3.2 Die Implementation europäischer Politiken aus theoretischer
       Perspektive 173
       3.2.1 Unterschiedliche Konzeptionen effektiver
             Implementation 173
       3.2.2 Theoretische Ambiguität 175
       3.2.3 Neuere theoretische Entwicklungen: Effektive
             Implementation als Problem institutioneller Anpassung 177
       3.2.4 Konsequenzen für die Ausgestaltung politischer
             Steuerung in der EU 178

4. Fazit 179

KAPITEL 4
DIE POLITIKEN DER EU
Christoph Knill

1. EINLEITUNG 181

2. POLITIKFELDER UND STEUERUNGSMUSTER 181
   2.1 Policy-Typen 181
       2.1.1 Regulative Politik 182
       2.1.2 (Re)distributive Politik 189
   2.2 Formen politischer Steuerung 196
       2.2.1 Idealtypische Unterscheidung von Steuerungsmustern 197
       2.2.2 Transformation politischer Steuerung in der EU?
             Ursachen und Ausmaß des Steuerungswandels 200

3. MUSTER EUROPÄISCHER POLITIKGESTALTUNG AM BEISPIEL DER
   UMWELTPOLITIK 202
   3.1 Problemdefinition und Agenda-Setting 202
   3.2 Programmformulierung 205
   3.3 Der Entscheidungsprozess 207
       3.3.1 Verhandlungen im Ministerrat 207
       3.3.2 Nationale Konfliktlinien und Interaktionsmuster in der
             EU-Umweltpolitik 211

4. FAZIT   214

KAPITEL 5
DIE EU IN DEN INTERNATIONALEN BEZIEHUNGEN
Dirk Peters und Wolfgang Wagner

1. EINLEITUNG 215

2. DIE EU IN DEN INTERNATIONALEN WIRTSCHAFTSBEZIEHUNGEN 218
   2.1 Außenhandel 218
       2.1.1 Kompetenzen und Entscheidungsverfahren 219
       2.1.2 Erklärungsangebote: Kompetenzen und
             Entscheidungsverfahren 224
       2.1.3 Ziele und Politikinhalte 227
       2.1.4 Erklärungsangebote: Ziele und Politikinhalte 230
   2.2 Entwicklungspolitik 233
       2.2.1 Ziele und Politikinhalte 233
       2.2.2 Erklärungsangebote 236

2.3 Umweltaußenpolitik 237
   2.3.1 Kompetenzen und Entscheidungsverfahren 238
   2.3.2 Ziele und Politikinhalte 239
   2.3.3 Erklärungsangebote 241

3. DIE EU IN DER INTERNATIONALEN POLITIK 244
  3.1 Die Diplomatie einer Zivilmacht: Die Gemeinsame Außen-
     und Sicherheitspolitik 245
    3.1.1 Ziele und Entscheidungsverfahren 245
    3.1.2 Die GASP in der Praxis 247
    3.1.3 Erklärungsangebote 251
  3.2 Vollendung oder Ende der Zivilmacht Europa? Die Europäische
     Sicherheits- und Verteidigungspolitik 256
    3.2.1 Entstehung und Ziele 256
    3.2.2 Fähigkeiten und Institutionen 257
    3.2.3 Erklärungsangebote 259
  3.3 Die neue Sicherheitsagenda: Migration, Asyl und innere
     Sicherheit 265

4. FAZIT: DIE ANALYSE DER EUROPÄISCHEN AUßENBEZIEHUNGEN 266
  4.1 Fragmentierung als Merkmal der europäischen Außen-
     beziehungen 266
  4.2 ... und der Erklärungsangebote 269
  4.3 Die Innen-Außen-Analogie: Europäische Außenpolitik als
     Export des europäischen Modells 270

LITERATURVERZEICHNIS 273

DIE AUTOREN 299

REGISTER 301

Tabellenverzeichnis

KAPITEL 1

Tabelle 1.1: Dimensionen der politischen Integration 22

Tabelle 1.2: Intergouvernementalismus 24

Tabelle 1.3: Supranationalismus 32

Tabelle 1.4: Sektorale und vertikale Integration der Europäischen
Union 41

Tabelle 1.5: Die Erweiterung der EU 67

Tabelle 1.6 Osterweiterungspräferenzen der Mitgliedstaaten 73

KAPITEL 2

Tabelle 2.1: Parlamentarisches und präsidentielles Regierungssystem .. 85

Tabelle 2.2: Konsensusdemokratie und Mehrheitsdemokratie 87

Tabelle 2.3: Formale Legitimation der europäischen Politik nach dem
Amsterdamer Vertrag 97

Tabelle 2.4: Stimmverteilung im Rat der EG/EU, 1952 bis 2004 109

Tabelle 2.5: Bevölkerungsanteile und Stimmgewichtsanteile,
EG/EU 1986 bis 2004 110

Tabelle 2.6: Stimmanteil und Machtverteilung nach dem
Shapley-Shubik-Index in der EU 15, 1995-2004 114

Tabelle 2.7: Machtverteilung nach dem Shapley-Shubik-Index in der
EU-25, Vertrag von Nizza und Verfassungsentwurf 116

KAPITEL 3

Tabelle 3.1: Mechanismen der Europäisierung 158

KAPITEL 4

Tabelle 4.1 Unterschiedliche Muster politischer Steuerung 197

Abbildungsverzeichnis

KAPITEL 2

Abbildung 2.1: Indifferenzkurven eines politischen Akteurs 121

Abbildung 2.2: Das Winset des Status quo und der Kern bei drei Veto-
Spielern 122

Abbildung 2.3: Kern bei sieben Ratsmitgliedern: Einstimmigkeit und
qualifizierte Mehrheit 124

Abbildung 2.4: Das Kooperationsverfahren 127

Abbildung 2.5: Das Kodezisionsverfahren 129

Abbildung 2.6 Kerne bei verschiedenen Entscheidungsverfahren in der
EU 132

Abbildung 2.7 Kerne im Rat und der EU vor und nach Nizza 134

KAPITEL 3

Abbildung 3.1 Institutioneller Anpassungsdruck und staatlicher
Wandel 160

Vorwort der Herausgeber

Mit der Reihe ‚Studienschwerpunkte Politikwissenschaft' bieten wir Studierenden der Politikwissenschaft und Sozialkunde *im Hauptstudium* bzw. in *MA-Studiengängen* sowie einem breiteren politikwissenschaftlich interessierten Leserkreis eine ganz besondere Art von Büchern an.

Die Bände dieser neuen Reihe sind thematisch gebunden an zentrale Fragestellungen des Faches, mit denen alle Studierenden in den genannten Studiengängen im Laufe ihres Studiums konfrontiert werden. Und sie sind didaktisch gebunden an den Grundgedanken, daß fortgeschrittene Studierende für die Auseinandersetzung mit solchen Themen (nicht zuletzt auch für die Vorbereitung auf Prüfungen) Literatur benötigen, die die Studienschwerpunkte der Politikwissenschaft auf einem Niveau, das ihrem fachlichen Kenntnisstand Rechnung trägt, und auf der Höhe des aktuellen internationalen Forschungsstands umfassend behandelt.

Der Anspruch, der mit diesen Bänden verfolgt wird, geht also einerseits deutlich über das Niveau von einführenden Lehrbüchern für das Grund- bzw. BA-Studium hinaus; andererseits handelt es sich aber auch nicht um fachwissenschaftliche Monographien mit dem Anspruch, einen Forschungsbeitrag zu irgendeinem engen Spezialthema zu leisten.

Die Bände werden jeweils von einem kleinen Team hochqualifizierter und im Fach bestens ausgewiesener Politikwissenschaftler verfaßt, deren besondere Vorgabe es ist, vor allem auch die fachlichen Kontroversen und Debatten zum jeweiligen Themenschwerpunkt aufzuzeigen und nachvollziehbar zu machen.

Zum vorliegenden Buch:
Dieser erste Band der Reihe ist, der herausragenden Bedeutung des Themas in der aktuellen Politikwissenschaft entsprechend, der Auseinandersetzung mit der EU gewidmet. Getreu dem oben skizzierten Anspruch haben die Autoren ein Buch verfaßt, daß *nicht* die Menge vorhandener Beschreibungen des Institutionengefüges der EU und seiner Geschichte vermehren soll. Die Autoren nehmen einen ganz anderen Zugriff auf das Thema: Sie orientieren sich an der Frage, welche analytischen und theoretischen Mittel der Politikwissenschaft zur Verfügung stehen für die Behandlung des Gebildes EU – im Hinblick auf seine systemischen Eigenschaften, seine internationale Bedingtheit, seine Auswirkungen auf andere politische Systeme, seine Art und Weise, Politik zu machen, und ähnliches. Ein solcher Band existiert bisher in deutscher Sprache nicht; und er wird, da er theoriegeleitet ist, auch dann aktuell bleiben, wenn sich das Institutionengefüge der EU weiter wandelt. Wir hoffen, daß wir mit dem Band eine Angebotslücke füllen und wünschen ihm viele Leser.

Mainz und Heidelberg, im Juli 2005   Hans-Joachim Lauth
                                            Ruth Zimmerling

Einführung

Katharina Holzinger

Dieses Lehrbuch zur Europäischen Union (EU) wendet sich an fortgeschrittene Studierende der europäischen Integration, der europäischen Institutionen und europäischen Politiken. Es setzt Grundkenntnisse der historischen Entwicklung der europäischen Integration, der politischen Institutionen der EU, der europäischen Politiken und ihrer Rückwirkung auf die Mitgliedstaaten sowie der aktuellen Verfassungs- und politischen Entwicklung voraus. Solche Grundkenntnisse werden üblicherweise in Einführungslehrbüchern zur EU vermittelt, die das Ziel verfolgen über die wesentlichen Elemente des politischen Systems der EU, über ihre Politiken oder über ihre geschichtliche Entwicklung zu informieren (z.B. Nugent 2003, Pfetsch 1997, Tömmel 2003, Landfried 2005, Wallace/Wallace 2000). Das vorliegende Lehrbuch wendet sich an Studierende, die sich über die deskriptiven Informationen hinaus für die Ergebnisse politikwissenschaftlicher Analyse der EU interessieren. Angesprochen sind Studierende in speziellen Studiengängen zu „European Studies", in Masterstudiengängen mit einem europäischen Schwerpunkt und in Promotionsprogrammen oder Graduiertenkollegs mit Europafokus.

Zwar werden wesentliche Basisinformationen zur europäischen Integration, zum politischen System der EU, zu den EU-Politiken, zur Europäisierung der Mitgliedstaaten und zur Rolle der EU in der Welt auch in diesem Band gegeben. Das geschieht jedoch eher *en passant*. Der Hauptakzent dieses Buches liegt auf der politikwissenschaftlichen Analyse der EU: Es führt ein in die verschiedenen Theorien der europäischen Integration und in die von der Politikwissenschaft entwickelten Analysemodelle und -methoden für die europäischen Institutionen und Politiken. Die verschiedenen Theorien werden verständlich dargestellt und anhand konkreter Beispiele und aktueller Entwicklungen illustriert. Das Buch gibt so einen breiten und analytisch fundierten Überblick über den Stand der politikwissenschaftlichen Europa-Forschung. Der Leser soll zunächst die Theorien und Analysekonzepte kennen lernen, die der neueren politikwissenschaftlichen Forschung zur Europäischen Union zu Grunde liegen. Er soll aber auch in die Lage versetzt werden, erstens sich ein Urteil über die konkurrierenden Ansätze zu bilden und zweitens diese Theorien und Modelle eigenständig anzuwenden.

Aus der starken Forschungsorientierung dieses Bandes erklärt sich die für ein Lehrbuch große Zahl der Autoren: Für jeden Teilbereich wurden Experten gewonnen, die in diesem Bereich eigenständige Forschung betreiben und den Forschungsstand in ihrem Gebiet mitbestimmen. Auf diese Weise wird sichergestellt, dass der aktuelle Stand der Forschung eingeht. Im ersten Kapitel stellen Frank Schimmelfennig und Berthold Rittberger die Theorien zur europäischen Integration dar. Das zweite Kapitel von Katharina Holzinger widmet sich der Analyse des politischen Systems und der Entscheidungsprozesse in der EU. Die Europäisierungstheorien und die Perspektive der Policy-Analyse werden von Christoph Knill im dritten und vierten Kapitel eingebracht. Im fünften Kapitel schließlich analysieren Wolfgang Wagner und Dirk Peters die neue Rolle der EU in den internationalen Beziehungen. Alle Autoren sind ausgewiesene Vertreter der jeweiligen Teilbereiche und disziplinären Perspektiven.

Die Gliederung des Bandes nach diesen fünf Kapiteln folgt zwei – miteinander verschränkten – Prinzipien: Erstens folgt sie der historischen Entwicklung der EU und damit auch der Entwicklung der politikwissenschaftlichen Europa-Forschung, die dieser Evolution Rechnung trug. Zweitens repräsentiert sie die Perspektiven der verschiedenen Teildisziplinen der Politikwissenschaft: der Internationalen Beziehungen (Kapitel 1 und 5), der Theorie politischer Systeme und der Vergleichenden Politikwissenschaft (Kapitel 2), der Europäisierungs- und Implementationsforschung (Kapitel 3) und der Policy-Analyse (Kapitel 4).

Die historische Entwicklung von den Europäischen Gemeinschaften für Kohle und Stahl, Euratom und EWG bis zum Entwurf einer europäischen Verfassung; die Integration von zuerst sechs, inzwischen 25 Mitgliedstaaten; die Entwicklung von einer rein intergouvernementalen zu einer supranationalen Organisation mit einem sehr spezifischen politischen System, das Ähnlichkeiten mit einem föderalen Staat aufweist; die beständige Erweiterung der „vergemeinschafteten" Politikbereiche bis hin zur Konstituierung einer EU-Außenpolitik; die immer deutlicher werdende Rückwirkung der EU auf Politik und Verwaltung, aber auch auf die Bürger der Mitgliedstaaten – all das zog nacheinander das Interesse der verschiedenen Teildisziplinen der Politikwissenschaft auf sich.

Während die Europa-Forschung zunächst eine Domäne der Teildisziplin der Internationalen Beziehungen war, die sich für den Aspekt der EU als einer internationalen Organisation interessierte, rückte die EU nach und nach auch in das Blickfeld der anderen Teildisziplinen. Mit den verschiedenen Vertragsreformen, spätestens mit der Verabschiedung der „Einheitlichen Europäischen Akte" 1986 wurde der supranationale Charakter dieser Organisation immer deutlicher. Die Vergleichende Regierungslehre, die Theorie politischer Systeme und die Demokratietheorie begannen sich für die Funktionsweise dieses Systems unter empirisch-analytischen, aber auch unter normativen Gesichtspunkten zu interessieren. Etwa zur gleichen Zeit entdeckte die Policy-Forschung die EU: Sie begann die Inhalte der europäischen Politiken zu klassifizieren und deren Entstehungsprozesse sowie ihre Implementation in den Mitgliedstaaten zu untersuchen. Als neuester Zweig entwickelte sich die Europäisierungsforschung, die die weitreichenden Wirkungen der EU auf ihre Mitgliedstaaten erforscht. Während die anderen Forschungsrichtungen jeweils die Perspektive und die Instrumente einer politikwissenschaftlichen Teildisziplin auf die EU anwenden, ist die Europäisierungsforschung ein EU-spezifisches Gebiet. Schließlich, mit der allmählichen Entwicklung einer EU-Außenpolitik und der Formierung der EU als eigenständiger Akteur in der Weltpolitik eröffnete sich wieder ein neuer Forschungsgegenstand für die Internationalen Beziehungen. Diesmal steht nicht mehr die Integration von Nationalstaaten in die EU im Blickpunkt, sondern die Außenwirkung der EU in die übrige Welt. Diese Entwicklung beim Gegenstandsbereich der Europa-Forschung sowie in der politikwissenschaftlichen Forschung selbst spiegelt die Organisation des vorliegenden Bandes wieder.

Im Kapitel 1 des Buches geht es um die politische Integration in der EU, verstanden als Prozess der Entstehung, Ausdehnung, Vertiefung und Erweiterung der europäischen Institutionen. Zwei Grundrichtungen politikwissenschaftlicher Integrationstheorien werden in je zwei Spielarten vorgestellt: Der Intergouvernementalismus – in der realistischen wie in der liberalen Variante – geht davon aus, dass die Mitgliedstaaten die alles beherrschenden Akteure der Integration sind. Der Supranationalismus – in einer rationalistischen und einer konstruktivistischen Variante – behauptet dagegen, dass die supranationalen Organe, wie Kommission oder Gerichtshof, eine autonome Rolle spielen. In dem Kapitel wird zunächst zwischen der sektoralen, der vertikalen und der horizontalen Dimension der Integration unterschieden. Sodann werden für die beiden Theoriefamilien jeweils Hypothesen für diese drei Dimensionen der Integration entwickelt und die Erklärungsangebote aller Theorievarianten präsentiert.

Kapitel 2 widmet sich der Analyse des politischen Systems der EU. Erstens wird der Frage nach der Besonderheiten dieses Systems nachgegangen. Welche Merkmale unterscheiden es von anderen politischen Systemen? Kann es im Rahmen klassischer Typologien aus der Vergleichenden Politikwissenschaft eingeordnet werden? Was hat es mit dem viel zitierten demokratischen Defizit der EU auf sich und wo kann es verortet werden? Zweitens wird das Entscheidungssystem der EU untersucht: Wie verteilt sich die Macht zwischen den Mitgliedstaaten und den zentralen Institutionen der EU: Rat, Kommission und Parlament? Hier werden als analytische Werkzeuge Machtindices und die Vetospieler-Theorie eingeführt. Der letzte Teil des Kapitel untersucht die EU als Mehrebenensystem. Welche Konsequenzen hat der spezifische Mehrebenencharakter der EU für die Entscheidungsfähigkeit und für die strategischen Optionen der Akteure? Welche Möglichkeiten der flexiblen Integration in dieses Mehrebenensystem bieten eine sinnvolle Alternative zur vollständigen Integration aller Mitgliedstaaten?

Im Kapitel 3 geht es um die Frage, wie die Mitgliedstaaten europäische Vorgaben national verarbeiten und wie sie auf politische und institutionelle Entwicklungen auf der EU-Ebene reagieren. Es werden zwei eng miteinander verknüpfte Themen behandelt: die Rückwirkungen der europäischen Integration auf die Nationalstaaten und die Implementation europäischer Politiken in den Mitgliedstaaten. Mögliche Auswirkungen der europäischen Ebene auf politische Prozesse, Institutionen und Politikinhalte stehen im Zentrum der Analyse. Es werden grundlegende Fragen und Konzepte der Europäisierungsforschung identifiziert, sowie wichtige empirische Befunde und theoretische Erklärungsangebote präsentiert. Da nationale Rückwirkungen in erheblichem Maße aus der Umsetzung und Durchführung europäischer Politiken resultieren, werden im zweiten Schritt die

Fachhochschule Osnabrück
Bibliothek Am Krumpel 31
D-49090 Osnabrück

Rahmenbedingungen für Implementationsprozesse und die Probleme der Beurteilung der Implementationseffektivität thematisiert.

Gegenstand von Kapitel 4 sind die Politiken der Gemeinschaft, insbesondere die in den europäischen Verordnungen und Richtlinien oder in politischen Programmen formulierten Ziele, Aufgaben und Instrumente. Wie bewältigt die EU politische Probleme und Herausforderungen in bestimmten Politikfeldern, beispielsweise der Agrar-, Wirtschafts-, Sozial- oder Umweltpolitik? Mit den Kategorien der Policy-Analyse werden wichtige Merkmale der Entwicklung und Ausgestaltung europäischer Politiken herausgearbeitet und erklärt. Es werden verschiedene Policy-Typen, sowie typische Steuerungsformen und Muster europäischer Politikgestaltung unterschieden und am Beispiel der europäischen Umweltpolitik illustriert.

Im Kapitel 5 geht es schließlich um die Außenbeziehungen der EU. Für die Nicht-Mitglieder sind die Repräsentanten der EU inzwischen zu direkten Ansprechpartnern geworden und die Mitgliedstaaten selbst trachten zunehmend danach, der EU eine eigenständige Rolle in der Weltpolitik zuzuweisen. Im Mittelpunkt des Kapitels steht deshalb die Frage, welche Merkmale die EU-Außenbeziehungen auszeichnen und worauf sich diese zurückführen lassen. Das Kapitel analysiert zunächst die ökonomisch bestimmten Bereiche der Außenbeziehungen (Außenhandels-, Entwicklungs- und Umweltpolitik). Im Anschluss daran werden die sicherheitspolitischen Bereiche (Gemeinsame Außen- und Sicherheitspolitik, Europäische Sicherheits- und Verteidigungspolitik) untersucht. Als analytisches Konzept dient dabei die sogenannte „Innen-Außen-Analogie": Darunter versteht man die Annahme, dass Staaten oder auch Staatenverbünde ihre Umwelt nach den gleichen Prinzipien geordnet sehen wollen wie ihr eigenes politisches und gesellschaftliches System. Da dieser Ansatz jedoch nicht in allen Feldern der Außenbeziehungen trägt, werden auch andere theoretische Konzepte herangezogen.

Die einzelnen Kapitel spiegeln den aktuellen Forschungsstand, so wie er sich in der internationalen Aufsatzliteratur findet. Eine vollständige Darstellung aller Forschungsfragen und -ansätze in den einzelnen Teilgebieten der in den letzten beiden Jahrzehnten rapide gewachsenen Europa-Forschung war jedoch unmöglich. Das Buch soll ja den Charakter einer Einführung in die wesentlichen Theorien und Analysekonzepte der Europa-Forschung haben. Dies und der begrenzte Raum zwangen zur Selektion. Deshalb wurden nur die wichtigsten Forschungsgegenstände und theoretischen Entwicklungen ausgewählt. Die Autoren hoffen, damit einen umfassenden und repräsentativen Überblick über die politikwissenschaftliche Forschung zur Europäischen Union vorgelegt zu haben.

Kapitel 1 Integrationstheorien: Entstehung und Entwicklung der EU

Berthold Rittberger und Frank Schimmelfennig

1 Einleitung

Warum gibt es einen einheitlichen Binnenmarkt, aber keine einheitliche europäische Außenpolitik? Warum gibt es eine Europäische Währungsunion, aber keine Verteidigungsunion? Warum hat das Europäische Parlament immer neue Kompetenzen erworben und warum unterwerfen sich die Regierungen den Urteilen des Europäischen Gerichtshofes? Warum hat sich die EU von ursprünglich sechs auf 25 Staaten erweitert – und warum sind weder die Schweiz noch Norwegen Mitglieder?

In diesem Kapitel des Buches geht es um die politische Integration in der Europäischen Union, verstanden als mehrdimensionaler Prozess der Entstehung, Ausdehnung, Vertiefung und Erweiterung von EU-Institutionen.[1] Die Erklärung der politischen Integration ist der Gegenstand von Integrationstheorien. Die theoretische Debatte in diesem Bereich wird von zwei „Familien" von Integrationstheorien beherrscht: Intergouvernementalismus und Supranationalismus. Während der Intergouvernementalismus die Mitgliedstaaten als die zentralen Akteure der Integration ansieht, von deren Interessen- und Machtkonstellationen Richtung und Reichweite der Integration letztlich abhängen, behauptet der Supranationalismus, dass supranationale Organe (wie die Kommission oder der Gerichtshof) eine autonome und relevante Rolle spielen und der Integrationsprozess eine transformative institutionelle Eigendynamik entfaltet, die nicht mehr der Kontrolle der Staaten unterliegt.

Dieser Teil des Buches ist wie folgt aufgebaut: Wir beginnen mit einer Definition der politischen Integration und unterscheiden dann eine sektorale, eine vertikale und eine horizontale Dimension der Integration (Abschnitt 2). Anschließend stellen wir die zentralen Annahmen und Aussagen der integrationstheoretischen Schulen vor. Beim Intergouvernementalismus unterscheiden wir außerdem eine realistische und eine liberale Variante, beim Supranationalismus eine rationalistische und eine konstruktivistische Variante. Für jede dieser Varianten formulieren wir grundlegende Hypothesen über die Bedingungen sektoraler, vertikaler und horizontaler Integration (Abschnitt 3). In den folgenden Abschnitten 4-6 analysieren wir die sektorale, vertikale und horizontale Integration und stellen ausgewählte, zentrale Erklärungsangebote aus jeder integrationstheo-

---

[1] Wir verwenden stets den Begriff „Europäische Union" (EU), wenn es um die Institutionen der europäischen Integration im Allgemeinen geht. Von der EGKS, der EWG oder der EG sprechen wir nur im spezifischen historischen Kontext.

retischen Variante vor. Dieser Teil erhebt keineswegs den Anspruch, die europäische Integration in ihrer Gesamtheit zu erklären oder die unterschiedlichen Integrationstheorien umfassend zu „testen". Im Vordergrund steht die Darstellung, illustrative Anwendung und beispielhafte Bewertung der integrationstheoretischen Ansätze.

2 Politische Integration

Wir verwenden einen formell-institutionellen sowie graduellen und ergebnisoffenen Begriff der politischen Integration. Wir sprechen immer dann von politischer Integration, wenn politische Kompetenzen von der nationalstaatlichen auf eine supranationale Ebene übertragen und damit der exklusiven Souveränität des Staates entzogen werden – unabhängig vom Ausmaß des Kompetenztransfers. Daraus ergibt sich, dass wir Integrationszuwachs jeweils vom aktuellen Ist-Zustand her definieren – und nicht etwa von einem Zielzustand „europäischer Bundesstaat", wie es anfangs für die Integrationstheorie charakteristisch war. Dieses Verständnis von Integration hat sich in den 1960er Jahren herausgebildet (vgl. Lindberg 1963: 4-6; Schmitter 1969). Es entspricht auch dem aktuell verbreiteten Verständnis der EU als einem „dynamischen Mehrebenensystem", in dem politische Kompetenzen zum einen sektoral unterschiedlich auf mehrere Regierungsebenen (EU, Mitgliedstaaten, substaatliche Einheiten) verteilt sind und sich zum anderen immer wieder durch Vertragsrevisionen verschieben, ohne dass ein Endpunkt oder konsensual geteiltes Entwicklungsziel erkennbar wäre (vgl. Jachtenfuchs/Kohler-Koch 1996). Außerdem ist die formell-institutionelle politische Integration die zentrale abhängige Variable der Integrationstheorien des Intergouvernementalismus und Supranationalismus (siehe Stone Sweet/Sandholtz 1997: 300).

Wir unterscheiden eine *sektorale*, eine *vertikale* und eine *horizontale* Dimension der politischen Integration.

(1) Die *sektorale Dimension* betrifft die integrierten Politikbereiche oder Sektoren. Ein Zuwachs an sektoraler Integration bedeutet, dass mindestens ein neuer Politikbereich durch die EU (zumindest teilweise) reguliert wird. Solche sektoralen Integrationsprozesse waren in jüngerer Vergangenheit z. B. in der Verteidigungspolitik oder der Zuwanderungs- und Asylpolitik zu beobachten. Die zentrale Untersuchungsfrage bei der sektoralen Integration lautet: Warum wird ein Politikbereich auf der EU-Ebene neu reguliert (und der exklusiven Zuständigkeit und autonomen Entscheidung des Nationalstaates entzogen)? Sekundär stellen Integrationstheorien die Frage, wie die substanziellen EU-Regeln in diesem Politikbereich zu erklären sind. Mit anderen Worten: Erklärungsgegenstand ist die *sektorale Ausdehnung* der EU und ihre *substanzielle Regulierung*.

(2) Die *vertikale Dimension* betrifft die Verteilung von Kompetenzen unter den EU-Institutionen in den integrierten Politikbereichen. Durch die sektorale

Integration wird ein Politikbereich der autonomen Regulierung der Staaten entzogen und zum Gegenstand institutionalisierter Kooperation im Rahmen der EU. Das sagt jedoch noch nichts über die Form der Regulierung aus. Es kann sich um rein intergouvernementale Koordination oder Kooperation handeln (das Minimum vertikaler Integration), aber auch um eine „Vergemeinschaftung", bei der Kompetenzen auf die supranationalen Organisationen der EU übertragen werden. Ein Zuwachs an vertikaler Integration – oft auch als „Vertiefung" der EU bezeichnet – besteht bereits, wenn in einem Politikbereich kollektive Entscheidungen nicht mehr einstimmig, sondern mit Mehrheit getroffen werden – dadurch geben die Mitgliedsregierungen ihre individuelle Verhinderungs- oder Veto-Macht auf. Darüber hinaus findet vertikale Integration statt, wenn die Mitgliedsregierungen gemeinsam ausgeübte Kompetenzen an andere EU-Institutionen delegieren oder abtreten oder diese mit ihnen teilen. In vielen Politikbereichen hat beispielsweise die Kommission die Aufgabe, die Regeleinhaltung zu überwachen; der Gerichtshof kann Regelverletzungen feststellen und sanktionieren; das Parlament teilt mit dem Rat die gesetzgeberische Kompetenz. Generell gilt aber, dass die Kompetenzverteilung sektoral heterogen ist. Vertikal gering integrierten Bereichen (z. B. Außen- und Sicherheitspolitik) stehen stark integrierte Bereiche (vor allem der Binnenmarkt) gegenüber. Die zentralen Untersuchungsfragen lauten also: Warum beschränken, übertragen oder teilen die Mitgliedsregierungen ihre Kompetenzen und warum tun sie dies je nach Politikfeld in unterschiedlicher Weise? Erklärungsgegenstand ist somit die (sektoral heterogene) *institutionelle Vertiefung* der EU.

(3) Die *horizontale Dimension* betrifft die territoriale Geltung der EU-Regulierung in den integrierten Politikbereichen. Durch horizontale Integration gelangen neue Territorien in den Geltungsbereich der EU-Regeln und den Kompetenzbereich der EU-Institutionen. Das bedeutsamste Ereignis horizontaler Integration ist die Erweiterung der EU um neue Mitgliedstaaten; horizontale Integration findet aber auch unterhalb dieses Niveaus statt – etwa im Rahmen der Assoziations- oder Handelsabkommen, die die EU mit zahlreichen Ländern abgeschlossen hat. Selbst unter den Mitgliedern ist die horizontale Integration nicht homogen. Die Währungsunion gilt nicht in allen Mitgliedstaaten und während einige Mitgliedsregierungen das Schengener Abkommen über Personenkontrollen an den Binnengrenzen nicht unterzeichnet haben, sind einige Nicht-Mitglieder der EU Mitglieder von „Schengen". Die zentralen Untersuchungsfragen sind hier: Warum dehnt die EU ihre Mitgliedschaft (und ihre Regeln im weiteren Sinne) auf einige neue Staaten aus (aber nicht auf andere), und warum wollen externe Staaten (aber nicht alle) Mitglieder oder Teil des EU-Regulierungsraums werden? Kurz gesagt: Erklärungsgegenstand der horizontalen Dimension ist die *institutionelle Erweiterung* der EU. Die Dimensionen der Integration sind in Tabelle 1.1 noch einmal zusammengefasst.

Tabelle 1.1: Dimensionen der politischen Integration

	Sektoral	*Vertikal*	*Horizontal*
Gegenstand	Politikbereich	Kompetenzverteilung	Territorium
Integrationszuwachs	Integration neuer Politikbereiche („Ausdehnung")	Abgabe national-staatlicher Kompe-tenzen („Vertiefung")	Vergrößerung des territorialen Geltungsbereiches („Erweiterung")

3 Integrationstheorien

Integrationstheorien erklären die politische Integration, die institutionelle Dynamik der EU, in ihrer sektoralen, vertikalen und horizontalen Dimension. Sie formulieren Aussagen darüber, wie und unter welchen Bedingungen es zu einem Integrationswachstum kommt. Integrationstheorien beherrschten das Feld der Theoriebildung über die Politik der EU bis in die 1970er Jahre hinein. Sie kamen aus der politikwissenschaftlichen Teildisziplin der Internationalen Beziehungen und analysierten Integration als regionalen Strukturwandel der internationalen Politik. Seit den 1970er Jahren teilen sie jedoch das Feld mit theoretischen Ansätzen aus dem Gebiet der Vergleichenden Regierungslehre und Politikforschung, die die EU als ein politisches System unter anderen betrachten, dessen Politikentwicklungsprozesse und -ergebnisse sie untersuchen (vgl. Kapitel 2-4 in diesem Buch). In dieser „Arbeitsteilung" sind die Integrationstheorien hauptsächlich für die Erklärung der „historischen" institutionellen Veränderungen im Integrationsprozess zuständig, nicht aber für die „alltäglichen" Entscheidungsprozesse und materiellen Politiken der EU.

Bei aller Vielfalt ist die integrationstheoretische Debatte bis in die Gegenwart von zwei großen Denkschulen oder Theoriefamilien dominiert gewesen: dem Intergouvernementalismus und dem Supranationalismus. Der dem Supranationalismus zuzurechnende Neofunktionalismus war *die* Integrationstheorie der Frühzeit der europäischen Integration. Der wichtigste Vertreter ist Ernst Haas, andere wichtige Namen sind Leon Lindberg, Joseph Nye und Philippe Schmitter. Etwa in der Mitte der 1960er Jahre entwickelte sich als Gegenposition der Intergouvernementalismus, vorrangig vertreten durch Stanley Hoffmann. Seit der Mitte der 1980er Jahre treten beide Denkschulen in neuen Varianten auf: Dem Liberalen Intergouvernementalismus von Andrew Moravcsik steht der supranationale Institutionalismus gegenüber, der unter anderem von Wayne Sandholtz und Alec Stone Sweet vertreten wird. In jüngster Zeit sind Ansätze einer konstruktivistischen Integrationstheorie hinzugekommen (vgl. Christiansen et al. 2001). Hier soll es jedoch nicht um einen historischen Abriss der Integrationstheorie gehen, auch nicht um eine Darstellung einzelner Werke, sondern um eine systematische Gegenüberstellung der zentralen theoretischen Annahmen und Aussagen.[2] Dazu unterscheiden wir eine realistische und eine liberale Variante des Intergouvernementalismus und eine rationalistische und eine konstruktivistische Variante des Supranationalismus.

Die zentrale Unterscheidung zwischen Intergouvernementalismus und Supranationalismus besteht in der Antwort auf die *Frage, ob der Integrationsprozess ein eigendynamischer, transformativer Prozess ist oder nicht*. Der Intergouvernementalismus verneint diese Frage: Der Integrationsprozess der EU war und bleibt unter der Kontrolle der Regierungen, die ihn hervorgebracht und nach ihren Interessen gesteuert haben. Der Supranationalismus bejaht sie: Die von den Regierungen geschaffenen Institutionen lösen eine eigendynamische Entwicklung aus, die der Kontrolle der Staaten entgleitet und diese selbst transformiert. Der liberale und der realistische *Intergouvernementalismus* unterscheiden sich hinsichtlich der Determinanten der Präferenzen der Regierungen, ihrer Verhandlungsmacht und ihrer Wahl europäischer Institutionen. Während der Liberale Intergouvernementalismus sektorspezifische gesellschaftliche Präferenzen und die sektorspezifische Verhandlungsmacht von Regierungen für ausschlaggebend hält und die Notwendigkeit einer Kontrolle der Regeleinhaltung als zentrale Determinante der institutionellen Vertiefung erachtet, sind es in der realistischen Variante geopolitische staatliche Interessen und die allgemeinen Machtressourcen der Staaten sowie die Erfordernisse der Autonomie- und Einflusssicherung. Der rationalistische und der konstruktivistische *Supranationalismus* unterscheiden sich hinsichtlich der Art der Wirkung der europäischen Institutionen im Integrationsprozess. Während der Rationalistische Supranationalismus den Kontrollverlust der Staaten und die institutionelle Eigendynamik auf institutionell veränderte Anreiz- und Opportunitätsstrukturen und den begrenzten Zeithorizont von Regierungen zurückführt, nimmt der Konstruktivistische Supranationalismus an, dass der Integrationsprozess die Identitäten und Weltbilder der beteiligten Akteure verändert.[3]

3.1 Intergouvernementalismus

Der Intergouvernementalismus ist eine Variante des rationalistischen Institutionalismus in den Internationalen Beziehungen (IB), die spezifisch auf den Gegenstand der europäischen Integration zugeschnitten ist. Daraus ergeben sich die theoretischen Wurzeln und Grundlagen des Intergouvernementalismus. Wir be-

---

[2]   Gute geschichtliche Abrisse der Integrationstheorie sind z. B. Battistelli/Isernia (1993); Caporaso/Keeler (1995) oder Welz/Engel (1993).

[3]   Die Unterscheidung zwischen Supranationalismus und Intergouvernementalismus (sowie die zweier Intergouvernementalismen) ist in der Literatur weit verbreitet; die zwischen Rationalistischem und Konstruktivistischem Supranationalismus schlagen wir vor, um die neueren und weniger weit ausformulierten konstruktivistischen Ansätze in das Theorietableau zu integrieren.

Tabelle 1.2: Intergouvernementalismus

Abstraktionsniveau	Sektorale Integration Horizontale Integration	Vertikale Integration
Allgemein	Rationalistischer Institutionalismus in den Internationalen Beziehungen: Staaten als zentrale Akteure in einem anarchischen internationalen System	
Theorie	Verhandlungstheorie Klubtheorie	Funktionale Theorie der institutionellen Wahl
Erklärungsfaktoren der europäischen Integration	Exogene Präferenzen und relative Verhandlungsmacht der Staaten	Staatliche Interessen und Kontrolle
	LI: sektorspezifische gesellschaftliche Präferenzen und sektorspezifische Macht RI: staatliche geopolitische Präferenzen und allgemeine Macht	LI: Kontrolle der Regeleinhaltung RI: Autonomie und Einfluss der Staaten

LI: Liberaler Intergouvernementalismus
RI: Realistischer Intergouvernementalismus

ginnen bei der Darstellung des Intergouvernementalismus auf einem hohen Abstraktionsniveau und entwickeln daraus schrittweise konkrete Aussagen zur europäischen Integration. Die Darstellung orientiert sich weitgehend an Andrew Moravcsiks „The Choice for Europe" (1998, vor allem 3-77), der theoretisch profiliertesten Explikation der intergouvernementalistischen Integrationstheorie.[4] Tabelle 1.2 gibt einen Überblick.

Die erste grundlegende Annahme des Intergouvernementalismus lautet, dass die europäische Integration hinreichende Gemeinsamkeiten zu *internationaler Politik* im Allgemeinen aufweist, und die EU anderen internationalen Institutionen hinreichend ähnlich ist, um sinnvoll aus einer IB-Perspektive analysiert und erklärt zu werden. Moravcsik zufolge ist die EU ein „internationales Regime zur Politikkoordination" (1993: 480; vgl. Hoffmann 1982: 33) und die europäische Integration Ausdruck „allgemeiner Tendenzen in den Beziehungen zwischen demokratischen Staaten in der modernen Weltpolitik" (1998: 5). IB-Theorien nehmen traditionell an, dass die Staaten die zentralen Akteure in der internationalen Politik sind und im Kontext von Anarchie – der Abwesenheit von herrschaftlich oder hierarchisch (durch)gesetzten Regeln – agieren. Internationale Politik wird

---

[4]   Vgl. auch Moravcsik (1993). Die folgende Darstellung ist an Schimmelfennig (2004) angelehnt.

generell in Verhandlungen zwischen Regierungen entwickelt, deren Ergebnissen alle Beteiligten zustimmen müssen.

Zweitens verankert Moravcsik den Intergouvernementalismus explizit in einem rationalistischen Analyserahmen. Damit ist zum einen ein spezifisches, „individualistisches" Erklärungsprogramm verbunden, das mit den Präferenzen der Akteure beginnt und kollektive Handlungsergebnisse auf die Interaktion und Aggregation individueller Handlungen zurückführt. Zum anderen geht der Rationalismus von der Annahme der „Zweckrationalität" aus: Die Akteure kalkulieren den Nutzen alternativer Handlungsoptionen und wählen die Option, die ihren Nutzen unter den gegebenen Umständen maximiert. Die Errichtung und Gestaltung internationaler Institutionen wird folglich als das Ergebnis interdependenter („strategischer") rationaler Wahlen und Verhandlungen von Regierungen in einem anarchischen Kontext erklärt.

Um Integration und ihre substantiellen Ergebnisse zu erklären, verwendet Moravcsik eine *Verhandlungs- oder Bargaining-Theorie internationaler Kooperation* und eine *funktionale Theorie internationaler Institutionen*. Der rationalistische Institutionalismus unterscheidet mehrere miteinander zusammenhängende kollektive Handlungsprobleme in problematischen Situationen internationaler Interdependenz – d. h. in Situationen, in denen einseitig oder wechselseitig nicht-kooperatives Verhalten zwar individuell rational ist, am Ende aber alle beteiligten Staaten schlechter stellt als wechselseitige Kooperation. Zum einen geht es darum, solche kollektiv suboptimalen Verhandlungsergebnisse zu überwinden und eine Verhandlungslösung zu identifizieren, die die Wohlfahrt aller Beteiligten maximiert. Damit gehen jedoch immer zwei andere Probleme einher: Wie sollen die Kooperationsgewinne unter den beteiligten Staaten verteilt werden, und wie kann (in einem anarchischen Kontext) sichergestellt werden, dass sich alle an die getroffenen Vereinbarungen halten und das kooperative Verhalten der anderen nicht ausnutzen?[5]

In diesem Kontext argumentiert der rationalistische Institutionalismus, dass das Ergebnis internationaler Verhandlungen zum einen von der Verhandlungsmacht der Akteure und zum anderen von der Wirkung internationaler Institutionen abhängt. Die Suche nach wohlfahrtsmaximierenden Lösungen verlangt ein hohes Maß an *vertrauenswürdiger Information und effektiver Kommunikation*, das internationale Institutionen besser bereitstellen können als Regierungen allein – oder zumindest zu günstigeren Transaktionskosten. Die Lösung des Verteilungsproblems hängt von der relativen *Verhandlungsmacht* der Akteure ab. Verhandlungsmacht resultiert aus der asymmetrischen Verteilung von (a) Informationen und (b) den Gewinnen aus einer Vereinbarung im Vergleich zu den alternativen Handlungsoptionen des Akteurs („outside options"). Im Allgemeinen können Akteure mit einem Informationsvorsprung das Verhandlungsergeb-

---

5 Vgl. u. a. Scharpf (2000: 199-211); Zangl (1999: 62-73). Die funktionale Theorie internationaler Institutionen wurde maßgeblich von Keohane (1984) entwickelt.

nis zu ihren Gunsten manipulieren (siehe hierzu Schneider/Cederman 1994); ebenso können die Akteure mit den besten alternativen Handlungsoptionen am glaubwürdigsten mit unkooperativem Verhalten drohen und damit Konzessionen seitens derjenigen Akteure erzwingen, die solche Optionen nicht oder in geringerem Ausmaß besitzen. Die Regeleinhaltung verlangt schließlich *effektive Überwachungs- und Sanktionsverfahren*, die ebenfalls von internationalen Institutionen (kostengünstiger) durchgeführt werden können. Unterschiede im institutionellen Design internationaler Organisationen spiegeln dann die Schwere der Kooperationsprobleme in einem Politikfeld oder in einer territorialen Region wider: wie stark die Verteilungskonflikte und Regeldurchsetzungsprobleme und wie hoch die Unsicherheit der Akteure sind (Koremenos et al. 2001). Bezogen auf die unterschiedlichen Dimensionen der Integration lässt sich zusammenfassen, dass die Verhandlungstheorie in erster Linie die Ergebnisse der sektoralen Integration erklärt, die funktionale Theorie internationaler Institutionen und ihres Designs hingegen die vertikale Integration und die institutionelle Vertiefung. Wie steht es aber mit der horizontalen Integration?

Kommt internationale Integration zustande, so produziert sie externe Effekte für Nicht-Mitgliedstaaten (etwa durch Umlenkung von Handel oder Investitionen), ebenso wie Drittstaaten Externalitäten für die integrierten Staaten erzeugen können – etwa durch steuerliche Vergünstigungen für Kapitalanleger oder geringere Auflagen für Industrieansiedlung. Es stellt sich also die Frage, ob ein gegebener Integrationsraum bereits die optimale Größe aufweist oder die kollektive Wohlfahrt durch die Vergrößerung um weitere Staaten maximiert werden kann. Die rationalistische Theorie, die sich mit dieser Frage beschäftigt, ist die *Klubtheorie*.[6] Ein Klub ist definiert als eine freiwillige Vereinigung zur Erzielung eines wechselseitigen Nutzens durch die gemeinsame Produktion und Nutzung kollektiver Güter (Cornes/Sandler 1986: 7, 24-25). Die Mitgliedschaft in Klubs kann limitiert werden – und muss es auch, weil zusätzliche Mitglieder nicht nur zusätzliche Beiträge zur Produktion oder Erhaltung der Klubgüter leisten, sondern auch rivalisierende Nutzer der Klubgüter sind. Die zentrale Hypothese der Klubtheorie lautet daher, dass ein Klub sich (nur) erweitert, bis die Grenzkosten der Aufnahme eines Neumitglieds mit dem Grenznutzen gleichziehen (Buchanan 1965: 5). Da Klubs freiwillige Vereinigungen sind, muss diese Bedingung eines positiven Nettonutzens für alle Altmitglieder und das Neumitglied zutreffen, damit es zur Erweiterung kommt. Ansonsten gelten für die horizontale Integration die gleichen verhandlungstheoretischen Probleme wie für die sektorale. Es muss eine wohlfahrtsmaximierende Lösung (ein optimaler Integrationsraum) gefunden werden; es müssen Kosten und Nutzen aus der Erweiterung unter Alt- und Neumitgliedern verteilt werden; und es muss sichergestellt sein, dass Alt- und Neumitglieder ihren Verpflichtungen aus der Mitgliedschaft nachkommen.

---

[6]   Begründet wurde die Klubtheorie durch Buchanan (1965). Vgl. Cornes/Sandler (1986).

Welche spezifischen Aussagen zur europäischen Integration lassen sich nun aus diesen theoretischen Grundlagen ableiten? Noch lässt der theoretische Rahmen offen, welche Akteure und Präferenzen sowie Ressourcen und Zwänge in der europäischen Integration die zentrale Rolle spielen und wie sich die sektorale und horizontale Integration der EU und ihr spezifisches institutionelles Design erklären lassen.

Die zentralen Thesen des traditionellen Intergouvernementalismus, repräsentiert vor allem durch Stanley Hoffmann (1966; 1982) und später Alan Milward (1984; 1994), lauteten: Die Mitgliedstaaten sind und bleiben die dominanten Akteure im Integrationsprozesses; sie gestalten ihn nach ihren nationalen Zielen und Interessen. Das nationalstaatliche Interesse an Selbstbestimmung, die Beharrungskraft nationalstaatlicher Bürokratien, die Diversität der nationalen Situationen und Traditionen, die Dominanz nationalstaatlicher Identität und externe Akteure und Einflüsse (wie die USA, die Sowjetunion oder die NATO) setzen der Integration Grenzen – das gilt vor allem für die „großen" Mitgliedstaaten, für die der Autonomieverlust durch Integration relativ höher ist als für die „Kleinen". Die europäische Integration unterminiert den Nationalstaat nicht, sondern stärkt ihn im Wiederaufbau nach dem Zweiten Weltkrieg, im globalen Wettbewerb und gegenüber gesellschaftlichem Druck. Die sektorale Integration ist weitgehend auf den Wirtschaftsbereich beschränkt; staatliche Kernfunktionen („high politics" wie Außen- und Sicherheitspolitik) bleiben außerhalb des Integrationsprozesses. Entsprechend sind und bleiben die supranationalen Organisationen der EU schwach – ohne überlegene Expertise und ohne nennenswerten Rückhalt in der Bevölkerung. Europäische Integration muss daher ausgehend von den Präferenzen der Staaten, ihren Interdependenzen und Interessenkonstellationen sowie ihren Verhandlungen untereinander und mit den Gemeinschaftsorganen analysiert werden.

Moravcsiks Liberaler Intergouvernementalismus teilt die intergouvernementalistische Grundrichtung dieser Thesen, präzisiert einige und verwirft andere, bettet sie aber vor allem systematisch in eine liberale Theorie internationaler Beziehungen und eine rationalistische Analyse internationaler Institutionen ein. Sein Kernargument lautet: „Die EU-Integration ist am besten als eine Serie rationaler Wahlhandlungen nationaler Staats- und Regierungschefs zu verstehen. Diese Wahlhandlungen reagierten auf Zwänge und Opportunitäten, die auf die ökonomischen Interessen mächtiger gesellschaftlicher Gruppen, die relative Macht jedes Staates im internationalen System, und die Rolle von Institutionen als Verstärkung der Glaubwürdigkeit zwischenstaatlicher Verpflichtungen zurückgingen." (Moravcsik 1998: 18)

Generell nimmt der Intergouvernementalismus an, dass die *Regierungspräferenzen exogen* sind, also nicht im Zuge internationaler Verhandlungen oder durch internationale Institutionen und Organisationen gebildet oder verändert werden. Die Regierungen gehen mit vordefinierten („nationalen") Interessen und Präferenzen in die EU-Verhandlungen und kommen mit den gleichen Interessen wieder hinaus. Der institutionelle und Interaktionskontext der EU beeinflusst die Durchsetzungsmöglichkeiten staatlicher Präferenzen, nicht aber deren Inhalt. Was der Inhalt der exogenen Präferenzen ist, ist aber unter intergouvernementalistischen Theorien umstritten.

Moravcsiks *Liberaler* Intergouvernementalismus zeichnet sich durch eine *liberale* Theorie der Bildung außenpolitischer Präferenzen aus, der zufolge Regierungspräferenzen das Kräfteverhältnis gesellschaftlicher Interessengruppen (vermittelt durch politische Institutionen) widerspiegeln (Moravcsik 1993: 481) und sektor- oder problemspezifisch sind – das heißt in der Agrarpolitik reflektieren sie die Kosten-Nutzen-Kalküle und Kräfteverhältnisse landwirtschaftlicher Produzenten und Konsumenten, in der Energiepolitik die Präferenzen der dominanten energiewirtschaftlichen Interessengruppen. Insofern die EU eine vornehmlich ökonomische Organisation ist, sind auch die Integrationspräferenzen der Regierungen vornehmlich von ökonomischen Gruppen und deren Interessen bestimmt. Während sich das generelle Interesse an europäischer Integration aus dem Druck zur wohlfahrtsmaximierenden Kooperation in einer sich ausdehnenden und globalisierenden Weltwirtschaft ergab, resultieren die spezifischen Präferenzen aus einem gesellschaftlichen Interessenkonflikt, in dem die sektorale Interessen und Anpassungskosten die zentrale Rolle spielen und sich in erster Linie die wirtschaftlichen Präferenzen mächtiger Produzentengruppen und in zweiter Linie die makroökonomischen Präferenzen der Regierungen durchsetzen (Moravcsik 1998: 3). Folglich betreiben Regierungen Integrationspolitik als ein Mittel, um den heimischen Produzenten – im Rahmen ihrer budgetären und rechtlichen Möglichkeiten – wirtschaftliche Vorteile zu sichern (Moravcsik 1998: 38). In dem Maße, wie die EU sich neuen Politikbereichen öffnet, kommen allerdings andere sektorspezifische Interessen (außenpolitische, innenpolitische, sicherheitspolitische usw.) und Interessengruppen zum Tragen.

Darin unterscheidet sich der Liberale Intergouvernementalismus vom Realistischen, der annimmt, dass Regierungen zum einen in der Lage sind, ihre außenpolitischen Präferenzen unabhängig vom Druck gesellschaftlicher Interessen zu formulieren und zu verfolgen, und zum anderen *sektorübergreifende* außenpolitische Ziele besitzen: die Maximierung von Autonomie, Sicherheit oder Einfluss. Der Realistische Intergouvernementalismus nimmt an, dass solche (in Moravcsiks Terminologie „geopolitischen") Ziele die ökonomischen überlagern und „kleine" Staaten (aufgrund geringerer Autonomiekosten der Integration) integrationsfreundlichere Präferenzen besitzen als große (vgl. Grieco 1996). Auch bei der Erklärung der Verhandlungsergebnisse und Institutionenwahl bestehen Unterschiede zwischen den beiden Varianten des Intergouvernementalismus.

So wie Staaten laut der liberalen Variante sektorspezifische Präferenzen besitzen, variiert auch ihre Verhandlungsmacht je nach Politikfeld (Keohane/Nye 1977). Es ist die relative Intensität der sektorspezifischen Präferenzen, die über die Verhandlungsmacht der Akteure entscheidet, nicht das Ausmaß ihrer *allgemeinen Machtressourcen* – was die realistische Auffassung ist. In EU-Verhandlungen können sich also durchaus „kleine" Staaten gegen „große" behaupten und Konzessionen erreichen, sofern ihnen eine Vereinbarung weniger wichtig ist. Schließlich sind aus realistischer Sicht *Autonomie und Einfluss* zentrale Interessen der Staaten. Bei der Wahl von EU-Institutionen werden sie also vornehmlich darauf achten, Kontroll- und Einflussverluste zu vermeiden – und Kompetenzen nur insoweit formell übertragen, wie sie sich davon einen Netto-Autonomiegewinn versprechen. In diese Richtung geht zum einen die *voice opportunity*-These von Joseph Grieco (1996), nach der schwache Staaten besonders integrationswillig sind, weil sie sich davon einen verstärkten Einfluss auf die Politik stärkerer Staaten erwarten als außerhalb des Rahmens institutionalisierter Kooperation. Zum anderen ist die These der „Neuen Staatsräson" (Wolf 2000; vgl. ähnlich Moravcsik 1997) zu nennen: Regierungen gehen internationale Bindungen ein und nehmen damit externe Autonomieverluste in Kauf, weil und insofern sich dadurch ihr interner Handlungsspielraum gegenüber gesellschaftlichen Interessengruppen vergrößert. Für den Liberalen Intergouvernementalismus sind Regierungsautonomie und -einfluss hingegen keine relevanten Faktoren der institutionellen Wahl. Im Zentrum steht der Beitrag, den internationale Institutionen leisten können, um den Nutzen der heimischen Wirtschaft dauerhaft zu erhöhen.[7]

Integrationsverhandlungen sind laut Liberalem Intergouvernementalismus im wesentlichen *zwischenstaatliche Verhandlungen*. In ihnen ist das *Verteilungsproblem* das gravierendste Kooperationsproblem und die *Verhandlungsmacht der Staaten* der einflussreichste Faktor. Die Brisanz des Verteilungsproblems ergibt sich daraus, dass Staaten die Interessen mächtiger heimischer Produzenten vertreten. Sie zeigt sich in harten Verhandlungen, „in denen glaubwürdige Drohungen, ein Veto einzulegen, finanzielle Ausgleichszahlungen zu verweigern und alternative Bündnisse unter Ausschluss widerspenstiger Regierungen einzugehen, den Ausschlag gaben. Die Ergebnisse spiegeln die relative Macht der Staaten wider – genauer gesagt, Muster asymmetrischer Interdependenz. „Diejenigen, die am meisten von der Integration profitierten, mussten die größten Kompromisse eingehen, um sie zu verwirklichen, während diejenigen, die am wenigsten profitierten oder die höchsten Anpassungskosten hatten, Bedingungen durchsetzten." (Moravcsik 1998: 3)

Auch das institutionelle Design der EU wird von den Regierungen bestimmt – und von ihrer Sorge um die Einhaltung der gefundenen Regelungen. Indem sie Kompetenzen an EU-Organe delegieren, entziehen die Regierungen die Verhandlungsergebnisse dem Zugriff der Innenpolitik, d. h. anderer Parteien nach einem eventuellen Regierungswechsel oder unzufriedener Interessengruppen. Sie entziehen sie auch einer rein intergouvernementalen Überwachung und Kontrolle, die sich als zu schwach erweisen könnte – gerade, wenn mächtige Mitgliedstaaten die

---

[7] Vgl. Wagner (2002a: 112-128) zu den verschiedenen rationalistischen Annahmen über die staatliche Institutionenwahl.

Regelverletzer sind (Moravcsik 1998: 9, 73). Das Ausmaß des Souveränitätsverzichts verhält sich proportional zum Wert der Vereinbarung. Je höher die Gewinne aus der Kooperation für eine Regierung sind – und je höher das Risiko der Regelverletzung durch andere Regierungen ist – desto größer ist ihre Bereitschaft, Kompetenzen auf die EU-Organe zu übertragen (Moravcsik 1998: 9, 486-487).

Diese zentralen intergouvernementalistischen Aussagen haben drei negative Korrelate. Erstens ist die Produktionsdimension internationaler Verhandlungen, also die Suche nach effizienten Verhandlungslösungen, gegenüber der Verteilungsdimension weit weniger problematisch: Die Regierungen verfügen über reichhaltige und symmetrisch verteilte Informationen; sie sind in der Lage, effektiv zu kommunizieren; Transaktionskosten sind gering (Moravcsik 1998: 479-480). Daraus ergibt sich zweitens, dass die supranationalen Akteure ihrer wichtigsten potentiellen Verhandlungsressource beraubt sind: ihrem Vorsprung an Information und ihrer überlegenen Fähigkeit, wohlfahrtsmaximierende Vereinbarungen zwischen Staaten herzustellen oder zu erleichtern. So fehlt ihnen die notwendige Verhandlungsmacht, um in Integrationsverhandlungen auf Kosten der Staaten Kompetenzgewinne zu erzielen. Wenn sie – drittens – dennoch Kompetenzen erhalten, so allein deshalb, weil die Regierungen sie für eine effektive Überwachung und Sanktionierung der Einhaltung der zwischenstaatlich vereinbarten Regeln benötigen. Sie handeln dabei aber nach wie vor im Interesse und unter Kontrolle der Staaten. Fassen wir zusammen. Die Grundannahmen des Intergouvernementalismus lauten:

> Staaten (Regierungen) sind die relevanten Akteure, die den Prozess der politischen Integration auf der Basis exogener, vorrangig materieller Präferenzen zweckrational initiieren, steuern und kontrollieren. Ausmaß, Form und Inhalt politischer Integration werden zwischenstaatlich ausgehandelt und entsprechen der Präferenz- und Machtkonstellation der beteiligten Regierungen.

Die zentralen Hypothesen für die sektorale und horizontale Dimension sind ähnlich und unterscheiden sich für den Liberalen und den Realistischen Intergouvernementalismus teilweise:

> Es kommt zu einer (Ausdehnung der) sektoralen oder (Erweiterung der) horizontalen Integration, wenn sie den Nutzen der Mitgliedsregierungen steigert.
> *Liberaler Intergouvernementalismus*: Der Nutzen wird durch die sektorspezifischen Wohlfahrtsinteressen der dominanten gesellschaftlichen Interessengruppen definiert.
> *Realistischer Intergouvernementalismus*: Der Nutzen ergibt sich aus den sektorübergreifenden Sicherheits- und Machtinteressen des Staates.
> Die substanzielle Regulierung der sektoralen und horizontalen Integration (Verteilung der Wohlfahrtsgewinne) resultiert aus der Verhandlungsmacht der Staaten.
> *Liberaler Intergouvernementalismus*: Je höher die Intensität der sektorspezifischen gesellschaftlichen Präferenzen ist, und je schlechter seine alternativen Handlungsoptionen sind, desto geringer ist die Verhandlungsmacht eines Staates.
> *Realistischer Intergouvernementalismus*: Je größer seine allgemeinen Machtressourcen sind, desto größer ist die Verhandlungsmacht eines Staates.

Die Vertiefungshypothesen (vertikale Integration) haben ebenfalls eine „liberale" und eine „realistische" Variante:

> *Liberaler Intergouvernementalismus*: Es kommt zu einer (Vertiefung der) vertikalen Integration, wenn eine Vereinbarung Probleme der Regeleinhaltung erzeugt. Je größer die Regeleinhaltungsprobleme in einem integrierten Sektor (relativ zu den erwarteten Wohlfahrtsgewinnen) sind, desto höher ist der Grad der vertikalen Integration.
> *Realistischer Intergouvernementalismus*: Es kommt zu einer (Vertiefung der) vertikalen Integration, wenn und solange die Staaten dadurch Autonomie- und Einflussgewinne erzielen.

3.2 Supranationalismus

Auch die supranationalistischen Integrationstheorien haben ihre Wurzeln in den Internationalen Beziehungen und analysieren EU-Politik als eine Form internationaler Politik (Stone Sweet/Sandholtz 1997: 303). In den 1950er und 1960er Jahren waren die neofunktionalistische und transaktionalistische Integrationstheorien die wichtigsten Gegenentwürfe zum vorherrschenden Realismus; der Konstruktivismus wurde am Ende der 1990er Jahre von den IB in die Europaforschung „importiert". Anders als der Intergouvernementalismus aber teilen die supranationalistischen Integrationstheorien eine „transformative Ontologie" – also die Annahme, dass das internationale System nicht auf Dauer eine anarchische Staatenwelt bleiben müsse, sondern durch Prozesse der Institutionalisierung und des Identitätswandels in eine andere politische Form transformiert werden könne. Ebenso geht der Supranationalismus von einem transformativen Integrationsprozess aus. Die EU ist nicht nur ein, wenn auch besonders hoch institutionalisiertes und komplexes, internationales Regime, sondern zumindest ein eigenständiges politisches System *in nuce*. Die europäische Integration mag anfänglich durchaus das Ergebnis zwischenstaatlicher Verhandlungen gewesen sein und die zwischenstaatliche Präferenz- und Machtkonstellation reflektiert haben (so Pierson 1996; 1998). Nach den ersten Integrationsschritten hat sich jedoch eine institutionelle Eigendynamik entwickelt, die von den Regierungen so weder gewollt war, noch von ihnen rückgängig gemacht werden konnte.

Die supranationalistischen Theorien unterscheiden sich jedoch bei den Mechanismen der institutionellen Eigendynamik. Während der rationalistische Supranationalismus eine rationalistische Theorie internationaler Institutionen zugrunde legt, die institutionelle Eigendynamik in erster Linie als „Pfadabhängigkeit" konzeptualisiert, schreibt der konstruktivistische Supranationalismus die institutionelle Eigendynamik vor allem Prozessen der „Sozialisation" zu. Für beide Ansätze gibt es Anknüpfungspunkte beim Neofunktionalismus, der supranationalistischen „Ur"-Theorie. Eine grundlegende Asymmetrie besteht allerdings zwischen beiden Varianten des Supranationalismus. Während der Rationalistische Supranationalismus eine vergleichsweise lange Tradition hat und als ausgearbeitete Makrotheorie der europäischen Integration vorliegt, ist der Konstrukti-

Tabelle 1.3: Supranationalismus

Abstraktionsniveau	Sektorale Integration	Horizontale Integration	Vertikale Integration
Allgemein	Staaten (und andere Akteure) in einer institutionalisierten internationalen Umwelt RS: rationalistischer Institutionalismus KS: soziologischer Institutionalismus		
Theorie	Dynamische Theorien der Institutionalisierung RS: Pluralismustheorie, historischer Institutionalismus KS: Sozialisationstheorie		
Erklärungsfaktoren der europäischen Integration	RS: Intensität transnationaler Austauschbeziehungen, Kapazität supranationaler Organe; Verregelung, Pfadabhängigkeit KS: Identität, Legitimität, Resonanz RS: Rationalistischer Supranationalismus KS: Konstruktivistischer Supranationalismus		

vistische Supranationalismus jüngeren Datums, erst in Ansätzen für die europäische Integration konkretisiert und nicht als zusammenhängende Integrationstheorie formuliert.[8] Tabelle 1.3 gibt einen Überblick.

Während der Rationalistische Supranationalismus grundlegende Annahmen mit dem Intergouvernementalismus teilt, geht der Konstruktivistische Supranationalismus von einer alternativen Institutionentheorie aus: dem soziologischen Institutionalismus. Der soziologische Institutionalismus basiert auf einer sozialen und idealistischen Ontologie und auf einer Handlungslogik der „Angemessenheit". Staaten handeln in einer kulturellen und institutionellen Umwelt, die durch kollektive Schemata und Regeln strukturiert ist. Soziologische Erklärungen beginnen daher nicht mit den Präferenzen der Akteure, sondern analysieren diese als Produkte idealer Strukturen und sozialer Interaktionen, die kultureller Variation und historischem Wandel unterworfen sind. Nach der „Logik der Angemessenheit" handeln die Akteure nicht zweckrational, sondern entsprechend den (institutionell verankerten) normativen Anforderungen ihrer sozialen Rolle, Identität und Handlungssituation (March/Olsen 1989: 160-161). Entsprechend sind internationale Organisationen in der soziologischen Sicht nicht so sehr Instrumente der Staaten zur effizienten Lösung kollektiver Handlungsprobleme, sondern verkörpern in ihrer Zielsetzung, ihrem institutionellem Aufbau und ihren Prozeduren internationale Gemeinschaften, deren kollektive Identität und le-

---

[8] Christiansen et al. (2001: 3) bestreiten explizit, dass es ihnen um eine konstruktivistische Großtheorie der europäischen Integration gehe.

gitimen Werte und Normen. Die zentrale Frage ist dann, wie es nach Auffassung der supranationalistischen Theorien, sei es in einem rationalistischen, sei es in einem konstruktivistischen Rahmen, zu institutioneller Eigendynamik kommt. Während der Rationalistische Supranationalismus in erster Linie theoretische Konzepte und Mechanismen des Historischen Institutionalismus verwendet, greift der Konstruktivistische Supranationalismus auf Sozialisationstheorien zurück.

Historischer Institutionalismus. Die funktionale Institutionentheorie erklärt die Wahl und Gestaltung internationaler Institutionen durch die Funktionen, die sie im Interesse der Staaten erfüllen sollen. Die Wirkungen dieser Institutionen entsprechen dann den Absichten ihrer Gründer. Der Historische Institutionalismus (in seiner rationalistischen Variante; vgl. Pierson 1996; 1998; 2000) bestreitet diese Schlussfolgerung. Erstens geht er davon aus, dass die politischen Akteure nicht so weitsichtig sind, wie von der funktionalen Theorie unterstellt, sondern über begrenzte Zeithorizonte verfügen. Zweitens analysiert er zahlreiche unvorhergesehene und nicht-beabsichtigte Institutionenwirkungen. Komplexe soziale Prozesse, die eine große Zahl von Akteuren involvieren, erzeugen komplizierte Rückkopplungsschleifen und Interaktionseffekte, die auch die weitsichtigsten Akteure nicht völlig verstehen und vorhersehen können (Pierson 1998: 39). Drittens behauptet er, dass die politischen Akteure eine institutionelle Entwicklung aufgrund von Reformblockaden und Pfadabhängigkeiten selbst dann nur begrenzt korrigieren können oder wollen, wenn sie erkennen, dass sie sich von ihren ursprünglichen Absichten entfernt hat. Um politische Institutionen zu stabilisieren, errichten die Akteure oft hohe institutionelle Hürden für ihre Veränderung (z. B. qualifizierte Mehrheiten oder gar Einstimmigkeit), die Reformen selbst dann verhindern können, wenn sie von einer Mehrheit gewünscht werden. Oft sind aber Veränderungen aufgrund von *sunk costs* unattraktiv: Wenn Technologien oder Institutionen neu eingeführt werden, gehen die Akteure Anpassungs- und Umstellungskosten ein und orientieren ihre zukünftigen politischen Strategien an ihnen. Diese Investitionen sind oft so hoch, dass die Akteure auch dann an diesen Technologien und Institutionen festhalten, wenn es effizientere Alternativen gibt, für die sie sich in Abwesenheit der *sunk costs* entschieden hätten. Treten keine größeren Schocks auf (z. B. Kriege, Revolutionen, Wirtschaftskrisen), so verfestigt sich ein einmal eingeschlagener Pfad über die Zeit immer weiter.

Sozialisationstheorie. Die Theorie internationaler Sozialisation geht davon aus, dass internationale Institutionen nicht nur Restriktionen und Opportunitäten für das Handeln der Akteure schaffen. Vielmehr konstituieren und verändern sie das Wissen der Akteure – ihr Situations- und Problemverständnis –, ihre Identitäten und Interessen. Theorien der internationalen Sozialisation postulieren unterschiedliche Mechanismen und Bedingungen der Transformation des Wissens, der Identitäten und Interessen von staatlichen und transnational agierenden gesellschaftlichen Akteuren in internationalen Institutionen – und schließlich des Wandels staatlicher und gesellschaftlicher Strukturen als Resultat dieser Transformation (vgl. Schimmelfennig 2003b). Im Rahmen der Forschung über die europäische Integration sind solche Wirkungen europäischer Institutionen auf der nationalen Ebene auch als „Europäisierung" thematisiert worden (vgl. Börzel/Risse 2003).

Die zentralen Mechanismen der Sozialisation in der konstruktivistischen Sozialisationstheorie sind Imitations-, Überzeugungs- und Einflussprozesse im Rahmen sozialen Lernens. Für das Gelingen dieser Prozesse haben Checkel (2001b: 562-563) und Johnston (2001: 498-499) einen weitgehend übereinstimmenden Katalog von Bedingungen vorgelegt (vgl. auch Risse 2000: 19). Demnach ist soziales Lernen am ehesten zu erwarten, wenn sich der Sozialisand in einer neuartigen und unsicheren Umgebung befindet; wenn der Sozialisationsagent die anerkannte Kompetenz (Autorität) besitzt, für eine Gemeinschaft zu handeln, mit der sich der Sozialisand identifiziert und zu der er gehören will (Identität); wenn der Überzeugungs- und Lernprozess Normen und Regeln betrifft, die in der Gemeinschaft hohe Legitimität genießen; wenn der Überzeugungsprozess einer „idealen Sprechsituation" möglichst nahe kommt, also Prinzipien der Deliberation beherzigt und ohne äußere und politische Zwänge stattfindet; wenn der Sozialisand über lange Zeit hinweg neuartigen oder seinen bisherigen Überzeugungen widersprechenden, aber in sich konsistenten internationalen Informationen ausgesetzt ist; schließlich, wenn die innenpolitische und gesellschaftliche Anschlussfähigkeit der internationalen Schemata und Regeln hoch ist (Resonanz).

Wie wirken sich nach Auffassung der supranationalistischen Theorien die institutionellen Pfadabhängigkeiten und Sozialisationsprozesse nun konkret auf die europäische Integration aus? In der neofunktionalistischen Vorgängertheorie des gegenwärtigen Supranationalismus gab es noch keine klare Trennung zwischen den rationalistischen und konstruktivistischen Mechanismen, sondern beide Institutionenwirkungen wurden unter den *Spillover*-Mechanismus subsumiert. Ernst Haas erklärte mit dem Spillover-Mechanismus die „expansive Logik" der Integration (1968: 283-317). In späteren Rezeptionen der Arbeiten sind die von ihm genannten Bedingungen oder Faktorengruppen als funktionaler, politischer und institutioneller Spillover kategorisiert worden (vgl. Schmitter 1969; Tranholm-Mikkelsen 1991: 13-15). Anders als der Intergouvernementalismus ist der Supranationalismus nicht in einer Theorie internationaler Verhandlungen verwurzelt, sondern in der Pluralismustheorie der Politik. *Gruppen*, nicht Staaten, sind die fundamentalen Akteure im Integrationsprozess. In einem System moderner, ökonomisch verflochtener und differenzierter Industriegesellschaften prägt die Konkurrenz von Interessengruppen, die in erster Linie an der Maximierung ihrer eigenen Wohlfahrt orientiert sind, den politischen Prozess. Politikergebnisse resultieren aus der Kombination des Drucks unterschiedlicher starker Interessengruppen (vgl. Haas 1961: 374, 378; 1968: xxxiii-xxxvi).

(1) *Funktionaler* Spillover resultiert aus dem Sachzusammenhang von Politikbereichen. Er führt zur Nachfrage nach weiteren Integrationsschritten, sofern die

3 Integrationstheorien **35**

Gewinne aus der Integration eines Sektors A suboptimal bleiben, weil nicht auch die benachbarten Sektoren B und C integriert werden, weil die Integration von A negative Auswirkungen auf B und C hat und diese daher auch kollektiv reguliert werden müssen (Lindberg/Scheingold 1970: 117), oder weil das bestehende Vertiefungsniveau in Sektor A nicht ausreicht, um eine effektive und effiziente Kooperation zu erreichen. Anders gesagt: Die Externalitäten sektoraler Integrationsschritte führen dazu, dass Regierungen neue, ursprünglich nicht geplante Integrationsschritte vereinbaren, um Wohlfahrtsverluste zu vermeiden. Ähnlich funktioniert laut Haas auch der „geographische Spillover" als Auslöser von Erweiterung (Haas 1968: 313-315). Demnach geraten auch Regierungen, die der EU zunächst nicht beitreten wollten, aufgrund der negativen Externalitäten der Integration unter Druck, ihre Entscheidung zu revidieren.[9]

(2) *Politischer* Spillover entwickelt sich als Reaktion auf einen anfänglichen Integrationsschritt, wenn Interessengruppen, Bürokraten und andere nationale politische Akteure ihre politische Erwartungen und Aktivitäten auf die neue Entscheidungsebene hin orientieren. In dem Maße, wie die Integration ihnen hilft, ihre politischen Ziele besser als ihm nationalen Rahmen zu verwirklichen, bilden sie transnationale Koalitionen und entwickeln supranationale Problemlösungsperspektiven (Haas 1968: xxxiv). Dieser Prozess muss nicht unbedingt harmonisch sein, sondern kann auch über eine supranationale Politisierung nationaler Eliten und Öffentlichkeiten durch politische Kontroversen in integrierten Sachbereichen erzeugt werden (vgl. auch Schmitter 1969: 166). In jedem Fall kommt es dazu, dass die politischen Akteure über Zeit neue, den Nationalstaat transzendierende Identifikationen und Loyalitäten ausbilden.[10] Auf der Basis dieser neuen Identitäten, Einstellungen und Koalitionen üben sie schließlich wirksamen Einfluss auf die Regierungen zugunsten fortschreitender Integration aus.

(3) Der *institutionelle* Spillover ist auf die Aktivitäten der supranationalen Organe der EU zurückzuführen. Zum einen tragen diese zum funktionalen und politischen Spillover bei. Sie stellen Verknüpfungen zwischen Politikbereichen her und zeigen negative Externalitäten auf – eventuell behaupten sie diese auch nur, um daraus den Bedarf weiterer Integration abzuleiten (Nye 1971: 59). Zum gleichen Zweck unterstützen sie die Bildung transnationaler Koalitionen. Zum anderen helfen sie den Regierungen, gemeinsame Interessen und Möglichkeiten der effizienten Zusammenarbeit erst zu entdecken und in Verhandlungen zu einer optimalen Übereinkunft zu gelangen. Beides setzt voraus, dass die supranationalen Organe, vor allem die Europäische Kommission – entgegen der intergouvernementalistischen Annahme reichhaltiger und symmetrisch verteilter Information im zwischenstaatlichen Verhandlungskontext – einen Informationsvorsprung

---

[9] Das entspricht dem oben ausgeführten klubtheoretischen Argument (3.1).

[10] Lindberg/Scheingold (1970: 119) charakterisieren diesen Prozess als „Akteurssozialisation". In diesem Punkt sind die Berührungspunkte mit dem späteren Konstruktivistischen Supranationalismus am größten. Vgl. allgemein dazu Haas (2001).

gegenüber den Regierungen besitzen, den sie zur Förderung der Integration und zum Ausbau ihrer eigenen Kompetenzen ausnutzen können. Haas hat hierfür den Begriff des „upgrading of common interests" geprägt (Haas 1961: 368).

Die Arbeiten der gegenwärtigen „supranationalistischen" Forschergemeinschaft um Alec Stone Sweet, Wayne Sandholtz und Neil Fligstein stehen deutlich in der Tradition des von Ernst Haas geprägten Neofunktionalismus (Stone Sweet/Sandholtz: 1997; 1998; siehe auch Fligstein/Stone Sweet: 2001; 2002). Sie sehen die europäische Integration als das Produkt des Zusammenspiels von drei Faktoren: Ausweitung transnationaler Austauschbeziehungen, Fähigkeit supranationaler Organisationen, die Bedürfnisse und Interessen dieser transnationalen Akteure aufzugreifen und umzusetzen, und Folgewirkungen der Verregelung der EU-Politik. Sie bleiben dabei in einem rein rationalistischen Rahmen eigeninteressierter, wohlfahrtsmaximierender und strategisch handelnder Akteure sowie verhaltensregulierender Institutioneneffekte (Fligstein/Stone Sweet 2001: 32-33).

In Anlehnung an die Konzepte des funktionalen und politischen Spillover argumentieren Stone Sweet und Sandholtz, dass mit der Ausdehnung transnationaler Austauschprozesse die Kosten nationaler Regelungen und damit die Nachfrage transnationaler Akteure – Interessengruppen, Unternehmen, Produzenten- und Konsumentenvereinigungen – nach supranationaler Politikkoordination und -regulierung wachsen. Diese Nachfrage ist um so stärker, je mehr diese Akteure von grenzüberschreitendem Austausch profitieren und je größer für sie der Vorteil einheitlicher europäischer Regelungen gegenüber unterschiedlichen nationalen Regelungen ist. Mit dieser Nachfrage richten sich die am transnationalen Austausch beteiligten Akteure an ihre eigenen Regierungen, die dann supranationale Regelungen aushandeln, um Wohlfahrtsgewinne zu erzielen. Falls die Regierungen sich – etwa um ihre Autonomie zu erhalten – weigern aktiv zu werden, können die gesellschaftlichen Akteure sich aber auch direkt an die supranationalen Organe der EU wenden. Kommission und Gerichtshof nutzen dann, entsprechend dem institutionellen Spillover-Mechanismus, ihre Kompetenzen und Informationen, um den Anwendungsbereich supranationaler Regeln auszudehnen und damit den kollektiven (transnationalen) Nutzen zu erhöhen (Stone Sweet/Sandholtz 1997: 299, 306; 1998: 4).

Daneben führen Stone Sweet und Sandholtz noch einen weiteren Faktor zur Erklärung des Integrationswachstums an: die Logik der *Verregelung* (1997: 310-312; Fligstein/Stone Sweet 2001: 31; vgl. Haas 1968: 283). Regierungen mögen die vertraglichen Regeln der europäischen Integration durchaus entsprechend ihren Präferenzen und ihrer Verhandlungsmacht setzen; anschließend entwickeln sich diese jedoch in einem komplexen sozialen Prozess mit zahlreichen Akteuren und in zahlreichen Politikfeldern, den die Regierungen nicht (vollständig) vorhersagen und kontrollieren können. Erstens passen sich die Akteure den neuen Regeln an. Sie lernen, von den Regeln geschaffene Handlungsspielräume in ihrem Eigeninteresse zu nutzen und Handlungsrestriktionen zu umgehen. Neue Regeln rufen eventuell auch neue Akteure auf den Plan, die dann wiederum Einfluss auf die zukünftige Regelentwicklung nehmen. Drittens sind Regeln stets interpretations- und fortschreibungsbedürftig. Akteure legen sie kontrovers aus oder es tauchen Situationen auf, für die sie keine klaren Handlungsanweisungen erhalten. Dadurch entsteht eine autonomer Entscheidungsspielraum für die supranationalen Organe, die von den Regierungen mit der Auslegung, Konkretisierung und Weiterentwicklung der Regeln und der Kontrolle ihrer Einhaltung betraut wurden. Dieser Prozess von Regelschaffung, -modifikation und -auslegung entwickelt sich immer weiter: „Durch Auslegung und Anwendung verändern Gerichte, Gesetzgeber und Verwaltungen die Regeln, indem sie eine aktuell gültige Bedeutung festlegen. Die neuen oder veränderten Regeln lenken die darauf folgenden Interaktionen, nachdem die Akteure ihr Verhalten angepasst haben. Die Streitigkeiten, die anschließend entstehen, entwickeln sich in einem veränderten Regelkontext und stoßen einen Prozess an, der die Regeln wiederum uminterpretieren und verändern wird. Die neuen Regeln leiten das Verhalten der Akteure und so weiter." (Stone Sweet/Sandholtz: 1997: 310) Zugleich bildet sich ein zunehmend dichteres und stabileres Regelgeflecht heraus; das System der EU wird „konstitutionalisiert".

Diese Prozesse steigender transnationaler Transaktionen, der Zunahme transnationaler politischer Aktivitäten auf der EU-Ebene und des Wachstums von EU-Regelsetzung und -auslegung verstärken und verfestigen sich wechselseitig. Der aktuelle Rationalistische Supranationalismus verneint zwar ein automatisches und lineares Integrationswachstum, wie es der frühe Neofunktionalismus behauptete, erwartet aber, dass ein einmal erreichtes Integrationsniveau von den Regierungen auch dann nicht mehr rückgängig gemacht wird, wenn es den ursprünglichen Absichten der Regierungen widerspricht (Fligstein/Stone Sweet 2001: 38, 55). Hierfür macht der Rationalistische Supranationalismus die vom historischen Institutionalismus postulierten Mechanismen institutioneller Blockaden und *sunk costs* verantwortlich (Pierson 1998: 43-47). Erstens sind die Regeln für die Vertrags- und Politikrevision in der EU sehr restriktiv. Vertragsrevision müssen einstimmig vereinbart und in den nationalen Parlamenten ratifiziert werden; Politikänderungen bedürfen mindestens einer qualifizierten Mehrheit. Wenn also auch nur ein einziger Staat oder eine Minderheit von Staaten von einer bestehenden Regelung profitiert, was wahrscheinlich ist, können sie Änderungen blockieren. Die EU befindet sich in einer „Politikverflechtungsfalle" (Scharpf 1985) und besitzt ein außerordentliches Maß an „Politikstabilität" (Tsebelis 2002: 281-282).

Zweitens werden die nationalen politischen Systeme durch die schiere Menge, aber auch die hohe Bindungswirkung von EU-Regeln (vor allem im Vergleich mit anderen internationalen Organisationen) extrem stark penetriert. Die Investitionskosten zur Anpassung nationaler Regeln und Umorientierung politischer Prozesse, die im Fall eines Austritts zu erwartenden Entflechtungskosten, und die im Zuge der Erweiterung der EU wachsende Isolation von Nicht-Mitgliedstaaten machen eine staatliche Existenz europäischer Staaten außerhalb der EU zunehmend unattraktiv. Dadurch lässt sich auch die Austrittsdrohung als „letztes Mittel" zur Durchsetzung staatlicher Präferenzen in EU-Verhandlungen immer weniger glaubhaft einsetzen.

Liberaler Intergouvernementalismus und Rationalistischer Supranationalismus stimmen in mehreren Punkten durchaus überein. Beide gehen von einem rationalistischen Erklärungsmodell aus und sehen die fundamentale Ursache europäischer Integration in gesellschaftlichen Interessen. Auch bestreitet der Rationalistische Supranationalismus nicht, dass die Regierungen zentrale und mächtige Akteure im Integrationsprozess sind und zwischenstaatliche Bargaining-Prozesse die Ergebnisse einzelner EU-Vertragsverhandlungen auf EU-Ebene charakterisieren (Pierson 1998: 29; Stone Sweet/Sandholtz 1997: 314). Allerdings werden die gesellschaftlichen Integrationsinteressen nach Auffassung des Rationalistischen Supranationalismus nicht exklusiv staatlich vermittelt: Gesellschaftliche Akteure organisieren sich transnational, agieren an den Staaten vorbei auf der europäischen Ebene und richten sich unmittelbar an supranationale Organisationen. Außerdem sind die intergouvernementalen Verhandlungen immer in transnationale und supranationale Prozesse eingebettet. Sie finden jeweils vor dem Hintergrund neuer transnationaler gesellschaftlicher Forderungen und in einem durch die Aktivitäten supranationaler Organisationen und die Eigendynamik der Verregelung veränderten institutionellen Kontext statt. Schließlich sind supranationale Organisationen nicht nur gewillt, sondern auch in der Lage, die ihnen übertragenen Kompetenzen extensiv zu nutzen und auszuweiten sowie Regeln und Politikinhalte zu produzieren, die von den Staaten in intergouvernementalen Verhandlungen so nicht vereinbart worden wären (siehe u.a. Lindner/Rittberger 2003; Stacey/Rittberger 2003).

Aus diesen Gründen ist neuer Integrationsbedarf weniger durch „exogene Schocks" (wachsende internationale Interdependenz) als durch endogene Pfadabhängigkeiten bedingt, und intergouvernementale Verhandlungen sind weniger der Erzeuger als das Produkt der Integration (Caporaso 1998: 350; Stone Sweet/Sandholtz 1998: 12, 26). Es ist die extrem hohe Interaktionsdichte – die hohe Zahl der weit in den klassischen Bereich der Innenpolitik ausgreifenden Politikfelder und die hohe Zahl von Akteuren auf allen Ebenen, die rechtliche und faktische Mitsprachekompetenzen in der EU-Politik haben – die die EU von üblichen internationalen Regimen unterscheidet und eine Eigendynamik begünstigt (Pierson 1998: 41-42). Diese Dynamik des Integrationsprozesses wird aber erst sichtbar, wenn man die Vertragsverhandlungen und ihre Ergebnisse nicht, wie Moravcsik, jeweils einzeln in „verzerrenden Schnappschüssen", sondern in ihrer historischen Entwicklung analysiert und dabei auch die Perioden zwischen den Vertragsverhandlungen nicht übergeht (Pierson 1998: 29-33).

Anders als der Rationalistische Supranationalismus hat der *Konstruktivistische Supranationalismus* noch keine vollständige Integrationstheorie vorgelegt. Aus einzelnen konstruktivistischen Analysen der EU-Politik – und der internationalen Politik im Allgemeinen – lassen sich aber durchaus Elemente einer konstruktivistischen Integrationstheorie und Aussagen über die Einflussfaktoren der europäischen Integration gewinnen. Demnach hängt die Integrationsbereitschaft der Akteure nach der Logik der Angemessenheit zunächst von der Stärke ihrer Identifikation mit „Europa", der Legitimität eines Integrationsschrittes und seiner Anschlussfähigkeit an politische Ideen im nationalen Raum ab. Darüber hinaus aber kann der Integrationsprozess transformative Wirkungen haben, indem er die Identifikation mit der EU stärkt, die Legitimität weiterer Integration erhöht und Raum für deliberative Prozesse bietet.

Ein zentraler Faktor ist *Identität*. Zum einen variiert die Integrationsbereitschaft der Akteure mit deren Identifikation mit der EU. Das betrifft sowohl die Bereitschaft von Nicht-Mitgliedgesellschaften zum EU-Beitritt als auch die Bereitschaft von Mitgliedgesellschaften zur sektoralen Ausdehnung und institutionellen Vertiefung der EU. Darüber hinaus nimmt der Konstruktivistische Supranationalismus in Anlehnung an den Neofunktionalismus jedoch an, dass die Identifikation mit der EU durch die konkrete Erfahrung von und Beteiligung an EU-Politik gestärkt wird (allerdings weniger im Sinne einer – vom frühen Neofunktionalismus erwarteten – „Überwindung" nationaler Identifikation als einer Ausbildung und Verstärkung multipler Identitäten). In diesen Identitätsbildungsprozessen liegt das transformative Potential der Integration (vgl. z. B. Egeberg 1999; Risse et al. 1999; Risse 2003).

Weiterhin variiert die Integrationsbereitschaft mit der *Legitimität* von Ausdehnungs-, Vertiefungs- und Erweiterungsschritten. Die Legitimität bestimmt, inwieweit diese als „angemessen" anerkannt werden. Wie bei der Identität hängt die Legitimität zunächst davon ab, wie groß die Übereinstimmung oder Anschlussfähigkeit (*Resonanz*) der europäischen Integration an politische Ideen im nationalen Raum ist. Die Integrationsbereitschaft wächst dann in dem Maße, wie ein Integrationsschritt mit „nationalen" Verfassungstraditionen (vgl. z. B. Wagner 1999; 2002b) und Legitimitätsideen (vgl. Jachtenfuchs et al. 1998; Jachtenfuchs 2002) im Einklang steht oder daran anknüpfen kann. Darüber hinaus kann Legitimität jedoch auch außerhalb des nationalen Kontextes erzeugt werden. Sie kann außerhalb der EU erzeugt werden („andere Organisationen und Staaten machen es auch so") und so zu einem „institutionellen Isomorphismus", der Verbreitung gleichartiger Regeln und Organisationen unabhängig von deren lokaler Funktionalität, führen (Powell/DiMaggio 1991; vgl. McNamara 2002). Sie kann aber auch intern erzeugt werden – etwa wenn ein neuer Integrationsschritt mit bestehenden EU-Institutionen, -Praktiken und -Diskursen übereinstimmt oder sich aus höherrangigen Prinzipien ableiten lässt. In diesem Fall kann es zu einem eigendynamischen Integrationswachstum kommen, auch wenn es ihm (auf der Basis des Eigeninteresses und der Präferenz- und Machtverteilung der Staaten) an Effizienz mangelt (vgl. z. B. Rittberger 2003; Schimmelfennig 2001).

Schließlich betont der Konstruktivistische Supranationalismus – im Gegensatz zum intergouvernementalistischen Fokus auf harte zwischenstaatliche Verhandlungsprozesse –, dass sich EU-Institutionen und -Prozeduren wie die Komitologie für einen *deliberativen* Politikstil eignen (Joerges/Neyer 1997a; Lewis 2003). Diese von öffentlicher Aufmerksamkeit und unmittelbarer Regierungskontrolle isolierten Foren bieten einen förderlichen Kontext für Überzeugungs- und Sozialisationsprozesse – auch wenn es sich um Vertreter nationaler Regierungen und Bürokratien handelt.

Fassen wir zusammen. Die Grundannahme des Supranationalismus lautet:

> Der Prozess der politischen Integration entfaltet eine institutionelle Eigendynamik, die von den Regierungen weder beabsichtigt noch kontrollierbar oder rückgängig zu machen ist.
> Transnational agierende gesellschaftliche Akteure im Verbund mit supranationalen Organisationen sind die relevanten Akteure, die den Prozess der politischen Integration vorantreiben. Ausmaß, Form und Inhalt politischer Integration entwickeln sich in komplexen transnationalen sozialen und institutionellen Prozessen und transzendieren die Präferenz- und Machtkonstellation der beteiligten Regierungen.

Die zentralen Hypothesen für die verschiedenen Dimensionen der Integration sind sich ähnlich, unterscheiden sich aber für die beiden Spielarten des Supranationalismus.

> *Rationalistischer Supranationalismus*: Es kommt zu einem Integrationswachstum, wenn es den Nutzen transnational agierender gesellschaftlicher Akteure steigert, und in dem Maße, wie supranationale Organisationen die Fähigkeit besitzen, das Integrationsinteresse dieser Akteure zu fördern. Varianz im Ausmaß der Integration reflektiert Varianz in der relativen Intensität transnationaler Aktivität und Kapazität supranationaler Organisationen. Die substanzielle Regulierung der Integration entspricht der transnationalen Interessenkonstellation und der supranationalen Rechtsfortschreibung.
> *Konstruktivistischer Supranationalismus*: Es kommt zu einem Integrationswachstum, wenn die Identifikation der Akteure mit der EU wächst, ein Integrationsschritt hohe institutionelle Legitimität und Resonanz in den Mitgliedsgesellschaften besitzt. Varianz im Ausmaß der Integration reflektiert Varianz in der relativen Intensität europäischer Identifikation, institutioneller Legitimität und gesellschaftlicher Resonanz. Die substanzielle Regulierung der Integration hängt von der Legitimität und Resonanz der Regeln ab.

4 Sektorale Integration

Ein Indikator für die Ausdehnung der sektoralen Integration ist die formale Übertragung von Regelungskompetenzen an die europäische Ebene in einem bestimmten Politikbereich als Ergebnis zwischenstaatlicher Aushandlungsprozesse. Welche neuen Politikbereiche sind im Zuge der Revision des Gründungsvertrages hinzugekommen? Wurden die Kompetenzen der Gemeinschaft in einem bestimmten Politikbereich ausgeweitet? Tabelle 1.4 illustriert einerseits die Politikbereiche, in denen die Gemeinschaft seit ihrer Gründung Regelungskompetenzen erhalten hat (sektorale Integration) und andererseits zeigt sie den Grad

Tabelle 1.4: Sektorale und vertikale Integration der Europäischen Union

Politikbereich	1950	1958	1967	1993	2003
Wohlfahrt					
Landwirtschaft und Fischerei	1	1	4	4	4
Waren- und Dienstleistungsverkehr	1	2	3	4	4
Kapitalverkehr	1	1	1	4	4
Personenverkehr	1	2	3	4	4
Sozialpolitik	1	1	1	2	2
Wettbewerbspolitik	1	2	3	4	4
Währungspolitik	1	1	2	3	4
Steuerpolitik (indirekte Steuern)	1	1	1	4	4
Regionalentwicklung	1	1	1	3	3
Umwelt-, Gesundheits- und Verbraucherschutz	1	2	2	3	3
Forschung	1	1	2	2	2
Sicherheit					
Außenpolitik	1	1	1	2	3
Verteidigungspolitik	1	1	1	1	2
Einwanderungs-, Asylpolitik	1	1	1	2	3
Polizeiliche Zusammenarbeit	1	1	1	2	2
Herrschaft					
Unionsbürgerrecht/Grundrechtsschutz	1	1	1	2	2

Legende:
1950: Zustand vor jeglicher Integration
1958: Inkrafttreten des EWG-Vertrages
1967: Fusionsvertrag tritt in Kraft
1993: Vertrag von Maastricht
2003: Status quo
1 = alle Politikentscheidungen werden auf nationaler/gliedstaatlichere Ebene getroffen
2 = einige Politikentscheidungen werden auf EU-Ebene getroffen
3 = Politikentscheidungen werden auf beiden Ebenen getroffen
4 = die meisten Politikentscheidungen werden auf der EU-Ebene getroffen

Quelle: Hix (2005); Donahue/Pollack (2001), modifiziert.

der Vergemeinschaftung (vertikale Integration). Aus der Tabelle wird ersichtlich, dass sich die sektorale Integration zu Beginn des europäischen Integrationsprojektes ausschließlich auf das Politikfeld „Wohlfahrt" beschränkt hat. Erst im Laufe der Jahrzehnte dehnte sich die sektorale Integration auf die Felder Sicherheit (Gemeinsame Außen- und Sicherheitspolitik, Zusammenarbeit im Bereich

Inneres und Justiz) und Herrschaft (Unionsbürgerschaft und Grundrechtsschutz) aus.

Im Folgenden werden zwei Bereiche sektoraler Integration unter Rückgriff auf intergouvernementalistische und supranationalistische Erklärungsansätze näher beleuchtet. Mit dem Bereich der Wirtschafts- und Währungspolitik wurde ein Politikbereich aus dem Politikfeld „Wohlfahrt" gewählt, der sehr stark auf der EU-Ebene reguliert ist. Im Gegensatz dazu ist der zweite Bereich, der näher betrachtet werden soll, relativ schwach auf der EU-Ebene reguliert: der Politikbereich der außen- und sicherheitspolitischen Zusammenarbeit, der dem Politikfeld „Sicherheit" zuzuordnen ist. Sind die uns zur Verfügung stehenden Erklärungsansätze in der Lage, sektorale Integration in den unterschiedlichen Politikfeldern „Wohlfahrt" und „Sicherheit" zu erklären?

4.1 Die Wirtschafts- und Währungsunion (WWU)

Im Vertrag von Maastricht legten die EU-Mitgliedstaaten einen Stufenplan zur Realisierung der WWU fest, der mit der Einführung des Euro als Zahlungsmittel, der Einrichtung der Europäischen Zentralbank sowie des Europäischen Systems der Zentralbanken und der Koordinierung nationaler Wirtschaftspolitiken seinen Höhepunkt erfuhr. Am 1. Januar 1999 schlossen sich elf EU-Staaten (mit Ausnahme von Großbritannien, Dänemark, Schweden und Griechenland, das jedoch am 1. Januar 2001 der WWU beitrat) zur Europäischen Währungsunion zusammen. Wie lässt sich die sektorale Zusammenarbeit im Bereich der Wirtschafts- und Währungspolitik anhand der in diesem Kapitel vorgestellten Integrationstheorien erklären?

4.1.1 Intergouvernementalismus

Joseph Grieco (1995; 1996) entwickelt in seinen Arbeiten zur Erklärung des im Vertrag von Maastricht von den Mitgliedsregierungen festgeschriebenen Zeitplans zur Gründung und Vollendung der WWU eine realistisch-intergouvernementale Interpretation. Grieco geht von der neorealistischen Grundannahme aus, dass aufgrund des anarchischen Charakters des internationalen Systems (d. h. der Abwesenheit einer zentralen Rechtsetzungs- und Rechtsdurchsetzungsinstanz) Staaten in erster Linie danach streben, ihre Sicherheit und Unabhängigkeit zu wahren. Aus dieser Grundannahme lassen sich Hypothesen bezüglich der Wahrscheinlichkeit von Kooperation zwischen Staaten und der Bedeutung internationaler Institutionen ableiten. Für Neorealisten ist internationale Kooperation nicht unmöglich, jedoch tendenziell schwer zu erreichen, da sich Staaten der ständigen Gefahr ausgesetzt sehen, dass andere Staaten zwischenstaatlich geschlossene Vereinbarungen nicht einhalten. Gleichsam werden die relativen Kooperationsgewinne eines Staates gegenüber anderen Staaten als ein direktes Sicherheitsrisiko interpretiert. Internationale Institutionen können diese Gefahren nicht maßgeblich reduzieren und spielen daher im Neorealismus keine bedeutende Rolle. Der europäische Integrationsprozess ist somit auch nur vor dem Hintergrund der Konkurrenz der beiden Supermächte zu Zeiten des Kalten Krieges zu erklären: Das Leben im „Schatten" der Supermächte bedeutete, dass die Sicherheit Westeuropas vom Schutz der USA abhing und unilaterale sicherheitspolitische Anstrengungen überflüssig wurden. Dieser Zustand war eine notwendige Bedingung für Kooperation zwischen den westeuropäischen Staaten, da ihre Sorge vor relativen Kooperationsverlusten durch den Schutz und die Dominanz der USA wegfiel.

Grieco konstatiert jedoch, dass für den Neorealismus die Entscheidung der Mitgliedsregierungen zur Gründung der WWU ein Rätsel darstellt: Wenn Staaten in der internationalen Politik ihre Autonomie zu schützen suchen, wie lässt sich dann erklären, dass die Mitgliedstaaten maßgebliche Teile ihrer nationalen Souveränität mit der Einrichtung einer unabhängigen Zentralbank abgetreten haben? Wie lässt sich außerdem erklären, dass die Mitgliedstaaten die Ausdehnung der sektoralen Integration gerade nach dem Ende der Bipolarität vereinbarten?

Um diese Fragen beantworten zu können, schlägt Grieco eine Modifizierung des Neorealismus vor (1995: 26-32). Grieco argumentiert, dass in ihrem Streben nach Sicherheit und Einfluss insbesondere „schwächere" Staaten internationale Institutionen für ihre Zwecke zu instrumentalisieren versuchen, um nicht von mächtigeren Staaten dominiert zu werden. Ziel dieser so genannten „secondary states" ist es innerhalb dieser Institutionen ihre Einflussmöglichkeiten („voice opportunities") zu vergrößern Die daraus abgeleitete *voice opportunity*-These lautet wie folgt: „Wenn Staaten ein gemeinsames Interesse teilen und Verhandlungen zur Errichtung eines kooperativen Arrangements unternehmen, werden die schwächeren aber dennoch einflussreichen Staaten alles daran setzten, dass die Regeln für die Zusammenarbeit ihnen ausreichend Gelegenheiten bieten, ihre Interessen zu artikulieren und zu behaupten, um nicht von den stärkeren Partnern dominiert zu werden." (Grieco 1995: 34)

Grieco argumentiert, dass die *voice opportunity*-These in erster Linie das Interesse Frankreichs und Italiens an der Gründung der WWU erklären kann. Diesen Mitgliedstaaten war die Vorreiterrolle Deutschlands im Rahmen des Europäischen Währungssystems (EWS) zunehmend ein Dorn im Auge, da die antiinflationäre Geldpolitik der Bundesbank die geld- und wirtschaftspolitischen Handlungsmöglichkeiten der anderen EWS-Mitglieder im Hinblick auf die Bekämpfung ihrer wirtschaftlichen und arbeitsmarktpolitischen Probleme maßgeblich einschränkte. Um das asymmetrische Machtverhältnis innerhalb des EWS zu mindern, wurden seitens der Regierungen in Paris und Rom seit den späten achtziger Jahren Versuche unternommen, ihren Einfluss innerhalb des EWS zu erhöhen. Frankreich und Italien sahen einen Ausweg in der Einrichtung einer für Geldpolitik zuständigen europäischen Institution, in der eine größere Symmetrie der Einflussmöglichkeiten sichergestellt werden sollte (Grieco 1995: 36). Während die *voice opportunity*-These somit Licht auf das Drängen „zweitrangiger" Staaten wie Frankreich und Italien für eine „symmetrische" WWU wirft, erscheint das Verhalten der deutschen Regierung umso rätselhafter, da mit den Institutionen der WWU ein relativer Einflussverlust Deutschlands auf die Geldpolitik einherging. Die von Grieco angeführten Erklärungsversuche für die Position Deutschlands bleiben jedoch unbefriedigend und *ad hoc*.[11]

Während der modifizierte Neorealismus Griecos gemäß der grundlegenden Hypothese des Realistischen Intergouvernementalismus die Ausweitung sektoraler Integration im Bereich der Wirtschafts- und Währungspolitik auf das allgemeine Interesse von Staaten nach Einflussgewinnen innerhalb kooperativer Arrangements mit asymmetrischen Machtkonstellationen zurückführt, betont der Liberale Intergouvernementalismus, dass die Entscheidung zur Einrichtung der WWU durch die Mitgliedsregierungen auf sektorspezifische Wohlfahrtsinteressen rekurriert. Welche Antwort gibt er auf die Frage, warum die Mitgliedsregierungen der Gemeinschaft ein Interesse daran fanden, ihre Wechselkurse zu stabilisieren und ihre währungspolitischen Kompetenzen an eine unabhängige europäische Zentralbank zu übertragen? Im Unterschied zum Realistischen Intergouvernementalismus definiert sich die „Nutzenfunktion" von Staaten nicht über sektorübergreifende Einfluss- oder Sicherheitsinteressen, sondern über den zu erwartenden makoökonomischen Nutzen einer auf Wechselkursstabilisierung angelegten (gegenüber einer auf flexiblen Wechselkursen beruhenden) Politik. Neben der Verflechtung internationaler Handelsströme und Kapitalmärkte ist eine zentrale Bedingung für die Stabilisierung von Wechselkursen die Angleichung nationaler Inflationsraten bzw. die Verpflichtung von Staaten mit „weicher" Währung, innenpolitische Anstrengungen zur Stabilisierung ihrer nationalen Volkswirtschaften zu unternehmen (siehe Moravcsik 1998: 41-49).[12] Die Präferenzen der „drei Großen" – Frankreich, Deutschland und Großbritannien – für eine Ausdehnung der sektoralen Integration im Bereich der Währungspolitik lassen sich, so Moravcsik, auf diese Bedingungen zurückführen.[13] In Frankreich hatten sich im Laufe der achtziger Jahre sowohl die neo-gaullistischen als auch die sozialistischen Regierungen zur Liberalisierung der Kapitalmärkte bekannt. Abnehmende Inflationsraten ließen eine Stabilisierung der Wechselkurse profitabel erscheinen. In einem „Hartwährungsland" (wie Deutschland) war die Sorge

---

[11] Grieco behauptet, dass die deutsche Regierung bei den WWU-Verhandlungen von der Annahme ausging, dass der im Vertrag von Maastricht festgelegte Zeitplan zur Realisierung der WWU sowieso nicht eingehalten werden könnte. Die Zustimmung wäre also (vorerst) mit geringen Kosten verbunden; außerdem würden die geldpolitischen Präferenzen Deutschlands durch das antiinflationäre Mandat und die Unabhängigkeit der EZB bestens realisiert; Grieco behauptet weiter, dass Deutschland zudem auf eigenen Einfluss innerhalb der WWU zu verzichten bereit war, um eine effektivere europäische Koalition gegenüber Japan schmieden zu können.

[12] Warum ist die Angleichung von Inflationsraten eine notwendige Bedingung für die Stabilisierung unterschiedlicher nationaler Wechselkursregime? Wenn die nominalen Wechselkurse „fix" sind, dann bestimmt die Höhe der Inflationsrate den realen Wert der Währung und somit die internationale Wettbewerbsfähigkeit der Wirtschaft.

[13] Die folgenden Ausführungen stützen sich auf Moravcsik (1998, Kapitel 6).

um „wettbewerbsfähige" Wechselkurse und der damit verbundene Wunsch nach antiinflationärer Politik in den „Weichwährungsländern" besonders ausgeprägt. Zudem wünschte die Bundesregierung, unter starkem Druck der Bundesbank, dass eine zukünftige europäische Zentralbank ein strikt an Geldwertstabilität ausgerichtetes Mandat und einen höchstmöglichen Grad an Unabhängigkeit erhalten solle. In Großbritannien war die Regierung unter John Major prinzipiell eine Befürworterin währungspolitischer Kooperation, jedoch nicht zu den von Frankreich und Deutschland gewünschten Bedingungen. Zudem verhinderten die relativ hohe Inflationsrate und die als zu strikt empfundenen Konvergenzkriterien eine Zustimmung Großbritanniens zur WWU, da damit die Befürchtung einherging, dass der wirtschaftspolitische Handlungsspielraum zu weit eingeschränkt werden könnte.[14] Der Liberale Intergouvernementalismus verwirft demnach realistische Interpretationen, die die Gründung der WWU unter anderem als Folge des Endes der Bipolarität und der deutschen Wiedervereinigung sowie der damit verbundenen Sorge vor einem erstarkten Deutschland betrachten, das sich von Europa abwenden könnte und neue unilaterale Handlungsalternativen verfolgen könnte. Die Absicht Deutschlands und Frankreichs, die Errichtung der WWU zu forcieren (und die Opposition Großbritanniens) gingen dem Fall der Mauer voraus und wurden durch die Vereinigung nicht in Frage gestellt (Moravcsik 1998: 381).

4.1.2 Supranationalismus

Aus Sicht des Rationalistischen Supranationalismus ist eine Ausdehnung sektoraler Integration unter anderem dann zu erwarten, wenn es eine starke Nachfrage seitens transnationaler Interessengruppen gibt und supranationale Akteure, wie beispielsweise die Kommission, in der Lage sind, eine Nachfrage nach supranationalen Regelungen in einem bestimmten Politikbereich zu erzeugen und auf das Ergebnis zwischenstaatlicher Verhandlungsprozesse einzuwirken (institutioneller Spillover). Die Kommission unter Präsident Jacques Delors bemühte sich in der Tat unablässig, eine funktional zwingende Verknüpfung zwischen dem Binnenmarktprogramm und der WWU herzustellen, obwohl unter Wirtschaftswissenschaftlern keinesfalls Einigkeit darüber herrschte, ob die WWU ökonomisch überhaupt sinnvoll und wünschenswert sei.[15] Auch forderte eine Vielzahl wirtschaftlicher Interessengruppen die Gründung der WWU vehement ein. Sandholtz behauptet allerdings, dass die Kommission in der Frage der WWU nur

---

[14] Insbesondere die Arbeiten von Kathleen McNamara (1998; 1999) betonen, dass die negativen Erfahrungen der keynesianischen Nachfragepolitik in den siebziger Jahren die Entstehung eines „neoliberal policy consensus" zwischen den Mitgliedstaaten der Gemeinschaft förderte und somit eine grundlegende Voraussetzung für den Schritt hin zur WWU geschaffen wurde.

[15] Siehe Sandholtz (1993: 21). Hix (1999: 278-282) gibt einen knappen Überblick über die theoretischen Argumente für und wider eine Währungsunion.

begrenzt in der Lage war, einen institutionellen Spillover herbeizuführen. Außerdem zirkulierte die „WWU-Idee" unter den Mitgliedsregierungen bereits seit geraumer Zeit (Sandholtz 1993: 25), so dass ein „upgrading of common interests" nicht stattzufinden brauchte, um die Mitgliedsregierungen von diesem Schritt zu überzeugen. Da Sandholtz jedoch einen Zusammenhang zwischen der Binnenmarktinitiative und der Entscheidung zur Errichtung der WWU nicht ausschließen wollte, schlug er eine abgeschwächte („more modest") Spillover-These vor, in der er einen Zusammenhang zwischen der positiven Rezeption des Binnenmarktprogramms seitens politischer und ökonomischer Eliten und der Entscheidung seitens der Mitgliedsregierungen zur Errichtung einer WWU postulierte: „*Ohne* das Binnenmarktprogramm und seine starke Befürwortung seitens der Öffentlichkeit, der Wirtschaft und politischen Eliten, wäre eine ernsthafte Diskussion bezüglich der Realisierung der WWU unmöglich gewesen." (Sandholtz 1993: 23, unsere Hervorhebung)

Um die Entscheidung zur Gründung der WWU und ihrer institutionellen Form zu erklären bedarf es, so Sandholtz, jedoch neben der „abgeschwächten" Spillover-Hypothese der Berücksichtigung weiterer notwendiger Bedingungen: die Konvergenz antiinflationärer nationaler Wirtschaftspolitiken in den achtziger Jahren; die Dominanz der Bundesbank im Rahmen des EWS und das damit verbundene Streben Frankreichs, Italiens, Belgiens und der Niederlande ihren Einfluss im Rahmen einer gemeinsamen Geldpolitik zu erhöhen (vgl. hierzu Grieco); der Wunsch der deutschen Bundesregierung sich als ‚guter Europäer' zu präsentieren, um den anderen Mitgliedstaaten der Gemeinschaft die Sorge vor einem wiedervereinigten, wiedererstarkenden Deutschland zu nehmen; sowie das von den Mitgliedsregierungen geteilte Credo, Preisstabilität als oberstes Ziel währungspolitischer Kooperation zu definieren, welches mit Hilfe einer möglichst unabhängigen europäischen Zentralbank am ehesten zu verwirklichen wäre. Die von Sandholtz vorgebrachte Erklärung zur WWU enthält somit Elemente, die nicht nur mit dem Rationalistischen Supranationalismus, sondern auch mit anderen Erklärungsansätzen kompatibel sind.

Ebenso wie Sandholtz bemängeln Risse et al. (1999), dass Erklärungen für die Errichtung der WWU, die entweder geopolitische oder ökonomische Interessen betonen, nicht überzeugend sind. Für Erklärungen, die dem Muster des Realistischen Intergouvernementalismus folgen, bleibt beispielsweise die positive Haltung der Bundesregierung zur Einführung einer Gemeinschaftswährung aufgrund der dominanten Stellung der Bundesbank im EWS weiterhin ein Rätsel. Risse et al. (1999) betonen außerdem, dass Erklärungen, die auf die wirtschaftlichen Vorteile der WWU abstellen, wie die Reduktion von Transaktionskosten oder die Erwartung einer Stabilisierung von Währungsschwankungen, die *Varianz* nationaler sowie parteipolitischer Positionen zur WWU nicht adäquat erklären können. Um dieses Problem zu lösen bieten die Autoren eine Erklärung der Präferenzen der „drei Großen" an, die die Bedeutung von Identitätsvorstellungen auf ihre positiven (Deutschland, Frankreich) bzw. ablehnenden (Großbritannien)

Haltungen bezüglich der WWU beleuchten soll. Risse et al. (1999) gehen hierbei in zwei Schritten vor. Sie stellen zum einen die These auf, dass europäische Ordnungsvorstellungen und Identitätskonstruktionen als angemessen und legitim betrachtet werden (und somit auch Akteurshandeln beeinflussen können), je stärker diese Vorstellungen und Identitätskonstruktionen an national vorhandene kollektive Identitäten und Ordnungsvorstellungen anschlussfähig sind (Risse et al. 1999: 157). Für Deutschland erwarten Risse et al. (1999) beispielsweise, dass die Anschlussfähigkeit am höchsten ist, da der „Europa-Patriotismus" unter den politischen Eliten ein grundlegender Bestandteil der deutschen Nachkriegsidentität geworden ist. Für Großbritannien dagegen ist „Europa" nicht Bestandteil der nationalen Identität, sondern vielmehr ein Abgrenzungsmerkmal (*„Europe"* as the *Other*). Die Vorstellung, einer WWU mit supranationalem Charakter anzugehören, stößt sich zudem an einem der Grundpfeiler der britischen politischen Ordnungsvorstellung: der Aufrechterhaltung der nationalen parlamentarischen Souveränität.

Neben der Anschlussfähigkeit europäischer und nationaler Identitätskonstruktionen und Ordnungsvorstellungen beeinflussen zwei weitere Faktoren maßgeblich die Haltungen der Mitgliedstaaten zur WWU: die Stabilität kollektiver Identitätskonstruktionen und der Bestimmtheitsgrad materieller Interessen. Aus den unterschiedlichen Kombinationen der Ausprägungen dieser beiden Faktoren lassen sich Erwartungen über den möglichen Einfluss von Identitätsvorstellungen und materiellen Interessen auf nationale Präferenzen formulieren. Die beiden zentralen Hypothesen lauten: Je stabiler kollektive Identitätskonstruktionen sind und je unbestimmter und unsicherer die materiellen Interessen der Akteure sind, desto eher bestimmen Identitätskonstruktionen das Handeln der Akteure. Umgekehrt lässt sich behaupten, dass mit steigendem Bestimmtheitsgrad materieller Interessen bei gleichzeitig instabilen oder unbestimmten Identitätsvorstellungen Akteurshandeln primär von materiellen Interessen bestimmt wird (Risse et al. 1999: 158-159). Im Falle Deutschlands und Großbritanniens erklärt die erstgenannte These deren Haltung zur WWU, da hier die kollektiven Identitäten („Englishness" als „non-Europeanness" im einen Fall und deutsche „Europeanness" im anderen Fall) maßgeblich dafür waren, wie die politischen Eliten ihre ökonomischen Interessen in Bezug auf die WWU wahrnahmen. Zur Erklärung der Haltung Frankreichs greift die zweite These besser. Als Folge von Mitterrands wirtschaftspolitischer Neuorientierung Anfang der achtziger Jahre sowie als Reaktion auf die Wiedervereinigung und das Ende des Kalten Krieges passte die französische politische Elite ihre Identitätskonstruktion an Veränderungen der ökonomischen und politischen Situationen an: In diesem Fall sind es nicht die Identitätsvorstellungen, die auf die Definition von Präferenzen eingewirkt haben, sondern umgekehrt: Instrumentelle Interessen haben die Wahl einer bestimmten Identitätskonstruktion maßgeblich beeinflusst (Risse et al. 1999: 175). Die Präferenzen Deutschlands, Frankreichs und Großbritanniens für bzw. wider die Gemeinschaftswährung entsprechen somit weitgehend den Erwartungen des

Konstruktivistischen Supranationalismus, dass es nämlich dann zu einer Befürwortung der Ausdehnung sektoraler Integration kommt, wenn ein Integrationsschritt in hohem Maße anschlussfähig an politische Ordnungs- und Identitätsvorstellungen der Mitgliedstaaten ist.

4.2 Zusammenarbeit im Bereich der Außen- und Sicherheitspolitik

Neben dem Stufenplan zur WWU beschlossen die Mitgliedsregierungen in Maastricht außerdem eine Gemeinsame Außen- und Sicherheitspolitik (GASP), die durch neue Handlungsinstrumente die bis dato weitgehend ineffektive Europäische Politische Zusammenarbeit ersetzen sollte. Mit den Verträgen von Amsterdam und Nizza wurde der Anwendungsbereich der GASP weiter ausgedehnt. In Nizza wurde beispielsweise beschlossen, dauerhafte Strukturen für eine gemeinsame Europäische Sicherheits- und Verteidigungspolitik (ESVP) zu schaffen, um der EU eigene Kapazitäten für Krisenprävention und Krisenmanagement zuteil werden zu lassen.

4.2.1 Intergouvernementalismus

Stanley Hoffmann, der „Gründervater" des Intergouvernementalismus, geht von der Annahme aus, dass für Staaten sicherheitspolitische Fragen, die das Überleben des Staates selbst tangieren (der Bereich der „high politics"), Vorrang vor weniger fundamentalen Fragen haben („low politics"; Hoffmann 1966: 882). Hoffmann zeigt, dass in außen- und sicherheitspolitischen Fragen nationale Interessen von anhaltenden Divergenzen gekennzeichnet sind. Dies führt er im Wesentlichen auf zwei Faktoren zurück. Zum einen konstatiert Hoffmann, dass der Nationalismus als *Doktrin* die unmittelbare Nachkriegszeit wohl unbeschadet überstanden habe. Damit meint er die von den politischen Eliten geteilte Überzeugung von der Bewahrung des Nationalstaates als „oberstes Gut" (Hoffmann 1966: 869), die allerdings, je nach innenpolitischer Machtkonstellation, unterschiedlich stark zum Tragen kommt. Zum anderen führt Hoffmann an, dass sich Staaten in unterschiedlichen „nationalen Situationen" befinden, die durch objektive Faktoren, wie beispielsweise die geographische Lage, und subjektive Faktoren, wie beispielsweise Wertorientierungen und Traditionen, bestimmt werden und somit maßgeblich den Inhalt und die Richtung nationaler Außen- und Sicherheitspolitik beeinflussen. Wirkungsvolle Zusammenarbeit im außen- und sicherheitspolitischen Bereich ist demnach abhängig von einer Konvergenz nationaler Interessen, die eine Funktion aus „nationaler Situation" und dem Ausmaß an von den Regierungen verfolgter nationaler Ideologie sind. Hoffmann behauptet jedoch, dass im Bereich der außenpolitischen Zusammenarbeit eine Konvergenz nationaler Interessen äußerst unwahrscheinlich ist, da Staaten, obwohl sie sich in einer vergleichbaren „nationalen Situation" befinden, dennoch meist unterschiedliche außenpolitische Stossrichtungen haben. Zu Zeiten des Kalten Krie-

ges unterschieden sich beispielsweise die nationalen außen- und sicherheitspolitischen Interessen der Mitgliedstaaten maßgeblich, was Hoffmann sowohl auf unterschiedliche subjektive Bewertungen der jeweiligen „nationalen Situation" als
auch auf unterschiedliche außenpolitischen Orientierungen – die Rolle Charles
de Gaulles ist in diesem Kontext nicht wegzudenken – zurückführte. In den
sechziger Jahren, der Zeit der von Frankreich lancierten Fouchet-Pläne zur außenpolitischen Zusammenarbeit, kollidierten de Gaulles Vorstellungen eines
„Europäischen Europas", das sich von der Vormundschaft der USA lossagen
wollte, mit Vorstellungen der anderen Mitgliedstaaten, die die amerikanische
Vormachstellung in Europa und damit auch seine Schutzfunktion in Zeiten des
Ost-West-Konflikts nicht hinterfragen wollten (siehe Hoffmann 1966: 890; 2000:
190). Diese Situation änderte sich jedoch mit dem Ende des Ost-West-Konfliktes.
Die außen- und sicherheitspolitischen Interessen der „drei Großen" in Europa –
Deutschland, Frankreich und Großbritannien – näherten sich einander an. Diese
Entwicklung, so Hoffmann, kann auf die Veränderung der internationalen si-
cherheitspolitischen Lage zurückgeführt werden, insbesondere auf die veränderte
Rolle und Stellung der USA nach dem Zusammenbruch der Sowjetunion. Auf
der einen Seite bedeutet das Ende des Ost-West-Konflikts, dass die USA nun als
einzige Großmacht übrig gebliebenen und die „Machtlücke" zwischen den ein-
zelnen europäischen Staaten und den USA größer denn je war. Die Entwicklung
einer europäischen, kollektiven außen- und sicherheitspolitischen Strategie zur
Verringerung dieser Machtasymmetrie schien nun möglich und geboten, da die
Bedrohung durch den Ostblock nicht mehr akut und daher auch das Schutzbe-
dürfnis der europäischen Staaten schwächer als zuvor war (Hoffmann 2000: 191).
Ebenso schwächte sich das sicherheitspolitische Interesse der USA an Europa ab.
Dies wurde beispielsweise durch die zögerliche Haltung der Bush (senior)-Regie-
rung zum Auseinanderbrechen Jugoslawiens deutlich. Diese Veränderungen
führten zu einer Annäherung der nationalen außen- und sicherheitspolitischen
Interessen der europäischen Staatengemeinschaft (siehe Hoffmann 2000: 191)
Doch auch wenn die Einrichtung der GASP in den Verhandlungen zum Maastrichter Vertrag einen prominenten Rang einnahm, so konnte keinesfalls von einer weitreichenden Übertragung außen- und sicherheitspolitischer Entscheidungen auf die europäische Ebene gesprochen werden: Alle maßgeblichen
Entscheidungen sollten weiterhin einstimmig getroffen werden. Das Einstimmig-
keitserfordernis im Bereich der GASP spiegelt wider, dass trotz einer Annäherung nationaler Sicherheitsinteressen die „nationalen Situationen" und außenpolitischen Orientierungen der meisten Mitgliedstaaten und ihrer Regierungen
immer noch voneinander abwichen: Auch wenn sich die sicherheitspolitischen
Interessen Deutschlands und Frankreichs angenähert zu haben schienen, so waren es insbesondere die unterschiedlichen außenpolitischen Orientierungen
Großbritanniens und Frankreichs – die einen weiterhin an einer starken Anbindung an die USA interessiert, die anderen an einer von den USA autonomen europäischen Außen- und Sicherheitspolitik – die einer gemeinsamen außen- und

sicherheitspolitischen Strategie im Wege standen, was sich in der „Rolle" der EU beispielsweise im Arabisch-Israelischen Konflikt, in den beiden Golfkriegen oder auch in der Bosnienfrage widerspiegelte (siehe Hoffmann, 2000: 192). Durch den Vertrag von Nizza wurden die weiterhin begrenzten Regelungskompetenzen der EU auf den Bereich der Verteidigungspolitik ausgedehnt. Diesen qualitativen Sprung führt Hoffmann insbesondere auf eine Veränderung der außenpolitischen Orientierung der britischen Regierung unter Tony Blair zurück, die ihre außen- und sicherheitspolitischen Interessen durch eine Strategie der Einflussmaximierung zu realisieren gedachte: Die britische Regierung, die sich weiterhin sicherheitspolitisch an die USA anlehnte, beabsichtigte über verstärktes Engagement in der EU, eine den USA gegenüber „kooperativere" Position der EU zu erreichen. Die Haltung der britischen Regierung im Rahmen der Regierungskonferenz zur Verabschiedung einer europäischen Verfassung lässt allerdings starke Zweifel an einer „europäischen Wende" in der britischen Außenpolitik aufkommen.[16]

Hoffmanns Analyse sektoraler Integration im Bereich der Gemeinsamen Außen- und Sicherheitspolitik zeigt, dass sowohl für das Scheitern als auch für den begrenzten Erfolg sektoraler Integration in diesem Politikbereich die besonderen Konstellationen sicherheitspolitischer Interessen der Mitgliedsregierungen ausschlaggebend waren. Der Zeitpunkt der Einrichtung der GASP sowie die Ausdehnung der Regelungskompetenzen in den verteidigungspolitischen Bereich durch den Vertrag von Nizza lassen sich auf eine partielle Konvergenz der sicherheitspolitischen Interessen der Mitgliedsregierungen zurückführen.

Im Unterschied zum Realistischen Intergouvernementalismus geht der Liberale Intergouvernementalismus davon aus, dass sektorspezifische Wohlfahrtsinteressen dominanter gesellschaftlicher Interessengruppen die Nutzenfunktion der Mitgliedsregierungen bestimmen. Moravcsik (1998) und Moravcsik/Nicolaidis (1999) modifizieren diese These für den Bereich der außenpolitischen Zusammenarbeit, da sie nur Anwendung finden kann, wenn sektorale Integration Implikationen für die Wohlfahrtsinteressen dominanter gesellschaftlicher Gruppen hat. In Politikbereichen wie der Außen- und Sicherheitspolitik, wo wirtschaftliche Interessen bzw. Wohlfahrtsinteressen nicht tangiert sind, argumentieren Moravcsik (1998) und Moravcsik/Nicolaidis (1999), dass sich Mitgliedsregierungen dann für sektorale Integration aussprechen, wenn es ihnen an unilateralen Handlungsalternativen mangelt. Sie argumentieren, dass die Präferenzen der Mitgliedsregierungen bezüglich der Einrichtung und Weiterentwicklung der GASP nicht vor dem Hintergrund der systemischen Umwälzungen nach dem Ende des Ost-West-Konflikts zu erklären sind: „Die verfügbaren Belege widersprechen der weit verbreiteten These ..., dass nationale Präferenzen durch die Notwendigkeit bestimmt waren, Deutschland nach der Vereinigung an Europa zu binden. ... Die britischen, französischen und deutschen Präferenzen zeichnen sich durch Stabilität in der Periode seit 1988 aus, unbeeinflusst durch den Fall der Mauer im No-

---

[16] Siehe <http://www.ftd.de> vom 17.10.2003: ‚Blair bremst EU-Militärpläne'.

vember 1989 und die Vereinigung Deutschlands im August 1990." (Moravcsik 1998: 428)

Es sind somit nicht geopolitische oder systemische Veränderungen die die außen- und sicherheitspolitischen Präferenzen für bzw. wider die Gemeinsame Außen- und Sicherheitspolitik bestimmen, sondern – vor allem – die Verfügbarkeit unilateraler Handlungsoptionen: Die Positionen Deutschlands, Frankreichs und Großbritanniens bei den Verhandlungen zu den Verträgen von Maastricht und Amsterdam entsprechen dieser Erwartung weitgehend. Moravcsik (1998) und Moravcsik/Nicolaidis (1999) konstatieren, dass bei den Verhandlungen zu den Verträgen von Maastricht und Amsterdam Großbritannien und Frankreich am stärksten gegen eine supranational organisierte GASP opponierten, weil sie über unilaterale Handlungsoptionen verfügten, während Deutschland diese in weit geringerem Maße besaß und daher eine stärker supranational organisierte Außen- und Sicherheitspolitik favorisierte.

4.2.2 Supranationalismus

Michael E. Smiths Erklärung zur Ausdehnung der sektoralen Integration setzt bereits bei den Regelungen ein, die im Rahmen der 1969 von den Regierungschefs in den Haag beschlossenen Europäischen Politischen Zusammenarbeit (EPZ) getroffen wurden. Auch wenn die EPZ anfangs ein außerhalb der Gemeinschaftsverträge stehender Politikbereich mit geringem Institutionalisierungsgrad, strikt intergouvernementaler Zusammenarbeit und kaum sichtbarer Außenwirkung war, so erfuhr sie im Laufe der Zeit doch eine langsam voranschreitende stärkere Institutionalisierung und somit auch eine Schwächung ihres intergouvernementalen Charakters. Smith führt diesen Prozess der schleichenden Ausdehnung sektoraler Integration auf unterschiedliche Faktoren zurück. An erster Stelle nennt er die Herausbildung eines transgouvernementalen Netzwerks: Im Rahmen der EPZ wurden regelmäßige Konsultationen zwischen den Mitgliedsregierungen und Diplomaten durchgeführt, die nicht einzig und allein mit Blick auf die Lösung eines bestimmten substanziellen Problems eingerichtet wurden, sondern unter anderem auch der Kommunikation und dem Informationsaustausch dienten. Der regelmäßig wiederkehrende Informationsaustausch und Konsultationen zwischen Diplomaten führten dazu, dass sich informelle Arbeitsstrukturen herausbildeten (Smith 1998: 316). Zweitens wurden diese informellen Regelungen im so genannten *coutumier* kodifiziert, wenn sie sich bewährten. Mit dem *coutumier* sind die im Bereich der EPZ existenten Instrumente und Arbeitsmethoden gemeint, Smith spricht auch vom „EPC common law" (Smith 1998: 318). Auch ohne formal-rechtliche Bindung zu entfalten wurden die im *coutumier* enthaltenen Regelungen von den meisten Mitgliedsstaaten als bindend *angesehen*. Die in der EEA festgelegten Regelungen zur EPZ stellen, so Smith, „nur" die formale Kodifizierung vieler dieser Regeln und Praktiken dar. Drittens betont Smith, dass die Kommission im Laufe der Zeit ihren Einfluss auf die Entscheidungsprozesse im Rahmen der EPZ ausdehnen konnte. Die Rolle der Kommission im Rahmen der Entscheidungsfindung wandelte sich von der eines „Gasts" zu der eines „aktiven Teilnehmers" (Smith 1998: 326), auch gegen den Willen mancher Mitgliedsregierungen: Da sich die Kommission außerhalb des Rahmens der EPZ immer aktiver in Fragen außen(wirtschafts)politischer Natur engagierte, trachteten einige Mitgliedstaaten danach, die Aktivitäten der Kommission besser kontrollieren zu können. Dies führte jedoch dazu, dass die Kommission in der Folgezeit an den Sitzungen aller Arbeitsgruppen im Rahmen der EPZ teilnehmen durfte: eine Regelung, die durch die EEA kodifiziert und noch erweitert wurde.

Vor diesem Hintergrund ist folgerichtig die Einrichtung der GASP mit dem Vertrag von Maastricht zum Großteil die formale Kodifizierung bestehender Praktiken, die sich aus der Dynamik transgouvernementaler Interaktion, der Kodifizierung und Institutionalisierung informeller Regelungen und Einflussnahme der Kommission heraus entwickelt haben und weiter entwickeln werden. Die zentrale Hypothese des Rationalistischen Supranationalismus zur sektoralen Integration findet durch Smiths Studie Bestätigung. Smith zeigt zum einen, dass in einem Politikfeld wie der Außen- und Sicherheitspolitik, in dem Regierungen relativ autonom handeln können und Interessengruppen nur geringen Druck auf deren Handeln ausüben – sprich: wo die Nachfrage transnationaler Akteure nach supranationalen Regelungen gering ist – sektorale Integration nur sehr langsam voranschreitet. Zum anderen zeigt Smith allerdings, dass sektorale Integration auch *ohne* die Nachfrage nach supranationalen Regelungen durch transnationale Akteure und *ohne* Zuständigkeiten supranationaler Akteure wie dem EuGH oder der Kommission voranschreiten kann, wenn auch nur in geringerem Ausmaß als beispielsweise im Binnenmarktbereich (siehe Stone Sweet/Sandholtz 1997).

Ein Großteil der Studien zur EPZ und zur GASP, die sich dem Ansatz des Konstruktivistischen Supranationalismus bedienen, befassen sich mehr mit den *Auswirkungen* sektoraler Integration auf die Präferenzen und Identitäten nationaler Außenpolitiken als mit den *Ursachen* sektoraler Integration. Außen- und sicherheitspolitische Präferenzen und Identitäten der Mitgliedstaaten werden – anders als beim Realistischen und Liberalen Intergouvernementalismus – nicht als „gegeben" angenommen, sondern sind selbst Gegenstand der Untersuchung (siehe beispielsweise Aggestam 1999; Manners/Whitman 2000; Tonra 2003). Die Präferenzen der EU-Mitgliedstaaten in Bezug auf die GASP, so wird argumentiert, lassen sich nicht unabhängig voneinander auf der Basis von Macht- und Einflusskalkülen bestimmen, sondern sie bilden sich über kollektive Sozialisations- und Lernprozesse heraus (Manners/Whitman 2000; Tonra 2003): Langfristig kommt es somit zu einer „Europäisierung" nationaler Außenpolitiken.[17] Wenn

---

[17] Tonra umschreibt den Prozess der „Europäisierung" als „eine Veränderung in der Art und Weise wie nationale Außenpolitiken definiert werden, wie Politiker ihre eigene Rolle definieren und als eine schrittweise Internalisierung von Normen und Erwartungen, die dem komplexen Netz gemeinsamer europäischer Entscheidungsfindung entspringen." (Tonra zitiert in Manners/Whitman 2000: 245)

sich jedoch, wie manche Autoren behaupten, nationale Außenpolitiken graduell „europäisieren", so könnte man erwarten, dass dieser Prozess der Angleichung wiederum Rückwirkungen auf den Prozess sektoraler Integration hat. Es verwundert daher, dass diese Frage in der Literatur nicht eingehend bearbeitet wird. Wolfgang Wagner greift sie in einer Studie über die Bedingungen für Wandel und Stabilität britischer, deutscher und französischer Präferenzen für eine gemeinsame europäische Außen- und Sicherheitspolitik vor und nach der deutschen Vereinigung auf. Er widerspricht der These einer sich graduell herausbildenden kollektiven europäischen Sicherheitsidentität, die sich auf das Handeln der staatlichen Akteure auswirkt. Zur Erklärung nationaler Präferenzen für sektorale Integration im Rahmen der GASP sind, so Wagner, europäische Normen zu schwach ausgeprägt, um die Konstruktion nationaler Präferenzen entscheidend zu beeinflussen. Für seine Analyse wählt Wagner zunächst den gleichen Ausgangspunkt wie der Liberale Intergouvernementalismus. Er überprüft die These, nach der sich die außen- und sicherheitspolitischen Präferenzen der EU-Mitgliedsregierungen nach ihren unilateralen Handlungsoptionen ausrichten. So hätte beispielsweise Deutschland durch die Ausweitung des unilateralen Handlungsspielraums nach der Vereinigung ein geringeres Interesse am Fortschreiten der sektoralen Integration im Bereich der GASP zeigen müssen. Das Gegenteil war jedoch der Fall. Im Unterschied dazu wäre aus rationalistischer Perspektive zu erwarten gewesen, dass die britische Regierung die sektorale Integration im Rahmen der GASP stärker forcieren würde: Durch den größeren Handlungsspielraum Deutschlands hätten die Briten im Rahmen einer gestärkten GASP größere Einflussmöglichkeiten auf die deutsche Außenpolitik gehabt. Doch davon konnte nach der Vereinigung keine Rede sein. An dem Erklärungsdefizit des Liberalen Intergouvernementalismus setzt Wagner an und entwickelt eine mit dem Konstruktivistischen Supranationalismus übereinstimmende Erklärung für die Präferenzen Deutschlands und Großbritanniens. Die von Wagner vertretene Variante des Konstruktivismus geht davon aus, dass die außen- und sicherheitspolitischen Präferenzen der EU-Mitgliedsregierungen sich aus „angemessenem" politischen Verhalten ableiten, welches sich an den Werten und Prinzipien des eigenen politischen und gesellschaftlichen Systems orientiert (siehe hierzu Boekle et al. 2001). Diese These sieht Wagner in beiden Fällen bestätigt, da Deutschland und Großbritannien den „Souveränitätskosten" durch ausgedehnte sektorale Integration eine völlig unterschiedliche Bedeutung zuweisen: Während die deutsche politische Klasse die Souveränitätskosten sektoraler Integration als gering einstuft, ist dies im Fall der britischen politischen Klasse umgekehrt. Dies führt Wagner auf unterschiedliche europapolitische Wirklichkeitskonstruktionen zwischen einzelnen (und teilweise sogar innerhalb einzelner) Mitgliedstaaten zurück (siehe hierzu auch Jachtenfuchs 2002): „Im Bundestag sind die sozialen Konstruktionsprozesse von einer europäisierten Identität geprägt. Diese führt zum einen dazu, dass außenpolitische Interessen europäisch definiert und Einschränkungen der unilateralen Handlungsfähigkeit nicht als hohe Kosten angesehen werden. Zum anderen hat die europäisierte Identität die Einnahme einer europäischen Perspektive zur Folge, die um eine Weiterführung des friedensfördernden Integrationsprojektes und um eine Vermeidung nationalstaatlicher Konkurrenz bemüht ist." (Wagner 2002a: 259-260).

Die integrationstheoretischen Analysen zur Ausdehnung der sektoralen Integration in den Politikfeldern Sicherheit und Wohlfahrt (WWU) lassen folgende Schlussfolgerungen zu:

(1) Im Politikfeld Sicherheit wurde aufgezeigt, dass im Rahmen des intergouvernementalen Erklärungsansatzes sowohl systemische, wie beispielsweise die Veränderungen der internationalen sicherheitspolitischen Lage nach dem Ende des Ost-West-Konflikts, als auch sub-systemische Faktoren, wie beispielsweise außenpolitische Orientierungen, die aus unterschiedlichen Ideologien und außenpolitischen Traditionen gespeist sind, die Präferenzen der Mitgliedstaaten für außen- und sicherheitspolitische Zusammenarbeit bestimmen. Demgegenüber behauptet der Liberale Intergouvernementalismus, dass systemischen Veränderungen keine Rolle bei der Definition nationaler außen- und sicherheitspolitischer Präferenzen zukommt. Es wurde gezeigt, dass dort, wo Realistischer und Liberaler Intergouvernementalismus die Präferenzen für und wider eine Ausdehnung sektoraler Integration nicht zu erklären imstande sind, der Konstruktivistische Supranationalismus diese Lücke schließen kann: Deutschlands Bestreben nach einer Stärkung der GASP sowie Großbritanniens Absicht, der GASP keinen supranationalen Anstrich zu verpassen, lässt sich auf unterschiedliche europapolitische Identitäts- und Wirklichkeitskonstruktionen zurückführen. Doch auch der Rationalistische Supranationalismus beleuchtet eine interessante Facette der Ausdehnung sektoraler Integration im Rahmen der außen- und sicherheitspolitischen Zusammenarbeit, indem er einen Zusammenhang zwischen der Institutionalisierung der außenpolitischen Zusammenarbeit im Zeitraum zwischen Regierungskonferenzen und dem Einfluss transnationaler und supranationaler Akteure postuliert. Anders als im Binnenmarktbereich ist bei der GASP die Nachfrage transnationaler Akteure nach supranationalen Regelungen jedoch eher gering, da es keine transnationalen Akteure gibt, die in „Kooperation" mit der Kommission und dem EuGH Druck gegenüber den nationalen Regierungen aufbauen könnten, um Hemmnisse für transnationale Austauschprozesse abzubauen (siehe Sandholtz/Stone Sweet 1997). Aus diesem Grund ist auch das Potenzial für politische und institutionelle Spillover-Prozesse äußerst gering einzuschätzen.

(2) Im Politikfeld Wohlfahrt wurde die Ausdehnung sektoraler Integration am Beispiel der WWU illustriert. Es wurde gezeigt, dass sowohl intergouvernementale als auch supranationale Thesen zum Verständnis sektoraler Integration beitragen. Allerdings ist zu bemerken, dass – je nach Ansatz – bestimmte Erklärungslücken bleiben. So ist beispielsweise der Realistische Intergouvernementalismus nach Grieco nicht überzeugend was die Haltung „dominanter" Staaten zur WWU angeht. Moravcsiks Liberaler Intergouvernementalismus argumentiert hingegen, dass das Ende der Bipolarität sowie die deutsche Wiedervereinigung

und die damit verbundenen Sorge über ein erstarktes Deutschlands als Ursachen für die WWU nicht haltbar sind, da die Frage zur Gründung der WWU bereits vor diesen systemischen, geopolitischen Umbrüchen ernsthaft diskutiert wurde. Der Konstruktivistische Supranationalismus setzt dem entgegen, dass die kollektiven Identitätskonstruktionen der Mitgliedstaaten und ihre Resonanz mit weiteren Integrationsschritten die Präferenzen der Mitgliedstaaten für bzw. wider die WWU maßgeblich beeinflussen. Aufgrund der relativen Stabilität von Identitätskonstruktionen ist somit auch zu erwarten, dass die Haltungen der Staaten gegenüber der WWU sich trotz veränderter ökonomischer Rahmenbedingungen nicht schnell ändern werden.

5 Vertikale Integration

Im Zentrum dieses Abschnitts steht der folgende Fragenkomplex: Warum treten Mitgliedstaaten Teile ihrer Souveränität an supranationale Organe – wie die Kommission, das Europäische Parlament oder den Europäischen Gerichtshof (EuGH) – ab (*Delegation*)? Warum legen Mitgliedstaaten Teile ihrer nationalen Souveränität zusammen, indem sie Mehrheitsentscheidungen in bestimmten Politikbereichen zustimmen und sich somit freiwillig dem Risiko aussetzten, überstimmt zu werden (*Pooling*)? Hier sollen anhand unseres Theorieinstrumentariums zwei Bereiche vertikaler Integration intensiv durchleuchtet werden. Sowohl die *Rechtsintegration* als auch die *Parlamentarisierung* der EU sind Prozesse vertikaler Integration, die sich durch ihre Einmaligkeit in Systemen internationaler Zusammenarbeit auszeichnen und daher von besonderem Interesse sind. Der erste Abschnitt befasst sich mit dem Fragekomplex, warum die EU eine supranationale Gerichtsbarkeit besitzt und welches die Triebkräfte des Prozesses der Rechtsintegration sind. Der zweite Abschnitt setzt sich mit der Frage auseinander, warum die EU ein Parlament mit Gesetzgebungs-, Haushalts- und Kontrollbefugnissen besitzt und warum die Kompetenzen des Europäischen Parlaments kontinuierlich angewachsen sind.

5.1 Rechtsintegration

Aus der Sicht des Realistischen Intergouvernementalismus stellt die Existenz einer supranationalen Gerichtsbarkeit ein schwer zu lösendes Rätsel dar: Warum sollten an Sicherheit-, Autonomie- oder Einflussmaximierung interessierte Staaten der Einrichtung eines Gerichtshofes zustimmen, der rechtsverbindliche Entscheidungen treffen kann, die sich gegebenenfalls gegen die Interessen des eigenen Mitgliedsstaates richten? Erklärungen auf der Basis des Realistischen Intergouvernementalismus zur Rechtsintegration sind demnach auch Mangelware und es lassen sich höchstens in Ansätzen mit dem Realistischen Intergouvernementalismus vereinbare Erklärungsversuche für die Existenz der supranationalen Gerichtsbarkeit und deren Entwicklung in der EU finden. In Übereinstimmung mit der auf die nach Sicherung staatlicher Autonomie gerichteten Erwartung des Realistischen Intergouvernementalismus könnte man beispielsweise argumentieren, dass die Forderung nach einem Gerichtshof bei der Gründung der EGKS insbesondere von denjenigen Staaten vorangetrieben wurde, die befürchteten, dass die supranationale Hohe Behörde (die Vorläuferin der Kommission) weitreichende Entscheidungen mit möglicherweise schwer kontrollierbaren Konsequenzen für zentrale nationale Politikziele in den jeweiligen Staaten treffen könnte. Der Gerichtshof sollte demnach die Aufgabe haben, Machtmissbrauch durch die Hohe Behörde zu verhindern (siehe Alter 1998: 123-124 und Rittberger 2001: 696). Ein weiterer mit dem Realistischen Intergouvernementalismus vereinbarer Indikator war die Forderung einiger Gründerstaaten der EGKS, dass nur Staaten – nicht aber Privatpersonen – vor dem Gerichtshof Klage erheben können sollten, da ansonsten die Bedeutung nationaler Gerichte weiter geschwächt und die nationale Souveränität noch weiter untergraben werden könnte (Rittberger 2001: 696). Eine etwas „abgeschwächte" Form des Realistischen Intergouvernementalismus findet sich in den Arbeiten von Geoffrey Garrett wider. Eine seiner grundlegenden Behauptungen ist, dass die Rechtsprechung des EuGH weitgehend den Interessen der „großen" Mitgliedsstaaten entspricht. Garrett (1992) argumentiert vor dem Hintergrund des Binnenmarktprogramms, dass die Mitgliedsregierungen nur dann ein Interesse an einer supranationalen Gerichtsbarkeit haben, wenn dadurch ihr allgemeines Interesse an einem funktionierenden gemeinsamen Markt (besser) gewährleistet wird. Garrett behauptet weiter, dass hierbei insbesondere die Interessen Deutschlands und Frankreichs vom EuGH „bedient" werden. Beide Länder profitieren aufgrund der Größe und dem Öffnungsgrad ihrer Volkswirtschaften in besonderem Maße von der vom EuGH verkündeten Doktrin der wechselseitigen Anerkennung nationaler Standards (*mutual recognition*). Aus diesem Grund begrüßen beide Staaten auch in besonderem Maße die auf Marktliberalisierung ausgerichtete Rechtssprechung des EuGH. Laut Garrett achten die Mitgliedsregierungen jedoch mit Argusaugen darauf, dass der EuGH die Marktliberalisierung nicht so weit vorantreibt, dass national fest verwurzelte sozialstaatliche Praktiken in seine Schusslinie geraten könnten; gleichsam achtet auch der EuGH darauf, die („großen") Mitgliedstaaten nicht „zu verprellen": „[D]er EuGH war nicht Willens die Reichweite der auf Deregulierung ausgerichteten Doktrin der wechselseitigen Anerkennung nationaler Standards auf diejenigen volkswirtschaftlichen Bereiche auszudehnen, die insbesondere von der deutschen und französischen Regierung besonders gehütet werden." (Garrett 1992: 559)

Warum übt sich der EuGH in Selbstzurückhaltung? Der EuGH, so Garrett, ist in seiner Rechtsprechung durchaus darauf bedacht so zu urteilen, dass die Mitgliedsregierungen nicht in Versuchung geraten könnten seine Urteile zu missachten, mit neuen Gesetzen Auslegungen des EuGH zu konterkarieren oder gar die Kompetenzen des EuGH zu beschneiden (siehe hierzu auch Garrett/Weingast 1993; Garrett 1995; Garrett et al. 1998). Die Beobachtung, dass die Mitgliedstaaten dahingehende Anstrengungen weitgehend unterlassen haben, lässt – so Garrett – darauf schließen, dass die Rechtsprechung des EuGH dem Interesse der Mitgliedsregierungen, insbesondere der großen Staaten, entsprochen hat.

Nach der Kernthese des Liberalen Intergouvernementalismus ist zu erwarten, dass die Mitgliedstaaten der Einrichtung eines Systems supranationaler Gerichtsbarkeit dann zustimmen werden, wenn ein durch internationale Kooperation induziertes Regeleinhaltungsproblem besteht und wenn durch die Einrichtung einer Rechtssprechungsinstanz Probleme der Regelüberwachung (*monitoring compliance*) oder der Vertragsauslegung (*incomplete contracting*) gelöst werden können. Ein System der Regelüberwachung ist dann für alle beteiligten Akteure von Vorteil, wenn die kurzfristigen Präferenzen von Staaten mit ihren langfristigen Präferenzen im Konflikt stehen und sie daher der Versuchung erliegen könnten, langfristige für kurzfristige Gewinne zu opfern (*time inconsistency*-Problem). Moravcsik (1995; 1998), Garrett (1992), Garrett/Weingast (1993) sowie Pollack (1997; 2003)[18] bedienen sich dieses Arguments, um zu zeigen, warum es überhaupt im Interesse der Mitgliedstaaten ist, ein supranationales System der Rechtsprechung einzurichten. Garrett (1992: 557) veranschaulicht dies am Beispiel des so genannten „Handelsdilemmas": „Jede Mitgliedsregierung würde Gemeinschaftsregelungen bevorzugen, die anderen Staaten genaue Verhaltensvorschriften machen, aber gleichzeitig der eigenen Volkswirtschaft erlauben, sich über diese Regulierungen hinwegzusetzen. ... Aufgrund der hohen Interaktionsdichte innerhalb der Gemeinschaft ... ist es den Regierungen praktisch unmöglich, alle Regelüberschreitungen zu identifizieren. ... Wenn die Mitgliedsregierungen ... sich sicher wähnen können, dass ihr Verhalten nicht effektiv überwacht werden kann, dann besteht ein hoher Anreiz die den Binnenmarkt betreffenden Regulierungen zu verletzen." (Garrett 1992: 557) Um dieses Dilemma zu umgehen und um die langfristig anfallenden Wohlfahrtsgewinne internationaler Zusammenarbeit nicht zu torpedieren, ist ein Mechanismus zur Überwachung des gemeinschaftlichen Rechts aus der Sicht der Mitgliedsregierungen wünschenswert (selbst wenn die Rechtsprechung zuweilen kurzfristige Kosten verursachen kann).[19]

Während Rechtsintegration vom Liberalen Intergouvernementalismus als ein Prozess betrachtet wird, der – alles in allem – die Interessen der Mitgliedstaaten reflektiert, ist Rechtsintegration für den Rationalistischen Supranationalismus ein

---

[18] Bezüglich der Rolle des EuGH im Prozess der Rechtsintegration unterscheidet sich Mark Pollack jedoch von den Arbeiten Garretts und Moravcsiks, indem er argumentiert, dass der EuGH einen gewissen Handlungsspielraum gegenüber den Mitgliedstaaten besitzt und diesen auch ausnützt (siehe Pollack 2003: Kapitel 3).

[19] Alter (1998: 123-124) weist jedoch auch darauf hin, dass diese Interpretation historisch nicht haltbar ist. Nicht die Überwachung der Regeleinhaltung war das Hauptmotiv der Gründerstaaten. Vielmehr sei der Gerichtshof dafür vorgesehen gewesen – wie in allen demokratischen Regierungssystemen – Machtmissbrauch der Exekutive zu verhindern (siehe auch Rittberger 2001: 696).

Prozess, der hinter dem Rücken der Mitgliedsstaaten abläuft: „Die Mitgliedsstaaten beabsichtigten einen Gerichtshof zu errichten, der nationale Souveränität und nationale Interessen nicht in starkem Masse einschränken können sollte. Der EuGH hat jedoch das Rechtssystem der Gemeinschaft verändert, indem die Kontrolle der Mitgliedstaaten über den Gerichtshof grundlegend unterminiert wurde." (Alter 1998: 122)

Viele der dem Rationalistischen Supranationalismus zuzurechnenden Arbeiten stimmen mit Alters Diktum überein, indem sie der von Intergouvernementalisten postulierten These von aktiven Mitgliedsstaaten widersprechen, die den EuGH an der (kurzen) Leine halten und die Integration des Rechts weitgehend kontrollieren können. Der Rationalistischen Supranationalismus geht vielmehr von einem aktivistischen Gerichtshof und tendenziell reaktiven Mitgliedsstaaten aus. Der EuGH wird also selbst ein zentrales *Subjekt* bei der Vertiefung der Rechtsintegration. Der Rationalistische Supranationalismus geht weiterhin davon aus, dass die Vertiefung der Rechtsintegration maßgeblich durch die vom EuGH aufgestellten Doktrinen der *Direktwirkung* und des *Vorrangs des Gemeinschaftsrechts* (siehe weiter unten) angestoßen wurde. Neben dem aktivistischen EuGH werden in der Literatur meistens noch zwei weitere Bedingungen für die Vertiefung der Rechtsintegration angeführt: Erstens die enge Zusammenarbeit zwischen dem EuGH und nationalen Gerichten, die im Rahmen des Systems der Vorabentscheidungen nach Artikel 234 EG-Vertrag [ehemals Artikel 177][20] das Gemeinschaftsrecht systematisch anwenden, und zweitens die Rolle privater Kläger, die aus den Verträgen abgeleitete Rechtsansprüche vor nationalen Gerichten einfordern.[21] Am Beispiel der Arbeiten von Alec Stone Sweet und Mitarbeitern soll die Vertiefung der Rechtsintegration – die „Konstitutionalisierung der Verträge" – unter Rückgriff auf diese Faktoren illustriert werden. Stone Sweet definiert Konstitutionalisierung als einen Prozess, „durch welchen sich die Gemeinschaftsverträge von einer Ansammlung bindender Rechtsnormen in ein vertikal integriertes Rechtsystem entwickelt haben, das einklagbare Rechte an alle juristischen Personen, private und öffentliche, innerhalb der Gemeinschaft überträgt." (Stone Sweet 2000: 160) Dieser Prozess, so Stone Sweet, wurde durch das Bezugsgeflecht aus privaten Klägern, nationalen Richtern und dem EuGH auf der

---

[20] Artikel 234 (ex Art. 177) EG-Vertrag lautet: „Der Gerichtshof entscheidet im Wege der Vorabentscheidung a) über die Auslegung dieses Vertrags … . Wird eine derartige Frage einem Gericht eines Mitgliedstaats gestellt und hält dieses Gericht eine Entscheidung darüber zum Erlass seines Urteils für erforderlich, so kann es diese Frage dem Gerichtshof zur Entscheidung vorlegen. … " Es hat sich jedoch die Praxis entwickelt, dass bei Verfahren in nationalen Gerichten, bei denen Gemeinschaftsrecht mit nationalem Recht konfligiert, nationale Richter den EuGH anrufen, um eine „korrekte" Interpretation des Rechts (im EU-Sinne) zu erfragen und diese im Endeffekt auch anzuwenden.

[21] Diese Faktoren werden in einer Vielzahl bedeutender Arbeiten zur Rechtsintegration angeführt, die im Rahmen dieses Kapitels leider nicht alle besprochen werden können. Siehe beispielsweise Stein (1981), Burley/Mattli (1993b), Sandholtz/Stone Sweet (1997), Alter (1998), Stone Sweet/Brunell (1998).

Basis der in Artikel 234 EG-Vertrag zur Vorabentscheidung festgelegten Regelungen zu einem sich selbst re-generierenden Prozess, dem sich die Mitgliedsstaaten mehr oder weniger hilflos ausgesetzt sahen.

Die Konstitutionalisierung der Verträge lief in unterschiedlichen „Wellen" ab. Diese Wellen entstanden durch wegweisende Urteile des EuGH. Die in diesen Urteilen aufgestellten Rechtsdoktrinen sendeten Signale an die potenzielle Klageparteien und ermöglichten somit erst den Konstitutionalisierungsprozess (siehe Stone Sweet 2000: 160-163). Auch gegen die erklärte Opposition einiger Mitgliedstaaten beschloss der EuGH den Vorrang und die Direktwirkung des Gemeinschaftsrechts: In *Costa* (1964) stellte der EuGH die Doktrin des Vorrangs des Gemeinschaftsrechts vor nationalem Recht auf und in *Van Gend en Loos* (1962) wurde die Doktrin Direktwirkung des Gemeinschaftsrecht niedergelegt, welche besagt, dass Privatpersonen aus Gemeinschaftsrecht abgeleitete Rechtsansprüche besitzen und diese einklagen können. Die Einführung dieser Doktrinen signalisierte Unternehmern und Interessengruppen, dass sie sich das Gemeinschaftsrecht zu Nutze machen können, um Interessen durchzusetzen, die im Rahmen nationaler Rechtsprechung nicht durchsetzbar waren. Stone Sweet/Brunell (1998) haben gezeigt, dass mit der Einführung der Vorrangs- und Direktwirkungsdoktrin durch den EuGH private Kläger von Artikel 234 EG-Vertrag verstärkt Gebrauch gemacht haben. Sie erklären dies damit, dass die Ausdehnung transnationaler Austauschprozesse, insbesondere im Bereich des Außenhandels, vermehrt zu Konflikten zwischen nationalem Recht und Gemeinschaftsrecht geführt hat: Sehen sich Produzenten und Exporteure auf der Suche nach neuen Absatzmöglichkeiten durch nationale Regelungen gehindert, versuchen sie bei nationalen Gerichten ihr Recht im Rahmen des Vorabentscheidungsverfahren einzuklagen. Die Ausdehnung transnationaler Aktivitäten geht somit mit einer gesteigerten Nachfrage nach supranationalen Regelungen einher, mit der Kläger das Ziel verfolgen, nationale Regelungen, die für transnationale Austauschprozesse ein Hindernis darstellen, zu beseitigen. Stone Sweet sieht in dem Zusammenhang zwischen transnationalen Austauschprozessen, der Nachfrage nach supranationalen Regelungen und dem aktiven EuGH eine sich selbst re-generierende Dynamik: Die pro-integrative Rechtsprechung des EuGH führt zu einer Ausweitung transnationaler Austauschprozesse, die wiederum die Nachfrage nach supranationalen Regelungen in Bereichen hervorrufen, die noch nicht einheitlich geregelt sind, was wiederum zu neuer Rechtsprechung führt usw. (Stone Sweet 2000: 165).

In unterschiedlichen Arbeiten haben Stone Sweet und Mitarbeiter diese Zusammenhänge empirisch untermauert (siehe beispielsweise Stone Sweet/Brunell 1998; Fligstein/Stone Sweet 2002). Reflektiert der Prozess der Konstitutionalisierung der Verträge die Interessen der Mitgliedstaaten, wie von Intergouvernementalisten behauptet wird? Stone Sweet/Brunell (1998) haben für die Rechtsprechung im Bereich der Sozialpolitik gezeigt, dass der EuGH in über 50% der Fälle eine Verletzung von Gemeinschaftsrecht festgestellt und somit Urteile gegen die

Mitgliedsstaaten gefällt hat. Entgegen der Vermutung Garretts, dass die Auslegung des Gemeinschaftsrechts insbesondere den Präferenzen der großen Mitgliedsstaaten entgegenkommt, stellen Stone Sweet und Brunell (1998) fest, dass der EuGH in fast 60% der Fälle gegen Deutschland, Frankreich und Großbritannien geurteilt hat. In weiteren Arbeiten hat Stone Sweet (2000; 2003) untersucht, inwiefern die Rechtsprechung des EuGH zu Verletzungen des Artikels 28 EG-Vertrag gegen die Interessen der Mitgliedsstaaten ausfiel. Nach Artikel 28 sind alle mengenmäßigen Einfuhrbeschränkungen sowie alle Instrumente, die ein ähnliches Ziel verfolgen, unzulässig. Stone Sweet stellte fest, dass zum Zeitpunkt des Inkrafttretens der Regelungen über den freien Warenverkehr Ende der sechziger Jahre die Mitgliedsstaaten geringe Anstrengungen unternahmen, die nicht-mengenmäßigen Einfuhrbeschränkungen abzubauen. Weiterhin verhinderte der Luxemburger Kompromiss, dass die Kommission ihre Harmonisierungsbestrebungen effektiv durchsetzen konnte. In einer Reihe richtungsweisender Urteile verfolgte der EuGH jedoch die Durchsetzung der in Artikel 28 niedergelegten Ziele. Im *Dassonville*-Urteil (1974) legte der EuGH fest, dass alle nationalen Maßnahmen, die in irgendeiner Art und Weise indirekt oder auch nur potenziell die Einfuhr von Gütern behindern bzw. beschränken könnten, einem strikten „hindrance of trade"-Test unterzogen werden müssen.[22] Die Mehrheit der Mitgliedsstaaten war von diesem Urteil alles andere als begeistert (Stone Sweet 2000: 180). Eine Untersuchung der Rechtsprechung zum Artikel 28 hat ergeben, dass der EuGH in über 50% der Fälle für die Klageseite, also gegen die Mitgliedsstaaten, geurteilt hat. Wie im sozialpolitischen Bereich (siehe oben), haben Kläger eine höhere Erfolgswahrscheinlichkeit in den „großen" Mitgliedstaaten (Deutschland, Frankreich, Italien). Eingaben der Mitgliedsstaaten an den EuGH, welche die Interessen der Staaten offenlegen, haben offensichtlich keinen Einfluss auf die Rechtsprechung des EuGH gehabt. Stone Sweet (2003) kommt somit zu einem entgegengesetzten Schluss wie Garrett und Moravcsik: Es gibt, so Stone Sweet, keine empirischen Anhaltspunkte, dass die Mitgliedsstaaten in der Lage sind, den EuGH in systematischer Art und Weise in seiner Urteilsfindung zu beeinflussen.

5.2 Parlamentarisierung

Seit der Gründung der EGKS haben die Mitgliedstaaten dem Europäischen Parlament sukzessive neue Kompetenzen bei der Überwachung und Kontrolle der Kommission, Mitspracherechte bei der Erstellung des Gemeinschaftshaushalts sowie Gesetzgebungsbefugnisse übertragen (siehe Corbett 1998). Während der Gemeinsamen Versammlung der EGKS, der Vorläuferin des Europäischen Parlaments, ausschließlich begrenzte Kontrollkompetenzen übertragen wurden, so verfügt das Europäische Parlament seit 1970 über Einflussmöglichkeiten bei der

---

[22] Im *Cassis de Dijon*-Urteil (1979) erweiterte der EuGH die *Dassonville* Rechtsprechung, indem das Prinzip der wechselseitigen Anerkennung nationaler Standards niedergelegt wurde.

Erstellung des Haushalts, und mit der Einheitlichen Europäischen Akte hat das Europäische Parlament im Rahmen des Zusammenarbeitsverfahrens auch erstmals die Möglichkeit erhalten, substanziell Einfluss auf die gemeinschaftliche Gesetzgebung zu nehmen (siehe Tsebelis 1994). Wie lässt sich anhand der unterschiedlichen Integrationstheorien die Vertiefung vertikaler Integration am Beispiel der Parlamentarisierung erklären?

Dem Realistischen Intergouvernementalismus zufolge kommt es zu einer Kompetenzübertragung an das Europäische Parlament, wenn die Mitgliedsregierungen sich dadurch Autonomie- und Einflussgewinne erhoffen. Auf den ersten Blick erscheint es jedoch fragwürdig, ob eine auf Sicherheits- und Autonomiemotiven basierende Erklärung die graduelle Übertragung von Kompetenzen an eine *supranationale* parlamentarischen Institution zu erklären imstande ist. Potenziell vielversprechender als der klassische machtorientierte Ansatz ist die *einflussorientierte* Spielart des Realistischen Intergouvernementalismus, die bereits im Abschnitt über die sektorale Integration eingeführt wurde. Hier wird von der Annahme ausgegangen, dass Staaten versuchen durch institutionelle Reformen ihre *voice opportunities* innerhalb bestehender internationaler Institutionen zu erhöhen. Ein Indikator für einflussorientiertes Handeln ist beispielsweise der Versuch einzelner EU Mitgliedsregierungen, die Anzahl ihrer jeweils nationalen Mitglieder des Europäischen Parlaments (MdEP) zu erhöhen. Eine Präferenz für die Ausdehnung der *Kompetenzen* des Europäischen Parlaments kann hieraus jedoch nicht abgeleitet werden: Empirische Evidenz widerspricht der Vermutung, dass sich das Abstimmungsverhalten im Europäischen Parlament an „nationalen" Interessen orientiert. Die Spaltungslinien innerhalb des Parlaments betonen nicht nationale, sondern ideologische Gegensätze (siehe Hix 2001).

Demgegenüber erwartet der Liberale Intergouvernementalismus ein Fortschreiten der Parlamentarisierung, wenn mit der Ausdehnung der Kompetenzen des Europäischen Parlaments, insbesondere im Bereich der Gesetzgebung, Wohlfahrtsgewinne in unterschiedlichen Politikbereichen verbucht werden können. Konkret bedeutet dies, dass Mitgliedsregierungen dann eine Stärkung des Parlaments im Gesetzgebungsprozess befürworten, wenn dadurch die Wahrscheinlichkeit erhöht wird, dass ein Politikergebnis erreicht wird, welches näher an dem „Idealpunkt" (d. h. dem Ergebnis mit dem für die Regierung größtmöglichen Nutzen) liegt als ohne Beteiligung des Parlaments (Steunenberg/Dimitrova 1999; Bräuninger et al. 2001; Pollack 2003). Eine derartige Erklärung geht allerdings davon aus, dass die Mitgliedsregierungen zum Zeitpunkt von Regierungskonferenzen – im Rahmen derer über potenzielle Vertiefungsschritte verhandelt wird – genaue Vorstellungen von den Politikpräferenzen des Europäischen Parlaments (bzw. seines „Median-Mitglieds") in den unterschiedlichsten Politikbereichen haben. Stimmen die Politikpräferenzen des Europäischen Parlaments mit den Präferenzen einer Mitgliedsregierung überein, dann – so die Erwartung – wird eine Vertiefung der Parlamentarisierung von dieser Mitgliedsregierung gefordert werden. Die Ergebnisse derjenigen Studien, denen diese Annahme zugrunde liegt, lassen die Forscher jedoch zu dem Schluss kommen, dass sowohl die Beteiligung des Parlaments am Gesetzgebungsprozess als auch die sukzessive Stärkung seines Einflusses auf die Gesetzgebung nicht mithilfe dieser These erklärt werden kann (siehe beispielsweise Bräuninger et al. 2001: 64).

Eine weitere mit dem Liberalen Intergouvernementalismus zu vereinbarende Annahme ist, dass Akteure Institutionen und Entscheidungsregeln ins Leben rufen, um die Transaktionskosten von Entscheidungsprozessen zu senken (Pollack 1997, 2003; Moravcsik 1998; Golub 1999; Schulz/König 2000). Im Hinblick auf den EU-Gesetzgebungsprozess zeigen einige Studien, dass beispielsweise die Einführung neuer Gesetzgebungsverfahren durch die EEA und den Vertrag von Maastricht (Golub 1999) oder die Ausweitung qualifizierter Mehrheitsentscheidungen im Rahmen des Zusammenarbeitsverfahrens (Schulz/König 2000) einen Beitrag zur Effizienzsteigerung der Gesetzgebungsverfahren beigetragen hat, indem die Dauer dieser Verfahren verkürzt wurde. Dies gilt jedoch nicht für die Stärkung des Europäischen Parlaments im Gesetzgebungsprozess: Die Studien von Golub (1999) und Schulz/König (2000) untermauern vielmehr empirisch, dass die Ausweitung der Beteiligung des Europäischen Parlaments in den EU-Gesetzgebungsverfahren die Dauer dieser Verfahren verlängert. Diese in der Literatur gängigen, dem Intergouvernementalismus zuzuordnenden Erklärungsversuche besitzen somit nicht die notwendige Erklärungskraft, um die Vertiefung der Parlamentarisierung zu erklären. Einige dieser Arbeiten verweisen daher auf die Rolle von Normen und die Bedeutung des von politischen Eliten wahrgenommenen „Demokratiedefizits", um Kompetenzerweiterungen des Europäischen Parlaments zu erklären. Die hierbei vorgebrachten Erklärungen sind jedoch *ad hoc*, da in keiner systematischen Weise der Einfluss von Normen und die Rolle des von politischen Akteuren wahrgenommenen „Demokratiedefizits" auf die Parlamentarisierung erarbeitet und theoretisiert, geschweige denn empirisch überprüft wird. Auf dieses Problem und wie es gelöst werden kann, wird im Rahmen konstruktivistischer Erklärungsversuche eingegangen.

Während der Realistische und Liberale Intergouvernementalismus davon ausgehen, dass es zu einer Vertiefung der Parlamentarisierung nur als Folge zwischenstaatlicher Aushandlungsprozesse kommt, die zu einer Revision der Verträge führen, betont der Rationalistische Supranationalismus, dass die Vertiefung der Parlamentarisierung von der Kapazität supranationaler Akteure abhängt, den Mitgliedsregierungen institutionelle Konzessionen abzuverlangen. Simon Hix (2002) widerspricht den Intergouvernementalisten, dass die Ausweitung der Kompetenzen des Europäischen Parlaments allein durch die Analyse von Regierungskonferenzen und den hierbei stattfindenden Vertragsrevisionen erklärt werden kann. Hix behauptet, dass die Reform des Mitentscheidungsverfahrens durch den Vertrag von Amsterdam nur formal festschrieb, was informell bereits gängige Praxis zwischen dem Europäischen Parlament und dem Rat war: die *de facto-*

Aufhebung der Möglichkeit, dass der Rat nach dem Scheitern des Vermittlungs-
verfahrens im Rahmen des Mitentscheidungsverfahrens einen Entwurf einbrin-
gen kann, den das Europäischen Parlament nur annehmen oder ablehnen, nicht
jedoch abändern kann. Seit dem Inkrafttreten des Vertrages von Maastricht hat
sich die folgende Praxis entwickelt: Der Rat verzichtet nach Scheitern des Ver-
mittlungsverfahrens auf sein vertraglich verbrieftes Recht, dem Parlament einen
weiteren Entwurf vorzulegen. Im Vergleich zu den formalen Regelungen des
Vertrages von Maastricht kommt die Entwicklung dieser gängigen Praxis einem
Kompetenzzuwachs des Europäischen Parlaments gleich: Die Regelungen des
Vertrages von Maastricht schreiben dem Rat die privilegierte Funktion eines
Agenda-Setters zu, dessen Gesetzesentwürfe nur *in toto* durch das Europäische
Parlament angenommen oder abgelehnt werden können. In der gängigen Praxis
sind jedoch Rat und Parlament gleichberechtigt, da der Vermittlungsausschuss
die letzte Stufe des Gesetzgebungsverfahrens markiert und Rat und Parlament
auf gleicher Augenhöhe miteinander verhandeln können. Im Vertrag von Amsterdam wurde, so Hix, diese Praxis formal festgeschrieben. Wie konnte es dazu
kommen, dass das Europäische Parlament dem Rat gegen seinen Willen Kompetenzen abringen konnte? Hix geht von der Annahme aus, dass die formal festgeschriebenen Vertragsregelungen meistens „unvollständig" sind, d. h. sie ermöglichen dem Europäischen Parlament einen gewissen Interpretationsspielraum, den
das Europäische Parlament auszureizen versucht, um seinen Einfluss im Gesetzgebungsverfahren zu erhöhen. Um jedoch den Rat zu Konzessionen zu bewegen,
muss das Parlament dem Rat eine Blockade des Gesetzgebungsverfahrens androh-
hen, sollte dieser nicht zu Konzessionen bereit sein. Hix geht weiterhin davon
aus, dass eine solche Blockadedrohung glaubwürdig ist, weil das Parlament es
sich eher leisten kann als der Rat ein Gesetzgebungsverfahren zu torpedieren, um
langfristig Einfluss zu gewinnen. Der Rat wird kaum in der Lage sein, die Interpretation des Parlaments zurückzuweisen, weil es dazu der Einstimmigkeit bedarf. Es ist nämlich wahrscheinlich, dass mindestens eine Mitgliedsregierung der
Interpretation und somit den erweiterten Einflussmöglichkeiten des Parlaments
freundlich gesonnen ist. Bei der nächsten Regierungskonferenz werden die Mitgliedsregierungen die ihnen vom Europäischen Parlament aufgezwungene Neu-
interpretation in formale Regelungen gießen, wenn dadurch keine weitere Kom-
petenz(um)verteilung zwischen Parlament und Rat einhergeht und wenn
dadurch Effizienzgewinne durch Verfahrensvereinfachung und ein Mehr an
Transparenz eingefahren werden können.[23]

---

[23] Am Beispiel des im Vertrag von Maastricht eingeführten Mitentscheidungsverfahrens zeigt
Hix, dass das Europäische Parlament eine den eigenen Einfluss erhöhende Interpretation der
im Vertrag von Maastricht festgelegten Verfahrensregeln zum Mitentscheidungsverfahren vorgenommen hat und den Rat erfolgreich dazu zwingen konnte, diese Interpretation anzunehmen. Dies gelang dem Parlament, weil es dem Rat erfolgreich androhen konnte, dass es jedes
Gesetz zu torpedieren gedenke, das im Vermittlungsausschuss nicht durch einen gemeinsamen
Beschluss von Parlament und Rat angenommen würde (siehe hierzu auch Rittberger 2000).

Neben der Arbeit von Simon Hix haben beispielsweise auch Farrell/Héritier (2003) sowie Lindner/Rittberger (2003) gezeigt, dass das Europäische Parlament in den Phasen zwischen Regierungskonferenzen und den damit einhergehenden Vertragsrevisionen die Mitgliedsregierungen erfolgreich zu Konzessionen bewegen konnte, die eine Ausdehnung der Einflussmöglichkeiten des Europäischen Parlaments nach sich zogen. Farrell/Héritier (2003) führen die Fähigkeit des Europäischen Parlaments, dem Rat Konzessionen im Rahmen des Mitentscheidungsverfahrens abzuverlangen auf Bedingungen zurück, die partiell auch bei Hix Erwähnung finden. Um dem Rat gegenüber Forderungen stellen zu können, muss das Parlament erstens durch die formalen Vertragsregelungen bestimmte Einflussmöglichkeiten besitzen. Unterschiedliche Zeithorizonte der am Gesetzgebungsprozess beteiligten Akteure führen zweitens dazu, dass die daran beteiligten Akteure unterschiedlich auf das mögliche Nichtzustandekommen von Gesetzesvorschlagen reagieren. Je geringer diese „Anfälligkeit" ist, desto eher können es sich solche Akteure leisten, Gesetzesvorschlage zu torpedieren, um den stärker „anfälligen" Akteuren Konzessionen abzuverlangen. Drittens stehen dem Rat und dem Europäischen Parlament unterschiedliche organisatorische Ressourcen zur Verfügung, was dazu führen kann, dass der Akteur mit geringerer Ressourcenausstattung einen schnelleren Abschluss legislativer Verhandlungen vorzieht und aus diesem Grunde auch eher bereit sein mag, Konzessionen zu machen. Farrell/Héritier (2003) haben in ihrer Arbeit dargelegt, dass die Asymmetrie der dem Rat und Parlament zur Verfügung stehenden Ressourcen sowie die unterschiedliche Länge der jeweiligen Zeithorizonte zu einer schleichenden Verschiebung der Einflussmöglichkeiten von Rat hin zum Parlament im Gesetzgebungsprozess geführt haben. Das Europäische Parlament hat jedoch nicht nur im Rahmen des Mitentscheidungsverfahrens an Einfluss gewonnen. Lindner (2003) sowie Lindner/Rittberger (2003) haben gezeigt, dass nur durch Druck seitens des Europäischen Parlaments, die 1970 und 1975 vertraglich festgelegten Regelungen zum Haushaltsverfahren in der EU in den achtziger Jahren durch interinstitutionelle Vereinbarungen geändert werden konnten, was zu einer Ausweitung des Einflusses des Parlaments geführt hat, ohne dass allerdings die Verträge formal geändert worden wären.

Im Unterschied zu den vorangegangen Erklärungsansätzen geht der Konstruktivistische Supranationalismus nicht davon aus, dass Regierungen und supranationale Akteure Institutionen als bloße Instrumente zur Realisierung ihrer (exogenen) Präferenzen nach mehr Sicherheit, Einfluss oder Wohlfahrt betrachten. Zu den Grundlagen des Konstruktivistischen Supranationalismus zählt die Annahme, dass Akteurspräferenzen nicht „objektiv" gegeben sind, sondern vielmehr davon abhängen, wie die Akteure selbst ihre natürliche und soziale Umwelt wahrnehmen. Ihre Präferenzen und Handlungen sind demnach stark kontextabhängig, d. h. die institutionelle Umwelt beeinflusst das Handeln von Akteuren maßgeblich. Politische Akteure handeln gemäß einer „Logik der Angemessenheit" (March/Olson 1989, 1998), d. h. beispielsweise, dass sich Akteurshandeln an vorherrschenden „Legitimitätsstandards" ausrichtet, die in einer sozialen bzw. politischen Gemeinschaft vorherrschen (Schimmelfennig 2001). Diese „Standards" können sowohl durch nationale als auch durch internationale Normen und Wertvorstellungen vermittelt werden. Nationale sowie internationale Institutionen reflektieren demnach die von politischen Akteuren geteilten Normen und Wertvorstellungen. So unterscheiden sich die EU-Mitgliedstaaten bezüglich der formalen Verfasstheit ihrer politischen Systeme entlang unterschiedlicher Verfassungstraditionen (Moravcsik und Nicolaidis 1998; Wagner 1999, 2002b) oder „Legitimitätsideen" (Abromeit 1995, 2000; Jachtenfuchs et al. 1998; Jachtenfuchs 2002; Rittberger 2003, 2005). Vorschläge für die institutionelle Ausgestaltung und Reform von EU-Institutionen reflektieren demnach unterschiedliche Verfassungstraditionen oder Legitimitätsideen in den Mitgliedstaaten. Folglich ist innerhalb der Mitgliedstaaten eine erhebliche Varianz bezüglich der Befürwortung einer Parlamentarisierung der EU zu beobachten.

Aus solchen Untersuchungen, die die Varianz mitgliedsstaatlicher Präferenzen für oder wider eine Parlamentarisierung auf unterschiedliche „Legitimitätsideen" (bzw. Präferenzen für eine Vertiefung der Parlamentarisierung) zurückführen, lassen sich jedoch noch nicht die konkreten *Ursachen* für einzelne Vertiefungsschritte in Bezug auf die Parlamentarisierung ableiten. Diese wurden in drei Fällen genauer untersucht (siehe Rittberger 2003, 2005): die Schaffung der Gemeinsamen Versammlung der EGKS (dem institutionellen Vorläufer des Europäischen Parlaments) und die Übertragung von Kontrollrechten gegenüber der Hohen Behörde, die Übertragung von Haushaltskompetenzen im Vertrag von Luxemburg (1970) und die Übertragung von Gesetzgebungskompetenzen durch die EEA (1986). Ausgangspunkt dieser Arbeiten ist die Feststellung, dass die in diesem Abschnitt diskutierten institutionen- und integrationstheoretischen Erklärungsansätze nicht in der Lage sind, die Entstehung der Gemeinsamen Versammlung sowie die Übertragung von Haushalts- und Gesetzgebungskompetenzen an das Europäische Parlament zu erklären. Um diese Lücke zu schließen, wird ein Erklärungsansatz für die Übertragung von Kompetenzen an das Europäische Parlament vorgestellt, der von der Annahme ausgeht, dass Legitimität zentral für die Beständigkeit und das Überleben politischer Ordnungen ist, wobei die Literatur zwischen *prozeduraler* Legitimität (d. h. demokratischen Prozessen und Partizipationsmöglichkeiten wird ein intrinsischer Wert zugewiesen) und *ergebnisinduzierter* Legitimität (d. h. Legitimität entsteht dadurch, dass Politikergebnisse die Problemlösungsfähigkeit der politischen Ordnung gewährleisten) unterscheidet. Diese Annahme lehnt sich an David Easton an, der argumentiert, dass die Akzeptanz einer (demokratischen) politischen Ordnung nicht nur davon abhängt, ob sie in der Lage ist sozioökonomische Probleme zu lösen, sondern auch, ob politische Partizipation und Repräsentation im weitesten Sinne ermöglicht werden. Warum ist diese Unterscheidung wichtig? Unter den Bedingungen ökonomischer oder sicherheitsinduzierter Interdependenz versuchen Staaten ihre Handlungs- und Problemlösungsfähigkeit zu erhöhen, indem sie kooperative Arrangements eingehen und sogar, wie im Rahmen der EU, Teile ihrer Souveränität aufgeben. Dies führt aber, so Robert Dahl, zu einer Dilemmasituation, da mit ansteigendem Umfang der politischen Ordnung (beispielsweise durch supranationale Integration) die direkten Einfluss- und Einwirkungsmöglichkeiten der Bevölkerungen und ihrer Repräsentanten abnimmt (siehe Dahl 1994: 28). Wenn Staaten somit durch die Übertragung nationaler Souveränität die ergebnisinduzierte Legitimität der politischen Ordnung erhöhen, geht dies meist auf Kosten prozeduraler Legitimität auf der nationalen Ebene: Wer ist rechenschaftspflichtig, wenn beispielsweise „mein" Minister auf der Basis qualifizierter Mehrheitsentscheidungen im Rat überstimmt wird? Wie kann demokratische Kontrolle supranationaler Akteure garantiert werden? Die Übertragung von Souveränität führt bei politischen Entscheidungsträgern zu einer (wahrgenommenen) Asymmetrie zwischen *prozeduraler* und *ergebnisinduzierter* Legitimität (sprich: zu einem „Demokratie"- bzw. „Legitimitätsdefizit"). Politische Eliten sind sich der Existenz dieser „Legitimitätslücke" zwar bewusst, aufgrund unterschiedlicher „Legitimitätsideen" wird sie jedoch auch als unterschiedlich problematisch wahrgenommen. Sei es aus eigener Überzeugung oder durch die Ausübung moralischen Drucks durch nationale Parlamentarier, sehen sich nationale politische Eliten gezwungen, dieser Legitimitätslücke mit institutionellen Reformen zu begegnen, um nicht als „schlechte Demokraten" angeprangert zu werden, die grundlegende liberaldemokratische Normen missachten. Auf der Grundlage detaillierter Analysen von Primär- und Sekundärquellen findet diese These in den untersuchten Fällen der Kompetenzübertragung auf das Europäische Parlament Bestätigung.

Anhand der beiden Beispiele für die Vertiefung, Rechtsintegration und Parlamentarisierung konnte gezeigt werden, dass eine der Hauptkonfliktlinien in der Integrationsforschung zwischen denjenigen Forschern verläuft, die eine Vertiefung der Integration als Ergebnis zwischenstaatlicher Aushandlungsprozesse bei Regierungskonferenzen sehen (welche die Interessen insbesondere der mächtigen Staaten reflektieren) und denjenigen Forschern, die die Vertiefung der Integration auf die Fähigkeit supranationaler Akteure den Mitgliedsregierungen Konzessionen abzuverlangen, zurückführen. Die Intergouvernementalisten behaupten, dass sowohl das Europäische Parlament als auch der EuGH um die Möglichkeit wissen, dass die Mitgliedsstaaten in der Lage sind ihre Kompetenzen zu beschneiden. Aus diesem Grund verhalten sie sich strategisch und preschen nicht mit Entscheidungen vor, die den Interessen der Mitgliedsregierungen zuwiderlaufen könnten. Sowohl für die Rechtsintegration als auch für den Prozess der Parlamentarisierung haben jedoch die Anwendungen zum Rationalistischen Supranationalismus gezeigt, dass EuGH und Parlament selbst zu Triebkräften der Vertiefung werden – sogar gegen die Interessen der Mitgliedstaaten.

6 Horizontale Integration

6.1 Erweiterung: die Entwicklung der horizontalen Integration der EU

Sechs Staaten unterzeichneten die Verträge zur Gründung der EGKS und der EWG – seit Mai 2004 hat die EU 25 Mitglieder, zwei Staaten (Bulgarien und Rumänien) werden in absehbarer Zeit zur EU dazustoßen und zwei weiteren Staaten, der Türkei und Kroatien, sind Beitrittsverhandlungen zugesagt. Auch den anderen Staaten des so genannten „westlichen Balkans" hat die EU den Beitritt grundsätzlich versprochen.

Die EU hat ihre Mitgliedschaft in vier Erweiterungsrunden vergrößert (vgl. Tabelle 1.5). Nachdem erste Erweiterungsverhandlungen zu Beginn der 1960er Jahre am Widerstand Frankreichs gescheitert waren, traten Dänemark, Großbri-

Tabelle 1.5: Die Erweiterung der EU

Erweiterungs-runde	Kandidaten	Aufnahme-antrag	Beginn der Beitrittsver-handlungen	Beitritt
Norderweiterung	Dänemark, Großbritannien, Irland	1961, 1967	1961, 1970	1973
	Norwegen	1962, 1967	1962, 1970	nicht beigetreten
Süderweiterung	Griechenland	1974	1976	1981
	Portugal, Spanien	1977	1978/79	1986
EFTA-Erweiterung	Österreich	1989	1993	1995
	Schweden, Finnland, Norwegen, Schweiz	1991/92	1993 (außer Schweiz)	1995 (außer Norwegen)
Osterweiterung	Zypern, Malta	1990	1998, 2000	2004
	Polen, Ungarn Tschechische Republik, Estland, Slowenien	1994	1998	2004
	Lettland, Litauen, Slowakei	1995/96	1998	2004
	Bulgarien, Rumänien	1995	2000	2004
		1995	2000	geplant 2007
	Kroatien	2003	geplant 2005	unbestimmt
	Türkei	1987	geplant 2005	unbestimmt

tannien und Irland der EWG 1973 bei. In der Süderweiterung der 1980er Jahre erweiterte sich die Gemeinschaft um Griechenland, Portugal und Spanien. Wiederum drei Staaten (Finnland, Österreich und Schweden) kamen durch die EFTA-Erweiterung 1995 hinzu.[24] Die größte Erweiterungsrunde der EU, die Osterweiterung, schloss sich unmittelbar an. Seit 1998 bzw. 2000 verhandelte die EU mit zehn ehemals kommunistischen Staaten sowie Zypern und Malta, die bereits 1990 einen Aufnahmeantrag gestellt hatten. Abgesehen von Bulgarien und Rumänien wurden die Beitrittsverhandlungen im Dezember 2002 abgeschlossen; nach der Ratifikation der Beitrittsverträge traten die zehn Staaten im Mai 2004 der EU bei.

Die zentrale Frage, die eine theoriegeleitete Analyse der EU-Erweiterung beantworten muss, lautet: Warum hat sich die EU von ursprünglich sechs auf 25 Mitglieder erweitert? Daran schließt sich die weitere Frage an, warum die europäischen Nichtmitgliedstaaten der EU zu unterschiedlichen Zeitpunkten oder (noch) überhaupt nicht beigetreten sind. Warum ist z. B. eine Gruppe von EFTA-Mitgliedern bereits 1973 beigetreten, die zweite Gruppe erst 1995, eine dritte Gruppe (mit Island, Norwegen und der Schweiz) aber gar nicht – obwohl Norwegen bereits zweimal mit der EU über einen Beitritt verhandelt und die Schweiz bereits einen Aufnahmeantrag gestellt hatte? Warum wurden mit der Türkei so lange keine Beitrittsverhandlungen aufgenommen, obwohl das Land bereits seit 1964 mit der Gemeinschaft assoziiert ist und bereits 1987 einen Beitrittsantrag gestellt hatte? Warum stehen einige ehemals kommunistische Staaten vor dem Beitritt, andere hingegen nicht einmal vor Beitrittsverhandlungen?

Die Analyse der horizontalen Integration war lange Zeit ein Stiefkind der Integrationstheorie. Die Integrationstheorien wurden anhand der sektoralen Ausdehnung und der institutionellen Vertiefung der EU entwickelt, überprüft und debattiert – nicht aber anhand der territorialen Erweiterung. Dies hat sich seit dem Ende der 1990er Jahre verändert (vgl. Schimmelfennig/Sedelmeier 2002). Inzwischen liegen Analysen der EFTA- und Osterweiterung aus intergouvernementalistischer ebenso wie supranationalistischer Perspektive vor. Allerdings lassen sich nicht für alle vier Varianten aus unserem Theoriearsenal Anwendungen für beide Erweiterungen finden.

6.2 EFTA-Erweiterung

In Andrew Moravcsiks „The Choice for Europe" spielt die Erweiterung nur eine Nebenrolle – seine Analyse des EWG-Beitritts Großbritanniens zeigt aber, wie aus der Sicht des Liberalen Intergouvernementalismus horizontale Integration erklärt wird (Moravcsik 1998: 164-220). Großbritannien stellte 1961 einen ersten Aufnahmeantrag, doch de Gaulle legte im Januar 1963 ein Veto gegen den Beitritt

---

[24] Die EFTA ist die Europäische Freihandelsassoziation, die 1960 als Alternative zur EWG gegründet wurde, durch die Erweiterung der EU aber fortschreitend an Bedeutung verlor.

ein. 1967 folgte der zweite Antrag, Verhandlungen begannen 1970, und der Beitritt erfolgte zum 1. 1. 1973. In Moravcsiks Analyse waren sowohl das britische Interesse an der Mitgliedschaft als auch de Gaulles Veto primär durch wirtschaftliche Interessen motiviert.[25] Während die britischen Handelsinteressen durch den Ausschluss von der Zollunion beeinträchtigt wurden und daher „big business" zur stärksten Lobby für den Beitritt wurde, fürchtete Frankreich die britische Handelskonkurrenz, vor allem aber die zu erwartende britische Ablehnung der Gemeinsamen Agrarpolitik (GAP): Großbritannien favorisierte eine liberale, global orientierte Landwirtschaftspolitik, weil der eigene Agrarsektor klein, wenig wettbewerbsfähig und wenig einflussreich war, aber ein herausragendes Interesse an billigen Agrarimporten, vor allem aus dem Commonwealth, bestand. Dieses Interesse war mit dem französischen Interesse an einer protektionistischen Hochpreispolitik zugunsten des eigenen, vergleichsweise großen, exportorientierten und politisch einflussreichen Agrarsektors nicht vereinbar (Moravsik 1998: 89-90).

Frankreich gab seinen Widerstand gegen den britischen Beitritt erst auf, nachdem die GAP fest etabliert war. Selbst dann verlangte die französische Regierung als Vorbedingung ein Abkommen über eine dauerhafte Finanzierung der GAP, die verhindern sollte, dass sie nach dem britischen Beitritt revidiert werden würde. Hier zeigt sich, wie nach Auffassung des Liberalen Intergouvernementalismus die Bereitschaft zu starker institutioneller Selbstbindung vom Interesse an der dauerhaften Absicherung profitabler Verhandlungsergebnisse abhängt. Bleibt noch die Frage, warum Frankreich sich mit seiner Verhandlungsposition durchsetzen konnte. Dies führt Moravcsik auf die größere Verhandlungsmacht Frankreichs und der EWG zurück. Die britische Verhandlungsmacht war gering, weil Großbritannien wirtschaftlich stärker von der EWG abhängig war als umgekehrt. Großbritannien zog den Beitritt gegenüber dem Ausschluss vor und war daher gewillt, Frankreich, dessen Interesse am britischen Beitritt sehr begrenzt war, erhebliche Zugeständnisse in der Agrarpolitik zu machen. Dies ist allerdings nur eine Seite der Erklärung: Dass Deutschland trotz seiner eher mit Großbritannien übereinstimmenden wirtschaftlichen Situation und Interessen die französische Position unterstützte, ist auch in Moravcsiks Analyse letztlich nur durch das „geopolitische" Interesse an einer engen Anbindung an Frankreich zu erklären (Moravcsik 1998: 197-204).

Die Literatur zur EFTA-Erweiterung versucht vor allem zu erklären, warum die EFTA-Staaten der EU zu unterschiedlichen Zeiten (und manche überhaupt nicht) beigetreten sind. Walter Mattli kombiniert Annahmen des Realistischen und Liberalen Intergouvernementalismus. Im Einklang mit dem Realistischen Intergouvernementalismus geht er davon aus, dass der Beitritt zur EU einen Autonomieverlust für Regierungen darstellt, den sie nur dann in Kauf nehmen (und hier kommt die vom Liberalen Intergouvernementalismus postulierte Wohl-

---

[25] Siehe Lieshout et al. (2004) für eine Gegendarstellung.

fahrtsmaximierung ins Spiel), wenn sie wegen wirtschaftlicher Probleme um ihr politisches Überleben fürchten und den EU-Beitritt als Ausweg aus diesen Problemen sehen (1999: 13). Diese Bedingung operationalisiert Mattli als „Performanzkluft": Sie ist erfüllt, wenn das Wirtschaftswachstum des Nicht-Mitgliedstaats unter dem der EU liegt. Diese sieht er durch seine Analyse bestätigt: „Von 20 Beitrittsanträgen aus elf Ländern wurden 18 nach einem – oder typischerweise – mehreren Jahren mit Wachstumsraten oft erheblich unter den durchschnittlichen Wachstumsraten der EG-Länder gestellt." (Mattli 1999: 81) Eine Ausnahme bildeten allerdings während des Ost-West-Konflikts die neutralen EFTA-Staaten; hier spielten neben den wirtschaftlichen also auch geopolitische Interessen eine Rolle (Mattli 1999: 82). Für die Schweiz gilt das auch nach dem Ende des Ost-West-Konflikts: Während Mattlis Modell einen Beitritt mit den anderen EFTA-Staaten vorhergesagt hätte, brachten die Schweizer Wählerinnen und Wähler schon das Abkommen über den Europäischen Wirtschaftsraum 1992 zu Fall (1999: 93-94). In Norwegen hingegen war die Wirtschaftskrise überwunden, lag das Wachstum über dem EU-Durchschnitt, als der EU-Beitritt 1994 in einem Referendum scheiterte. Beide Fälle zeigen allerdings eine weitere Schwäche in Mattlis Modell: Während die Theorie das Kalkül von Regierungen zugrunde legt, waren es jeweils die Wähler, die entgegen der Präferenzen der Regierungen den Beitritt zu Fall brachten.

Christine Ingebritsen (1997; 1998) entwickelt eine „Leitsektoren-Hypothese" zur Erklärung der Varianz unter den skandinavischen Staaten. Generell erklärt sie das zu Beginn der 1990er Jahre verstärkte Interesse der skandinavischen Staaten an der EG in Übereinstimmung mit dem Liberalen Intergouvernementalismus als Folge des weltwirtschaftlichen Strukturwandels: die im Zuge der „Globalisierung" erhöhte Mobilität des Kapitals und das Binnenmarktprogramm der EG setzten die kleinen Volkswirtschaften des Nordens unter Druck. Hinzu kam, dass sich durch das Ende des Ost-West-Konflikts der außenpolitische Spielraum der neutralen Länder Schweden und Finnland vergrößerte. Ob diese strukturellen Veränderungen tatsächlich zu einem EU-Beitritt führten, hing jedoch von innenpolitischen Interessenkonstellationen ab. Während die Leitsektoren in Schweden und teilweise auch Finnland kapitalintensive und exportorientierte Industrien waren, die einerseits vom Zugang zum Binnenmarkt profitierten und andererseits mit Abwanderung drohen konnten, dominierten in Island der Fischfang und in Norwegen die Erdölindustrie. Die isländische Fischerei fühlte sich vom Binnenmarkt bedroht; die norwegische Erdölindustrie war vom Binnenmarkt unabhängig; und beide Sektoren konnten natürlich auch nicht mit Abwanderung drohen. Angesichts der kapitalintensiven, exportorientierten Schweizer Industrie bleibt jedoch der Schweizer Nicht-Beitritt auch aus dieser Perspektive rätselhaft – genauso wie die Tatsache, dass die norwegische Regierung den EU-Beitritt befürwortete.

Die abweichenden Fälle deuten darauf hin, dass die Beitrittspräferenzen offensichtlich auch anders als wirtschaftlich oder sicherheitspolitisch motiviert sein können – und dass letztlich die Einstellungen der Bevölkerung den Ausschlag geben. Sieglinde Gstöhl (2002a; 2002b) ergänzt daher die liberal-intergouvernementalistische Analyse um eine konstruktivistische Analyse auf der Basis von identitätsrelevanten Faktoren. Durch die Kombination starker direkt-demokratischer, dezentralistischer, neutralistischer und gegen Fremdherrschaft gerichteter Traditionen mit sprachlicher Fragmentierung stechen die Integrationshemmnisse der Schweiz auf der Ebene gesellschaftlicher Identität besonders stark hervor. In Norwegen sind die identitären Hemmnisse nicht so stark ausgeprägt, doch erzeugen auch hier das nordische Wohlfahrtsstaatsmodell, der starke Stadt-Land-Gegensatz und die lebendige Tradition der gegen Fremdherrschaft erkämpften und behaupteten Eigenstaatlichkeit eine kulturell bedingte Integrationsskepsis. Die schwedische Gesellschaft ist hingegen nicht nur weit homogener, ihr fehlt auch die Erfahrung der Fremdherrschaft (Gstöhl 2002a: 543-544). Gstöhl bestreitet allerdings, dass Unterschiede in der Identität alleine die Varianz in der horizontalen Integration erklären können (2002a: 536). Geopolitische Faktoren hinderten Finnland und Österreich daran, schon vor dem Ende des Ost-West-Konflikts den Beitritt anzustreben, und weder der britische und dänische Beitritt 1973 noch der schwedische Beitritt 1995 kamen als Ergebnis eines Identitätswandels zustande. Vielmehr gaben ökonomische Faktoren den Ausschlag. Die Tatsache, dass diese drei Länder bis heute die integrationsskeptischsten Gesellschaften aufweisen, erklärt aber wiederum die Intensität ihrer Integration: Es sind genau die drei Länder, die sich weigern, ihre nationalen Währungen aufzugeben und den Euro einzuführen (vgl. Risse 2003).

Für eine umfassende Erklärung der Varianz im Beitritt der EFTA-Staaten zur EU bedarf es also einer Kombination der geopolitischen, ökonomischen und politisch-kulturellen Faktoren, die vom Realistischen Intergouvernementalismus, dem Liberalen Intergouvernementalismus und Konstruktivistischen Supranationalismus hervorgehoben werden. Demgegenüber erscheint der Rationalistische Supranationalismus weniger relevant zu sein – in erster Linie vermutlich, weil die Eigendynamik der Verregelung (noch) nicht greift, solange Staaten nicht Mitglieder sind. Anders als die Entscheidungen der EFTA-Staaten zum EU-Beitritt ist die Entscheidung der EU zu ihrer Aufnahme (1995) nicht zum Gegenstand einer integrationstheoretischen Debatte geworden.[26] Da es sich um „Musterkandidaten" handelte, war diese Entscheidung weder politisch kontrovers noch aus der Perspektive der Integrationstheorien rätselhaft. Es handelte es sich um alte, stabile Demokratien, die die Identität und die fundamentalen politischen Werte und Normen der Mitgliedstaaten teilten (Konstruktivistischer Supranationalismus), und um kleine und vergleichsweise reiche Staaten, die weder die interne Machtbalance der EU störten (Realistischer Intergouvernementalismus) noch ökonomische oder finanzielle Verteilungsprobleme schafften (Liberaler Intergouvernementalismus).

---

[26] Vgl. Friis (1998a) für eine der wenigen wissenschaftlichen Analysen.

6.3 Osterweiterung

Bei der Osterweiterung, die etwa zeitgleich mit der EFTA-Erweiterung auf die Tagesordnung kam, verhielt es sich genau umgekehrt: Warum die osteuropäischen Staaten der EU beitreten wollten, erschien offensichtlich – nicht hingegen, dass die EU diese Staaten auch aufnehmen würde. Das Beitrittsbegehren der meisten mittel- und osteuropäischen Staaten erklärt sich aus der Sicht des Realistischen Intergouvernementalismus zum einen aus ihrem Sicherheitsbedürfnis gegenüber der Russischen Föderation, deren Hegemonialsphäre sie in der kommunistischen Ära angehört hatten, zum anderen aus den zu erwartenden Autonomiegewinnen: Statt als schwache Außenseiter mit der EU verhandeln zu müssen, gibt die Mitgliedschaft ihnen Sitz und Stimme in den Entscheidungsgremien der Union. Aus dem Blickwinkel des Liberalen Intergouvernementalismus spricht für den Beitritt, dass die mittel- und osteuropäischen Staaten ohnehin wirtschaftlich vom Marktzugang zur EU und Investitionen aus der EU abhängig sind, die Mitgliedschaft ihnen aber Zugang zu den Agrar- und Strukturfonds der EU ermöglicht, eine handelspolitische Diskriminierung durch die Mitgliedstaaten verhindert und Investoren ermutigt. In konstruktivistischer Perspektive schließlich wird der Wunsch der Aufnahme in die EU als Konsequenz des Identitätswandels der MOEL nach dem Zusammenbruch des Sowjetkommunismus erklärt. Die „Rückkehr nach Europa" ist für diese Staaten das wichtigste außenpolitische Ziel; die Aufnahme in die EU symbolisiert für sie die „Ankunft in Europa", ein Gütesiegel für ihre Transformationserfolge und die Anerkennung als gleichberechtigte Mitglieder der europäischen Staatengemeinschaft. Allerdings suchten auch solche Regierungen (z. B. in Kroatien, Rumänien, der Slowakei oder der Ukraine) die Mitgliedschaft in der EU, die sich gegen eine Übernahme ihrer liberaldemokratischen Normen im Innern sträubten. Hier dürfte daher die vom Intergouvernementalismus unterstellte instrumentelle Motivation ausschlaggebend gewesen sein (Schimmelfennig 2003a: 52-55, 90-91).

Die *Osterweiterungspräferenzen der EU-Mitgliedstaaten* divergierten in doppelter Hinsicht (Schimmelfennig 2001; 2003c): Zum einen war umstritten, ob die Gemeinschaft sich überhaupt zur Osterweiterung verpflichten und diese zielstrebig vorbereiten solle. Mit Blick auf die generelle Frage des Beitritts lassen sich die Mitgliedstaaten in „Vorreiter" und „Bremser" unterteilen. Zum anderen wurde der Umfang der Osterweiterung debattiert. In dieser Frage plädierte eine Gruppe von Staaten für eine begrenzte (erste) Erweiterungsrunde mit Schwerpunkt Ostmitteleuropa, während andere eine inklusive Vorgehensweise befürworteten. Tabelle 1.6 zeigt, wie diese Präferenzen unter den Mitgliedstaaten verteilt waren. Die Präferenzverteilung entspricht weitgehend der geographischen Lage der Mitgliedstaaten. Abgesehen von Griechenland und Italien waren die Nachbarländer der mittel- und osteuropäischen Staaten die Vorreiter der Osterweiterung und abgesehen von Großbritannien gehörten die weiter entfernten Mitgliedstaaten zu den Bremsern. Die Staaten der „Zentralregion" der EU befürworteten eine zu-

Tabelle 1.6: Osterweiterungspräferenzen der Mitgliedstaaten

	Begrenzte Erweiterung	Inklusive Erweiterung
Vorreiter	Deutschland, Finnland, Österreich	Dänemark, Großbritannien, Schweden
Bremser	Belgien, Luxemburg, Niederlande	Frankreich, Griechenland, Irland, Italien, Portugal, Spanien

nächst begrenzte Erweiterung, während die „Nordstaaten" (mit Ausnahme von Finnland) und die „Südstaaten" eine inklusive Vorgehensweise bevorzugten.

Die geographische Position lässt sich als Indikator für die Stärke der internationalen Interdependenz „und insbesondere das exogene Wachstum von Opportunitäten für grenzüberschreitenden Handel und Investitionen" verstehen, die aus Sicht des Liberalen Intergouvernementalismus die nationalen Präferenzen bestimmen (Moravcsik 1998: 26). Die östlichen Mitgliedstaaten sind nicht nur von negativen Entwicklungen in den mittel- und osteuropäischen Staaten besonders stark betroffen; sie profitieren auch in besonders hohem Maße von der Öffnung der Märkte dieser Staaten. Schließlich sind die Mitgliedstaaten aus denselben Gründen besonders am Beitritt derjenigen Staaten interessiert, an die sie grenzen oder in deren Nähe sie liegen. Das erklärt, warum die Staaten in der „Zentralregion" der EU mit dem Vorschlag der Kommission, die Beitrittsgespräche zunächst auf die mitteleuropäischen Staaten (plus Estland) zu begrenzen, einverstanden waren, während die „Südstaaten" insbesondere auf die Einbeziehung der südosteuropäischen Länder (Bulgarien und Rumänien) drangen und die „Nordstaaten" Dänemark und Schweden sich für die baltischen Staaten verwendeten. Hinzu kommt eine ungleiche Verteilung der Erweiterungskosten, die sich in erster Linie aus der unterschiedlichen sozio-ökonomischen Struktur der Mitgliedstaaten ergibt. Infolge von Handels- und Haushaltskonkurrenz drohte die Osterweiterung besonders hohe Kosten für die ärmeren und stärker von landwirtschaftlicher und „Low-tech"-Produktion geprägten Mitgliedstaaten zu erzeugen. Zum einen fürchteten diese Mitgliedstaaten einen verschärften wirtschaftlichen Wettbewerb, weil sie auf die gleichen Produktionssektoren spezialisiert waren wie die mittel- und osteuropäischen Staaten (Landwirtschaft, Textil- und Lederwaren, Metallverarbeitung). Zum anderen war absehbar, dass die mittel- und osteuropäischen Staaten zu Nettoempfängern des Gemeinschaftshaushalts werden würden. Bei einer im EU-Vergleich überdurchschnittlich hohen landwirtschaftlichen Produktion und zugleich unterdurchschnittlich geringen Wirtschaftskraft würden die MOEL das Anrecht auf hohe Transfers aus den Strukturfonds der Gemeinschaft und aus der Gemeinsamen Agrarpolitik erwerben. Da eine Haushaltserhöhung auf den entschiedenen Widerstand der Nettozahler traf, erschienen Reformen unumgänglich, von denen zu erwarten war, dass sie die Transfers an die bisherigen Nettoempfänger (Spanien, Griechenland, Portugal und Irland) verringern würden. So wird verständlich, dass diese vier Staaten zu den Bremsern gehörten – trotz teilweise geographischer Nähe zu den MOEL.

Schließlich spielten auch geopolitische Interessen eine Rolle. Insbesondere Frankreichs Skepsis beruhte auf der Sorge, dass sich im Zuge der Osterweiterung die Machtbalance der Gemeinschaft zugunsten Deutschlands, des wichtigsten Wirtschaftspartners der mittel- und osteuropäischen Staaten, verschieben würde. Die italienische Regierung fürchtete wiederum, dass die Osterweiterung zu Lasten der Mittelmeerregion gehen würde, der ihre besondere Aufmerksamkeit galt. Die britische Vorreiterrolle schließlich wird mangels greifbarer ökonomischer Interessen in der Region auf die Integrationsskepsis der konservativen Regierung zurückgeführt, die in der Erweiterung eine Chance sah, die weitere Vertiefung der Gemeinschaft zu verhindern.

Insgesamt stimmt der Befund vorwiegend ökonomisch und teilweise geopolitisch und ideologisch bestimmter Integrationspräferenzen mit den Erwartungen des Liberalen Intergouvernementalismus weitgehend überein. Er ist jedoch nicht mit dem Konstruktivistischen Supranationalismus vereinbar, der aufgrund von kollektiven Identitäten und Sozialisationseffekten weitgehend homogene und an der Kongruenz der identitätsbildenden liberaldemokratischen Werte und Normen ausgerichtete Präferenzen hätte erwarten lassen.

Der Liberale Intergouvernementalismus kann auch die *Ergebnisse der Erweiterungsverhandlungen* zwischen der EU und den MOEL erklären (Moravcsik/Vachudova 2003). Mehr noch als bei früheren Erweiterungsverhandlungen bestand eine krasse Asymmetrie. Das kollektive Bruttosozialprodukt aller Erweiterungskandidaten macht etwa 5% des BSP der gegenwärtigen Mitglieder aus, und während die mittel- und osteuropäischen Staaten 50-70% ihres Außenhandels mit der EU betreiben, liegt ihr Anteil am EU-Außenhandel unter 10%. Die mittel- und osteuropäischen Staaten waren also in viel stärkerem Maße auf die Erweiterung angewiesen als die Mitgliedstaaten, und so konnte die EU in den Erweiterungsverhandlungen ihre Bedingungen weitgehend durchsetzen. Diese umfassen nicht nur die Übernahme des *acquis communautaire*, sondern auch anfänglich geringere Subventionen aus dem EU-Haushalt, als sie die Altmitglieder erhalten, und Übergangsfristen, unter anderem für die Freizügigkeit auf dem Arbeitsmarkt. Diese Sonderbedingungen spiegeln die Forderungen starker Interessengruppen oder die Besorgnisse der Wähler in den Mitgliedstaaten wider. Offen bleibt aus der Perspektive des Liberalen Intergouvernementalismus jedoch die *Entscheidung der EU zur Osterweiterung* selbst. Die Vorreiter der Osterweiterung befanden sich unter den Mitgliedstaaten der Gemeinschaft nicht nur in der Minderheit, sondern verfügten auch über eine geringere Verhandlungsmacht als die Bremserkoalition. Selbst für Deutschland, den wohl größten Nutznießer der Osterweiterung unter den Mitgliedsstaaten, sind die mittel- und osteuropäischen

Staaten ökonomisch wie politisch von weit geringerer Bedeutung als die EU-Partner. Unter diesen Umständen konnten die Vorreiter im Fall einer Blockierung der Osterweiterung nicht glaubwürdig mit einer Abwanderung oder Alternativen zur EU (etwa einer nordosteuropäischen Wirtschaftsgemeinschaft) drohen. Außerdem bestand mit der Assoziation der mittel- und osteuropäischen Staaten eine für alle Mitgliedstaaten attraktive Alternative zur EU-Vollmitgliedschaft. Sie ermöglichte es den potentiellen Gewinnern der ökonomischen Integration der mittel- und osteuropäischen Staaten, im Zuge der Errichtung einer Freihandelszone für Industriegüter und der regulativen Angleichung an die Gemeinschaft, ihr ökonomisches Engagement in dieser Region auszubauen, bot aber den potentiellen Verlierern die Möglichkeit, sensible Importe aus den mittel- und osteuropäischen Staaten und den Zugang derselben zu den Entscheidungsgremien und Subventionstöpfen der EU zu verhindern. Aus liberal-intergouvernementalistischer Sicht argumentieren Moravcsik und Vachudova, dass die von den Bremserstaaten gefürchteten Kosten der Osterweiterung am Ende doch relativ bescheiden waren (2003: 50). Auch wenn dies so wäre, erklärte es nicht, warum die EU sich 1993 grundsätzlich zur Osterweiterung entschloss und 1998 mit den Beitrittsverhandlungen begann, als die Verhandlungen über die institutionellen und Haushaltsreformen noch in vollem Gange und die Erweiterungskosten und ihre Verteilung noch unsicher waren. Auch die Auswahl der Beitrittskandidaten unter den MOEL lässt sich so nicht erklären.

Demgegenüber erklärt Lars Skålnes (2001) die Entscheidung von 1993 als eine geopolitisch motivierte, langfristig orientierte Sicherheits- und Stabilitätspolitik. Nach dieser dem Realistischen Intergouvernementalismus nahe stehenden Erklärung stehen bei der Osterweiterung nicht ökonomische Gewinne und Kosten, sondern das sicherheitspolitische Interesse der Mitgliedstaaten an einer stabilen Nachbarregion im Mittelpunkt. Die geographisch divergierenden Präferenzen der Mitgliedstaaten sind auch mit dieser Perspektive vereinbar, die die Entscheidung von 1993 vor allem mit den Lehren aus dem Krieg in Jugoslawien erklärt, der den Mitgliedstaaten die Dringlichkeit vor Augen führte, sich stärker in der Region zu engagieren. Die Entscheidung vom Dezember 1999, eine zweite Runde von Beitrittsverhandlungen zu beginnen, führt Skålnes wiederum auf den Kosovo-Krieg des gleichen Jahres zurück. Auch diese Erklärung lässt jedoch Fragen offen: Wenn es der EU vorrangig um die Verhinderung von Krieg und Instabilität durch Integration ging, warum nahm sie dann nur mit den Staaten Beitrittsverhandlungen auf, die ohnehin weitgehend demokratisch konsolidiert und stabil waren, während sie den Unruheherden der Region selbst Handelsabkommen und finanzielle Unterstützung verweigerte? Wieso wurden gerade 1998 die Beitrittsverhandlungen eröffnet und wie erklärt sich die Auswahl der Kandidaten für die erste Runde?

Dass die EU sich nach Osten erweiterte – und welche mittel- und osteuropäischen Staaten sie für die Beitrittsverhandlungen auswählte – führt der Konstruktivistische Supranationalismus auf ein der Logik der Angemessenheit folgendes

Handeln auf der Basis der kollektiven Identitätskonstruktion der EU und der Übereinstimmung von grundlegenden Werten und Normen zwischen ihr und den mittel- und osteuropäischen Staaten zurück. In der Tat erstreckt sich die kollektive Identität der EU auf *alle* liberaldemokratischen europäischen Staaten: Europäische Staaten, die die liberaldemokratischen Grundnormen der EU teilen, hätten demnach ein Anrecht auf Mitgliedschaft. Auch lässt sich zeigen, dass die EU 1997 für die erste Runde der Beitrittsverhandlungen diejenigen MOEL auswählte, die diese Normen ähnlich gut befolgten wie die Mitgliedstaaten – und besser als die übrigen mittel- und osteuropäischen Staaten. 1999 wurden zusätzlich diejenigen mittel- und osteuropäischen Staaten eingeladen, deren demokratische Konsolidierung inzwischen deutliche Fortschritte gemacht hatte. Die restlichen mittel- und osteuropäischen Staaten fielen demgegenüber deutlich ab (Schimmelfennig 2003a: 101-108; 2003c: 560-565). Generell zeigt eine Ereignisanalyse sämtlicher Erweiterungsrunden der EU, dass der Grad der demokratischen Konsolidierung die einzige robust signifikante Variable für die Erklärung der Aufnahme bzw. Suspendierung institutioneller Beziehungen zwischen der EU und einem europäischen Nichtmitgliedstaat, des Aufnahmeantrags und des Beginns der Beitrittsverhandlungen ist. Kulturelle, geographische, ökonomische oder institutionelle Faktoren erweisen sich demgegenüber als nicht erklärungskräftig (Schimmelfennig 2002).

Konstruktivistische Analysen betonen darüber hinaus die spezifische Identität einer „besonderen Verantwortung" der EU (Sedelmeier 2000) oder einer „verwandschaftsbasierten moralischen Verpflichtung" gegenüber den Erweiterungskandidaten (Sjursen 2002) und die Rolle von Versprechungen aus der Zeit des Ost-West-Konflikts (Fierke/Wiener 1999), stehen aber sämtlich vor dem Problem zu erklären, wie es trotz dieser kollektiven Identität zu den divergierenden Erweiterungspräferenzen der Mitgliedstaaten und der anfänglichen Ablehnung der Beitrittswünsche der mittel- und osteuropäischen Staaten kommen konnte – und wie es schließlich doch zu einer positiven Entscheidung der EU kam. Diese Entwicklung kann auf „rhetorisches Handeln" – die strategische Verwendung von identitäts-, werte- und normbasierten Argumenten – zurückgeführt werden (Schimmelfennig 2001; 2003b). Angesichts der Schwäche ihrer Verhandlungsmacht setzten die Erweiterungsbefürworter auf die Stärke von Argumenten, die auf den allgemein anerkannten und grundlegenden Gemeinschaftswerten und -normen beruhten. Durch den strategischen Einsatz von Argumenten verknüpften sie den Verteilungskonflikt über den Nutzen und die Kosten der Osterweiterung mit der Frage der Identität, Legitimität und Glaubwürdigkeit der Gemeinschaft („framing") und durch den so erzeugten moralischen Druck („shaming") kehrten sie die Machtasymmetrie zwischen Bremsern und Vorreitern um. Die Argumentationsstrategie der mittel- und osteuropäischen Staaten und ihrer Unterstützer in der EU bestand im wesentlichen darin, die mittel- und osteuropäischen Staaten als Mitglieder der eigenen Gemeinschaft zu präsentieren, die Erweiterung als eine Prinzipien- und Wertefrage sowie eine Frage der Glaubwürdigkeit zu konstruieren und die Ablehnung der Osterweiterung als einen Verrat an diesen Prinzipien und Werten anzuprangern. Sie bezogen sich dabei auf die vertraglich festgelegten Erweiterungsregeln der EU, auf frühere rhetorische Bekenntnisse der EU, eine (verhinderte) paneuropäische Gemeinschaft zu sein, und auf die Süderweiterung als Präzedenzfall einer Erweiterung zur Unterstützung der demokratischen Konsolidierung von Transformationsstaaten. Für die Bremser war es schwierig, die Argumente der Befürworter mit identitätskonformen Gegenargumenten in Frage zu stellen. Keiner von ihnen lehnte die Erweiterung aus Kostengründen oder Eigeninteresse öffentlich rundheraus ab. Die Erweiterungsbefürworter veränderten zwar die grundlegenden Osterweiterungspräferenzen der Bremser nicht, hinderten diese aber durch moralischen Druck wirksam daran, sich der Erweiterung und ihrer allmählichen Umsetzung in EU-Politik offen in den Weg zu stellen. Der Erweiterungsprozess wurde daher trotz harter Verhandlungen über die Verteilungsprobleme und unerledigter Reformaufgaben nicht in Frage gestellt oder erheblich verzögert, sondern es bestand ein Zwang zur Reform und zur Einigung.

Diese Erklärung verlässt den Boden des Konstruktivistischen Supranationalismus insofern, als sie nicht von endogenen und identitätskonformen Politikpräferenzen ausgeht. Sie zeigt vielmehr, wie im Rahmen einer internationalen Gemeinschaft auch bei exogenen, ökonomisch oder geopolitisch motivierten Präferenzen und zweckrationalem Handeln ein von der mächtigeren Staatengruppe so nicht gewolltes Politikergebnis zustande kommen konnte. Dies entspricht der Analyse institutioneller Eigendynamik im Rationalistischen Supranationalismus. Ursprünglich „billige" rhetorische Selbstverpflichtungen sowie Regeln und Präzedenzfälle aus einer Zeit, als eine Osterweiterung der Gemeinschaft noch von keinem der Mitgliedstaaten antizipiert wurde, ermöglichten es einer kleinen Gruppe interessierter Mitgliedsregierungen zusammen mit den supranationalen Organisationen (vor allem mit der Kommission, in geringerem Maße auch mit dem Parlament; vgl. Friis 1998b; Bailer/Schneider 2000) einen hinreichenden moralischen Druck aufzubauen, um eine von der mächtigeren und größeren Gruppe der Regierungen abgelehnte Politik durchzusetzen und abzusichern. *Sunk costs* und *lock in* waren in diesem Fall allerdings argumentativer und moralischer Natur, nicht durch materielle Investitionen oder Entscheidungsprozeduren bestimmt.

Welche integrationstheoretischen Schlussfolgerungen lassen sich aus den Ergebnissen der Analysen zur EFTA- und Osterweiterung der EU ziehen?

(1) Die Erweiterungspräferenzen der Regierungen waren in erster Linie ökonomisch und in zweiter Linie geopolitisch motiviert. Das gilt für die Mitgliedstaaten im Fall der Osterweiterung ebenso wie für die EFTA-Staaten zu Beginn der 1990er Jahre. Eine Endogenisierung der Identitäten und Präferenzen war bei den Mitgliedstaaten ebenso wenig zu beobachten wie ein Identitätswandel bei den EFTA-Staaten. Auch die Beitrittsmotivation der mittel- und osteuropäischen Staaten lässt sich in größerer Allgemeinheit aus wirtschaftlichen und sicherheitspolitischen Interessen erklären als durch den postkommunistischen Identitäts-

wandel. Damit stützt die Analyse der Erweiterungspräferenzen die intergouvernementalistische Theorie – vor allem in ihrer liberalen Variante. Allerdings ließen sich aus den Regierungspräferenzen und ihrer Konstellation nicht schon in jedem Fall die Ergebnisse der horizontalen Integration ableiten – das stellt den Intergouvernementalismus in Frage.

(2) Auf der Seite der Beitrittskandidaten gab letztlich die Identität der Bevölkerung – vermittelt über die nationalen Referenda zu den Beitrittsverträgen – den Ausschlag für oder gegen den Beitritt. Nur dort, wo einem von der Regierung aus ökonomischen oder geopolitischen Gründen gewünschten EU-Beitritt keine identitätsrelevanten Hemmnisse entgegenstanden, kam es auch tatsächlich zur Erweiterung. Auf der Ebene der Gesellschaften spielen also die vom Konstruktivistischen Supranationalismus hervorgehobenen Identitäten durchaus eine ergänzende kausale Rolle (als notwendige, aber nicht hinreichende Bedingung für einen Beitritt) – allerdings gerade nicht als europäisch transformierte, sondern als integrationshemmende nationale Identitäten.

(3) Auch auf der Seite der Mitglieder zeigte sich im Fall der Osterweiterung, dass die Interessenkonstellation der Regierungen den Grad der horizontalen Integration nicht zuverlässig erklären kann, weil es anstatt der bloßen Assoziation der mittel- und osteuropäischen Staaten, die aus der Perspektive des Liberalen Intergouvernementalismus zu erwarten gewesen wäre und tatsächlich zunächst auch zu beobachten war, zur Aufnahme der mittel- und osteuropäischen Staaten als Vollmitglieder kam. Anders als bei den Beitrittsreferenda waren hierfür jedoch nicht (von den Regierungsvertretern) *internalisierte*, sondern (in den EU-Regeln, -Praktiken und -Diskursen) *institutionalisierte* Identitäten verantwortlich. Die Analyse stützte hier den Rationalistischen Supranationalismus mit seiner historisch-institutionalistischen Theorie der institutionellen Eigendynamik.

7 Fazit

In diesem Teil des Buches haben wir die vier wichtigsten Integrationstheorien vorgestellt, die aktuell zur Analyse der Entwicklung und Dynamik der EU verwendet werden: den Realistischen und Liberalen Intergouvernementalismus sowie den Rationalistischen und Konstruktivistischen Supranationalismus. Im Anschluss an einen Überblick über die Integrationsentwicklung in den Dimensionen der sektoralen Ausdehnung, institutionellen Vertiefung (vertikale Integration) und territorialen Erweiterung (horizontale Integration) der EU haben wir Erklärungen auf der Basis der vier Integrationstheorien an ausgewählten zentralen Integrationsereignissen und -entwicklungen exemplarisch angewendet, verglichen und überprüft: an der Wirtschafts- und Währungsunion und der Gemeinsamen Außen- und Sicherheitspolitik für die sektorale Integration, an der Rechtsintegration und dem Kompetenzzuwachs des Europäischen Parlaments für die vertikale Integration und an der EFTA- und Osterweiterung für die horizontale Integration. Wie anfangs betont, erheben diese Illustrationen nicht den Anspruch, die Erklärungskraft der Integrationstheorien zu „testen" oder gar zu entscheiden, welche Integrationstheorie die Entwicklung der EU am besten zu erklären vermag. Für einzelne Integrationsgegenstände und -schritte in der Entwicklung der EU mag das möglich sein; insgesamt aber, so viel hat unser begrenzter Überblick gezeigt, kann keine Integrationstheorie beanspruchen, die europäische Integration in ihrer Gesamtheit zu erklären. Vielmehr bedurfte es in der Regel jeweils einer Kombination der von den unterschiedlichen Integrationstheorien hervorgehobenen Faktoren und Bedingungen, um für die hier ausgewählten Probleme der sektoralen, vertikalen und horizontalen Integration eine vollständige und zufriedenstellende Erklärung zu erlangen.

Aus unseren illustrativen Analysen lassen sich jedoch die grundlegenden Stärken und Schwächen einzelner theoretischer Ansätze erkennen. Der Realistische Intergouvernementalismus hat – aufgrund der Annahme, dass Regierungen einen Autonomieverlust zu vermeiden versuchen – besondere Probleme damit, das Wachstum und das in Teilbereichen der EU inzwischen erreichte hohe Niveau der vertikalen Integration zu erklären. Das gilt nicht nur für die Rechtsintegration und die Parlamentarisierung der EU, sondern auch für die Währungsintegration und die Errichtung einer unabhängigen Zentralbank. In seiner einflusstheoretischen Variante kann der Realistische Intergouvernementalismus zwar das Interesse kleinerer Staaten an der vertikalen Integration erklären, stößt aber dort an seine Grenzen, wo auch die Autonomie großer Staaten durch Delegation stark eingeschränkt wird, wie das in der EU regelmäßig der Fall war. Weit besser lässt sich der relative niedrige Grad vertikaler Integration im Bereich der Außenpolitik auf Annahmen und Hypothesen des Realistischen Intergouvernementalismus zurückführen. In einem weiteren Bereich der EU-Beziehungen – der Erweiterung – ist der Erklärungsbeitrag des Realistischen Intergouvernementalismus hingegen auf einen Teil der Erweiterungspräferenzen der Mitglieds- und Beitrittsstaaten begrenzt. Insgesamt muss die europäische Integration in ihrer Entwicklung und Dynamik für den Realistischen Intergouvernementalismus eher als Rätsel erscheinen.

Als besondere Stärke des Liberalen Intergouvernementalismus gelten die großen, vor allem ökonomischen, Integrationsentscheidungen der Regierungen bei Regierungskonferenzen (siehe Beispiel WWU). Die Präferenzen und Verhandlungen der Regierungen lassen sich vielfach auf der Basis des Liberalen Intergouvernementalismus erklären. Allerdings unterschätzt der Liberale Intergouvernementalismus die institutionelle Eigendynamik der EU, die informelle Weiterentwicklung der EU-Institutionen im Anschluss an die Vertragsrevisionen, in systematischer Weise. Am Beispiel der Rechtsintegration und der Parlamentarisierung haben wir gesehen, dass die vertikale Integration über das funktionale Erfordernis glaubwürdiger Selbstbindung hinausging und sich über das von den Regierungen präferierte Maß hinaus vertiefte. Aber auch die Entscheidung zur

Osterweiterung lässt sich nicht auf die intergouvernementale Konstellation der Präferenzen und Verhandlungsmacht zurückführen.

Die Erklärungslücken des Liberalen Intergouvernementalismus konnte jeweils der Rationalistische Supranationalismus füllen. Seine besondere Stärke sind die den formellen Vertragsrevisionen nachgelagerten informellen und eigendynamischen institutionellen Integrationsprozesse, vor allem in der Entwicklung des Binnenmarktes, der Rechtsintegration und der Kompetenzveränderungen supranationaler Organisationen. Aber auch im Fall der Gemeinsamen Außen- und Sicherheitspolitik ließen sich Prozesse dieser Art beobachten; zudem kann der Rationalistische Supranationalismus über die Variablen „Stärke transnationaler Akteure und Interaktionen" und „Dichte transnationaler Austauschprozesse" den im Vergleich zum Binnenmarkt geringeren Integrationsgrad erklären. Schließlich entspricht auch die Erklärung der EU-Osterweiterung durch die Eigendynamik institutionalisierter Erweiterungspraktiken und argumentative Selbstverstrickung den Annahmen und Erwartungen des Rationalistischen Supranationalismus. Entsprechend seiner zentralen These haben die EU-Institutionen also durchaus transformative Wirkungen gezeigt – verstanden als institutionelle Dynamik, die über die kollektiven Präferenzen der Mitgliedsregierungen hinausging und von diesen auch nicht mehr kontrolliert und korrigiert werden konnte. Hingegen finden sich im Rahmen unserer illustrativen Analyse keine starken Belege dafür, dass diese transformative Wirkung die Identitäten und Präferenzen der EU-Akteure betraf, wie der Konstruktivistische Supranationalismus behauptet. Allerdings erwiesen sich „Identitäten" durchaus als ein wichtiger Erklärungsfaktor für die Integration. Zum einen stach ihre Relevanz als Integrationshindernis hervor (siehe die Fälle WWU und EFTA-Erweiterung); zum anderen konnten bestehende, nicht jedoch erst durch die Integration erzeugte, *nationale* Identitäten und Ideen Quelle für Integrationswachstum sein, wie im Fall der Osterweiterung oder der Parlamentarisierung.

Wenn also, so das Fazit, die zentrale Unterscheidungslinie in der Integrationstheorie zwischen den Theorien verläuft, die eine transformative Wirkung europäischer Integration behaupten und den Theorien, die diese vereinen, dann haben unsere Fallstudien hinreichend Evidenz zugunsten supranationalistischer Theorien erbracht. Allerdings lässt sich die Transformation nicht auf endogen veränderte, „europäisierte" Identitäten zurückführen, sondern auf die institutionellen Eigendynamiken, die die rationalistische Variante des Supranationalismus postuliert.

Kapitel 2 Institutionen und Entscheidungs- prozesse der EU

Katharina Holzinger

1 Einleitung

Das folgende Kapitel zu den Institutionen und Entscheidungsprozessen der Europäischen Union kann ein Einführungslehrbuch zu diesem Gegenstand nicht ersetzen. Es setzt Kenntnisse der Organe und Einrichtungen der EU und der legislativen Prozesse, wie sie in den EU-Verträgen festgelegt sind, sowie Grundkenntnisse der Funktionsweise des politischen Systems der EU voraus. Ausführliche Deskriptionen dieser Institutionen finden sich beispielsweise in den Lehrbüchern von Nugent (2003), Pfetsch (1997), Tömmel (2003) oder Landfried (2005). In diesem Kapitel sollen jedoch nicht die Institutionen dargestellt, sondern ausgewählte politikwissenschaftliche Theorien und Analyseansätze zum institutionellen System der EU vorgestellt werden. Diese Theorien und analytischen Instrumente finden sich bisher eher in der Aufsatzliteratur als in Lehrbüchern. Stärker theoretisch orientiert sind lediglich das Lehrbuch von Simon Hix (2005) und der Sammelband von Markus Jachtenfuchs und Beate Kohler-Koch (1996; 2003).

Im zweiten Abschnitt dieses Kapitels wird das politische System der EU als Ganzes untersucht: Wo liegen die Besonderheiten des EU-Systems? Inwieweit können die herkömmlichen politikwissenschaftlichen Ansätze zur Klassifizierung demokratischer politischer Systeme auf die EU angewandt werden? Ist die EU ein präsidentielles oder ein parlamentarisches System? Ist sie eine Mehrheits- oder eine Konsensusdemokratie oder ist sie gar keine Demokratie? Was hat es mit dem viel beklagten demokratischen Defizit der EU auf sich und wo kann es verortet werden?

Im dritten Abschnitt steht die Funktionsweise der zentralen Institutionen auf der EU-Ebene und die Machtverteilung zwischen den politischen Akteuren im europäischen Gesetzgebungsprozess im Mittelpunkt der Analyse. Aus Umfangsgründen erfolgt eine Konzentration auf die wichtigsten Akteure (Mitgliedstaaten, Ministerrat, Kommission und Europäisches Parlament), auf die formalen Institutionen und Verfahrensregeln sowie auf die zur Zeit vielversprechendsten analytischen Ansätze. Die Konzentration auf zentrale Akteure und formale Regeln rechtfertigt sich daher, dass es gerade diese Institutionen sind, die bei den Regierungskonferenzen zur Reform der EU-Verträge regelmäßig zu den stärksten Konflikten und zu temporärem Scheitern der Verhandlungen führen. Daraus lässt sich folgern, dass es sich hier um relevante und sensible Fragen der Machtverteilung handelt.

Im vierten Abschnitt wird der Tatsache Rechnung getragen, dass es sich bei der EU um ein politisches Mehrebenensystem handelt, in dem ähnlich wie in einem föderalistischen Staat die untere politische Ebene an den Entscheidungen der oberen Ebene teilnimmt und ein System der vertikalen Kompetenzabgrenzung gefunden werden muss. Es werden einige theoretische Ansätze und speziellere Hypothesen vorgestellt, die sich mit den Konsequenzen dieser Mehrebenenstruktur für das politische Handeln und die politischen Ergebnisse befassen. Im Kontext der EU, die ja nach wie vor kein Staat, sondern eine wachsende Staatengemeinschaft ist, stellt sich die Frage nach den Möglichkeiten für eine flexiblere Integration, bei der nicht jedes Mitgliedsland in allen Bereichen und in gleicher Tiefe integriert sein muss. Der zweite Teil dieses Abschnitts befasst sich deshalb mit den normativen Konzepten flexibler Integration.

2 Die EU als politisches System

Von der vergleichenden Politikwissenschaft wird gerne der spezifische Charakter des politischen Systems der EU betont. Das impliziert, dass die EU sich dem Vergleich entzieht und in übliche Typologien politischer Systeme nicht einzuordnen ist. In diesem Abschnitt soll dieser Frage auf den Grund gegangen werden. In einem ersten Schritt werden die Besonderheiten des politischen Systems EU herausgearbeitet. Im nächsten Schritt werden zwei gebräuchliche Typologien von Regierungssystemen angewendet. Gefragt wird, ob und inwieweit sich die EU in die gebräuchliche ältere Unterscheidung präsidentieller und parlamentarischer Systeme sowie in die modernere Unterscheidung von Mehrheits- und Konsensusdemokratie einordnen lässt. Dabei wird deutlich, dass in der EU nach wie vor Lücken bei der demokratischen Repräsentation bestehen. Der letzte Teil dieses Abschnitts widmet sich deshalb der Diskussion um das demokratische Defizit in Europa.

2.1 Die EU: ein politisches System „sui generis"?

In Büchern und Aufsätzen zur EU findet sich häufig die Behauptung, die EU sei ein politisches System „sui generis" (z. B. Tömmel 2003: 9). Die Betonung des Einzelfallcharakters und der Spezifität der EU ist sicherlich richtig. Es gibt kein zweites historisches Beispiel einer inzwischen fast 50 Jahre dauernden Evolution eines politisches Systems, das sich durch wachsende Mitgliederzahl (und damit geographische Ausdehnung), allmählich wachsenden Umfang vergemeinschafteter Politikbereiche und gleichzeitig permanentem Verfassungswandel auszeichnet. Andererseits sind *alle* politischen Systeme „singulare Fälle", kein politisches System ist eine exakte Kopie eines anderen. Der Grad der Verschiedenheit der Einzelfälle variiert aber stark, manche sind sich ähnlicher als andere. Sie lassen sich also vergleichen und klassifizieren. Dies gilt natürlich auch für die EU. Die Betonung des „sui generis"-Charakters der EU sollte nicht dazu führen, auf den

Vergleich zu verzichten, denn dies würde einem *a priori*-Verzicht auf Analyse und Erklärung gleichkommen Die EU lässt sich allerdings nicht so ohne weiteres in den Kategorien herkömmlicher Typologien von politischen Systemen fassen. Die wesentlichen Besonderheiten des Systems sollen hier kurz zusammengefasst werden, ehe versucht wird, zwei gebräuchliche Typologien politischer Systeme auf die EU anzuwenden.

1. Die EU ist ein Zwitter zwischen internationaler Organisation und föderalem Staat. Über die Kompetenzkompetenz verfügt nicht ein gewähltes Parlament, wie in demokratischen Staaten, sondern Verfassungsgeber sind die Mitgliedstaaten. Die EU-Verträge werden (i. d. R.) von den nationalen Parlamenten ratifiziert wie andere internationale Verträge auch. Andererseits verfügen die Organe der EU über ein beträchtliches Maß an supranationaler Entscheidungskompetenz im „Tagesgeschäft" der Union. Neben der Vertretung der Mitgliedstaaten in einer föderativen Kammer, dem Ministerrat, gibt es auch das Europäische Parlament als eine Vertretung der Völker und „erste Kammer". Mit diesem Aufbau ähnelt die EU einem föderalen Staat. Es lässt sich sogar noch spezifischer sagen, dass sie eher dem Typus Verbundföderalismus entspricht, wie er etwa in Deutschland vorliegt, als dem Trennföderalismus nach amerikanischem Muster. Allerdings ist die EU kein Staat, sondern eine Staatengemeinschaft. Zur Staatsqualität fehlt ihr das Gewaltmonopol und das Monopol, Steuern zu erheben. Gerade diese beiden Politikbereiche, Justiz und Inneres sowie Steuern, gehören zu den am wenigsten vergemeinschafteten Bereichen, bei denen der Ministerrat seine Beschlüsse überwiegend einstimmig fasst.

2. Das verweist darauf, dass es eine große Varianz zwischen den Politikbereichen gibt, was das Ausmaß des Intergouvernementalismus bzw. des Supranationalismus angeht. Auf der Basis der derzeit geltenden Verträge gibt es drei sogenannte „Pfeiler" in der EU: Nur im ersten Pfeiler wird supranational entschieden, d. h. unter Mitwirkung von EU-Kommission und Europäischem Parlament. Im zweiten und dritten Pfeiler, der „Gemeinsamen Außen- und Sicherheitspolitik" und der „Zusammenarbeit Justiz und Inneres" wird intergouvernmental entschieden. Auch im ersten Pfeiler variiert jedoch der Umfang der Beteiligung des Parlaments und der Kommission je nach geltendem Entscheidungsverfahren. Und auch hier entscheidet der Ministerrat manchmal noch einstimmig, beispielsweise wenn Steuern betroffen sind. Diese Varianz macht es nicht leicht, das System der EU als intergouvernemental oder supranational einzustufen.

3. Das politische System der EU ist einem laufenden Wandel unterworfen. Seit Mitte der 1980er Jahre kam es etwa alle 5 Jahre zu einer grundlegenden Vertragsrevision, die das Verhältnis der Mitgliedstaaten und der Organe untereinander (Abstimmungsregeln und Entscheidungsverfahren), die Erweiterung der Politikbereiche und die Möglichkeiten flexibler Integration betrafen. Das politische System der EU ist ein hoch dynamisches Gebilde und Aussagen zum Institutionensystem oder zum Demokratiedefizit laufen stets die Gefahr, in Kürze veraltet zu sein.

4. Betrachtet man nur den supranationalen Pfeiler, so fällt auf, dass die Organe der EU sich zwar in den Begriffen der drei Gewalten Legislative, Exekutive und Judikative beschreiben lassen, dass Legislative und Exekutive jedoch in höchst ungewöhnlicher Weise miteinander verzahnt sind. Im folgenden Abschnitt wird genauer untersucht werden, inwieweit dieses System den klassischen Konzepten der präsidentiellen oder parlamentarischen Demokratie zuzuordnen ist bzw. davon abweicht.

5. Die legislativen Verfahren sind hochkomplex und haben sich in den vergangenen Jahren mehrfach geändert. Verhandlungen als Entscheidungsverfahren spielen eine deutlich größere Rolle als majoritäre oder hierarchische Verfahren. Im Europäischen Rat wird einstimmig entschieden. Das Vetorecht jedes einzelnen Staates impliziert Konsenszwang und Verhandlung. Auch im Ministerrat wird teilweise noch einstimmig entschieden und selbst die qualifizierte Mehrheit (in ihren verschiedenen Ausprägungen) stellt hohe Konsensanforderungen. Schließlich ergibt sich durch Vetorechte zwischen den EU-Organen häufig Konsenszwang. Andererseits gibt es aber auch Mehrheitsentscheidungen in der Kommission und im Europäischen Parlament. Im folgenden wird zunächst der Frage nachgegangen, ob die EU als Konsens- oder Wettbewerbsdemokratie zu klassifizieren ist. Im Abschnitt 3 dieses Kapitels werden dann die Organe und Entscheidungsverfahren mit Hilfe verschiedener theoretischer Ansätze genauer analysiert.

6. Eines der auffälligsten Kennzeichen des politischen Systems der EU ist es, dass nach wie vor kein europäisches Parteiensystem existiert. Es gibt zwar die europäischen Parteizusammenschlüsse im Parlament, gewählt jedoch werden die Europaparteien auf nationaler Ebene und auf der Basis von an nationalen Themen oder an Personen orientierten Wahlkämpfen. Es gibt keinen europaweiten politischen Wettbewerb, der als Legitimationsinstanz für eine europäische Legislative oder gar Exekutive dienen könnte. Hier steckt ein wesentliches Element des demokratischen Defizits in der EU.

2.2 Welcher Typ Regierungssystem ist die EU?

Im folgenden werden zwei gebräuchliche Typologien politischer Systeme auf die EU angewendet: die Unterscheidung von parlamentarischer und präsidentieller Demokratie (z. B. Fraenkel 1976, Steffani 1981) sowie die Unterscheidung von Konsensus- und Mehrheitsdemokratie von Lijphart (1984; 1994; 1999).

2.2.1 Präsidentiell oder Parlamentarisch?

Die älteste Typologie demokratischer Regierungssysteme unterscheidet parlamentarische Systeme von präsidentiellen. Dem Idealtyp des präsidentiellen Systems entspricht die USA, dem Idealtyp des parlamentarischen Systems entspricht am ehesten Großbritannien. Unterscheidungsmerkmal ist das Verhältnis der Gewalten Legislative und Exekutive. Während sich das präsidentielle System durch strikte Gewaltentrennung auszeichnet, liegt im parlamentarischen System Gewal-

Tabelle 2.1: Parlamentarisches und präsidentielles Regierungssystem

	Parlamentarisches Regierungssystem	Präsidentielles Regierungssystem
1	Zugehörigkeit der Regierung zum Parlament rechtlich zulässig und politisch notwendig – die Regierung geht aus dem Parlament hervor	Zugehörigkeit der Regierung zum Parlament rechtlich verboten (Inkompatibilitätsprinzip)
2	Rücktrittverpflichtung der Regierung im Falle eines Misstrauensvotums	Fortbestand der Regierung unabhängig von parlamentarischen Mehrheiten
3	Recht der Regierung zur Auflösung des Parlaments	Keine Auflösung des Parlaments durch den Präsidenten möglich
4	Regierungspartei unter strikter Kontrolle des Regierungschefs; strenge Fraktionsdisziplin	Partei des Präsidenten ist relativ unabhängig vom Präsidenten; er ist oft nur nomineller Parteichef; keine Fraktionsdiszipin

tenverschränkung vor. Im allgemeinen werden vier Merkmale genannt, anhand derer die beiden Systemtypen unterschieden werden können (vgl. Tabelle 2.1). Als zentrales Merkmal für ein parlamentarisches System wird das zweite Merkmal, die politische Abhängigkeit der Regierung vom Vertrauen des Parlaments, aufgefasst (vgl. Steffani 1981).

Inwieweit sind diese Merkmale nun auf die EU anwendbar? Formell besteht das „Regierungssystem" der EU derzeit aus einer Exekutive, der Kommission, einem Gerichtshof und zwei legislativen Kammern, dem Rat als Staatenkammer und dem Europäischen Parlament als Völkerkammer. Die Struktur der Organe ähnelt damit der eines föderalen Staates, wobei die Staatenkammer eher dem Bundesratsprinzip folgt (Regierungsdelegierte, Stimmgewichtung) als dem Senatsprinzip (direkt gewählte Senatoren, Gleichgewichtung jedes Mitgliedstaats). Von den üblichen Regierungssystemen in demokratischen Staaten weicht das eingeschränkte Initiativrecht der beiden Kammern und die eingeschränkte legislative Gewalt des Europäischen Parlaments ab. Die umfassende legislative Gewalt des Rats entspricht eher dem Senatsprinzip als dem Bundsratsprinzip. Dass die Exekutive außer dem Initiativrecht auch über eingeschränkte legislative Rechte verfügt (Kommissionsbeschlüsse u. ä.), ist nichts Ungewöhnliches: Regierungen können in den meisten Systemen Rechtsakte niederen Ranges erlassen.

Wie sieht es nun mit den vier Merkmalen aus? Die Zugehörigkeit der Regierung zum Parlament ist nicht gegeben. Die Kommissare gehören weder dem Europäischen Parlament noch dem Ministerrat an; ihre Zugehörigkeit zur ersten Kammer ist nicht politisch notwendig, da die Regierung nicht aus dem Parlament „hervorgeht". Anderseits ist die Zugehörigkeit aber auch nicht rechtlich verboten. Das erste Merkmal muss also für beide Systemtypen verneint werden. Allerdings sind beide Kammern an der Bestellung der Kommission beteiligt: Der Rat schlägt die Kommissare vor und ernennt sie, das Parlament muss den Vorschlägen aber zustimmen. Insofern gibt es durchaus eine Verschränkung von Legislative und Exekutive.

Beim zweiten, dem zentralen Merkmal ist die Lage noch unklarer: Zwar gibt es eine Rücktrittverpflichtung der Kommission im Falle eines Misstrauensvotums des Parlaments. Anders als in parlamentarischen Systemen handelt es sich hier aber nicht um einen politisch, d. h. aufgrund der Änderung der Mehrheitsverhältnisse im Parlament, erzwungenen Rücktritt, sonder eher um einen Rücktritt aufgrund der Sanktionierung eines Fehlverhaltens der Kommission. Dafür spricht auch die für ein Misstrauensvotum notwendige Zweidrittelmehrheit (vgl. Decker 2003: 19). Die Regierung besteht unabhängig von parlamentarischen Mehrheiten – wie im präsidentiellen System.

Sowohl das dritte als auch das vierte Merkmal muss für beide Systemtypen verneint werden. Die Kommission kann das Parlament nicht auflösen und es gibt keine Regierungspartei im Parlament, die auf strenge Fraktionsdisziplin angewiesen wäre. Andererseits ist auch keine Auflösung des Parlament durch einen Präsidenten oder die Unabhängigkeit seiner Partei vom Präsidenten möglich wie im präsidentiellen System: Das Kriterium ist nicht anwendbar, denn in der EU gibt es keinen direkt gewählten Präsidenten als Chef der Exekutive. Der Kommissionspräsident wird im beschriebenen Modus bestellt. Nach dem vom Europäischen Rat am 16. Juni 2004 verabschiedeten Verfassungsentwurf soll es zwar künftig einen Präsidenten des Europäischen Rats geben, dieser soll aber von den Mitgliedern, d. i. den Regierungschefs der Mitgliedstaaten gewählt werden.

Das politische System der EU lässt sich also derzeit weder dem parlamentarischen noch dem präsidentiellen Typus zuordnen. Dennoch lässt sich festhalten, dass es keine strikte institutionelle Gewaltenteilung gibt. Darin unterscheidet sich das EU-System klar von einem präsidentiellen Regierungssystem. Die Verzahnung von Exekutive und Legislative weist eher auf ein System vom parlamentarischen Typ hin: Die Regierung wird nicht vom Volk gewählt, sondern geht aus dem Parlament hervor, wenn auch in ungewöhnlicher Weise. Sie wird von der Staatenkammer vorgeschlagen und ernannt, die Völkerkammer muss der Ernennung aber zustimmen und kann die Kommission auch per Misstrauensantrag abberufen. Betrachtet man die institutionelle Geschichte der EU, so lässt sich eher eine „Bewegung" hin zum parlamentarischen Typus ausmachen, als hin zum Präsidentialismus (vgl. Holzinger/Knill 2002). Dafür spricht auch, dass die meisten Mitgliedstaaten der EU selbst dem Typus des parlamentarischen Systems zuzuordnen sind. Sollte es zu einer weiteren Demokratisierung des EU-Systems kommen, dürfte dies wohl eher im Sinne des Parlamentarismus geschehen (vgl. auch Decker 2003). Damit ist keine normative Bewertung verbunden. Beide Systemtypen haben je spezifische Vor- und Nachteile. Neben Befürwortern eines parlamentarischen Systems für die künftige EU (z. B. Laver 1997; Westlake 1998; Holzinger/Knill 2002) stehen Verfechter des Präsidentialismus (z. B. Bogdanor 1986; Mueller 1997; Hix 1998; Decker 2002; 2003).

2.2.2 Mehrheits- oder Konsensusdemokratie?

Eine modernere Typologie von Regierungssystemen wurde seit den 1980er Jahren von Arend Lijphart entwickelt (Lijphart 1984; 1994; 1999). Lijphart stellt die Frage, ob die dominante Entscheidungsregel in einem politischen System das Mehrheits- oder das Konsensprinzip ist. Eine Konsensusdemokratie unterliegt Verhandlungszwängen, weil das Institutionensystem viele Vetospieler vorsieht, d. h. vielen politischen Akteuren die Macht verleiht, eine Entscheidung zu verhindern, die nicht in ihrem Sinne ist. Die Konsensusdemokratie schützt Minderheiten, aber sie erschwert auch politische Veränderung. In einer Mehrheitsdemokratie dagegen können Minderheiten immer überstimmt werden, Politikwandel ist leichter möglich. Beispiel für ein dem Idealtyp der Mehrheitsdemokratie nahe kommendes Land ist Großbritannien, Beispiele für den Typ Konsensusdemokratie sind die Schweiz und die Niederlande. Lijphart entwickelt acht bzw. neun Merkmale, die eine reine Konsensus- bzw. eine reine Mehrheitsdemokratie auszeichnen (vgl. Tabelle 2.2).

Tabelle 2.2: Konsensusdemokratie und Mehrheitsdemokratie

	Konsensusdemokratie	Mehrheitsdemokratie
1	Geteilte Macht in der Exekutive (Koalitions- oder Mehrparteienregierung)	Alleinregierung einer Mehrheitspartei, zentralisierte Exekutivmacht
2	Formelle und informelle Gewaltenteilung, relative Unabhängigkeit von Exekutive und Legislative	„Homogenität" von Mehrheit in der Legislative und Mehrheit in der Exekutive (gleiche Partei)
3	Mehrparteiensystem	Zweiparteiensystem oder vergleichbarer Typus
4	Multidimensionales Parteiensystem (mehrere Konfliktlinien)	Eindimensionales Parteiensystem (eine Konfliktlinie)
5	Verhältniswahlrecht	Mehrheitswahlrecht
6	Zweikammersystem mit starker zweiter Kammer	Einkammersystem oder asymmetrisches Zweikammersystem
7	Föderalistischer und/oder dezentraler Staatsaufbau	Unitarischer und zentralisierter Staat
8	Geschriebene Verfassung	Weitreichende Parlamentssouveränität (und ungeschriebene Verfassung)
9		Streng repräsentative Ordnung, keine direkte Demokratie

Welche dieser Kriterien treffen nun für die EU zu? Beim ersten Kriterium ergeben sich bereits Schwierigkeiten. Da die europäische Regierung, die Kommission,
nicht aus dem Parteienwettbewerb hervorgeht, gibt es weder die Alleinregierung
einer Mehrheitspartei, noch Koalitions- oder Mehrparteienregierungen – die für
Verhandlungszwänge innerhalb der Regierung sorgen würden. Das Kriterium
von Lijphart ist also nicht anwendbar. Verhandlungen innerhalb der Kommission
finden zwischen den verschiedenen Ressorts statt. Die Kommission entscheidet
formell nach dem Mehrheitsprinzip. Nach dieser Überlegung bekäme die EU einen Punkt für die Mehrheitsdemokratie.

Auch das zweite Kriterium Lijpharts ist nicht anwendbar. Eine relative Unabhängigkeit von Legislative und Exekutive gibt es zwar nicht, da die Kommission
im Einvernehmen beider Kammern bestellt wird und über keine unabhängige
Legitimation durch Wähler verfügt. Allerdings ist auch die „Homogenität" der
Mehrheit in Legislative und Exekutive nicht gegeben. Nach diesem Kriterium ist
die EU weder eine Mehrheits- noch eine Verhandlungsdemokratie. Das Kriterium bezieht sich darauf, dass in manchen Systemen, etwa in den USA, Exekutive
und Legislative Vetospieler sein können. Die Eigenschaft, Vetospieler zu sein, hat
die EU-Kommission jedoch nur im Rahmen eines der legislativen Verfahren, die
in der EU bisher angewandt wurden (dies wird in Abschnitt 3.2.3 dieses Kapitels
gezeigt). Insofern könnte man auch unter diesem Gesichtspunkt eher eine Mehrheitsdemokratie vermuten.

Die meisten der folgenden Kriterien deuten jedoch auf eine Verhandlungsdemokratie. Die EU ist ein Mehrparteiensystem, oder besser ein Vielparteiensystem. Im Parlament sind rund 80 nationale Parteien vertreten, die sich in Fraktionen organisieren. Um eine einfache oder absolute Mehrheit zu erreichen, sind in
der Regel Verhandlungen zwischen mehreren Parlaments-Fraktionen nötig. Das
Parteiensystem ist auch multidimensional. Es gibt mindestens zwei große Konfliktlinien: die zwischen links und rechts sowie die zwischen integrationsfreundlichen und integrationsfeindlichen Parteien. Beim Wahlrecht ist die Antwort
nicht eindeutig. Es gibt nach wie vor kein einheitliches europäisches Wahlrecht.
Die einzelnen Mitgliedstaaten wählen die Abgeordneten zum Europäischen Parlamente jeweils nach der nationalen Tradition. Überwiegend wird aber das Verhältniswahlrecht angewandt. Die große Zahl der Parteien im Parlament zeigt,
dass der Effekt in jedem Fall der eines Verhältniswahlrechts ist.

Die Kriterien sechs und sieben lassen sich eindeutig im Sinne der Konsensusdemokratie bejahen. Es gibt ein Zweikammersystem mit einer starken zweiten
Kammer. Je nach anzuwendendem legislativen Verfahren sind beide Kammern
Vetospieler oder auch nur die zweite Kammer (siehe Abschnitt 3.2.3 dieses Kapitels). Auch der föderalistische Staatsaufbau lässt sich eindeutig bejahen, handelt
es sich doch bei der EU gar nicht um einen Staat, sondern um eine Staatengemeinschaft, die aber einen typischen föderalen Aufbau vorzuweisen hat. Die Tatsache, dass in der zweiten Kammer teilweise mit Einstimmigkeit, teilweise mit einer hohen qualifizierten Mehrheit entschieden wird, verweist auf eine große Zahl

von Vetospielern innerhalb dieser Kammer mit den entsprechenden Verhandlungszwängen.

Das achte Kriterium verlangt eine geschriebene Verfassung bei der Verhandlungsdemokratie und weitreichende Parlamentssouveränität bei der Mehrheitsdemokratie. Beide Kriterien lassen sich für die EU wieder im Sinne der Konsensusdemokratie beantworten. Die EU hat zwar noch keine geschriebene Verfassung, die diesen Namen trägt, aber ihr Institutionensystem war immer in Verträgen geregelt, die den Charakter einer Konstitution tragen. Von weitreichender Parlamentssouveränität (gegenüber diesen Verträgen) kann keine Rede sein. Schließlich zeichnet sich die Mehrheitsdemokratie nach Lijphart durch die Absenz der direkten Demokratie aus. Nun gibt es in der EU bisher noch keine direkte Demokratie, insofern ist das Volk kein Vetospieler. Immerhin ist aber im aktuellen Verfassungsentwurf die Möglichkeit einer Volksinitiative vorgesehen.

Zusammenfassend lässt sich festhalten: Zwar trifft nicht jedes Kriterium für die Verhandlungsdemokratie zu, jedoch die überwiegende Zahl. Dagegen ist nahezu keines der Kriterien für die Mehrheitsdemokratie auf die EU anwendbar. Die beiden Typen sind jedoch Idealtypen. In den wenigsten Ländern treffen tatsächlich alle Kriterien für einen der beiden Typen zu, die meisten politischen Systeme sind Mischformen. Die EU ist bei der Entscheidungsfindung sicherlich in überdurchschnittlich hohem Maße auf Verhandlungen angewiesen. Sie ist eine Konsensusdemokratie und sie ist es primär aufgrund der durch die Mehrebenenstruktur sich ergebeben Konsenserfordernisse zwischen den Mitgliedstaaten. Darauf hat auch Scharpf (1985) in seinem Artikel zur Politikverflechtungsfalle schon hingewiesen, der in Abschnitt 4.1.1 noch ausführlicher behandelt wird.

In jüngerer Zeit hat sich ein neuerer Ansatz entwickelt, mit dem politische Systeme vergleichbar gemacht werden können: die „Theorie der Vetospieler", die seit Mitte der 1990er Jahre hauptsächlich von George Tsebelis (z. B. 2002) vorangetrieben wurde. Diese Theorie setzt ähnlich an wie die von Lijphart: Sie sucht nach Konsenszwängen, die sich aus der Existenz von verfassungsrechtlich zugesicherten Vetorechten einzelner politischer Akteure ergeben. Je größer diese Konsenszwänge sind, desto geringer wird der Politikwandel sein. Tsebelis hat diesen Gedanken formal präzise gefasst. Dieser Ansatz zur Analyse politischer Systeme ist auf alle Systeme und damit auch auf die EU anwendbar. Das Analyseinstrumentarium und die Ergebnisse seiner Anwendung auf die EU werden im Abschnitt 3 vorgestellt.

2.3 Das demokratische Defizit

Im Gefolge des Maastrichter Vertrags, der 1992 von den europäischen Regierungen unterzeichnet wurde, erfuhr das „demokratische Defizit" in der EU eine beträchtliche Karriere in der sozialwissenschaftlichen Literatur (vgl. Kielmannsegg 2003; Höreth 1999; Decker 2002; Fuchs/Klingemann 2002). Zwar war die Europäische Gemeinschaft vor 1992 noch weniger demokratisch organisiert als nach dem Maastrichter Vertrag, die ungenügende demokratische Legitimation der in der Gemeinschaft getroffenen Entscheidungen war jedoch weder in der Öffentlichkeit noch in der wissenschaftlichen Literatur Thema. Spätestens mit der Einheitlichen Europäischen Akte von 1986, die die Mehrheitsentscheidung im Ministerrat einführte, wies die formale Legitimationskette über die Regierungen der Mitgliedstaaten Lücken auf, die nicht durch einen entsprechenden Macht- und Legitimationszuwachs des Europäischen Parlaments kompensiert wurden. Augenfällig wurde das Legitimationsdefizit aber erst durch die Referenden in Irland und Frankreich zum Maastrichter Vertrag, die einen Mangel an Zustimmung der Bevölkerung zur EU sichtbar machten. Außerdem wurde mit dem Projekt der Europäischen Währungsunion auch für die Öffentlichkeit deutlich, dass die Aktivitäten der EU sich in zunehmenden Maße direkt auf das Leben der Bürger auswirken.

Die Diskussion zur Legitimität des Handelns der Europäischen Gemeinschaften und der EU lässt sich grob in drei Phasen unterteilen. In der ersten Phase erfuhr die Legitimationsproblematik nicht viel wissenschaftliche Aufmerksamkeit. Ihre Legitimation erhielt die Gemeinschaft durch ihre Performanz: Friedenssicherung in Europa und die zweifellos erfolgreiche Politik des gemeinsamen Marktes sorgten für ausreichende öffentliche Zustimmung, so dass eine Legitimationsproblematik nicht erkennbar war. Nach dem Maastrichter Vertrag wurde der Mangel an formaler demokratischer Legitimation thematisiert. In jüngerer Zeit schließlich wird vor allem das Fehlen eines europäischen „Demos" und einer kollektiven europäischen Identität als einer fundamentalen Voraussetzung für die demokratische Legitimation betont. Hier zeigt sich schon, dass es eine Vielfalt an Diagnosen des demokratischen Defizits gibt und dementsprechend auch eine Vielfalt von Vorschlägen zu seiner Behebung. Im folgenden wird zunächst ein kurzer Überblick über die verschiedenen Diagnosen und über die möglichen Legitimationsquellen für die europäische Politik gegeben. Im Anschluss wird untersucht, aus welchen Elementen das demokratische Defizit der EU im Einzelnen besteht, bevor die wichtigsten Abhilfevorschläge diskutiert werden.

2.3.1. Vielfalt der Diagnosen

Solange die europäische Integration wesentlich als eine intergouvernementale Veranstaltung begriffen wurde und solange die Vertreter der Regierungen der Mitgliedstaaten europäische Rechtsakte einstimmig im Ministerrat verabschiedeten, bestand wenig Zweifel an der Legitimität der europäischen Politiken. Vertragsänderungen und ein Großteil der Rechtsakte mussten ohnehin noch von den nationalen Parlamenten ratifiziert oder umgesetzt werden. Demokratische Legitimität erhielten diese Rechtsakte also auf dem Weg über die nationalen Parlamente und Regierungen, deren Zustimmung in jedem Fall erforderlich war. Erst später wurde diese indirekte Legitimationskette in Zweifel gezogen. Zum einen ist durch den Übergang zur qualifizierten Mehrheitsentscheidung nicht mehr die

Zustimmung jeder Regierung zu europäischen Rechtsakten nötig. Dieses Recht gilt dann aber auch in Mitgliedstaaten, die der unterlegenen Minderheit angehören. Zum anderen wurde die Legitimationskraft dieser indirekten Kette bezweifelt: Bei den nationalen Wahlen, in denen Parlamente und Regierungen bestellt werden, geht es um nationale Themen und Programme und nicht um die europäische Politik (Kielmannsegg 2003: 54 f.). Schließlich fehle es den Entscheidungsprozessen im Ministerrat auch an der in einer Demokratie zu fordernden Transparenz. Regierungen nutzen diese Intransparenz im Rat oft, um die eigene Position hinter „Brüssel" zu verstecken, was zu einer Diffusion der Verantwortung führt (Höreth 1999: 252).

Kritisiert wird aber vor allem die mangelhafte direkte Legitimation europäischer Politik über das Europäische Parlament. Das Europäische Parlament verfügt immer noch nicht über alle klassischen parlamentarischen Rechte. Insbesondere ist es erst seit dem Amsterdamer Vertrag und nach wie vor nur für einem Teil der Politiken im Gesetzgebungsprozess mit dem Ministerrat gleichberechtigt, nämlich dann wenn im sogenannten Kodezisionsverfahren entschieden wird (siehe Abschnitt 3.2). Bei einer ganzen Reihe von Politikbereichen war und ist das Parlament entweder gar nicht, nur beratend oder mit geringem Entscheidungseinfluss beteiligt (vgl. Höreth 1999: 253; Decker 2002).

Allerdings: Die Kommission wird anders als in parlamentarischen Systemen nicht durch die Ergebnisse der Europawahlen bestimmt. Sie wird aber anders als in präsidentiellen Systemen auch nicht direkt von der Bevölkerung gewählt, sondern von den nationalen Regierungen vorgeschlagen. Die Legitimation der Exekutive ist also höchst indirekt vermittelt (Höreth 1999: 254). Immerhin verfügt die Kommission als einziges Organ über das Recht der Gesetzesinitiative und kann damit Einfluss auf die europäische Politik nehmen.

Jenseits der Lücken in den formal-institutionellen Legitimationsketten, werden in der Literatur jedoch noch weitere Elemente des demokratischen Defizits benannt. Was vor allem fehlt, ist ein Bindeglied zwischen den europäischen Bürgern und ihren Vertretern im Europäischen Parlament: Es gibt kein europäisches Parteiensystem, über das die Auswahl politischen Personals und politischer Programme vermittelt wird. Entscheidungen über die Besetzung von Ämtern und die Selektion von Politiken werden nicht über die Konkurrenz europäischer Parteien getroffen (vgl. z. B. Höreth 1999; Katz 2001; Decker 2002; Hix 2003). Mehr noch, das Europäische Parlament erhält nur geringe Unterstützung von seinen europäischen Wählern, wie die niedrige, und seit der Einführung der Direktwahlen 1979 stets sinkende Wahlbeteiligung zeigt (Höreth 1999; Decker 2002; Hix 2003).

Die jüngere Diskussion geht noch einen Schritt weiter: Eine funktionsfähige Demokratie und die demokratische Legitimation von Politik setzt die Existenz eines Demos voraus, eines (Wahl-) Volkes, das sich als eine politische Einheit versteht, in der kollektiv bindende Entscheidungen mit Mehrheit oder durch andere Verfahren getroffen werden (vgl. Weiler 1995; 1999; Abromeit 1998; Cederman

2001). Das setzt wiederum eine kollektive Identität der Europäer als europäische Bürger und eine europäische Öffentlichkeit voraus. Da die Existenz eines europäischen Demos derzeit nicht angenommen werden kann, fehlt es an der grundlegenden Legitimationsbasis für supranationale Politik in der EU (Höreth 1999; Decker 2002; Cederman 2001; Kielmannsegg 2003; Eder 2003). In der Diagnose, dass es diesen Demos nicht gibt, sind die meisten Autoren sich einig; die Auffassungen unterscheiden sich danach, ob die Erzeugung eines solchen Demos über kurz oder lang für möglich gehalten wird und welches die geeigneten Mittel dazu sind.

Maßstab für die Möglichkeit und das Vorhandensein einer demokratischen Legitimation der europäischen Politik ist je nach Autor die Existenz einer kollektiven europäischen Identität, die Volkssouveränität, die repräsentative Parteiendemokratie, oder, sogar noch spezifischer, die parlamentarische Demokratie (vgl. Katz 2001: 57). Im folgenden soll systematisch zuerst nach den Quellen der Legitimität politischen Handelns in Europa gefragt werden, und sodann analysiert werden, wo genau sich Legitimationsdefizite im jetzigen politischen System der EU finden.

2.3.2 Was sind die Quellen der Legitimität in der EU?

Die in und für die EU beschlossenen Politiken können ihre Legitimität im Prinzip aus drei Quellen beziehen: aus dem Erfolg und der Akzeptanz dieser Politiken in der Bevölkerung, aus der indirekten Legitimation über die Regierungen und Parlamente der Mitgliedstaaten und aus der direkten parlamentarischen Legitimation. Der erste Weg wird in der Literatur als *Output-Legitimation* bezeichnet, die beiden anderen Wege als *Input-Legitimation* (vgl. für die EU z. B. Scharpf 1997; 1999b: 16). Im Spezialfall der EU gibt es zwei Formen der Input-Legitimation, die intergouvernementale über die Mitgliedstaaten und die supranationale über das Europäische Parlament. Dies liegt an der Zwitterstellung der EU zwischen internationaler Organisation, für die die intergouvernementale Legitimation der Normalfall wäre, und föderalem Staat, für den die dem staatlichen Modell nachgebildete parlamentarische Legitimation angemessen wäre.

1. Die Output-Legitimation stützt sich auf die Ergebnisse der Politik und ihre Akzeptanz in der Bevölkerung. Output-Legitimation betont den Aspekt der „Herrschaft für das Volk" (Scharpf 1999b: 16). Die Maßstäbe für Output-Legitimität, die in der Literatur angegeben werden, sind nicht immer ganz einheitlich: Sind die politischen Ziele erreicht worden? War die Politik erfolgreich? War sie effektiv und wohlfahrtssteigernd (von Bogdandy 1993; Scharpf 1999b)? Ist der Wille des Volkes umgesetzt worden? Reflektiert der politische Output oder Outcome die Präferenzen der Wähler (Crombez 2003)? Lange Zeit legitimierte sich die Europäische Gemeinschaft offensichtlich erfolgreich über ihren Output. Ihre Funktion war die Friedenssicherung in Europa und die Herstellung ökonomischer Wohlfahrt durch den gemeinsamen Markt. Diese Politik stieß auf Akzeptanz in der Bevölkerung.

2. Input-Legitimation ist Legitimation durch demokratische Verfahren. Input-Legitimation bezieht sich auf die „Herrschaft durch das Volk" (Scharpf 1999b: 16). Sie wird hergestellt durch die Partizipation der Bürger an der Produktion kollektiv bindender Entscheidungen und durch die Verantwortlichkeit der politischen Entscheidungsträger gegenüber den Bürgern. Die Bürger partizipieren entweder durch direkte Abstimmung über Sachfragen (Referenda) oder durch die Auswahl des sie repräsentierenden Personals in Wahlen. Die Mehrheitsentscheidung und die Bereitschaft zur Akzeptanz der Mehrheitsentscheidung durch die Minderheit ist das wesentliche demokratische Prinzip. Mehrheitsparteien im Parlament und von diesen gestellte Regierungen oder mehrheitlich gewählte Exekutiven sind daher die legitimen Entscheidungsträger.

Input-Legitimität entstand der Europäischen Gemeinschaft über lange Zeit praktisch nur über die intergouvernementale Legitimationskette: Die politischen Entscheidungen in der Union wurden einstimmig vom Ministerrat, später auch vom Europäischen Rat getroffen. Die nationalen Regierungen standen in der Verantwortung für diese Entscheidungen. Vertragsänderungen wurden von den nationalen Parlamenten ratifiziert, europäische Richtlinien mussten erst von den nationalen Parlamenten in nationales Recht umgesetzt werden. Europäische Verordnungen hatten zwar direkte Geltung, wurden aber ebenfalls von den über nationale Wahlen legitimierten Regierungen verabschiedet.

3. Eine supranationale Legitimationskette wurde in der Europäischen Gemeinschaft erst allmählich errichtet. Die einzige direkt durch europäische Wahlen legitimierte Institution in der EU ist das Europäische Parlament, das auch erst seit 1979 direkt gewählt wird. Während es zunächst nur beratende Befugnisse hatte, bekam es erstmals mit der Einheitlichen Akte Mitwirkungsrechte im legislativen Verfahren, die in nachfolgenden Vertragsänderungen erweitert wurden. Seit dem Amsterdamer Vertrag von 1997 ist das Parlament im Kodezisionsverfahren gleichberechtigter Partner des Ministerrats. Noch aber ist das Europäische Parlament kein Parlament mit allen üblichen Rechten. An dieser Schwäche des Europäischen Parlaments machte sich die Debatte zum demokratischen Defizit zunächst vor allem fest.

2.3.3 Wo ist das demokratische Defizit der EU situiert?

Die drei Stränge der Output-, der intergouvernementalen und der supranationalen Legitimation sollten nicht nur isoliert voneinander betrachtet werden. Sie können sich durchaus gegenseitig ergänzen und ersetzen. Das gilt insbesondere für die beiden Formen der Input-Legitimation. Deshalb soll hier im einzelnen untersucht werden, wo nun tatsächlich ein demokratisches Defizit vorliegt, wenn man die Institutionen genau prüft. Dabei wird zunächst die Output-Legitimation genauer betrachtet, sodann werden die formal-institutionellen Legitimationsketten in ihrer Kombination untersucht und schließlich werden die Argumente des fehlenden europäischen Parteiensystems, der fehlenden Legitimationskraft der Wahlen und des fehlenden Demos analysiert.

Output-Legitimation

Wie erwähnt war der durch das Projekt der europäischen Integration erreichte inner-europäische Friede und der auf die Binnenmarktspolitik zurückführbare wachsende Wohlstand, bis Ende der 1980er Jahre eine ausreichende Legitimationsbasis für die europäische Politik. „Europa" erfreute sich jedenfalls bei den Bevölkerungen der Mitgliedstaaten im Großen und Ganzen hoher Zustimmung. Mit den Reaktionen der europäischen Öffentlichkeit auf den Maastrichter Vertrag, auf die Einführung der Wirtschafts- und Währungsunion sowie auf die Osterweiterung wurde deutlich, dass die Bevölkerung mit der von den politischen Eliten erzeugten Geschwindigkeit der Integration nicht mehr Schritt halten wollte. Die Zustimmung zum Projekt der europäischen Integration nahm ab, die Euro-Skepsis zu. Die EU kann sich nicht mehr allein durch ihre Politik legitimieren (Kielmansegg 2003: 51 f.). Zunehmend wurde deshalb die Frage nach der Input-Legitimität europäischer Politik gestellt.

Input-Legitimation 1: Lücken in der formalen Legitimationskette

Die institutionell–formale Legitimation der europäischen Integration erfolgte zunächst allein über den intergouvernementalen Weg. Zweifel an der Kraft der indirekten Legitimation kamen erst auf, nachdem damit begonnen wurde, im Ministerrat mit qualifizierter Mehrheit abzustimmen. Seit Beginn der 1990er Jahre wurde tauchte deshalb die Frage nach der Qualität der direkten, supranationalen Legitimation auf. Zwar hatte gleichzeitig mit der Einführung der Mehrheitsentscheidung im Rat durch die Einheitliche Akte das Europäische Parlament mehr Rechte im legislativen Prozess bekommen. Diese Rechte wurden bei den folgenden Vertragsänderungen sukzessive erweitert. Noch heute aber ist das Parlament keine volle parlamentarische Kammer, die über *alle* Rechtakte mit entscheidet. Noch verfügt es nicht über alle klassischen Parlamentsrechte, seine Rechte im Haushaltsverfahren sind eingeschränkt. Es stellt nicht die Regierung und kann sie nicht aufgrund veränderter politischer Mehrheitsverhältnisse abberufen, auch wenn es an der Berufung der Kommmission beteiligt ist. Zu klären ist also, ob der Zuwachs an direkter Legitimation den Verlust bei der indirekten Legitimation auffangen konnte. Hier ist einerseits zwischen den verschiedenen Phasen der europäischen Verträge zu unterscheiden, andererseits zwischen den verschiedenen Regelungsmaterien. Die formale Legitimation stellt sich in den verschiedenen Phasen und Politikbereichen recht unterschiedlich dar. Für die Phase nach dem Amsterdamer Vertrag soll das etwas ausführlicher gezeigt werden, für die andern Phasen werden nur die wichtigsten Änderungen in den jeweiligen Legitimationsketten benannt.

In der ersten Phase bis zur Einheitlichen Europäischen Akte (1987) wurden die legislativen Entscheidungen auf Vorschlag der Kommission allein vom Ministerrat getroffen. Das Europäische Parlament gab lediglich beratende Stellungnahmen ab. Der Ministerrat traf die Entscheidungen stets einstimmig. Formal gesehen, gab es also eine lückenlose Legitimationskette über die nationalen Regierungen.

Dennoch gibt es einige Kritikpunkte an der indirekten Legitimationsbasis: Erstens verweist Kielmansegg (2003: 54) darauf, dass nationale Wahlkämpfe, aus denen die mitgliedstaatlichen Regierungen hervorgehen, in der Regel nicht mit europäischen Programmen geführt werden. Die Europapolitik spielt so gut wie keine Rolle bei der Auswahl der nationalen Regierungen – insofern könnten nationale Wahlen also nicht der Legitimation europäischer Politik dienen. Hierzu ist allerdings zu bemerken, dass dann auch Mitgliedschaft und Entscheidungen in internationalen Organisationen als nicht demokratisch legitimiert betrachtet werden müssten.

Zweitens wird die fehlende Transparenz im Ministerrat betont (Höreth 1999: 254). Die Verhandlungen sind nicht öffentlich, auch Protokolle können erst in jüngerer Zeit eingesehen werden. Es ist für den Wähler und auch für die nationalen Parlamente nicht sichtbar und damit auch nicht kontrollierbar, wie sich die eigene Regierung bei Verhandlungen im Ministerrat verhalten hat. Regierungen schieben gern die Verantwortlichkeit für bestimmte Politiken nach Brüssel ab: Der Wähler hat keine Möglichkeit, die Position der eigenen Regierung in der Verhandlung zu überprüfen; er ist für sein Urteil auf die Verlautbarungen dieser Regierung angewiesen.

Schließlich ist auch die Kommission durch ihr Initiativmonopol an den legislativen Verfahren beteiligt. Das Initiativmonopol gibt ihr die Möglichkeit, zumindest im Rahmen des im Rat durchsetzbaren auf die Ausgestaltung der Rechtsakte einzuwirken. Die Kommission war in der ersten Phase das am wenigsten direkt legitimierte Organ: Die Auswahl des Kommissionspersonals geschah durch die nationalen Regierungen und den Rat.

In der zweiten Phase zwischen der Einheitlichen Akte und dem Maastrichter Vertrag, der 1993 in Kraft trat, wurde die Einstimmigkeit als generelle Entscheidungsregel im Ministerrat aufgegeben. Für bestimmte Materien bestand nun auch die Möglichkeit mit qualifizierter Mehrheit abzustimmen. Die qualifizierte Mehrheit bedeutete nun natürlich eine Lücke in der Legitimationskette. Mitgliedstaaten konnten im Rat überstimmt werden, mussten aber dennoch das europäische Recht implementieren. Soweit ein Mitgliedstaat in der Minderheit war, konnte diese Politik nicht als durch die Wähler dieses Landes legitimiert gelten.

Hier stellt sich nun die Frage, ob dieser Verlust an intergouvernementaler Legitimation durch die verbesserte supranationale Legitimation kompensiert werden konnte. Tatsächlich wurde das Europäische Parlament über die bloße Anhörung hinaus erstmals durch das mit der Einheitlichen Akte eingeführte Kooperationsverfahren an der Rechtsetzung der Europäischen Gemeinschaft beteiligt. Das Kooperationsverfahren galt zwar nur für einen Teil der Rechtsetzungsmaterien – wesentlich solche, die sich auf den europäischen Binnenmarkt bezogen – es kam jedoch dann zur Anwendung, wenn der Rat mit qualifizierter Mehrheit entschied. Allerdings erhielt das Parlament keineswegs eine gleichberechtigte Rolle im legislativen Verfahren. Einen einstimmigen Rat konnte das Parlament nicht überstimmen, ebenso wenig einen Rat, der über eine qualifizierte

Mehrheit und die Unterstützung der Kommission verfügte. Lediglich, wenn die Kommission eine Parlamentsänderung des Gesetzesvorschlags unterstützte und der Rat für die Zurückweisung keine Einstimmigkeit zu Stande brachte, konnte das Parlament seine Alternative durchsetzen. Für Abstimmung und Änderungen war darüber hinaus die absolute Mehrheit im Parlament nötig. Diese Hürde ist für das Europäische Parlament schwer zu nehmen, weil die Absenzquote wegen vielen Arbeitsorte für Europaparlamentarier (Straßburg, Brüssel, Heimatland) dort sehr hoch ist. So wie das Kooperationsverfahren ausgestaltet war, konnte es nicht den Ausfall bei der indirekten Legitimationskette kompensieren. Es entstand in dieser Phase also eine formale Legitimationslücke.

In der dritten Phase, vom Vertrag von Maastricht bis zum Vertrag von Amsterdam (1997) wurde der supranationale Legitimationsweg weiter verbessert, indem das Kodezisionsverfahren eingeführt wurde (die legislativen Verfahren werden in Abschnitt 3.2 genauer analysiert). Hier erhielt das Parlament erstmals ein aufschiebendes Vetorecht gegenüber dem Rat. Der Rat konnte aber auch ein Veto des Parlaments überstimmen. Der Rat entschied mit qualifizierter Mehrheit oder einstimmig, das Parlament in den letzten Phasen des Verfahrens mit absoluter Mehrheit. Im Gegensatz zum Kooperationsverfahren hatte die Kommission bei der Kodezision jenseits des Initiativrechts keine Einflussmöglichkeiten mehr. Viele Materien, die vorher im Kooperationsverfahren entschieden wurden, wurden nun in die Kodezision übergeführt, andere verblieben im alten Modus der Kooperation oder dem klassischen Konsultationsverfahren. Nur für die Kodezision kann von einer etwas verbesserten supranationalen Legitimationsbasis gesprochen werden.

Im Vertrag von Amsterdam wurde das Kodezisionsverfahren so geändert, dass das Parlament nunmehr gleichberechtigter Partner des Ministerrats ist und über ein echtes Vetorecht verfügt. Es wurden außerdem weitere Politiken in den Bereich der Kodezision übernommen. Dieser Prozess wurde mit dem Vertrag von Nizza (2000) fortgesetzt. Gleichzeitig wurden angesichts der bevorstehenden Osterweiterung immer weitere Bereiche in die vom Ministerrat mit qualifizierter Mehrheit zu entscheidenden Materien hineingenommen, so dass damit auch ein wachsender Bedarf nach einer verbesserten supranationalen Legitimation entstand. Für das Kodezisionsverfahren in der derzeitigen Form lässt sich sagen, dass die Lücke in der intergouvernementalen Legitimation durch Mehrheitsentscheidung im Rat über den supranationalen Legitimationsweg durch die parlamentarische Beteiligung kompensiert wird.

Auch die Legitimationsbasis der Kommission hat sich verbessert. Durch Änderungen in den Verträgen von Maastricht und Amsterdam muss sich nun sowohl der Kommissionspräsident als auch das Kommissionskollegium einem Zustimmungsvotum des Parlaments stellen. Benannt werden die Kandidaten allerdings immer noch vom Rat. Außerdem kann das Parlament der Kommission als Kollegium mit absoluter Mehrheit der Mitglieder und 2/3 der Stimmen das Misstrauen aussprechen.

Tabelle 2.3: Formale Legitimation der europäischen Politik nach dem Amsterdamer Vertrag

	Verfahren	*Anwendungsbeispiele*	*Typus der Legitimation*
1	Keine Beteiligung des Parlaments, Einstimmigkeit im Rat	Kulturpolitik; WWU: finanzieller Beistand bei wirtschaftlichen Schwierigkeiten	rein intergouvernemental
2	Keine Beteiligung des Parlaments, qualifizierte Mehrheit im Rat	Bildungspolitik; Gesundheitswesen; WWU: Feststellung eines übermässigen Defizits	intergouvernemental, **Legitimationslücke**
3	Konsultationsverfahren, Einstimmigkeit im Rat	Diskriminierungsbekämpfung; Unionsbürgerschaft; Steuern, Sozialpolitik, Asyl und Immigration; WWU: Verfahren bei Defiziten	rein intergouvernemental
4	Konsultationsverfahren, qualifizierte Mehrheit im Rat	Landwirtschaftspolitik; Wettbewerbspolitik, Beihilfen, Forschungspolitik	intergouvernemental, **Legitimationslücke**
5	Kooperationsverfahren, qualifizierte Mehrheit im Rat	WWU: diverse Begriffsbestimmungen; technische Harmonisierung von Münzen	intergouvernemental, suprannationale Elemente, **Legitimationslücke**
6	Kodezisionsverfahren, Einstimmigkeit im Rat	Unionsbürgerschaft: Bewegungsfreiheit; Kulturförderung; Berufsordnungen	doppelte Legitimation: intergouvernemental und supranational
7	Kodezisionsverfahren, qualifizierte Mehrheit im Rat	Binnenmarktpolitik; Verkehrspolitik; Beschäftigungspolitik; Konsumentenschutz; Asyl-, Sozial- und Umweltpolitik	dominant supranationale Legitimation
8	Zustimmung des Parlaments, Einstimmigkeit im Rat	Einheitliches Wahlverfahren zum Parlament; Struktur- und Kohäsionsfonds; Assoziationsabkommen	doppelte Legitimation: intergouvernemental und supranational
9	Zustimmung des Parlaments, qualifizierte Mehrheit im Rat	Internationale Abkommen in einigen Bereichen; Maßnahmen mit bedeutenden finanziellen Folgen	dominant supranationale Legitimation
10	Regierungskonferenz, Einstimmigkeit im Rat, Ratifizierung	Internationale Abkommen; Vertragsänderungen	rein intergouvernemental

Für die Phase nach Amsterdam soll nun noch ein etwas detaillierterer Überblick gegeben werden, bei welchen legislativen Verfahren welche Legitimationsbasis überwiegt und wo Legitimationslücken bestehen. Durch den Vertrag von Nizza sind in dieser Hinsicht kaum Änderungen entstanden, hier haben sich vor allen die Abstimmungsregeln und Stimmverteilung im Rat geändert. Wesentliche Änderungen der legislativen Verfahren und damit Verschiebungen in der Legitimationsbalance werden sich erst wieder ergeben, wenn die Konventsverfassung von den Mitgliedstaaten ratifiziert wurde. Geplant ist das Inkrafttreten der neuen Verfahren in 2009. Da aber in neun Staaten Referenden über den Entwurf der Verfassung anstehen, ist dieses Datum keineswegs sicher.

Tabelle 2.3 gibt die verschiedenen nach dem Amsterdamer Vertrag geltenden Entscheidungsverfahren an, jeweils einige Beispiele von Rechtsetzungsmaterien, die nach diesen Verfahren entschieden werden, sowie den Legitimationstypus, der sich damit verbindet. Die Tabelle zeigt, dass nach wie vor in vielen Bereichen eine rein intergouvernementale Legitimation vorliegt, während es klare Legitimationslücken dort gibt, wo das Parlament nicht oder fast nicht beteiligt ist und der Rat mit qualifizierter Mehrheit entscheidet. Gemischt intergouvernementale und supranationale Legitimation gibt es beim Kodezisions- und beim Zustimmungsverfahren, wobei der supranationale Weg die überwiegende Legitimationslast immer dann übernehmen muss, wenn der Rat mit qualifizierter Mehrheit entscheidet. Im nächsten Abschnitt werden deshalb die Probleme behandelt, mit denen der supranationale Legitimationsweg für sich behaftet ist.

Input-Legitimation 2: Probleme der supranationalen Legitimation
Während das Defizit bei der supranationalen Legitimation zunächst vor allem an der fehlenden Macht und den fehlenden Rechten des Europäischen Parlaments festgemacht wurde, verschob sich die Argumentation bald dahin, dass das Europäische Parlament selbst über keine ausreichende Legitimation durch die europäischen Wähler und einen europäischen Demos verfüge (Höreth 1999: 252-55; Decker 2002: 260 ff.). Zwei Argumentationsstränge müssen hier unterschieden werden: Erstens dienen europäische Wahlen zwar der Auswahl der Parlamentarier, aber nicht der Auswahl der Exekutive und der politischen Programme. In der modernen repräsentativen Demokratie werden diese Prozesse über die Parteien und deren Konkurrenz um den Wähler vermittelt. In Europa fehlt aber ein Parteiensystem und eine Parteienkonkurrenz, die diesen Namen verdienen. Zweitens gibt es keine kollektive Identität der Bevölkerung der EU-Mitgliedstaaten, dergestalt, dass man von einem europäischen Demos sprechen könnte. Ein solcher Demos, eine kollektive politische Identität, sei aber Voraussetzung für die Idee der Volkssouveränität, die den Kerngedanken der demokratischen Legitimation von Politik ausmacht. Volkssouveränität und Parteiendemokratie bilden in der derzeitigen Diskussion um das demokratische Defizit der EU die wesentlichen Bestandteile des demokratischen Legitimationskonzepts (Katz 2001). Die beiden Argumente werden im folgenden genauer betrachtet.

Europäische Parteien, unter denen der europäische Wähler seine Wahl treffen könnte, um auf diese Weise die europäische Regierung oder Politik zu bestimmen, gibt es tatsächlich in der EU bisher nicht. Der Satz wirft drei Fragen auf: 1. Gibt es überhaupt europäische Parteien? 2. Bestimmen die Wähler die europäische Regierung? 3. Bestimmen die Wähler die europäische Politik?

Die Antwort auf die erste Frage lautet: Nein, nicht wirklich. Wirkliche europäische Parteien, die mit verschiedenen politischen Programme um die Stimmen der europäischen Wähler konkurrieren, gibt es nicht. Im Europäischen Parlament sind in der Regel etwa 80 Parteien vertreten, die zuerst nationale Parteien sind. Nach ihrer politischen Ausrichtung schließen sich diese Parteien im Europäischen Parlament zu i. d. R. etwa zehn Fraktionen zusammen (vgl. für genauere Angaben Hix 2003; Laver 1997). Neben diesen Fraktionen gibt es aber auch die europäischen Parteizusammenschlüsse nach Parteifamilien, z. B. die „Partei der Europäischen Sozialdemokraten", die „Europäische Volkspartei" oder die „Vereinigung Europäischer Grüner Parteien". Auch wenn diese Parteiorganisationen noch nicht sehr weit entwickelt sind, so hat Hix (2003) doch gezeigt, dass die Grundlagen für ein europäisches Parteiensystem gelegt sind, dass die Fraktionen im Parlament inzwischen einen starken Zusammenhalt zeigen und dass die primäre Konfliktlinie wie in den nationalen politischen Systemen entlang der Links-Rechts-Achse verläuft. Die Gründe, warum es nicht zu einem europaweiten Parteienwettbewerb kommt, liegen woanders.

Die Antwort auf die zweite Frage lautet ganz klar: nein. Die Wähler bestimmen zwar die Zusammensetzung des Parlaments, sie bestimmen aber damit nicht die Regierung. Die Forderung, dass die Wähler über die Zusammensetzung des Parlaments auch die Regierung bestimmen, hat das Modell eines bestimmten Regierungssystems, des parlamentarischen, im Auge. Auch andere Systeme sind denkbar, etwa die direkte Wahl einer Exekutive, wie im präsidentiellen System. Bisher bestimmen in der EU die Wähler aber *in keiner Weise* über die Auswahl der Regierung. Die Tatsache, dass in europäischen Wahlen nur Parlamentarier, aber nicht Exekutiven selektiert werden, ist einer der Gründe für den Mangel an europaweitem Wettbewerb: Die Parteien haben keinen Anreiz europaweit zu agieren, da sie sich nicht nationen-übergreifend auf Kandidaten ihrer Parteifamilie oder ihrer Fraktion einigen müssen. Sie werden ja als nationale Teilgruppen des Parlaments gewählt.

Die Antwort auf die dritte Frage lautet: begrenzt. Die Stimmabgabe für die Kandidaten einer bestimmten Partei bedeutet im Europaparlament nur begrenzt gleichzeitig die Auswahl eines bestimmten politischen Programms. Zwar zeigt sich, dass die Europaabgeordneten zunehmend weniger national und stärker an der Fraktion orientiert sind und dass der Fraktionszusammenhalt recht groß ist (Hix 2003: 164 f.). Die politischen Fragen im Europäischen Parlament sind jedoch oft so gelagert, dass das Parlament sich nicht an der politischen Rechts-Links-Dimension orientiert, sondern an den interinstitutionellen Machtkämpfen in der EU. Es geht oft darum, eine Position gegen den Ministerrat oder auch gegen die Kommission durchzusetzen. Es gibt zwar ein starkes Selbstverständnis des Parlaments als supranationale Organisation gegen die Mitgliedstaaten im Rat. Aber es kann kein Selbstverständnis der Fraktionen als Oppositions- oder Regierungs-Blöcke geben. Verschärfend kommt hinzu, dass für die Zurückweisung von Gesetzesinitiativen im Kodezisionsverfahren oder bei anderen wichtigen Abstimmungen stets die absolute Mehrheit nötig ist. Das bedeutet, dass „große Koalitionen" gefordert sind. Alles in allem werden die Entscheidungen im Europäischen Parlament nur begrenzt nach dem politischen Programm der Mehrheit getroffen. Für den Wähler verbindet sich also mit der Wahl einer bestimmten Partei nicht gleichzeitig die Wahl eines politischen Programms.

Daraus ergibt sich ein weiteres Element fehlender supranationaler Legitimation: Für den Wähler ist nicht ersichtlich, dass er mit seiner Beteiligung an der Europawahl die politischen Entscheidungen beeinflussen kann. Die Regierung wird nicht vom Parlament bestellt, der Einfluss des Parlaments in der Gesetzgebung ist gering, dort wo er vorhanden ist, kann er oft nicht dazu genützt werden, bestimmte parteipolitische Programme zu verwirklichen. Die Wahlbeteiligung an der Europawahl ist dementsprechend gering: EU-weit betrug sie 1979 63%, 1989 58,5%, 1999 49% und 2004 45,5%. Dem europäischen Parlament fehlt also die Unterstützung – und damit ein wesentliches Element der supranationalen Legitimation.

Dazu kommt, dass die Europawahlen zu „zweitrangigen nationalen Nebenwahlen" (Hix 2003: 168) geworden sind. In der Praxis drehen sich europäische Wahlen um nationale Themen, nationale Parteien und nationales Personal. Im deutschen Europawahlkampf 2004 wurde jeder Bezug auf europäische Themen vermieden. Auf den Wahlplakaten warben meist die Spitzenamtsträger der nationalen Parteien und nur vereinzelt die Kandidaten für das Europaparlament. In der Perspektive der nationalen Parteien und Wähler sind Europawahlen zweitrangige Wahlen, weil bei ihnen nicht nationale politische Ämter vergeben werden. Da die Wähler ohnehin das Gefühl haben, dass die Europawahlen keine politische Bedeutung haben, nutzen sie sie eher zur Leistungsbewertung der nationalen Regierung als zur Bestimmung der Zusammensetzung des Europäischen Parlaments. Mit derselben Perspektive führen die nationalen Parteien ihren Europawahlkampf. Die Wahrscheinlichkeit, dass der Wahlausgang etwas an der nationalen Politik ändert, ist größer als dass er die europäische Politik ändert. Pointiert formuliert: Bei den Europawahlen geht es nicht um Europa. Insofern taugen diese Wahlen nicht als Legitimationsbasis für die europäische Politik. Um der Politik in Europa supranationale, demokratische Legitimität durch die europäischen Wähler zu verschaffen, wäre ein echter europäischer Wettbewerb zwischen europäischen Parteien um europäische politische Themen nötig (Hix 2003: 173).

Selbst wenn die oben herausgearbeiteten Lücken in der formalen Legitimationskette und die fehlende Parteienkonkurrenz durch institutionelle Vorkehrungen behoben werden könnten, so das Argument vom fehlenden Demos in Europa, wäre Europa noch keine Demokratie: „Eine demokratische Verfassung macht aus der Europäischen Gemeinschaft noch keine Demokratie" (Kielmansegg 2003: 61). Was ihr fehlt, ist eine kollektive politische Identität: Die Ausübung der Volkssouveränität setzt die Selbstwahrnehmung der europäischen Bürger als ein „Wir" voraus, ein Kollektiv, in dem die Mitglieder sich als Gleiche akzeptieren und in dem das demokratische Prinzip der Mehrheitsentscheidung Anwendung finden kann und akzeptiert wird (ausführlicher Greven 2000: 41; Zürn 2000: 99 ff.).

Nun sind die Europäer zweifellos kein Volk in dem Sinne, in dem die Bevölkerung der europäischen Nationalstaaten Völker sind. Ein Demos muss aber kein „Ethnos" sein (Höreth 1999: 255), eine politische Gemeinschaft muss nicht notwendig auf ethnischer Gemeinsamkeit fußen. Kielmansegg hat die kollektive Identität als Kommunikations-, Erfahrungs- und Erinnerungsgemeinschaft definiert (2003: 58 ff.). Europa als vielsprachiger Kontinent sei keine Kommunikationsgemeinschaft. Es gebe auch keine Gemeinsamkeit der Erinnerung, sondern eine Mehrzahl von Völkergeschichten. Und als gemeinsame Erfahrung läßt Kielmansegg nur die gemeinsame Bedrohung im Ost-West-Konflikt gelten. Hiergegen lässt sich einwenden, dass es durchaus gemeinsame europäische Geschichte gibt, die auch als solche wahrgenommen wird, ebenso wie beispielsweise die gemeinsame Erfahrung des Aufbaus der EU. Sicherlich gibt es viele Sprachen in Europa, viele ethnische und nationale Gruppen und viele kulturelle Unterschiede. Aber es gibt auch eine Reihe erfolgreicher mehrsprachiger Demokratien in Europa (Schweiz, Belgien). Und es gibt neben viel Heterogenität in Europa auch viel Gemeinsamkeit, die vor allem in der Abgrenzung, etwa gegen Amerika, deutlich wird. Ein Reisender in den USA wird sich zuallererst als Europäer fühlen und auch so angesprochen werden und erst in zweiter Linie als Franzose, Italiener, usw. Um feststellen zu können, ob Europa eine Kommunikations-, Erfahrungs- und Erinnerungsgemeinschaft ist, müsste man zunächst präzise operationalisieren, wie viel Gemeinsamkeit in welchen Bereichen nötig ist, um diese Fragen zu bejahen oder zu verneinen.

Die entscheidende Frage lautet: Wie viel Gemeinsamkeit ist nötig, um der Politik der EU demokratische Legitimation zu verleihen? Brauchen wir wirklich eine kollektive Identität im Sinne Kielmanseggs oder eine Identität, wie wir sie in den Nationalstaaten haben – mit geteilten Erinnerungen und Erfahrungen und Nationalgefühlen? Oder genügt nicht das Vorhandensein einer gemeinsamen Außengrenze, einer politischen Wertegemeinschaft, die die demokratischen Grundwerte teilt, sowie einer politischen Kommunikationsgemeinschaft? Eine gemeinsame Außengrenze scheint notwendig für die Konstitution jeder kollektiven Identität – es muss klar sein, wer dazugehört und wer nicht. Die geteilten demokratischen Grundwerte und die europäische politische Öffentlichkeit sind notwendig für das Funktionieren der demokratischen politischen Ordnung und die Legitimationskraft der Handlungen der Wähler und der Gewählten. Schon diese drei Minimalbedingungen sind jedoch nicht alle erfüllt.

Zwar gab es zu jedem Zeitpunkt eine gemeinsame Außengrenze der EU, so dass klar war, wer einen europäischen Pass bekam und wer nicht. Über die Zeit hinweg war und ist die Außengrenze jedoch sehr flexibel. Mehrfache vergangene Erweiterungen und zukünftig mögliche Erweiterungen halten die Außengrenze ständig im Fluss. Diese bewegliche Außengrenze macht die Entstehung einer minimalen kollektiven Identität, die sich durch Abgrenzung definiert, schwierig. In ähnlicher Weise erschwert die differenzierte Integration – so wünschenswert sie unter andern Gesichtspunkten auch sein mag (vgl. Abschnitt 4.2) – die Bildung kollektiver Identität. Die gemeinsame Währung ist ein bedeutendes Symbol der Gemeinsamkeit, bezieht sich jedoch nur auf einen Teil der derzeitigen Mitgliedstaaten.

Etwas besser sieht die Situation bei den demokratischen Grundwerten aus. Fuchs und Klingemann (2001) zeigen auf der Basis der Daten des „World Value Survey", dass in den west-, mittel- und osteuropäischen Staaten, die derzeit Mitglied der EU oder Beitrittskandidaten sind, kaum Unterschiede hinsichtlich der Bejahung der grundlegenden demokratischen Werte bestehen. Differenzen zeigen sich aber in dem Typ von Demokratie, der unterstützt wird. Während etwa in den Staaten mit angelsächsischer Tradition (USA, Neuseeland und Australien) der Typ der libertären (auf Selbstverantwortung aufgebauten) Demokratie bevorzugt wird, sind die Bevölkerungen Westeuropas als liberale Demokraten und die Bevölkerungen Mittel- und Osteuropas als sozialistische Demokraten einzustufen. Die Bevölkerungen der slawischen Nachfolgestaaten der Sowjetunion dagegen lassen sich auf der Basis des „World Value Survey" nicht als demokratische Gemeinschaften auffassen, da die demokratischen Grundwerte dort nur auf niedrige Zustimmungsraten stoßen. Aus der Perspektive der demokratischen Grundwerte besteht in der derzeitigen EU also durchaus ein Potential für die Entwicklung einer kollektiven politischen Identität.

Eine europäische politische Öffentlichkeit besteht dagegen bisher nur in Ansätzen. Es gibt kaum europäische Medien. Die Programme des Fernsehkanals „Euronews" werden nur von einer winzigen Minderheit konsumiert. Ähnlich ist die Lage bei den Tageszeitungen, wo höchstens noch die „Financial Times" als ein europäisches Blatt von einer kleinen Elite gelesen wird. Soweit es sie überhaupt gibt, finden die europapolitischen Diskurse in den Nationalsprachen und aus der je nationalen Perspektive statt (Schlesinger 1999). Zwar hat sich die Berichterstattung über EU-Themen seit den 1980er Jahren erheblich ausgeweitet. Dennoch entspricht sie nach wie vor nicht der tatsächlichen Relevanz, die die europäische Politik inzwischen auch für den einzelnen Bürger hat.

Dieser allgemein verbreiteten Diagnose des Fehlens einer europäischen politischen Kommunikationsgemeinschaft stehen jedoch auch optimistischere Sichtweisen gegenüber. Eder (2003) verweist darauf, dass es durchaus eine historisch verwurzelte europäische Gelehrtenöffentlichkeit, eine Kunstöffentlichkeit und auch eine europäische Wirtschaftskultur gibt, die sich gegenüber der amerikanischen und asiatischen Managementkultur absetzt. Diesen Elitenöffentlichkeiten steht aber keine dauerhafte populäre Öffentlichkeit gegenüber. Auch Kaelble

(2003) argumentiert, dass die europäische Zivilgesellschaft sowohl gegenwärtig, als auch in ihrer historischen Dimension unterschätzt werde. Nach Eder fehlt in Europa zwar die „parlamentarisch-repräsentative Verlängerung öffentlicher Debatten oder Meinung in politische Institutionen", dafür gewinnt aber die „justizielle Verlängerung von Öffentlichkeit an Gewicht" (2003: 97). Unionsbürgerschaft, europäisches Kommunalwahlrecht, Petitionsrecht und der europäische Ombudsmann sind Beispiele dafür. Öffentlichkeit konstituiere sich in der EU auch durch die Institutionalisierung deliberativer Verfahren und durch die Institutionalisierung der öffentlichen Meinung Europas in der europäischen Umfrageforschung. All dies bildet noch keine funktionsfähige und legitimationsschaffende politische Öffentlichkeit, aber hier ergeben sich sicherlich Ansatzpunkte für die Formierung einer europäischen Öffentlichkeit. Damit stellt sich die Frage, was getan werden kann, um einen europäischen Demos zu schaffen, und allgemeiner, um das demokratische Defizit zu überwinden.

2.3.4 Wie lässt sich das demokratische Defizit überwinden?

So vielfältig wie die Diagnosen des demokratischen Defizits sind auch die Vorschläge zu seiner Behebung. Im folgenden sollen im ersten Schritt die institutionellen Vorschläge zur Verringerung des Defizits der Input-Legitimation skizziert werden. Hierbei lassen sich zwei grundsätzliche Wege unterscheiden: die Renationalisierung und die Supranationalisierung der Legitimation. Im zweiten Schritt geht um die Möglichkeiten der Herstellung einer europäischen Öffentlichkeit und eines Demos.

Die Strategie der Renationalisierung geht davon aus, dass aufgrund der Defizite der supranationalen Legitimation die Nationalstaaten die entscheidende Bedeutung für die Vermittlung von Legitimität behalten werden (Kielmansegg 2003: 61; Weiler 1995; vgl. Höreth 1999). Dieser Weg setzt allein auf die intergouvernementale Legitimation über den Ministerrat und die nationalen Parlamente. Dabei soll die Rolle der nationalen Parlamente gegenüber ihren Regierungen in der Europapolitik gestärkt werden (Lepsius 1991: 40). Da wir aber oben gesehen haben, dass die Hauptlücke der intergouvernementalen Legitimation durch der Mehrheitsentscheidung im Rat entsteht, impliziert eine Schließung dieser Lücke auch die Rückkehr zur Einstimmigkeit im Rat. Dies erscheint angesichts der Zahl der Mitgliedstaaten kein gangbarer Weg, da er mit erheblichen Effizienzverlusten im Entscheidungsprozess und mit einem Rückgang der Problemlösungskapazität verbunden wäre (vgl. Höreth 1999: 262).

Die Strategie der Supranationalisierung der Legitimation zielt auf die Weiterentwicklung der EU im Sinne der parlamentarischen oder der präsidentiellen Demokratie. Tömmel (2003: 244) verweist auf die Grundsatzproblematik dieser Strategie: „Ein solches Unterfangen erweist sich aber schnell als Zwickmühle, denn alle ‚gängigen' Methoden der Demokratisierung des Systems stärken dessen Staatscharakter und damit die supranationale Integrationsdynamik; eine Entwicklung, die nicht nur die politischen Eliten, sondern gerade die Bürger Europas am wenigsten wollen". Wer Vorschläge in diese Richtung macht, befürwortet explizit oder implizit eine weitergehende Integration Europas, obwohl die breite Zustimmung dafür zumindest in einem Teil der Mitgliedstaaten fehlt.

Die Meinungen dieser „Integrationisten" sind aber geteilt, wenn es darum geht, in welche Richtung sich das europäische politische System entwickeln soll. Befürworter eines präsidentiellen Systems schlagen in der Regel vor, den Kommissionspräsidenten als Spitze der Exekutive direkt vom europäischen Volk wählen zu lassen. Auf diese Weise wäre zumindest die Exekutive demokratisch legitimiert (Bogdanor 1986; Hix 1998; Decker 2002a; 2002b; 2003). Das Modell läuft auf eine strengere Gewaltentrennung zwischen Kommission, Parlament und Rat hinaus. Dies setzt natürlich voraus, dass Kandidatenaufstellung und Konkurrenz um dieses Amt entlang parteipolitischer Linien erfolgt. Nationale Konkurrenz würde vermutlich ein Kartell der bevölkerungsreichsten Staaten nach sich ziehen: Die Staaten, die zusammen eine Mehrheit der Wähler stellen, könnten im Turnus ihre Kandidaten durchsetzen.

Dem gegenüber steht das Modell der parlamentarischen Demokratie. Die Kommission soll aus dem Europäischen Parlament hervorgehen und von ihm abberufen werden können (z. B. Weidenfeld 1996). Wie bei der Direktwahl des Kommissionspräsidenten müsste dies zur Herausbildung einer europaweiten Parteienkonkurrenz entlang der Rechts-Links-Dimension führen. Die Wähler könnten sich zwischen Kandidaten mit verschiedenen politischen Programmen entscheiden. Eine solche Strategie würde sowohl die demokratische Legitimation der europäischen Regierung als auch des Parlaments sichern. Beide Formen der Demokratisierung sind jedenfalls kurzfristig unwahrscheinlich, da sie die Bereitschaft der Regierungen der Mitgliedstaaten voraussetzen, in großem Umfang Macht an die Kommission oder das Parlament abzugeben.

Ein dritter Vorschlag zur Verbesserung der Input-Legitimation verlässt zwar nicht den Boden der repräsentativen Demokratie, will diese aber um direkt-demokratische Elemente ergänzen. Abromeit (1998) schlägt zwei Typen von Referenden vor: Erstens sollen regionale oder funktionale (bestimmte Interessen) Referenden die Möglichkeit eröffnen, gegen bereits verabschiedete europäische Politiken ein Veto einzulegen. Zweitens soll es obligatorische Referenden geben, an denen alle EU-Bürger teilnehmen. Grande (2000) votiert dagegen für das Instrument der europäischen Volksinitiative: Referenden zu jedem Thema sollten vom Volk initiiert werden können, aber nicht von den supranationalen Institutionen. In wichtigen Fragen könnten so die europäischen Bürger mitentscheiden, was sicherlich ihre Bindung zum Projekt der europäischen Integration erhöhen würde. Gleichzeitig wäre die Möglichkeit gegeben, die weitere Integration abzubremsen. Wie auch bei Referenden in großen Nationalstaaten kann es sich bei dieser Strategie nur um ergänzende Legitimation handeln. Sie kann die volle demokratische Legitimation der europäischen Institutionen und Politiken nicht ersetzen. Die Volksinitiative ist im Verfassungsentwurf bereits vorgesehen.

Andere Vorschläge sind weniger weitgehend und deshalb kurzfristig realistischer. Hier sollen abschließend einige Beispiele erwähnt werden. Hix schlägt vor, dass in Zukunft die einfache Mehrheit die generelle Abstimmungsregel für das Europäische Parlament sein solle. Damit würde die Notwendigkeit der „großen Koalitionen" verschwinden. Auf diese Weise könnte sich ein stärker an Parteipolitik und Fraktionen orientiertes Verhalten herausbilden (Hix 2003: 168).

Holzinger und Knill (2002) schlagen die Direktwahl eines Präsidenten der EU vor. Dieser Präsident wäre nicht identisch mit dem Kommissionspräsidenten oder dem im neuen Verfassungsentwurf vorgesehenen Präsidenten des Europäischen Rats. Es wäre ein zusätzliches Amt, mit wenigen und im wesentlichen symbolischen Befugnissen, ähnlichen denen des deutschen Bundespräsidenten. Eine solche Wahl könnte ähnlich der Direktwahl eines Kommissionspräsidenten Impulse für die Entwicklung einer europäischen Parteienkonkurrenz geben. Gleichzeitig würde dieses Amt aber vom Rat nicht verlangen, in großem Umfang Macht abzugeben und wäre insofern kurzfristig realistischer.

Ein anderer naheliegender Vorschlag zielt darauf, das Europäische Parlament zumindest zu einer gleichberechtigten, vollen parlamentarischen Kammer zu machen (z. B. Grande 1996; 2000). Das impliziert, dass das Mitentscheidungsverfahren in allen Politikbereichen Anwendung findet, es also keine Politiken mehr gäbe, über die der Rat allein oder nur nach Konsultation des Parlaments befindet. Dies wäre die supranationale Form der Schließung der oben herausgearbeiteten formalen Legitimationslücken. Damit wären immerhin die formalen Legitimationslücken im Institutionensystem geschlossen; die Probleme der mangelhaften Legitimation des Parlaments durch die Wähler und Bürger allerdings nicht beseitigt.

Auch an Vorschlägen zur Konstruktion eines europäischen Demos oder einer europäischen Öffentlichkeit mangelt es nicht. Eine anspruchsvolle Konzeption hat Cederman (2001) vorgelegt. In seinen Augen gibt es drei Schlüsselelemente für die Schaffung einer kollektiven Identität: Bildung, Sprache und Massenmedien. Die Entwicklung von europaweiten Massenmedien sollte unterstützt, die Bildungspolitik in Europa stärker vergemeinschaftet und das Erlernen von Fremdsprachen stärker gefördert werden. Aus Gründen der Koordinationserleichterung sollte auf die vielen Amtsprachen verzichtet werden. Cederman sieht jedoch, dass es gerade in diesen Bereichen starke Widerstände der Nationalstaaten und ihrer Bevölkerungen oder zumindest ungünstige Umstände (wie die Privatisierung im Mediensektor) gibt. Insofern ist dies ein ehrgeiziger und tiefgreifender Vorschlag, der aber kurzfristig wenig Chancen hat, zum gewünschten Ergebnis einer kollektiven Identität in Europa zu führen.

3 Die EU als Entscheidungssystem

Die politischen Entscheidungsverfahren in der EU sind komplex. Dies ist allein schon durch die Struktur der EU als ein Mehrebenensystem bedingt (vgl. Abschnitt 4). Die Präferenzen der politischen Akteure müssen in verschiedenen Arenen zu kollektiven Entscheidungen verarbeitet werden, einerseits zwischen den Mitgliedstaaten, andererseits zwischen den Organen auf der EU-Ebene. Darüber hinaus haben die ständigen Vertragsreformen zu einem Nebeneinander verschiedener förmlicher Entscheidungsverfahren zwischen und innerhalb der EU-Organe geführt. Jenseits der förmlichen Verfahren umfasst das Entscheidungssystem der EU informelle Elemente, etwa die Einflussnahme von Interessengruppen auf politische Entscheidungen, die durch die spezifische Struktur der EU ebenfalls sehr komplex sind.

Dieses Kapitel zielt nicht auf eine detaillierte und umfassende Beschreibung der europäischen Entscheidungsprozesse. Solche Beschreibungen finden sich in den meisten Einführungslehrbüchern zur EU (Nugent 2003; Tömmel 2003; Hix 2005) sowie in Fallstudien und Analysen einzelner Entscheidungsprozesse (z. B. Holzinger 1994; Heriter et al. 1994). Die informellen Aspekte, die Feinheiten der Entscheidungsprozesse innerhalb der einzelnen europäischen Organe und zwischen ihnen, sowie die Beteiligung von Interessengruppen werden hier vernachlässigt. Dies gilt auch für den Entscheidungsbeitrag bestimmter europäischer Institutionen, wie dem Europäischen Gerichtshof oder der Europäischen Zentralbank.

Das folgende Kapitel beschränkt sich auf die Analyse der formellen, vertraglich geregelten Entscheidungsverfahren zwischen den zentralen legislativen Organen der EU. Im Zentrum stehen die Abstimmungsregeln und Abstimmungsgewichte im Ministerrat sowie der Gang der wichtigsten legislativen Verfahren. Bei den Vertragsverhandlungen der älteren und jüngeren Vergangenheit, vom Luxemburger Kompromiss bis zum Vertrag von Nizza und dem Konventsentwurf der europäischen Verfassung, hat sich gezeigt, dass die Abstimmungsregeln, die Stimmgewichtung und die Entscheidungsverfahren immer wieder zum Hauptzankapfel zwischen den Mitgliedstaaten werden. Dies ist ein Indikator für die hohe Bedeutung der formalen Verfahren. Der Grund dafür liegt darin, dass diese Verfahren und Regeln *Macht* zuteilen: Sie bestimmen die Machtverteilung zwischen den Mitgliedstaaten und zwischen den europäischen Organen Ministerrat, Kommission und Parlament. Macht wird hier gleichgesetzt mit der Chance, Einfluss auf die kollektive Entscheidung auszuüben, und das heißt mit der Möglichkeit, politische Entscheidungen im eigenen Interesse zu beeinflussen. Es gibt natürlich auch andere Möglichkeiten Macht auszuüben als über formale Regeln, formale Regeln aber bilden in demokratischen Rechtsstaaten den Rahmen, innerhalb dessen andere Möglichkeiten der Machtausübung genutzt werden können.

In diesem Kapitel sollen diese formalen Verfahren nicht einfach nur beschrieben, sondern mit modernen politikwissenschaftlichen Ansätzen analysiert werden. Die verwendeten Werkzeuge umfassen sogenannte „Machtindices" und die „Veto-Spieler-Analyse". Diese Ansätze erlauben eine Interpretation der Machtverteilung zwischen den Akteuren. In einigen Fällen können sie auch als eine Prognose der Politikergebnisse verstanden werden. Diese Instrumente sollen auf die beiden Hauptarenen des europäischen Entscheidungssystems angewandt werden: erstens auf die Einigungsprozesse der Mitgliedstaaten im Ministerrat oder im Europäischen Rat (Abschnitt 3.1) und zweitens auf die legislativen Verfahren, an denen neben dem Rat auch das Parlament und die Kommission beteiligt sind (Abschnitt 3.2). Innerhalb der beiden Abschnitte werden die Veränderungen in den verschiedenen Phasen der europäischen Verträge verfolgt: vom Luxemburger Kompromiss zur Einheitlichen Europäischen Akte, von dort zu den Verträgen von Maastricht, Amsterdam und Nizza, bis zu den Verfahren im europäischen Verfassungsentwurf.

3.1 Die Mitgliedstaaten im Ministerrat und im Europäischen Rat

3.1.1 Entwicklung der Abstimmungsregeln und Stimmgewichte

Die Vertragsverhandlungen zwischen den EU Mitgliedstaaten zeigen stets erneut, dass die Abstimmungsregeln und Stimmgewichte politisch brisant sind. So kam es im Vorfeld des Vertrags von Nizza zu heftigen Auseinandersetzungen darüber, über welche Materien in Zukunft einstimmig und über welche mit qualifizierter Mehrheit im Ministerrat entschieden wird. Ebenso scheiterte der Vertrag beinahe an der Schwierigkeit, nach der Osterweiterung eine neue Stimmverteilung zwischen den Mitgliedstaaten vorzunehmen. Es bestand einerseits Einsicht in die Notwendigkeit, nach der Aufnahme so vieler neuer Staaten mehr und mehr zu Entscheidungen mit qualifizierter Mehrheit überzugehen, um die Gemeinschaft entscheidungsfähig zu halten. Andererseits waren die Mitgliedstaaten nicht bereit, das Risiko einzugehen, von den anderen Mitgliedern überstimmt zu werden. Ein zweiter Streitpunkt war die Stimmverteilung, die in der Vergangenheit kleine Staaten relativ begünstigt hatte: Kleine, und mittlere „alte" EU-Staaten fühlten sich bedroht von den „neuen" großen Staaten; die „alten" großen befürchteten andererseits von einer großen Zahl kleiner Staaten überstimmt werden zu können. Deshalb versuchten die alten Mitglieder über die Einzelheiten der Stimmverteilung, das Risiko majorisiert zu werden, zu minimieren. Dieses Problem konnte letztlich nur gelöst werden, indem die sogenannte „doppelte Mehrheit" eingeführt wurde: Neben die qualifizierte Mehrheit der Stimmen tritt nun eine Mehrheit der vertretenen Bevölkerung. Das Prinzip der doppelten Mehrheit wird in veränderter Form auch im Verfassungsentwurf beibehalten. Was bedeutet das für die Machtverteilung zwischen den Mitgliedstaaten? Welche Änderungen ergeben sich durch den Vertrag von Nizza und durch den Verfassungsentwurf? Welche Änderungen haben sich durch frühere Verträge bereits ergeben?

Bei den Abstimmungsregeln gab es im wesentlichen zwei Veränderungen: der Übergang von der Einstimmigkeit zu qualifizierten Mehrheit der Stimmen im Ministerrat und der Übergang zur doppelten Mehrheit. Zwar sahen bereits die Römischen Verträge von 1957 vor, dass die Abstimmung der Mitgliedstaaten mit

qualifizierter Mehrheit erfolgen solle. Dies sollte mit den sogenannten Fusionsvertrag (1967) in Kraft treten. Der Übergang zur Mehrheitsabstimmung wurde
jedoch im Jahr 1965 durch Frankreich verhindert, das mit seiner Blockadepolitik
im Januar 1966 den „Luxemburger Kompromiss" erzwang (vgl. Kapitel 1, Abschnitt 3.1). Der Luxemburger Kompromiss bedeutete *de facto* eine Rückkehr
zur einstimmigen Entscheidung. Erst im Gefolge der Süderweiterung wurde mit
der Verabschiedung der Einheitlichen Europäischen Akte 1987 die qualifizierte
Mehrheit im Rahmen des neu eingeführten Kooperationsverfahrens tatsächlich
umgesetzt. Mit den Verträgen von Maastricht, Amsterdam und Nizza wurden
nach und nach weitere Gegenstände in die Abstimmung mit qualifizierter Mehrheit überführt (vgl. Kapitel 1, Abschnitt 3.1; Zbinden 1999: 195 ff.).

Der Vertrag von Nizza (2001) brachte als wesentliche Neuerung die Einführung der sogenannten doppelten Mehrheit, die eigentlich ein dreifaches Mehrheitserfordernis ist: Die qualifizierte Mehrheit der Stimmen reicht zukünftig
nicht aus. Zusätzlich muss ein Vorschlag von einer Mehrheit der Mitgliedstaaten unterstützt werden. Außerdem können Mitgliedstaaten beantragen, dass bei
einem Beschluss mit qualifizierter Mehrheit geprüft wird, ob diese Mehrheit
auch mindestens 62% der Gesamtbevölkerung der EU umfasst (vgl. zu den institutionellen Reformen von Nizza: Giering 2001). Diese komplexe Entscheidungsregel wird im europäischen Verfassungsentwurf zu einer doppelten Mehrheit vereinfacht: Die qualifizierte Mehrheit umfasst in Zukunft – falls die
europäische Verfassung wie vorgesehen in Kraft tritt – 55% der Mitgliedstaaten
(gebildet aus mindestens 15 Staaten) und 65% der Bevölkerung der Union. In
den Bereichen „Gemeinsame Außen- und Sicherheitspolitik" und „Justiz und
Inneres" sind sogar 72% der Mitgliedstaaten und 65% der Bevölkerung erforderlich.[1]

Auch die Stimmgewichtung wurde im Laufe der Zeit mehrfach geändert.
Schon in der EWG der sechs Staaten in den 1960er Jahren gab es eine förmliche
Stimmgewichtung, die sich grob, aber nur sehr grob, an der Bevölkerungszahl
der Mitgliedstaaten orientierte. Sie wurde mit den Erweiterungen auf erst neun,
dann zwölf, 15 und schließlich 25 Staaten beständig angepasst. Anders als etwa in
den USA, wo jeder Bundesstaat unabhängig von seiner Größe mit zwei Senatoren in der föderativen Kammer vertreten ist, war in Europa eine Gleichgewichtung der Mitgliedstaaten in ihrer Vertretung auf der Unionsebene offenbar nicht
gewollt. Das Modell entsprach damit eher dem deutschen Föderalismus, wo die
Stimmen der Länder im Bundesrat ebenfalls grob nach Größe des jeweiligen
Landes zugeteilt werden. Die Stimmgewichtung ist Ausdruck des demokratischen Prinzips „one person one vote", das impliziert, dass jeder Repräsentant eine gleich große Zahl von Bürgern vertreten sollte. Große Staaten sollen mehr
Abstimmungsmacht haben als kleine.

---

[1] Vorläufige konsolidierte Fassung des Vertrages über eine Verfassung für Europa, Dokument
der Regierungskonferenz CIG 86/04 vom 25.06.04.

Tabelle 2.4: Stimmverteilung im Rat der EG/EU, 1952 bis 2004

Mitgliedstaat	EG 6 1952	EG 9 1973	EG 12 1987	EU 15 1995	EU 25 2005
Deutschland	4	10	10	10	29
Großbritannien		10	10	10	29
Frankreich	4	10	10	10	29
Italien	4	10	10	10	29
Spanien			8	8	27
Polen					27
Niederlande	2	5	5	5	13
Griechenland		5	5	5	12
Belgien	2	5	5	5	12
Portugal			5	5	12
Tschechien					12
Ungarn					12
Schweden				4	10
Österreich				4	10
Dänemark		3	3	3	7
Finnland				3	7
Irland		3	3	3	7
Slowakei					7
Litauen					7
Luxemburg	1	2	2	2	4
Lettland					4
Slowenien					4
Estland					4
Zypern					4
Malta					3
Summe	17	58	76	87	321
Qualifizierte Mehrheit, absolut	12	41	54	62	232
Sperrminorität	6	18	23	26	90
Qualifizierte Mehrheit, %	70,6	70,7	71,1	71,3	72,3

In der Praxis hatte die Gewichtung jedoch zunächst keine Auswirkung. Solange nach dem Luxemburger Kompromiss einstimmig entschieden wurde, hatte jeder Staat eine Veto-Möglichkeit und damit das gleiche Gewicht. Erst mit der faktischen Einführung der qualifizierten Mehrheit durch die Einheitliche Europäische Akte 1987 begann die Stimmverteilung sich auszuwirken und damit auch zu einem bedeutenden Konfliktgegenstand bei den Vertragsverhandlungen zu werden. Tabelle 2.4 zeigt, dass es lediglich zweimal zu größeren Änderungen bei der Stimmverteilung kam, nämlich bei der Aufnahme Großbritanniens (wirksam

Tabelle 2.5: Bevölkerungsanteile und Stimmgewichtsanteile, EG/EU 1986 bis 2004

Mitgliedstaat	Bevölkerung in Mio, 2001	EU 12, 1990		EU 15, 1995		EU 25, 2004	
		Bevölkerungsanteil, %	Stimmenanteil, %	Bevölkerungsanteil, %	Stimmenanteil, %	Bevölkerungsanteil, %	Stimmenanteil, %
Deutschland	82,0	23,2	13,16	21,7	11,49	18,2	9,03
Großbritannien	59,2	16,8	13,16	15,8	11,49	13,2	9,03
Frankreich	59,0	16,7	13,16	15,7	11,49	13,1	9,03
Italien	57,6	16,3	13,16	15,4	11,49	12,8	9,03
Spanien	39,4	11,2	10,53	10,5	9,20	8,8	8,41
Polen	38,7					8,6	8,41
Niederlande	15,8	4,5	6,58	4,2	5,75	3,5	4,05
Griechenland	10,5	3,0	6,58	2,8	5,75	2,3	3,74
Belgien	10,2	2,9	6,58	2,7	5,75	2,3	3,74
Portugal	10,0	2,8	6,58	2,7	5,75	2,2	3,74
Tschechien	10,1					2,3	3,74
Ungarn						2,2	3,74
Schweden	8,9			2,4	4,60	2,0	3,12
Österreich	8,1			2,2	4,60	1,8	3,12
Dänemark	5,3	1,5	3,95	1,4	3,45	1,2	2,18
Finnland	5,2			1,4	3,45	1,2	2,18
Irland	3,7	1,0	3,95	1,0	3,45	0,8	2,18
Slowakei	5,4					1,2	2,18
Litauen	3,7					0,8	2,18
Luxemburg	0,4	0,1	2,63	0,1	2,30	0,1	1,25
Lettland	2,4					0,5	1,25
Slowenien	2,0					0,4	1,25
Estland	1,4					0,3	1,25
Zypern	0,8					0,2	1,25
Malta	0,4					0,1	0,93

ab 1973) und beim Vertrag von Nizza (wirksam ab 2005). Bei den dazwischen liegenden Erweiterungen der EU wurden Anpassungen auf der Basis der Stimmverteilung von 1973 vorgenommen. Die Tabelle zeigt in der letzten Zeile, dass die
Anpassungen zu einer zwar nur leichten, aber doch stetigen Anhebung des
Mehrheitserfordernisses geführt haben. Bei der beträchtlich gestiegenen Zahl der
Mitglieder von 6 auf 25 wäre es jedoch wünschenswert gewesen, das Mehrheitserfordernis allmählich in Richtung einer 2/3-Mehrheit zu senken, um die Entscheidungsfähigkeit der Union zu gewährleisten.

Die bisherige Stimmverteilung hat stets die kleineren Länder gegenüber den
großen Mitgliedstaaten begünstigt. Das zeigt Tabelle 2.5. In der EU 12 bedeutete
der Stimmanteil der fünf großen Länder gemessen an ihrem Bevölkerungsanteil
eine Unterrepräsentation. Das gilt vor allem für Deutschland, das mit 23,2% der
Bevölkerung nur 13,16% der Stimmen im Ministerrat hielt. Die kleinen und
mittleren Länder dagegen waren in unterschiedlichem Ausmaß überrepräsentiert.
Das wiederum gilt besonders für Luxemburg, das mit 0,1% der Bevölkerung
2,63% der Stimmen besaß. In der EU 15 verändert sich dieses Bild nicht. Auch
der Vertrag von Nizza führt hier nicht zu wesentlichen Änderungen. Am stärksten unterrepräsentiert ist nach wie vor Deutschland, am stärksten überrepräsentiert Luxemburg. Während alle kleinen und mittleren Länder überrepräsentiert
sind, sind jetzt aber nur die vier größten (Deutschland, Großbritannien, Frankreich, Italien) unterrepräsentiert. Die Gruppe der „zweitgrößten" Staaten (Spani-
en und Polen) ist diesmal durch den Stimmanteil näherungsweise angemessen repräsentiert. Die Stimmzuteilung nach dem Vertrag von Nizza erscheint in
Einzelheiten ziemlich fragwürdig. Das wird besonders deutlich daran, dass Luxemburg 4 Stimmen hält, während Malta nur 3 hat, obwohl sich beide Länder
nur um etwa 52000 Einwohner unterscheiden (vgl. für eine detailliertere Diskussion Giering 2001).

Die nächste entscheidende Veränderung steht 2014 bevor, wenn die europäische Verfassung unverändert und gemäß Zeitplan in Kraft treten sollte. Durch
Einführung der doppelten qualifizierten Mehrheit von Mitgliedstaaten und Bevölkerung ist die Stimmverteilung obsolet geworden. Die Mehrheit der Bevölkerung gewichtet die Mitgliedstaaten nach ihrer Bevölkerungsgröße, die Mehrheit
der Mitglieder gewichtet die Staaten unabhängig von ihrer Größe gleich. Wie sich
das auf die jeweiligen Einflusschancen auswirken wird, wird im nächsten Abschnitt analysiert.

3.1.2 Machtindices

Was bedeuteten nun die Abstimmungsregeln und die Stimmgewichte für die
Macht eines Mitgliedstaats innerhalb des Ministerrates? Wie hoch sind die Chancen eines Mitgliedstaats, die Entscheidung des Rates oder – im Rahmen des Koo-
perations- oder Kodezisionsverfahrens – seinen Gemeinsamen Standpunkt im eigenen Sinne zu beeinflussen? Wie oft gehört er zur Gewinnkoalition und wie oft

ist er der entscheidende Mehrheitsbeschaffer für die Gewinnkoalition? Wie oft kann ein Staat sich mit seiner präferierten Handlungsalternative in der Abstimmung durchsetzen, mit anderen Worten, wie hoch ist seine Abstimmungsmacht?

Der eben behandelte Stimmenanteil im Rat kann nicht einfach mit der Abstimmungsmacht gleichgesetzt werden. Wie oft ein Staat sich durchsetzen kann, hängt nicht nur von der Stimmgewichtung ab, sondern auch von der verwendeten Abstimmungsregel. Stimmgewichtung und Abstimmungsregel zusammen bestimmen die möglichen Gewinnkoalitionen in einer Abstimmung. Es kann Situationen geben, in denen Mitglieder eines Abstimmungsgremiums das Ergebnis einer Abstimmung nie beeinflussen können, ganz egal mit wem sie stimmen. Das liegt daran, dass sie aufgrund ihrer Stimmenzahl niemals in der Lage sind, eine potentielle Gewinnkoalition in eine Verlustkoalition zu verwandeln. Dadurch haben sie kein Drohpotential und können nie das Ergebnis bestimmen. Ein Beispiel für eine solche Situation bildet Luxemburg zu Zeiten der EWG-6. Mit einer Stimme (Tabelle 2.4) verfügte es zwar über 5,9% der Stimmen im Rat, es war jedoch niemals ausschlaggebend für die Formierung einer Gewinnkoalition (es war nie Mehrheitsbeschaffer) und hatte damit keinerlei Abstimmungsmacht (Weiersmüller 1971). Es war schlicht gleichgültig, für welche legislative Alternative Luxemburg stimmte. Dies ist zwar ein Extremfall, aber er macht deutlich, dass Stimmanteil und Abstimmungsmacht nicht gleichzusetzen sind.

Um ein Maß der Abstimmungsmacht zu erhalten, müssen Mehrheitsregeln und Stimmgewichte gemeinsam betrachtet werden. In der EU haben wir es mit zwei Regeln zu tun: Einstimmigkeit und qualifizierte Mehrheit. Bei Stimmgewichtung besteht ein gravierender Unterschied zwischen Einstimmigkeit und allen anderen Abstimmungsregeln. Bei Einstimmigkeit hat die Gewichtung keinerlei Einfluss auf das Ergebnis, denn jeder Mitgliedstaat hat die gleiche Chance, Mehrheitsbeschaffer zu sein, da es auf jede Stimme ankommt. Mit oder ohne Stimmgewichtung hat jeder Mitgliedstaat die gleiche Macht. Bei einfacher oder qualifizierter Mehrheit haben die Mitgliedstaaten je nach Stimmenzahl dagegen unterschiedlich oft die Chance, der Mehrheitsbeschaffer zu sein. Die oben erwähnte Benachteiligung Luxemburgs durch Stimmverteilung bei der Mehrheitsabstimmung hatte insofern keine praktischen Auswirkungen, als in dieser Phase wegen des Luxemburger Kompromisses ohnehin einstimmig entschieden wurde. In der Praxis hatte Luxemburg also trotz seiner geringen Größe die gleiche Abstimmungsmacht wie alle anderen Mitgliedstaaten.

Die Abstimmungsmacht in Gremien mit Stimmgewichtung wird üblicherweise mit sogenannten Machtindices gemessen. Ein Beispiel ist der Shapley-Shubik-Index (Shapley/Shubik 1954). Die Grundidee solcher Indices ist die folgende Vorstellung von „Abstimmungsmacht": Ein bestimmtes Mitglied des Abstimmungsgremiums übt dann Macht aus, wenn die Entscheidung sich ändert, falls dieses Mitglied sein Abstimmungsverhalten ändert. Mit anderen Worten, Macht meint die Fähigkeit eines Mitglieds, eine Gewinnkoalition in eine Verlustkoalition zu verwandeln, oder umgekehrt. Dieses Potential, der Mehrheitsbeschaffer zu sein, wird als Pivot-Position bezeichnet. Die Machtindices messen die sogenannte *a priori* Abstimmungsmacht, indem sie für ein Mitglied die Anzahl der Pivot-Positionen in einem Abstimmungsgremium zählen, das durch eine gegebene Mehrheitsregel und Stimmverteilung charakterisiert ist. Der Machtindex für dieses Mitglied ist dann der Anteil seiner Pivot-Positionen an allen möglichen Pivot-Positionen in diesem Abstimmungsgremium.

Neben dem Shapley-Shubik-Index gibt es eine ganze Reihe weiterer Machtindices, die sich mehr oder weniger deutlich unterscheiden: der Banzhaf-Index (Banzhaf 1965; Dubey/Shapley 1979), der Johnston-Index (Johnston 1977), der Deegan-Packel-Index (Deegan/Packel 1979), der Public-Good-Index (Holler 1984; 1998), der Inclusiveness-Index (König/Bräuninger 1998; König/Bräuninger 2000) u. a. m. Aus Umfangsgründen muss hier darauf verzichtet werden, die Unterschiede zwischen diesen Indices darzustellen (Überblicke finden sich z. B. bei Holler/Illing 2003, Holler/Owen 2002 und bei Schnorpfeil 1996, Kap. D.IV). Um einen Eindruck von den Veränderungen der Machtbalance zwischen Mitgliedstaaten und Organen über die Zeit zu erhalten, genügt es, mit einem der Indices zu arbeiten. Zwar gibt es in der Literatur durchaus Diskussion darüber, welcher der Indices für die Entscheidungen in der EU der angemessenste ist. Allerdings gibt es noch kein klares Ergebnis dieser Diskussion. In der Praxis werden meist der Shapley-Shubik-Index oder der Banzhaf-Index angewandt.[2] Hier wird im folgenden allein mit dem Shapley-Shubik-Index gearbeitet.[3]

Im folgenden wird die Abstimmungsmacht nach dem Shapley-Shubik-Index im Ministerrat für die EU 15 zwischen 1995 und 2004, für die EU 25 ab 2005 nach den Regeln des Vertrags von Nizza und zum Vergleich für die EU 25 nach dem europäischen Verfassungsentwurf berechnet. Folgende Fragen stehen dabei im Mittelpunkt: Wie verteilt sich die Abstimmungsmacht zwischen den Mitgliedstaaten? Wird durch die Kombination von Stimmgewichtung und Mehrheitsregel die Über- und Unterrepräsentation der Mitgliedstaaten durch die Stimmverteilung eher verstärkt oder gemildert? Welche Veränderungen ergeben sich durch die neue Stimmverteilung und das dreifache Mehrheitserfordernis des Vertrags von Nizza? Welche Veränderungen würde die neue Verfassung durch den Verzicht auf Stimmgewichtung mit sich bringen? Wen begünstigen diese Änderungen, wem bringen sie Nachteile?

Tabelle 2.6 zeigt die Situation der EU 15 bis in das Jahr 2004. Die Tabelle zeigt in der ersten Spalte nochmals den Stimmanteil (siehe Tabelle 2.5), in der zweiten Spalte den Wert des Shapley-Shubik-Indexes bei Einstimmigkeit und in der dritten Spalte das Verhältnis von Stimmanteil und Machtanteil. Man sieht, dass bei

---

2 Vgl. z. B. Weiersmüller 1968; Brams/Affuso 1976, Borrmann 1992; Holzinger 1994; 1997; Herne/Nurmi 1993; Berg/Maeland/Stenlund/Lane 1993; Hosli 2002.

3 Die Berechnungen wurden mit Hilfe des Programms durchgeführt, das Thomas Bräuninger freundlicherweise auf seiner Homepage zur Verfügung stellt: <http://www.tbraeuninger.de/iop.html>.

Tabelle 2.6: Stimmanteil und Machtverteilung nach dem Shapley-Shubik-Index in der EU 15, 1995–2004

Mitgliedstaat	Stimmanteil 87 Stimmen	Einstimmigkeit 62 Stimmen		Qualifizierte Mehrheit 44 Stimmen		Einfache Mehrheit (fiktiv)	
	%	%	Verhältnis a	%	Verhältnis a	%	Verhältnis a
	(1)	(2)	(3)	(4)	(5)	(6)	(7)
Deutschland	11.49	6.66	0.58	11.67	1.02	11.83	1.03
Großbritannien	11.49	6.66	0.58	11.67	1.02	11.83	1.03
Frankreich	11.49	6.66	0.58	11.67	1.02	11.83	1.03
Italien	11.49	6.66	0.58	11.67	1.02	11.83	1.03
Spanien	9.20	6.66	0.72	9.56	1.04	9.17	1.00
Niederlande	5.75	6.66	1.15	5.52	0.96	5.56	0.97
Belgien	5.75	6.66	1.15	5.52	0.96	5.56	0.97
Griechenland	5.75	6.66	1.15	5.52	0.96	5.56	0.97
Portugal	5.75	6.66	1.15	5.52	0.96	5.56	0.97
Österreich	4.60	6.66	1.45	4.54	0.99	4.64	1.01
Schweden	4.60	6.66	1.45	4.54	0.99	4.64	1.01
Dänemark	3.45	6.66	1.93	3.53	1.03	3.26	0.95
Irland	3.45	6.66	1.93	3.53	1.03	3.26	0.95
Finnland	3.45	6.66	1.93	3.53	1.03	3.26	0.95
Luxemburg	2.30	6.66	2.90	2.07	0.90	2.18	0.95

a Machtanteil / Stimmanteil

Einstimmigkeit jeder Mitgliedstaat den gleichen Anteil an der Macht hat, nämlich 6,66%. Die Verhältnisspalte zeigt an, ob der Machtanteil im Verhältnis zum Stimmanteil eine Übergewichtung durch die Abstimmungsregel (größer 1) oder eine Untergewichtung (kleiner 1) bedeutet. Der Wert 0,58 für Deutschland heißt, dass der Machtanteil von 6,66% bei Einstimmigkeit im Vergleich zum Stimmanteil von 11,49% eine Untergewichtung impliziert. Das gilt auch für die drei anderen großen Länder, sowie für Spanien (0,72). Alle anderen Staaten haben bei Einstimmigkeit einen höheren Machtanteil als Stimmanteil. Bei Einstimmigkeit liegt also eine doppelte Verzerrung zugunsten der kleinen Mitgliedstaaten vor: zunächst durch den Stimmanteil im Verhältnis zur Bevölkerungszahl und sodann durch den Machtanteil im Verhältnis zum Stimmanteil.

Bei Abstimmungen mit qualifizierter Mehrheit ist dieser Effekt nicht mehr vorhanden. Spalte 4 gibt den Machtanteil für jedes Land an. In Spalte 5 kann man erkennen, dass es gegenüber dem Stimmanteil kaum zu Verzerrungen kommt: Für die meisten Länder liegt das Verhältnis nahe bei 1. Lediglich Luxemburg wird mit 0,90 etwas untergewichtet. In den beiden letzten Spalten sind die Werte angegeben, die sich ergeben, wenn mit einfacher Mehrheit im Ministerrat abgestimmt würde. Der Machtanteil der großen Staaten erhöht sich ein wenig, das gilt aber auch für die mittleren Staaten und Luxemburg, während einige kleinere Staaten ebenso wie Spanien verlieren. Das Verhältnis von Stimmanteil und Machtanteil lässt wie schon bei der qualifizierten Mehrheit, keine dramatischen Verzerrungen erkennen. Anders als bei der EWG-6 waren also bis 2004 die Verzerrungen zwischen Stimmenanteil und Machtanteil bei der Anwendung der qualifizierten Mehrheit nicht gravierend. Die Verzerrung fand primär durch die Stimmverteilung und bei Anwendung der Einstimmigkeitsregel statt.

Der Shapley-Shubik-Index kann als Prognose des Abstimmungsergebnisses gedeutet werden. Soweit eine Abstimmung nicht scheitert, setzt sich immer die vom Mehrheitsbeschaffer bevorzugte Alternative durch. Die „a priori-Abstimmungsstärke" gibt an, wie oft ein Staat in der Rolle des Mehrheitsbeschaffers ist. Sie beinhaltet also eine Prognose darüber, wie oft ein Mitgliedstaat sich mit der von ihm gewünschten Alternative durchsetzen kann. Wenn z. B. Deutschland bei qualifizierter Mehrheit einen Machtanteil von 11,67 hat, bedeutet das, dass es sich voraussichtlich in 11,67 % aller Abstimmungen mit seiner Position durchsetzen wird.

Wie sieht es nun nach den Veränderungen aus, die die Osterweiterung und der Vertrag von Nizza gebracht haben? In Nizza wurde sowohl die Stimmgewichtung verändert (siehe Tabelle 2.4) als auch die Mehrheitsregel. Bei qualifizierter Mehrheit sind 232 von 331 Stimmen nötig. Diese müssen von mindestens der Hälfte aller Mitgliedstaaten stammen (also in der EU 25 von mindestens 13 Mitgliedstaaten). Auf Antrag eines Mitgliedstaats muss auch noch geprüft werden, ob diese Mitgliedstaaten mindestens 62% der Bevölkerung repräsentieren. Es gibt also zwei Varianten der Mehrheitsregel: erstens die qualifizierte Stimmenmehrheit von mindestens 13 Mitgliedern und zweitens diese Regel plus dem Erfordernis von 62% der Bevölkerung, die sogenannte „doppelte Mehrheit".

Tabelle 2.7: Machtverteilung nach dem Shapley-Shubik-Index in der EU-25, Vertrag von Nizza und Verfassungsentwurf

Mitgliedstaat	Bevölkerung in % 2001	Stimmverteilung Vertrag von Nizza	Machtindex, Vertrag von Nizza Qualifizierte Mehrheit: 232 Stimmen, 13 MS	Machtindex, Vertrag von Nizza Doppelte Mehrheit: 232 Stimmen, 13 MS, 62% MS, 65% Bevölkerung	Machtindex, Europäischer Verfassungsentwurf Qualifizierte Mehrheit: 55% MS (mind. 15), 65% Bevölkerung	Verhältnis Macht- und Bevölkerungsanteil	Qualifizierte Mehrheit: GASP, JI: 72% MS, 65% Bevölkerung
Deutschland	18,2	9,03	9,29	9,49	15,93	0,88	9,70
Großbritannien	13,2	9,03	9,29	9,37	10,38	0,79	6,93
Frankreich	13,1	9,03	9,29	9,37	10,34	0,79	6,90
Italien	12,8	9,03	9,29	9,37	10,09	0,79	6,76
Spanien	8,8	8,41	8,61	8,67	6,84	0,78	5,21
Polen	8,6	8,41	8,61	8,67	6,74	0,78	5,17
Niederlande	3,5	4,05	3,98	3,95	3,43	0,98	3,69
Griechenland	2,3	3,74	3,65	3,61	2,70	1,17	3,37
Tschechien	2,3	3,74	3,65	3,61	2,67	1,16	3,36
Belgien	2,3	3,74	3,65	3,61	2,66	1,16	3,36
Ungarn	2,2	3,74	3,65	3,61	2,64	1,20	3,35
Portugal	2,2	3,74	3,65	3,61	2,63	1,19	3,34
Schweden	2,0	3,12	3,02	2,99	2,48	1,24	3,28
Österreich	1,8	3,12	3,02	2,99	2,38	1,32	3,25
Slowakei	1,2	2,18	2,10	2,06	1,99	1,66	3,08
Dänemark	1,2	2,18	2,10	2,06	1,98	1,65	3,07
Finnland	1,2	2,18	2,10	2,06	1,96	1,63	3,07
Irland	0,8	2,18	2,10	2,06	1,76	2,20	2,99
Litauen	0,8	2,18	2,10	2,06	1,76	2,20	2,99
Lettland	0,5	1,25	1,19	1,17	1,66	3,32	2,93
Slowenien	0,4	1,25	1,19	1,17	1,55	3,88	2,90
Estland	0,3	1,25	1,19	1,17	1,46	4,87	2,87
Zypern	0,2	1,25	1,19	1,17	1,37	6,85	2,83
Luxemburg	0,1	1,25	1,19	1,17	1,32	13,2	2,81
Malta	0,1	0,93	0,89	0,88	1,32	13,2	2,81

Tabelle 2.7 zeigt in den ersten Spalten nochmals die Bevölkerungsanteile der Mitgliedstaaten und die Stimmanteile im Rat. Die Staaten sind nach der Bevölkerungszahl geordnet. Bei Einstimmigkeit sind natürlich nach wie vor alle Staaten gleich mächtig – das muss nicht mehr eigens in der Tabelle wiedergegeben werden. In der dritten und vierten Spalte wird der Shapley-Shubik-Index für die beiden Abstimmungsregeln angegeben. Zunächst zeigt sich im Vergleich zur EU-15, dass die Machtanteile aller Staaten absolut gesunken sind. Dies ist einfach auf die größere Zahl der Mitgliedstaaten zurückzuführen. Der Index in der dritten Spalte bezieht sich auf die normale qualifizierte Mehrheit nach Nizza. Auch hier zeigt sich wieder eine deutliche Unterrepräsentation der großen Staaten gemessen am Bevölkerungsanteil, die für Deutschland besonders groß ausfällt. Gemessen am Stimmanteil ergibt sich dagegen eine leichte Überrepräsentation. Spanien und Polen sind einigermaßen angemessen repräsentiert – ein Bevölkerungsanteil von 8,8 (8,6) entspricht einem Stimmanteil von 8,41 und einem Machtanteil von 8,61. Die mittleren und kleineren Staaten sind wiederum überrepräsentiert. Der Machtanteil ist meist fast doppelt so hoch wie der Bevölkerungsanteil, während er relative nahe am jeweiligen Stimmanteil liegt.

Die Situation hat sich also gegenüber der vor Nizza nicht grundlegend verändert. Das ändert sich auch nicht, wenn man die „doppelte Mehrheit" betrachtet. Allerdings gewinnen hier die größeren Staaten etwas an Macht, während die mittleren und kleinen ein wenig Macht abgeben müssen. Die Unterschiede sind aber nicht so gravierend, wie man nach der Diskussion im Vorfeld des Vertrags von Nizza hätte erwarten können. Es entbehrt natürlich nicht einer gewissen Absurdität, wenn einerseits eine Stimmverteilung eingeführt wird, die kleine Staaten massiv begünstigt und dann im zweiten Schritt eine doppelte Mehrheit mit Bindung an die Bevölkerungszahl eingeführt wird, deren Zweck darin besteht, diese Wirkung abzumildern. Vermutlich hat diese Einsicht die politischen Akteure dazu bewogen, im europäischen Verfassungsentwurf auf die Stimmverteilung zu verzichten und nun die Mitgliedstaaten direkt mit ihrer Bevölkerungszahl zu gewichten. Dies erspart auch bei künftigen Erweiterungen und Vertragsverhandlungen den Streit um die Stimmgewichte.

Wie sieht nun das Ergebnis der im Verfassungsentwurf vorgelegten Regeln aus, wenn man sie auf die heutige EU anwendet? Zwar wird zum Zeitpunkt des Inkrafttretens der Verfassung die EU voraussichtlich wiederum erweitert worden sein, für Vergleichszwecke genügt es jedoch, den heutigen Stand anzunehmen. Die fünfte Spalte von Tabelle 2.7 gibt den Shapley-Shubik-Index für die EU 25 wieder. Die qualifizierte Mehrheit beinhaltet die Zustimmung von 55% (aber mindestens 15) der Mitgliedstaaten, die 65% der Bevölkerung vertreten müssen. In der EU 25 sind 55% der Mitglieder 14 Staaten, das heißt es tritt die Regel in Kraft, dass mindestens 15 Staaten zustimmen müssen. Der Index zeigt, dass die vier größten Staaten, und ganz besonders Deutschland, gegenüber den derzeitigen Regeln an Abstimmungsmacht hinzugewinnen, während bereits Spanien und Polen, aber auch alle mittleren Staaten an Macht verlieren. Die kleinsten Staaten allerdings – von Lettland bis Luxemburg und Malta – haben hier wieder leichte Gewinne zu verzeichnen. Im Vergleich zu heute würde die neue Entscheidungsregel also die ganz großen und die ganz kleinen Staaten begünstigen.

Es zeigt sich allerdings, dass gemessen am Bevölkerungsanteil, die Machtanteile der Großen immer noch zu klein und die Machtanteile der Kleinen zu groß sind. In der folgenden Spalte wird der besseren Übersicht halber das Verhältnis von Bevölkerungsanteil zu Machtanteil wiedergegeben. Die sechs großen Länder, und die Niederlande sind bei dieser Abstimmungsregel unterrepräsentiert, alle anderen überrepräsentiert. Das fällt besonders bei Luxemburg und Malta auf, deren Machtanteil ein 13-faches ihres Bevölkerungsnachteils beträgt. Im Gegensatz zur früheren Regelung mit Stimmverteilung wächst der Umfang der Überrepräsentation nun jedoch fast kontinuierlich mit abnehmender Größe des Landes. Eine bedeutende Ausnahme bildet lediglich Deutschland, bei dem das Ausmaß der Unterrepräsentation geringer ist als bei den anderen großen Staaten.

In der letzten Spalte der Tabelle ist der Machtindex für eine besondere Abstimmungsregel wiedergegeben. Der Verfassungsentwurf sieht nämlich vor, dass in den Bereichen „Gemeinsamen Außen- und Sicherheitspolitik" (GASP) und „Justiz und Inneres" (JI) 72% der Mitgliedstaaten zustimmen müssen, die aber ebenfalls nur 65% der Bevölkerung repräsentieren müssen. Es handelt sich also um eine Anhebung des Mehrheitserfordernisses auf Staatenebene, eine Stärkung der Intergouvernementalität. Der Index zeigt, dass hier die sechs großen Staaten wieder relativ an Einfluss verlieren, während die kleinen teils erheblich an Macht gewinnen. Die Machtanteile der Staaten rücken also wieder aneinander. Dies ist nicht überraschend: Je stärker sich die Abstimmungsregel der Einstimmigkeit nähert, um so ähnlicher werden sich die Machtanteile der Staaten.

Im Ergebnis lässt sich sagen, dass unabhängig von den jüngsten Veränderungen in der Stimmgewichtung und den Abstimmungsregeln eine Konstante bleibt: Die kleinen Staaten sind im Abstimmungssystem des Rates überrepräsentiert, die großen Mitgliedstaaten sind unterrepräsentiert. Die Vertrags- und Verfassungsgeber der EU (d. i. die europäischen Regierungen) können sich einerseits nicht dazu entscheiden, jeden Mitgliedstaat gleich zu behandeln, wie im amerikanischen System, noch wollen sie sich auf eine Repräsentation einlassen, die sich allein an der Bevölkerungszahl orientiert. Im Vergleich zur derzeitigen Situation werden die Gewinner der Änderung durch den europäischen Verfassungsentwurf vor allem Deutschland und die drei anderen großen Staaten sein, daneben aber auch die ganz kleinen Mitgliedstaaten. Dies gilt besonders für Malta, das durch die Regeln des Vertrags von Nizza stark benachteiligt wurde. Die Verlierer der Abschaffung der Stimmgewichtung sind die mittleren Staaten, von Griechenland bis Litauen (Tabelle 2.7).

Machtindices sind ein Maß für die *a priori*-Wahrscheinlichkeit, dass ein Mitglied seine bevorzugte Alternative durchsetzen kann. Sie geben Auskunft über die Struktur eines Abstimmungsgremiums. Sie berücksichtigen jedoch lediglich die Verteilung von „Ressourcen" (Stimmen) und die institutionellen Einschränkungen (Abstimmungsregel). Sie geben keine Auskunft über viele andere Faktoren, die in einem empirischen Konzept der Macht eine Rolle spielen könnten wie etwa informelle Faktoren, die einem Mitglied eines Gremiums politisches Gewicht geben können. Wichtiger aber, sie berücksichtigen nicht die Nähe oder Ferne der Präferenzen der Mitglieder und damit die Tatsache, dass manche der möglichen Koalitionen sehr wahrscheinlich sind, andere dagegen sehr unwahrscheinlich.

Die Annahme der Gleichwahrscheinlichkeit von Koalitionen ist ein Haupteinwand gegen die Verwendung von Machtindices zur Prognose von Politikergebnissen (siehe z. B. Garrett/Tsebelis 1996; Hosli 2002). Betrachte man eine bestimmte politische Entscheidung, so seien die Präferenzen der Akteure in der Regel so gelagert, dass nicht alle rechnerisch denkbaren Koalitionen politisch auch realisierbar seien. Dieses Argument ist sicherlich nicht von der Hand zu weisen. Allerdings heißt das nicht, dass deshalb Machtindices keine nützlichen Instrumente sind. Betrachtet man ein Gebilde wie die EU, in der Entscheidungen über alle möglichen Politiken getroffen werden, so können die Präferenzen und die „Nähe oder Ferne" einzelner Mitglieder zu bestimmten anderen Mitgliedern über diese verschiedenen Politikfelder stark variieren. Sieht man also auf den Rat der EU ganz allgemein, so gibt die *a priori*-Wahrscheinlichkeit eines Mitglieds, sich durchzusetzen durchaus eine gewisse Information. Allerdings darf man sie nicht mit der „effektiven Macht" in Einzelfällen verwechseln. Machtindices sind ein wichtiges Werkzeug in der Analyse von Abstimmungen, sie haben aber bestimmte Nachteile. Garrett und Tsebelis (1996) haben als Alternative zu Machtindices die Analyse mit sogenannten räumlichen Modellen vorgeschlagen, die die „Nähe oder Ferne" der Präferenzen der Beteiligten berücksichtigen. Dieser Ansatz bildet auch die Basis für die Veto-Spieler-Analyse.

3.1.3 Der Vetospieler-Ansatz

Die formale Theorie der Vetospieler wurde wesentlich von George Tsebelis (zusammengefasst in Tsebelis 2002) und einigen Ko-Autoren entwickelt. In weniger formalisierter Weise spielt der Vetospieler-Ansatz jedoch auch in anderen Ansätzen eine Rolle (vgl. für einen Überblick Ganghof 2003). Die Theorie von Tsebelis fußt auf drei Grundideen:

(1) Diejenigen Entscheidungsträger, die über Vetomacht verfügen, haben Einfluss auf die Entscheidungsfähigkeit eines kollektiven Akteurs. Die Entscheidungsfähigkeit wiederum hängt mit der Politikstabilität zusammen. Kann ein Entscheidungsgremium aufgrund des Veto einzelner Mitglieder nicht zu einer Entscheidung kommen, ist keine Veränderung gegenüber dem Status quo möglich. Sowohl die Zahl der Vetospieler in einem Gremium, als auch deren relative Position haben Bedeutung für die Entscheidungsfähigkeit und Politikstabilität.

(2) Während bei den Machtindices jede Koalition der Spieler als gleich wahrscheinlich betrachtet wird, bilden sich im Rahmen der Theorie der Vetospieler

nur solche Koalitionen, die sich aus der relativen Nähe der Präferenzen oder politischen Positionen ihrer Mitglieder ergeben. Es sind also keine Gewinnkoalitionen möglich, bei denen Akteure eine Mehrheit bilden, die von verschiedenen Enden das politischen Spektrums kommen. Es gibt keine Koalitionen, die sich je am anderen Ende einer Skala finden, die eine bestimmte politische Dimension repräsentiert, z. B. „rechts – links", oder, mit Bezug auf die EU, „integrationsfreundlich – integrationsskeptisch".

(3) Das dritte wesentliche Element der Vetospieler-Theorie ist ihre Formalisierung in Gestalt räumlicher Modelle. Die räumliche Darstellung ermöglicht es, die relative „Nähe" der Präferenzen von politischen Akteuren wiederzugeben. Ihre Nähe oder Ferne hinsichtlich bestimmter politischer Dimensionen kann in einer oder zwei Dimensionen graphisch dargestellt werden; rechnerisch können jedoch auch mehr Dimensionen berücksichtigt werden.

Im folgenden wird zunächst ein kurzer Überblick über die wichtigsten Aussagen der Vetospieler-Theorie von Tsebelis gegeben. Eine Einführung in die graphische Darstellung und die wesentlichen Grundbegriffe erfolgt nur soweit, als es zum Verständnis der folgenden Analyse des EU-Ministerrates und der Entscheidungsverfahren nötig ist. Die Theorie wird damit nur sehr unvollständig dargestellt. Interessierte Leser seien auf die grundlegenden Aufsätze (1995b; 1999; 2000) und das Buch von Tsebelis (2002) verwiesen, das eine umfassende Einführung in die Werkzeuge und einen Überblick über die bisher von Tsebelis vorgenommenen Anwendungen gibt. Auch die hier vorgestellten Anwendungen der Theorie der Vetospieler auf die EU sind nur eine kleine Auswahl aus der inzwischen zur Verfügung stehenden Literatur zu diesem Thema. Hauptvertreter dieser Richtung neben Tsebelis sind Garrett, König und Bräuninger.[4]

Um neue Politiken einzuführen und damit den Status quo zu verändern, müssen eine bestimmte Anzahl von individuellen oder kollektiven politischen Akteuren der Veränderung zustimmen. Akteure, deren Zustimmung zur Änderung nötig ist, werden als Vetospieler bezeichnet. Wer diese Vetospieler sind, wird im allgemeinen in der Verfassung oder durch andere Institutionen oder Eigenschaften eines politischen Systems festgelegt. Tsebelis unterscheidet „institutionelle" und „parteiische" Vetospieler. Ein Beispiel für ersteres ist der amerikanische Präsident oder der Senat, ein Beispiel für parteiische Vetospieler ist etwa die Regierungspartei in parlamentarisch-demokratischen Systemen.

Die Zahl der Vetospieler, ihre ideologischen (politischen) Distanzen und ihre relative Position zueinander beeinflussen die Menge der politischen Ergebnisse, die den Status quo ersetzen können. Wenn diese Menge sehr groß ist, ist viel politische Veränderung möglich. Ist diese Menge dagegen sehr klein, dann ist die Politikstabilität hoch. Tsebelis interessiert sich für die Auswirkungen der institutio-

---

4 Analysen der EU mit Hilfe räumlicher Modelle unternehmen z. B. Garrett/Tsebelis 1996; 1997; 2001; Tsebelis 1995a; 1997; Tsebelis/Garrett 2000; Tsebelis/Kreppel 1998 oder König/Bräuninger 2004.

nell und politisch vorgegebenen Vetospieler auf die Politikstabilität. Er formuliert eine Reihe genereller Hypothesen:

(1) Je mehr Vetospieler ein politisches System aufweist, desto höher ist die Politikstabilität.

(2) Je größer die politischen Distanzen zwischen den Vetospielern, desto höher ist die Politikstabilität.

(3) Vetospieler, deren Position zwischen der anderer Vetospieler liegt, werden „absorbiert". Nicht jeder zusätzliche Vetospieler erhöht also die Politikstabilität, wichtig sind die „extremen" Vetospieler.

(4) Spieler, die das Recht haben, den anderen einen Vorschlag (ein Ultimatum) vorzulegen, können das Ergebnis zu ihren Gunsten beeinflussen. Je höher die Politikstabilität, desto geringer ist aber der Einfluss dieser Agenda-setter.

Während die erste und die zweite Hypothese intuitive Plausibilität haben, sind die dritte und vierte Hypothese nicht mehr unmittelbar einsichtig. Eine Herleitung dieser Hypothesen ist jedoch im Rahmen dieser Einführung nicht möglich. Der interessierte Leser sei auf die Kapitel 1 und 2 des Buches von Tsebelis (2002) verwiesen. Im folgenden werden zwei Grundbegriffe der Theorie und das Instrumentarium der graphischen Darstellung so weit eingeführt, dass die folgende Analyse des EU-Systems verständlich wird.

Abb. 2.1 Indifferenzkurven eines politischen Akteurs

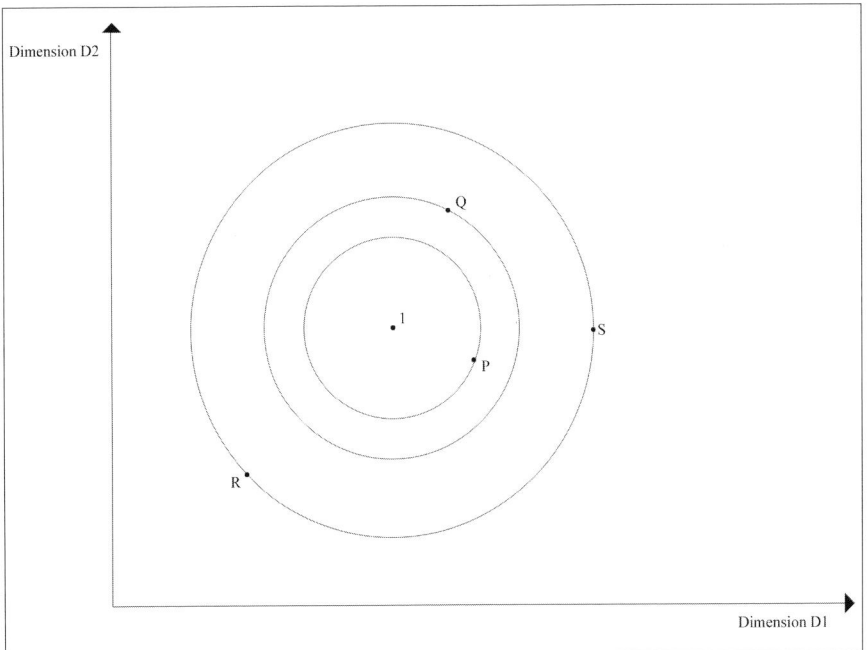

In den räumlichen Modellen werden alle Vetospieler durch ihren „Idealpunkt", also die Policy, die sie am liebsten verwirklicht sähen, repräsentiert. In Abbildung 2.1 wird dies für einen Vetospieler im zweidimensionalen Raum gezeigt. Dimension 1 könnte im EU-Zusammenhang beispielsweise die Links-Rechts-Dimension sein, Dimension 2 könnte die Integrationsfreundlichkeit abbilden. Es könnte sich aber auch um die Ausgaben für die EU-Strukturpolitik in Dimension 1 und die Ausgaben für die EU-Umweltpolitik in Dimension 2 handeln – je nach anstehender politischer Frage. Unser Vetospieler 1 könnte etwa ein Mitglied im Ministerrat der EU sein. Sein Idealpunkt ist mit 1 im Zentrum der Figur gekennzeichnet.

Die Kreise um den Idealpunkt von Vetospieler 1 sind seine Indifferenzkurven. Sie geben an, dass er *indifferent* ist zwischen allen Punkten, die sich auf der Kurve befinden: Sie haben alle dieselbe Distanz zu seinem Idealpunkt und sind ihm deshalb gleich lieb. Allerdings ist die Indifferenzkurve durch P näher an seinem Idealpunkt als die durch Q und R. Er wird also P gegenüber Q, und Q gegenüber R vorziehen. Zwischen den beiden Punkten R und S dagegen ist er indifferent.

Abb. 2.2 Winset des Status Quo und Kern bei drei Veto Spielern

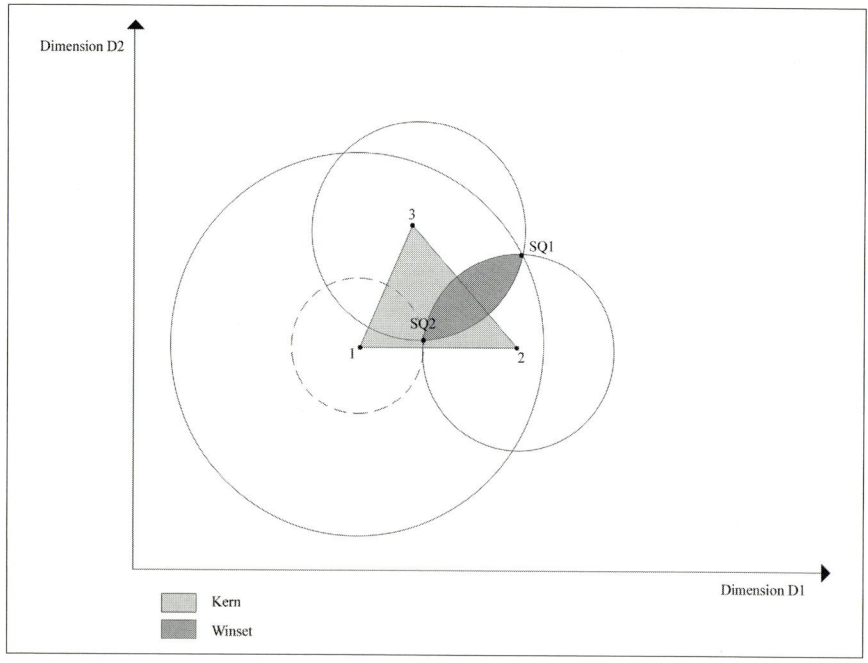

In Abbildung 2.2 werden zwei Grundkonzepte der Vetospieler-Theorie eingeführt. Das erste Konzept ist das sogenannte „Winset des Status quo". Der Status
quo wird im allgemeinen als die gegenwärtige Politik verstanden. Das Winset des
Status quo ist die Menge aller Politikergebnisse, die den Status quo „schlagen"
(ersetzen) können, also die Menge jener Politiken, auf die die beteiligten Vetospieler sich einigen können. Das zweite Konzept ist der „Kern". Der Kern ist die
Menge aller Politikergebnisse, die ihrerseits ein leeres Winset haben, die also
nicht durch andere Politiken „geschlagen" werden können. Liegt beispielsweise
der Status quo im Kern, so kann er nicht durch andere Politiken ersetzt werden,
weil er von den beteiligten Vetospielern gegenüber diesen anderen Politiken prä-
feriert wird. Politiken, die durch Punkte im Kern repräsentiert werden, sind also
sehr stabil.

In Abbildung 2.2 sind die Idealpunkte dreier Vetospieler wiedergegeben. Der
Status quo nimmt alternativ zwei verschiedene Positionen ein (SQ1 und SQ2).
Um das Winset von SQ1 zu identifizieren, werden die Indifferenzkurven um die
drei Spieler 1, 2 und 3 gezogen, die durch den SQ1 verlaufen. Die Spieler ziehen
Punkte, die sich innerhalb ihrer Indifferenzkurve befinden, gegenüber dem SQ1
vor, während sie den SQ1 gegenüber Punkten außerhalb dieser Kurven präferie-
ren. Veränderungen gegenüber dem SQ1 sind also nur für Punkte innerhalb der
Indifferenzkurven möglich, anderen Veränderungen würden die Spieler nicht zustimmen. Da alle drei Vetospieler der Veränderung zustimmen müssen, finden
nur solche Politiken Zustimmung, die durch Punkte repräsentiert werden, die in
der Schnittmenge der drei Indifferenzkreise liegen. Diese – in der Abbildung
dunkel schattierte – Schnittmenge ist das Winset des SQ1.

Das Winset des SQ2 dagegen ist leer: Die Schnittmenge der drei Indifferenzkreise durch den SQ2 ist eine leere Menge. Es gibt keine Punkte, die innerhalb aller drei Kreise liegen. Der SQ2 liegt damit im Kern. Die Schnittmenge der Indifferenzkurven um alle Punkte, die innerhalb des schattierten Dreiecks 1, 2 und 3
liegen, ist leer. Den Kern bilden also jene Punkte, die „zwischen" den Idealpunkten der Vetospieler liegen. Er wird durch eine Verbindung der drei Idealpunkte
dargestellt – in der Abbildung hell schattiert. Eine Erhöhung der Zahl der Vetospieler von drei auf vier würde den Kern vergrößern, wenn der vierte Vetospieler
außerhalb des Dreiecks liegt. Gleichzeitig würde sich das Winset des SQ1 ver-
kleinern.

Beide Konzepte, Winset und Kern, können als Indikatoren für die Politikstabilität betrachtet werden. Politikstabilität ist bei Tsebelis ein Maß für die Schwierigkeit, Veränderungen vom Status quo zu erzielen. Beim Kern ist es unmittelbar
einleuchtend, dass seine Größe ein Indikator für Stabilität ist. Je größer der Kern,
desto mehr Politikoptionen gibt es, von denen aus eine Veränderung nicht möglich ist. Beim Winset ist es die Größe der Menge der erreichbaren Politikoptionen, die als Indikator benutzt wird. Dies ist nicht so unmittelbar einleuchtend.
Tsebelis (2002: 21 f.) gibt drei Begründungen. Erstens wird es mit zunehmender
Größe des Winsets wahrscheinlicher, dass eine Teilmenge davon zusätzliche ex-

terne Bedingungen (z. B. Verfassungsvorgaben) erfüllt. Zweitens ist es bei Vorhandensein von Transaktionskosten der Politikänderungen unwahrscheinlich, dass sehr kleine Veränderungen der Politik (wie sie bei sehr kleinen Winsets nur möglich wären) überhaupt vorgenommen werden. Man würde dann eher beim Status quo bleiben. Drittens bedeuten kleine Winsets, dass ohnehin nur kleine Veränderungen möglich sind. Kleine Winsets verhindern also große Politikänderungen.

Die Analyse der EU-Institutionen stützt sich nur auf das Konzept des Kerns. Im ersten Schritt soll veranschaulicht werden, wie sich der Kern des Rates der EU beim Übergang von der Einstimmigkeit auf die qualifizierte Mehrheit ändert. Dazu soll – wie bei Tsebelis – von einem vereinfachten Rat von sieben Mitgliedern ausgegangen werden. Nun hat der Rat zwar inzwischen 25 Mitglieder, die Reduktion auf wenige genügt aber, um das Prinzip zu veranschaulichen. Außerdem müssen zur Feststellung des Kerns nur die Mitglieder mit den „extremen" Positionen berücksichtigt werden. Ratsmitglieder, die räumlich zwischen den extremen Mitgliedern liegen haben keinen Einfluss auf die Größe des Kerns, sie werden „absorbiert" (Tsebelis 2002: 26 ff.).

Abb. 2.3 Kern bei sieben Ratsmitgliedern: Einstimmigkeit und qualifizierte Mehrheit

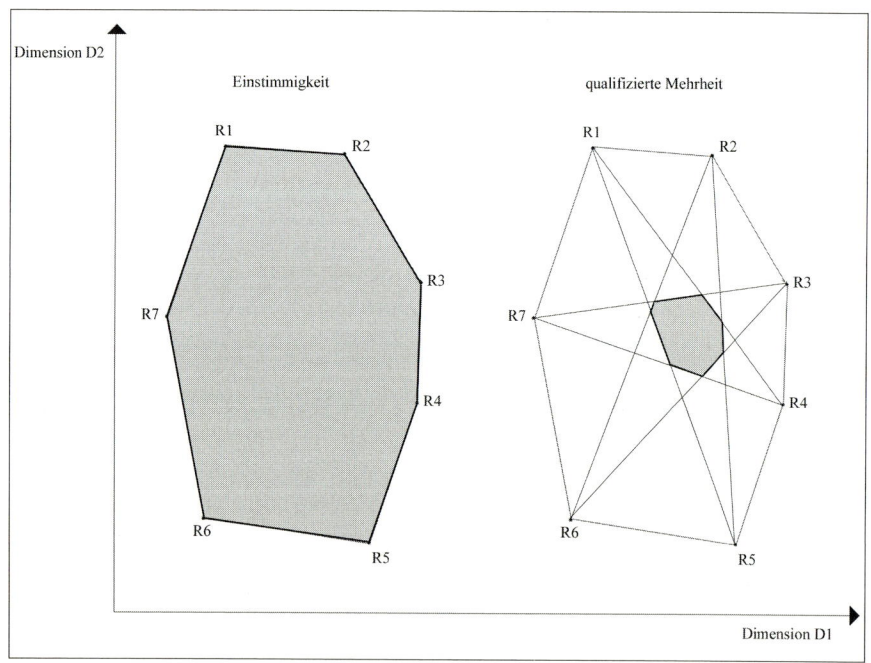

In Abbildung 2.3 wird von einem Rat mit sieben Mitgliedern R1 bis R7 ausgegangen, deren Positionen sich im zweidimensionalen Politikraum verteilen wie angegeben. Wenn alle Mitglieder Vetospieler sind, d. h. wenn der Rat einstimmig entscheidet, ermittelt sich der Kern wie im obigen Beispiel mit drei Vetospielern. Er ergibt sich aus der äußeren Verbindung aller Spieler; der Raum zwischen ihnen repräsentiert die Menge der unveränderbaren Politikoptionen (linke Hälfte der Abbildung). Solange der Status quo innerhalb des Kerns liegt, ist keinerlei Politikwandel möglich. Liegt der Status quo jedoch außerhalb, sind Bewegungen auf den Kern zu möglich. Da jeder Punkt innerhalb des Kerns jeden Punkt außerhalb schlagen kann, werden – langfristig gesehen – die Entscheidungsprozesse Politiken innerhalb des Kern selektieren.

Die rechte Hälfte der Abbildung 2.3 zeigt, wie der Kern schrumpft, wenn die Entscheidungsregel qualifizierte Mehrheit angewandt wird. Wir gehen von denselben sieben Mitgliedern mit denselben Idealpunkten aus. Nunmehr müssen aber nicht alle zustimmen, sondern nur eine qualifizierte Mehrheit. Diese soll erreicht sein, wenn fünf von sieben Mitgliedern sich einigen (vier von sieben entspräche der einfachen Mehrheit). Auch dies ist eine Annahme, die nur die Darstellung vereinfacht. Die Vetospieler-Theorie geht davon aus, dass nicht alle Gewinnkoalitionen aus fünf Mitgliedern gebildet werden, sondern nur diejenigen, die sich in den Präferenzen nahe stehen. In der räumlichen Darstellung sind das die benachbarten Spieler. Möglich ist also etwa die Koalition R1, R2, R3, R4 und R5 oder die Koalition R1, R7, R6, R5 und R4 usw. Diese möglichen Koalitionen werden in der graphischen Darstellung durch Teilungslinien verbunden, z. B. wird die erstgenannte Koalition durch eine Linie von R1 nach R5 repräsentiert und die zweite durch eine Linie von R1 nach R4. Zieht man alle möglichen Teilungslinien, so ergibt sich das innere schattierte Siebeneck als Kern. Der Kern bei einer 5/7 Mehrheit ist also erheblich kleiner als bei Einstimmigkeit. Das bedeutet, dass durch die Veränderung der Abstimmungsregel erheblich mehr Politikwandel in der EU möglich ist.

Die Auswirkung der Einführung der doppelten Mehrheit durch den Vertrag von Nizza wird in Abschnitt 3.2.3 gezeigt. Dort wird auch der Einfluss von Kommission und Europäischem Parlament auf die Politikergebnisse in den verschiedenen Entscheidungsverfahren analysiert.

3.2 Die Machtverteilung zwischen den Organen auf der EU-Ebene

Die Machtverteilung zwischen den an der Legislative beteiligten Organen der EU-Ebene wird durch die verschiedenen Gesetzgebungsverfahren bestimmt. Im Verfahren ohne Beteiligung des Parlaments, im Konsultationsverfahren, im Kooperationsverfahren, in den Varianten des Kodezisionsverfahrens und im Zustimmungsverfahren spielen die Kommission, das Europäische Parlament und der Rat jeweils eine unterschiedliche Rolle. Hier sollen im folgenden nur die wichtigsten Verfahren untersucht werden: das Konsultationsverfahren, das Kooperationsverfahren und das Kodezisionsverfahren in der derzeit gültigen Form.

3.2.1 Die Entwicklung der legislativen Verfahren

Das Konsultations- oder Anhörungsverfahren ist das älteste Verfahren in der EU, das das Parlament einbezieht. Der Anwendungsbereich ist durch die Einführung der anderen Verfahren inzwischen sehr eingeschränkt worden. Dennoch werden auch heute noch verschiedene Materien nach diesem Verfahren entschieden (z. B. die Landwirtschaftpolitik oder die Harmonisierung indirekter Steuern). Der Rat entscheidet in diesem Verfahren auf Vorschlag der Kommission entweder einstimmig oder mit qualifizierter Mehrheit. Neben dem Parlament werden meist auch der Wirtschafts- und Sozialausschuss und der Ausschuss der Regionen obligatorisch angehört. Die Stellungnahmen dieser Organe haben jedoch nur empfehlenden Charakter. Der Ablauf des Verfahrens entspricht der ersten Lesung im Kooperations- und Kodezisionsverfahren, da diese auf dem Konsultationsverfahren aufbauen (vgl. Abbildung 2.4 und 2.5).

Der Rat beginnt die Beratung nach Vorlage des Kommissionsvorschlags. Dem Parlament wird der Vorschlag ebenfalls zugeleitet. Es kann den Vorschlag mit einfacher Mehrheit (Mehrheit der abgegebenen Stimmen) annehmen, abändern, ablehnen oder keine Stellungnahme abgeben. Angesichts der Stellungnahmen der anderen Organe kann die Kommission ihren Vorschlag verändern, sie muss aber nicht. Grundsätzlich kann die Kommission ihren Vorschlag jederzeit verändern, z. B. um eine Mehrheit im Rat zu ermöglichen. Der Rat verhandelt dann weiter über den geänderten Vorschlag. Der Rat kann den Kommissionsvorschlag mit qualifizierter Mehrheit verabschieden, wo der Vertrag das vorsieht. Will er aber den Kommissionsvorschlag ändern, ist in jedem Fall Einstimmigkeit verlangt. Die Stellungnahme des Parlaments muss er nicht berücksichtigen. Das Parlament hat in diesem Verfahren also keine Möglichkeit, etwas gegen Kommission und Rat durchzusetzen. Die Kommission dagegen kann gegenüber dem Rat die Rolle des Agenda-setters einnehmen: Über ihren Vorschlag kann der Rat sich nur einstimmig hinwegsetzen. Nur diese beiden Organe verfügen also im Konsultationsverfahren über formelle Macht.

Das Kooperationsverfahren wurde durch die Einheitliche Europäische Akte 1987 eingeführt. Ziel war es, dem Europäischen Parlament mehr Macht zugeben. Der Anwendungsbereich umfasste zunächst die gesamte Binnenmarktpolitik, wurde jedoch durch den Maastrichter Vertrag stark eingeschränkt, da viele Bereiche in das Kodezisionsverfahren übergingen. Heute ist das Kooperationsverfahren relativ unbedeutend. Im Verfassungsentwurf ist es nicht mehr vorgesehen.

Durch das Kooperationsverfahren wurde an das Konsultationsverfahren eine „zweite Lesung" angefügt (vgl. Abbildung 2.4). Im Kooperationsverfahren entscheidet der Rat grundsätzlich mit qualifizierter Mehrheit. Will der Rat jedoch gegen die Änderungsvorschläge des Parlaments oder gegen den Vorschlag der

Abb. 2.4 Das Kooperationsverfahren

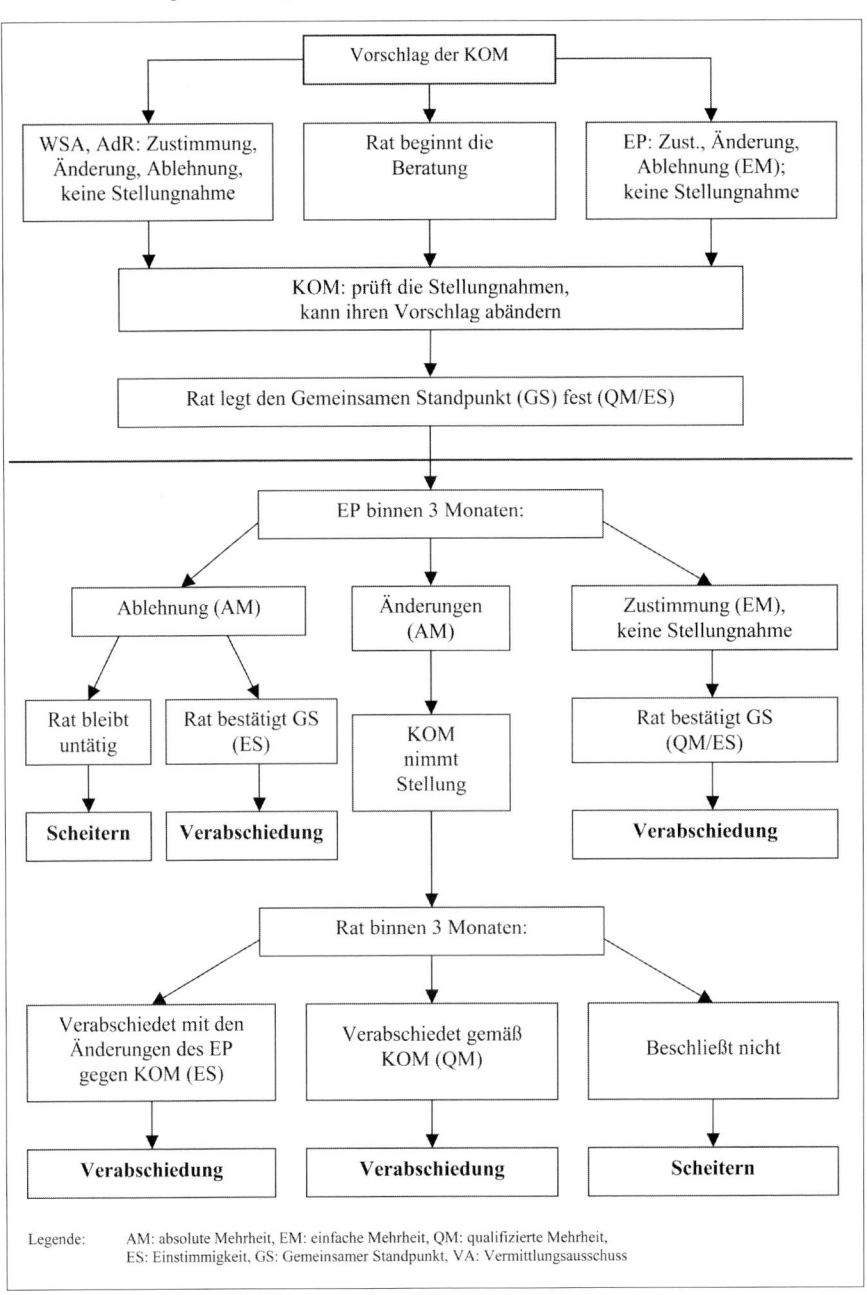

Legende: AM: absolute Mehrheit, EM: einfache Mehrheit, QM: qualifizierte Mehrheit,
            ES: Einstimmigkeit, GS: Gemeinsamer Standpunkt, VA: Vermittlungsausschuss

Kommission entscheiden, braucht er wiederum Einstimmigkeit. Das Parlament kann in der zweiten Lesung den Gemeinsamen Standpunkt des Rates (das Ergebnis der ersten Lesung) mit einfacher Mehrheit akzeptieren oder mit absoluter Mehrheit (der Mitglieder) abändern oder ablehnen. Akzeptiert das Parlament den Gemeinsamen Standpunkt, kann der Rat ihn so verabschieden. Lehnt das Parlament den Gemeinsamen Standpunkt ab, kann der Rat ihn einstimmig immer noch verabschieden. Gelingt es aber nicht, Einstimmigkeit im Rat zu erreichen, scheitert die Vorlage. Macht das Parlament Änderungsvorschläge, kommt die Kommission wieder ins Spiel. Sie kann diese Vorschläge übernehmen oder nicht. Der Rat kann nun den neuen Kommissionsvorschlag (mit oder ohne Änderungen des Parlaments) mit qualifizierter Mehrheit verabschieden. Übernimmt die Kommission die Änderungen des Parlaments nicht, kann der Rat diese Änderungen übernehmen und mit einstimmiger Beschlussfassung gegen die Kommission verabschieden. Erzielt er keine Einstimmigkeit, scheitert die Vorlage. In diesem Verfahren kann das Parlament also Einfluss auf die Gesetzgebung nehmen, wenn es ihm gelingt, entweder die Kommission oder alle Ratsmitglieder auf seine Seite zu ziehen.

Mit dem Vertrag von Maastricht wurde 1993 das Mitentscheidungs- oder Kodezisionsverfahren eingeführt. Der Anwendungsbereich betraf schon zu Beginn den gesamten Binnenmarkt, mit den Verträgen von Amsterdam und Nizza wurde er noch ausgeweitet. Das Verfahren enthält zwei zentrale Änderungen: Erstens kann sich der Rat über eine Ablehnung des Parlaments nicht mehr hinwegsetzen, das Parlament hat also ein Vetorecht, und zweitens wurde ein Vermittlungsausschuss zwischen Rat und Parlament eingeführt. Bereits fünf Jahre darauf, mit dem Vertrag von Amsterdam wurde dieses Verfahren erneut geändert, um einige Komplikationen zu beseitigen. In der Fassung von Amsterdam ist das Verfahren auch heute noch gültig. Der europäische Verfassungsentwurf führt zwar geringe Änderungen ein, hier wird aber nur die derzeit gültige Form betrachtet.

Auch das Kodezisionsverfahren impliziert das Konsultationsverfahren als erste Lesung (vgl. Abbildung 2.5). Schlägt das Parlament hier keine Änderungen vor oder stimmt der Rat allen Änderungsvorschlägen zu, kann der Rat den Rechtsakt direkt verabschieden. Einstimmigkeit ist nur dann nötig, wenn die Kommission die Parlamentsänderung nicht in ihren Vorschlag übernommen hat. Im Normalfall wird der Rat jedoch bei Änderung oder Ablehnung des Vorschlags seitens des Parlaments einen Gemeinsamen Standpunkt festlegen, der Grundlage der zweiten Lesung ist. Auch hier benötigt er nur dann Einstimmigkeit, wenn er von der Kommissionsvorlage abweicht. Im Anschluss beschließt das Parlament über den Gemeinsamen Standpunkt. Lehnt es diesen mit absoluter Mehrheit ab, scheitert das Vorhaben. Stimmt es dem Gemeinsamen Standpunkt zu, kann der Rechtsakt verabschiedet werden (gegen die Kommission nur einstimmig). Schlägt das Parlament mit absoluter Mehrheit Änderungen vor, so beruft der Rat den Vermittlungsausschuss ein. Erzielt dieser keinen Kompromiss, so ist die Vorlage gescheitert. Erzielt er einen Kompromiss, was in der Praxis fast immer der Fall ist, muss

Abb. 2.5 Das Kodezisionsverfahren

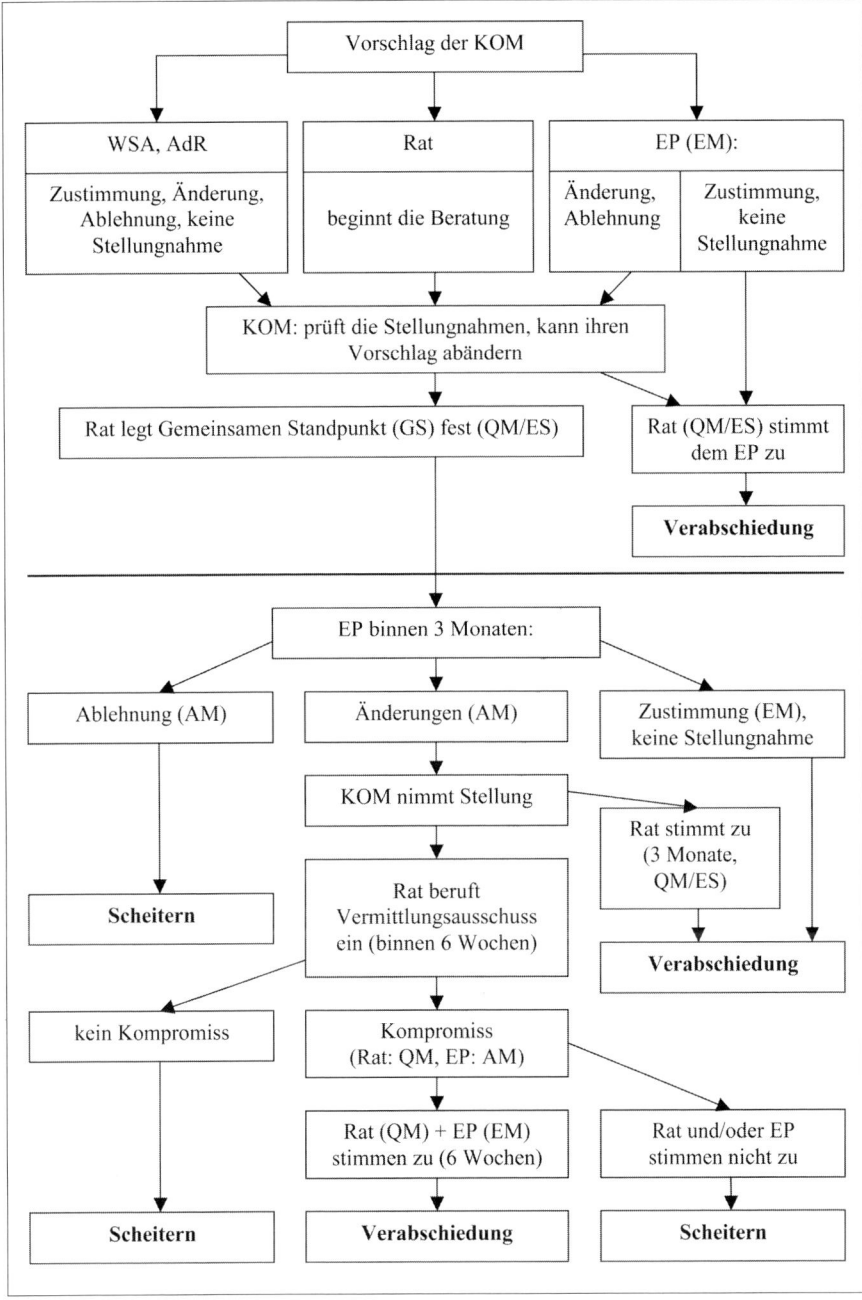

die Vorlage wieder in beide Häuser zurück. Der Rat muss nun mit qualifizierter Mehrheit, das Parlament mit einfacher Mehrheit zustimmen. Gelingt dies in beiden Häusern, ist der Rechtakt verabschiedet, gelingt es in einem oder beiden Häusern nicht, ist er gescheitert.

3.2.2 Machtindices

Grundsätzlich lässt sich mit Hilfe von Machtindices auch die Verteilung der Macht zwischen den Organen ermitteln. Dazu müsste zunächst für die drei Verfahren getrennt festgestellt werden, welche Organe mit welchen Mehrheitserfordernissen eine Gewinnkoalition bilden können. Hier sind jedoch sehr viele Annahmen und Interpretationen der Verfahren erforderlich. Je nachdem, welche Annahmen man macht, ergeben sich unterschiedliche Machtverteilungen.

So muss beispielsweise berücksichtigt werden, dass es im Rat Stimmgewichtung gibt. Je nach „Zweig" im legislativen Verfahren ist bei der Ratsentscheidung qualifizierte Mehrheit oder Einstimmigkeit erforderlich. Auch für das Parlament kommen zwei Mehrheitsregeln in Betracht, die einfache oder die absolute Mehrheit. Für das Parlament ist jedoch schon nicht mehr eindeutig zu klären, ob man mit Stimmgewichtung rechnen sollte oder nicht. In machen Studien wird die Macht der politischen Fraktionen im Parlament oder der Ländergruppen festgestellt, indem diese Gruppen je mit ihrer Mitgliederzahl gewichtet werden (vgl. z. B. Schnorpfeil 1999, Kapitel D.VI). Dagegen spricht, dass es im Europäischen Parlament keine hohe Fraktionsdisziplin gibt. Die Abgeordneten stimmen manchmal mit ihren Ländergruppen und häufiger mit ihren Fraktionen ab (vgl. Hix 2003), sie sind aber anders als im parlamentarischen System nicht an die Fraktionsdisziplin gebunden. Es scheint also gerechtfertigt, jeden Abgeordneten als einen Spieler mit einer Stimme zu betrachten. Gleiches gilt für die Kommission: Zwar hatten früher auch hier einige Staaten zwei Stimmen, diese Kommissare vertraten aber unterschiedliche Ressorts und mussten keineswegs immer einer Meinung sein. Sie stimmten – anders als im deutschen Bundesrat – nicht geschlossen ab. Die Kommission entscheidet mit absoluter Mehrheit ihrer Mitglieder.

Jenseits der Gewichtungsfragen stellen sich aber noch andere Probleme. So ist es zumindest für das Kooperations- und das Kodezisionsverfahren gar nicht so einfach festzustellen, welche Gewinnkoalitionen möglich sind. Im Konsultationsverfahren muss der Rat die Stellungnahme des Parlaments nicht berücksichtigen, er kann aber gegen den Vorschlag der Kommission nur einstimmig und mit der Kommission mit qualifizierter Mehrheit entscheiden. Es gibt also zwei Gewinnkoalitionen: der einstimmige Rat und die Mehrheit der Kommmission plus einer qualifizierten Mehrheit des Rates. In den beiden anderen Verfahren gibt es eine Reihe verschiedener Gewinnkoalitionen, je nachdem, welche Pfade gegangen werden. Die Problematik besteht aber nun vor allem darin, dass es Gewinnkoalitionen gibt, bei denen ein Koalitionspartner die „einfache Mehrheit des Parlaments" ist. Da die einfache Mehrheit die Mehrheit der abgegebenen Stimmen ist,

ist diese Mehrheit in jedem einzelnen Verfahren eine andere. Sie kann also nicht als feste Regel in die Berechnung eines Machtindexes eingehen. Insofern kann man die Machtverteilung zwischen den Organen in diesen beiden Verfahren nur unter sehr vereinfachenden Annahmen berechnen. Deshalb soll hier darauf verzichtet werden. Für ein Beispiel, wie man es dennoch machen könnte, sei auf das schon erwähnte Buch von Schnorpfeil (1999, Kapitel D.VI) verwiesen.

3.2.3 Veto-Spieler-Analyse

Im folgenden wird wieder die Vetospieler-Theorie zur vergleichenden Analyse der drei Entscheidungsverfahren eingesetzt. Auf der Basis von Kapitel 11 des Buches von Tsebelis (2002) und Tsebelis/Garrett (2000) wird zunächst gezeigt, wie die Politikstabilität in der EU durch die drei Entscheidungsverfahren beeinflusst wird. Im nächsten Schritt wird die Auswirkung der Veränderung der Mehrheitsregeln durch den Vertrag von Nizza vorgeführt. Abschließend werden einige Probleme des Vetospieler-Ansatzes diskutiert.

Wie sieht der Kern bei den drei Entscheidungsverfahren in der EU aus? Welche Politiken sind so stabil, dass sie nicht geändert werden können? Zunächst müssen die drei institutionellen Akteure, Rat, Kommission und Parlament, berücksichtigt werden. Alle drei sind kollektive Akteure, die mit unterschiedlichen Mehrheiten entscheiden. Der Rat entscheidet entweder einstimmig oder mit qualifizierter Mehrheit. Die Kommission entscheidet mit absoluter Mehrheit, das Parlament benötigt zumindest in der zweiten Lesung des Kooperations- und des Kodezisionsverfahrens die absolute Mehrheit.

In Abbildung 2.6 sind die drei Akteure vereinfacht repräsentiert. Der Rat wird wiederum mit sieben Mitgliedern dargestellt, das Parlament mit neun und die Kommission mit drei. Für das Parlament könnte man z. B. argumentieren, dass diese neun Spieler die Fraktionen repräsentieren; man könnte aber auch davon ausgehen, dass sie die Mitglieder mit den „extremen" Präferenzen sind. Die absolute Mehrheit soll mit 5/9 angenommen werden. Die qualifizierte Mehrheit im Rat beträgt wieder 5/7, die Mehrheit in der Kommission zwei von drei Kommissaren.

Was sind die jeweiligen Kerne der drei Akteure bei den gegebenen Mehrheitsregeln? Entscheidet der Rat einstimmig, bildet das gesamte Siebeneck R1 bis R7 den „Einstimmigkeitskern". Entscheidet der Rat mit qualifizierter Mehrheit, wird der QM-Kern vom inneren – dunkel schattierten – Siebeneck gebildet (siehe Abschnitt 3.1.3). Für das Parlament wird in gleicher Weise, durch das Ziehen der Teilungslinien, der AM-Kern gebildet, der sich aus der 5/9-Mehrheitsregel ergibt. Für die Kommission besteht der Kern aus dem Idealpunkt des mittleren Kommissars K1. Bei der einfachen Mehrheit sind zwar grundsätzlich drei Zweier-Koalitionen möglich. Die räumliche Analyse geht jedoch davon aus, dass wegen der Nähe der Präferenzen nur die Koalitionen K1, K2 und K1, K3 realistisch sind. K1 ist deshalb das Zünglein an der Waage, der ausschlaggebende Spieler, der seine Präferenz in der Kommission durchsetzen kann.

Abb. 2.6 Kerne bei verschiedenen Entscheidungsverfahren in der EU

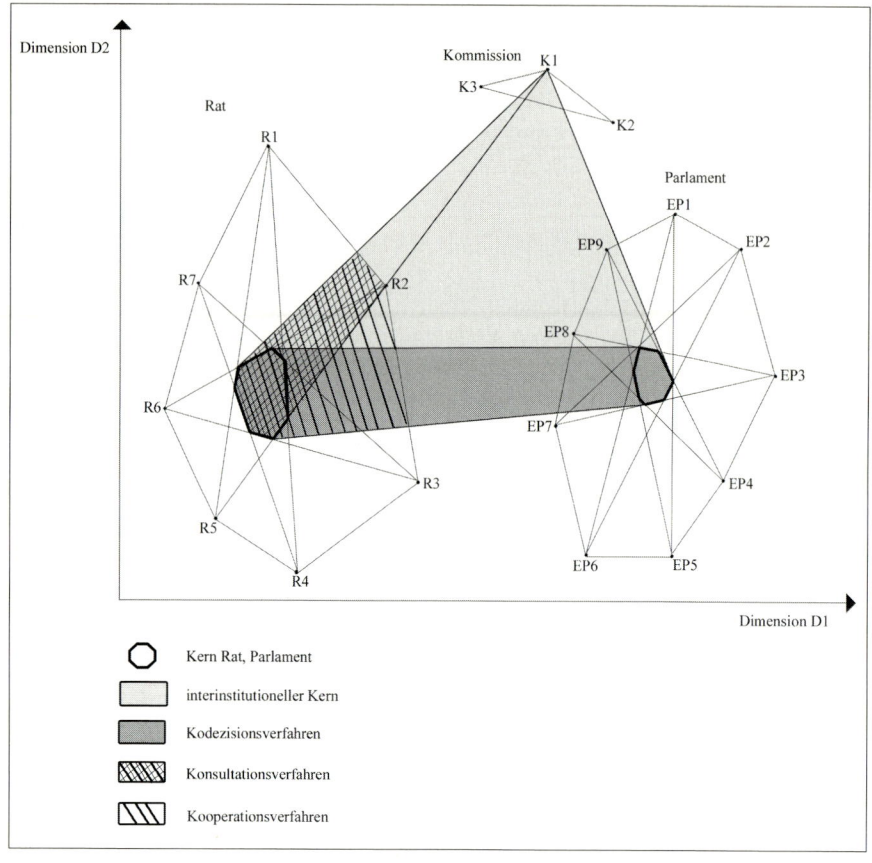

Bei den drei Verfahren gibt es verschiedene Gewinnkoalitionen der kollektiven Akteure. Im Konsultationsverfahren und im Kooperationsverfahren kann der Rat jeweils einstimmig gegen die anderen Akteure seine Position durchsetzen. Im Konsultationsverfahren bilden jedoch eine qualifizierte Mehrheit des Rates und die Kommission ebenfalls eine Gewinnkoalition. Tsebelis modelliert die weiteren Gewinnkoalitionen folgendermaßen: Im Kooperationsverfahren ist neben dem einstimmigen Rat auch die Koalition aus qualifizierter Mehrheit des Rates, absoluter Mehrheit des Parlaments und Mehrheit der Kommission eine Gewinnkoalition. Im Kodezisionsverfahren wird die Gewinnkoalition aus der qualifizierten Mehrheit des Rates und der absoluten Mehrheit des Parlaments gebildet. Die Kommission wird nicht benötigt.

Wann immer der Rat eine Entscheidung einstimmig und allein treffen kann, also etwa bei Vertragsverhandlungen oder bei vielen agrarpolitischen Entscheidungen, ist der Einstimmigkeitskern des Rates als der Kern der EU anzusehen. Beim Konsultationsverfahren oder Kooperationsverfahren gibt es jedoch zusätzliche Gewinnkoalitionen, insofern ist der Kern dieser Verfahren nur eine Teilmenge des Einstimmigkeitskerns. Beim Kooperationsverfahren müssen die Kommission, das Parlament und eine qualifizierte Mehrheit des Rates zustimmen. Dieser interinstitutionelle Kern ergibt sich durch die Verbindung des mittleren Kommissars mit den Extrempunkten des QM-Kerns des Rates und des AM-Kerns des Parlaments (die hell schattierte Fläche in Abbildung 2.6). Auch der interinstitutionelle Kern ist jedoch nicht der Kern des Kooperationsverfahrens. Dieser ergibt sich aus der Schnittmenge des Einstimmigkeitskerns des Rates und des interinstitutionellen Kerns. Der Kern des Kooperationsverfahrens wird durch die schräg schraffierte Fläche gebildet. Er ist in jedem Fall kleiner als der Einstimmigkeitskern des Rates. Das Kooperationsverfahren hat also die Politikstabilität gegenüber den Zeiten des Luxemburger Kompromisses deutlich verringert.

Beim Konsultationsverfahren ist das Parlament für eine Gewinnkoalition nicht nötig. Der Kern besteht hier aus der Schnittmenge aus Einstimmigkeitskern des Rates und der Verbindung vom mittleren Kommissar zu den Extrempunkten des QM-Kerns des Rates (die kreuzschraffierte Fläche). Der Kern ist ebenfalls kleiner als der Einstimmigkeitskern des Rates, er ist aber auch kleiner als der Kern des Kooperationsverfahrens. In den Fällen, in denen der Rat mit qualifizierter Mehrheit auf Vorschlag der Kommission entscheiden kann, ist die Chance zur Politikveränderung größer als im Kooperationsverfahren – und größer als bei einstimmiger Entscheidung des Rates.

Beim Kodezisionsverfahren schließlich besteht der Kern aus der Verbindung zwischen den Extrempunkten des QM-Kerns des Rates und des AM-Kerns des Parlaments. In Abbildung 2.6 wird er durch die dunkel schattierte Fläche wiedergegeben. Die Kommission spielt in diesem Verfahren keine entscheidende Rolle mehr, deshalb ist der Kodezisionskern kleiner als der interinstitutionelle Kern. Die Größe des Kerns kann hier aber nicht unmittelbar mit dem Kooperations- oder Konsultationsverfahren verglichen werden, weil sie von der relativen Lage von Rat und Parlament abhängt. Rücken die beiden Organe stark aufeinander zu, könnte der Kodezisionskern kleiner werden, als etwa der Kooperationskern.

Generell ist die Größe der Kerne abhängig von der relativen Lage der Akteure zueinander. Wenn sich etwa die Mitglieder des Rates in ihren Präferenzen ähnlicher werden, schrumpft der Einstimmigkeitskern und auch der QM-Kern. Dies hat auch Auswirkungen auf den Kern von Konsultations- und Kooperationsverfahren. Verringern sich die Distanzen zwischen Rat und Kommission oder Parlament, schrumpft der interinstitutionelle oder der Kodezisionskern.

Abschließend soll ein Vergleich der Kodezisionskerne bei den Abstimmungsregeln im Rat vor und nach dem Vertrag von Nizza vorgenommen werden, also vor und nach der Einführung der sogenannten doppelten – faktisch dreifachen –

Abb. 2.7 Kerne im Rat und der EU vor und nach Nizza

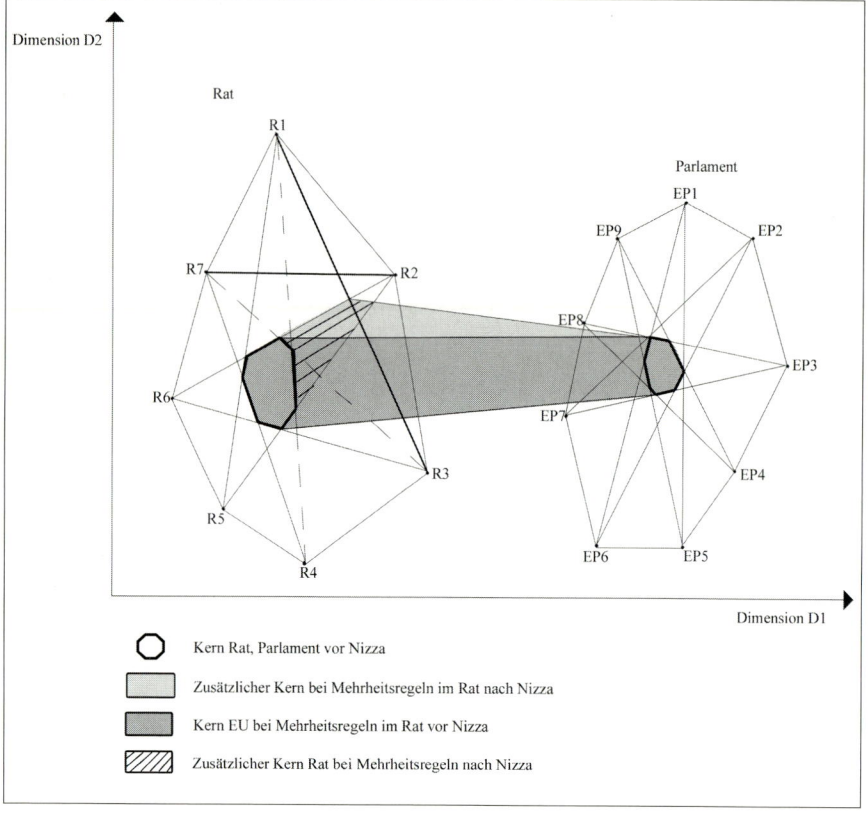

Mehrheit. Die Auswirkung des neuen Mehrheitserfordernisses zeigt Abbildung 2.7. Die Abbildung geht aus Gründen der Vergleichbarkeit von den gleichen Präferenzannahmen aus wie Abbildung 2.6 und betrachtet nur die Auswirkungen der doppelten Mehrheit.

Das Mehrheitserfordernis verlangt nun neben der Mehrheit der Stimmen auch die Mehrheit der Mitgliedstaaten und die Repräsentation von mindestens 62% der Bevölkerung. Diese Regel soll in vereinfachter Form aufgenommen werden. Sie bedeutet, dass manche der Gewinnkoalitionen in Figur 2.6 nicht mehr möglich sind. Wir wollen annehmen, dass bei einigen Koalitionen nun nicht mehr nur fünf, sondern sechs Staaten benötigt werden, damit alle drei Erfordernisse erfüllt sind. Die Teilungslinien R1R4 und R7R3 (gestrichelt) repräsentieren deshalb keine Gewinnkoalitionen mehr und müssen durch die neuen Teilungslinien R1R3 und R7R2 (fett) ersetzt werden. Ermittelt man nun auf der Basis der neuen Teilungslinien den QM-Kern neu, so zeigt sich, dass er sich um die quer schraffierte Fläche ausdehnt. Da der Extrempunkt des QM-Kerns des Rates sich nach oben bewegt, vergrößert sich in der Folge auch der Kern des Kodezisionsverfahrens um die hell schattierte Fläche. Die Mehrheitsregeln des Vertrags von Nizza haben also die Politikstabilität in der EU erhöht – ganz im Gegensatz zu den Intentionen der Regierungskonferenz, die ja auf eine Verbesserung der Entscheidungsfähigkeit nach der Erweiterung um zehn oder zwölf Mitgliedstaaten gerichtet waren. Es bleibt nur zu hoffen, dass der verstärkte Übergang von der einstimmigen Ratsentscheidung zur qualifizierten Mehrheit geeignet ist, diese Einschränkung der Flexibilität durch die neue Entscheidungsregel zu kompensieren.

Wie sind nun die Aussagen der Vetospieler-Theorie einzuordnen? Der Hauptunterschied zu den Machtindices liegt ja in der Berücksichtigung der Nähe der Präferenzen. Dies schließt bestimmte Koalitionen aus, nämlich solche, deren Mitglieder nicht „benachbart" sind. Wie realistisch ist diese Annahme? Die Vermutung, dass sich in der Regel nur Koalitionen aus Mitgliedern bilden, deren politische Positionen sich ähnlich sind, ist im allgemeinen sicher plausibel. Es ist aber fraglich, ob der vollständige Ausschluss solcher Koalitionen aus der Analyse sinnvoll ist. Immerhin waren die sogenannten „negativen Mehrheiten", Abstimmungsmehrheiten aus Parteien von ganz links und ganz rechts des politischen Spektrums, in der Weimarer Republik eine häufig auftretende Realität. Insofern ist keiner der beiden Ansätze in dieser Hinsicht eindeutig überlegen oder „richtiger" als der andere.

Sodann hat sich gezeigt, dass der Veto-Spieler-Ansatz mit einer ganzen Reihe von Vereinfachungen arbeitet. Diese sind teilweise nur besserer Übersichtlichkeit der graphischen Darstellung geschuldet und könnten (mehr oder weniger) problemlos aufgegeben werden. Die gilt etwa für die Zweidimensionalität der Darstellung oder für die Reduktion der Zahl der Spieler. Die Modelle enthalten aber auch einige Vereinfachungen, die grundsätzlicher Natur sind: So nimmt man an, dass alle Spieler in jeder Dimension eine Position haben. Es könnte aber ein Spieler nur an einer der beiden (mehreren) Dimensionen interessiert sein, nicht an beiden (allen). Außerdem implizieren die Indifferenzkurven die Annahme, dass die Intensität der Präferenzen der Spieler in jeder Dimension gleich ist. Unterschiedliche Präferenzintensitäten werden also nicht berücksichtigt.

Weitere Vereinfachungen bei der Analyse der EU-Institutionen liegen in der Feststellung der Gewinnkoalitionen. Oben wurde darauf verzichtet, den Machtindex für das Kooperations- und Kodezisionsverfahren auszurechnen, weil viele Annahmen in die Feststellung der Gewinnkoalitionen einfließen und weil insbesondere die einfache Mehrheit des Parlaments, die in manchen Gewinnkoalitionen eine Rolle spielt, nicht exakt angegeben werden kann. Auch das Modell von Tsebelis benutzt nur die absolute Mehrheit des Parlaments und repräsentiert sie in vereinfachender Weise. Wir können zwar aussagen, dass der Kern bei der einfachen Mehrheit kleiner und möglicherweise häufig leer sein wird, eine exakte Angabe des Kern ist aber nicht möglich.

In den hier benutzten graphischen Darstellungen von Tsebelis ist außerdem die Lage der Idealpositionen der Spieler im politischen Raum immer eine Annahme. Das gilt in gleicher Weise für den Status quo. Beides sind Größen, die empirisch schwer ermittelbar sind. Alle Aussagen über Größe und Lage von Kern oder Winset sind abhängig von diesen Annahmen. Bei den Aussagen der Modelle handelt es sich also nicht um exakte, empirisch testbare Voraussagen über die Möglichkeit von Politikveränderung in einer bestimmten Situation.

Das ändert aber nichts daran, dass die oben gemachten grundsätzlichen Aussagen der Modelle gültig sind, da wo die Wirkung unterschiedlicher Entscheidungsregeln verglichen wird. Unabhängig von der Ausgangslage ist der QM-Kern des Rates immer kleiner als der Einstimmigkeitskern (Abbildung 2.3), ist der Kern des Kooperationsverfahrens und des Konsultationsverfahrens immer kleiner als der der einstimmigen Ratsentscheidung (Abbildung 2.6) und ist der Kern nach Nizza größer als vor Nizza (Abbildung 2.7).

Die Aussagen haben jedoch nur ordinales Niveau (größer oder kleiner). Um Aussagen auf kardinalem Niveau machen und die möglichen Politikveränderungen exakt prognostizieren zu können, müssten die Vereinfachungen bezüglich der Zahl der Spieler und der Entscheidungsregeln aufgegeben und die Lage der Idealposition und ggf. des Status quo genau angegeben werden. Die Machtindices machen dagegen immerhin eine exakte Prognose darüber, in wie vielen Fällen sich die Position eines Mitglieds durchsetzen wird. Diese wäre im Prinzip empirisch testbar. Allerdings steht man auch da vor dem (praktischen) Problem, festzustellen, was die politischen Positionen der Akteure bei allen Entscheidungsfällen jeweils waren. Die Theorie der Vetospieler ist – so wie sie hier eingeführt wurde – in erster Linie ein analytisches Modell, keine Theorie, aus der sich unmittelbar empirisch testbare Hypothesen ableiten lassen. Mit entsprechenden Zusatzaufwand sind jedoch empirische Anwendungen durchaus machbar. Und aus dem analytischen Vergleich lässt sich immerhin noch eine Menge lernen.

4 Die EU als Mehrebenensystem

Die EU ist ein föderal aufgebautes politisches System: Sie besteht aus einer unteren föderalen Ebene, der derzeit 25 Staaten angehören, und einer oberen politischen Ebene, der Europäischen Union selbst. Die EU ist jedoch kein Bundesstaat, da der oberen Ebene die Staatsqualität mangelt. Politik und Politikwissenschaft zögern deshalb, die EU als ein föderalistisches System anzusprechen. Zur Beschreibung des „vertikalen" Aspekts des politischen Systems der EU hat sich deshalb der Begriff des „Mehrebenensystems" durchgesetzt. Die Begriffe Mehrebenensystem oder Mehrebensteuerung (multi-level system, multi-level governance) sind inzwischen zum Synonym für das System der EU geworden und fast nur im Zusammenhang mit „europäisch" zu finden.[5] In einem weiteren Sinn werden die Begriffe der Mehrebenensteuerung und des Mehrebenensystems jedoch auch für Föderalstaaten (z. B. Kern 2000) und für internationale Regime gebraucht (Putnam 1988).

Im Abschnitt 4.1 werden zunächst einige allgemeine Theorien für Mehrebenensysteme vorgestellt, die davon ausgehen, dass die Präsenz eines Mehrebenensystems Auswirkungen auf die Zahl und Handlungsfähigkeit der politischen Akteure, auf die Ergebnisse der Politik und auf die Innovationsfähigkeit des politischen Systems hat. Präsentiert werden die Theorie der Politikverflechtung von Scharpf (1985) und einige speziellere Hypothesen, die in der Literatur zum europäischen Mehrebenensystem entwickelt wurden.

Zwei wesentliche Funktionen von Mehrebenensystemen sind die vertikale Teilung der Gewalten zwischen Gliedstaaten und zentraler Ebene und die Zuteilung der politischen Kompetenzen zu den föderalen Ebenen. Föderalstaaten haben in der Vergangenheit meist eine Tendenz zur Zentralisierung der Gewalten und Kompetenzen und damit auch zur Vereinheitlichung der Politiken gezeigt. Dies hat für Deutschland Abromeit (1992) gezeigt. In der europäischen Debatte befassen sich zwei normative Theoriefamilien mit dem Problem zunehmender Zentralisierung und wachsender Vereinheitlichung. In Abschnitt 4.2 wird zunächst die politische und politikwissenschaftliche Diskussion um Modelle der sogenannten flexiblen Integration skizziert. Im Anschluss werden die ökonomischen Theorien des Föderalismus vorgestellt, deren zentrale Anliegen die Ansiedlung der Kompetenzen auf der optimalen Handlungsebene, der optimale Grad der Zentralisierung und die Effizienz der Bereitstellung öffentlicher Güter sind.

4.1 Theorien der Mehrebenensteuerung

Die folgenden theoretischen Ansätze zu Mehrebenensystemen sind keine konkurrierenden Theorien zur Erklärung ein und desselben Gegenstandes. Sie verfolgen unterschiedliche Ziele, oder sie ergänzen einander. Sie befassen sich mit den Auswirkungen der Mehrebenenstruktur auf die Entscheidungs-, Reform- und Innovationsfähigkeit des politischen Systems (Theorie der Politikverflechtung) und mit den Auswirkungen der Mehrebenenstruktur auf die Verhandlungssituation, das Verhandlungsergebnis und auf die strategischen Möglichkeiten der beteiligten Akteure in solchen Systemen (Mehrebenensteuerung in der EU).

4.1.1 Die Politikverflechtungsfalle

Die Theorie der Politikverflechtung wurde zuerst von Scharpf, Reissert und Schnabel (1976) als ein Modell des deutschen kooperativen Föderalismus ent-

---

[5] Als Beispiele können die Titel der Werke von Benz 1998 und 2000, Grande und Jachtenfuchs 2000, König, Rieger und Schmitt 1996, Marks, Hooghe und Blank 1996b oder Scharpf 1994b dienen.

wickelt. Der Begriff der Politikverflechtung bezieht sich auf eine interdependente Zwei-Ebenen-Entscheidungsstruktur, bei der autonome politische Einheiten der unteren Ebene gemeinsame Entscheidungen treffen, ohne dabei völlig in einer politischen Einheit auf der oberen Ebene aufzugehen. Keine der beiden Ebenen kann ihre Entscheidungen unabhängig treffen: Die obere Ebene benötigt die Zustimmung der Einheiten der unteren Ebene und die Einheiten auf der unteren Ebene können nicht mehr unabhängig voneinander handeln. Unabhängiges Handeln würde den Austritt voraussetzen. Die gemeinsame Entscheidungsfindung verlangt sowohl horizontale (zwischen den Gliedstaaten) als auch vertikale (zwischen der Zentrale und den Gliedstaaten) Kooperation. Die horizontale Politikverflechtung beschreibt die gemeinsame Entscheidungsfindung von disjunkten politischen Einheiten, also solchen, die sich hinsichtlich Territorium und Einwohnern nicht überschneiden. Die vertikale Politikverflechtung beschreibt die gemeinsame Entscheidungsfindung von Einheiten, deren eine das Territorium und die Einwohner aller anderen umfasst.

Scharpf (1985) verwendet den Begriff der „Politikverflechtungsfalle" zur Beschreibung der negativen Auswirkungen der Politikverflechtung. Politikverflechtung im oben beschriebenen Sinne kann systematisch zu ineffizienten und inadäquaten Entscheidungen führen. Gleichzeitig führt sie zur Unfähigkeit, die institutionellen Strukturen zu verändern, die diese negativen Auswirkungen verursachen. Die Politikverflechtungsfalle tritt auf, wenn folgende Bedingungen erfüllt sind:

(1) Einstimmigkeit als Entscheidungsregel impliziert hohe Entscheidungskosten, weil alle Entscheidungsbeteiligten zur Zustimmung bewegt werden müssen. Darüber hinaus bevorzugt die Einstimmigkeitsregel den Status quo. Bei einstimmigen Entscheidungen wird sich in der Regel derjenige durchsetzen, dessen Position dem Status quo am nächsten liegt (vgl. Abschnitt 3.1.3). Die Mitglieder eines Mehrebenensystems können in der Regel nicht einfach austreten und sie können keine unabhängige Entscheidung treffen, jedenfalls nicht in den Bereichen, in denen die Union die Entscheidungskompetenz hat. Falls die Einstimmigkeit nicht zu erreichen ist, kann deshalb gar keine Entscheidung getroffen werden. Notwendige Problemlösungen werden so oft verhindert. Die Einstimmigkeit verhindert Innovation und vermindert die Reformkapazität in Mehrebenensystemen, die durch Politikverflechtung charakterisiert sind.

(2) Das Problem inadäquater Lösungen wird noch verstärkt, wenn die untere Handlungsebene auf der oberen Ebene durch ihre Exekutive repräsentiert wird. Das ist der Fall beim deutschen Bundesrat, aber auch beim Rat der EU. Im US-amerikanischen Föderalismus dagegen sind die Staaten durch direkt gewählte Senatoren vertreten. Das institutionelle Selbstinteresse der Regierungen kann adäquate Problemlösungen für die gesamte Gemeinschaft verhindern.

(3) Das Ausmaß der notwendigen horizontalen und vertikalen Kooperation erhöht sich, wenn es keine klare Trennung der legislativen Kompetenzen zwischen den Ebenen gibt. Dies gilt besonders für den deutschen Föderalismus, mit

seinem komplizierten System ausschließlicher, konkurrierender und Rahmen-
kompetenzen des Bundes. Der EU-Ebene werden die Kompetenzen bisher einzeln durch die Verträge zugewiesen oder durch Beschluss des Rates aufgrund einer Generalklausel im Vertrag punktuell ergänzt. Beides erfordert wiederum
einstimmige Zustimmung der Exekutiven und parlamentarische Ratifikation.

Scharpf (1985) vermutet nun eine generelle Reformunfähigkeit von Mehrebenensystemen, sobald die wesentlichen Merkmale der Politikverflechtungsfalle erfüllt sind. Er wendet seine Theorie explizit auch auf die EU an. Das politische
System der EU ähnelt nicht nur formal dem deutschen System, sondern weist
auch funktionale Ähnlichkeiten auf, wie die Vertretung der Mitgliedstaaten durch
die Exekutive. Auf der Basis des Vergleichs des deutschen und des europäischen
Mehrebenensystems entwickelt Scharpf eine allgemeine Theorie. Die Politikverflechtungsfalle wird dann „zuschnappen",

- wenn die Staaten dauerhaft in einem Mehrebenensystem kooperieren;
- wenn und soweit die Einstimmigkeitsregel angewandt wird;
- wenn der Austritt einzelner Länder praktisch unmöglich ist;
- wenn die anstehenden Probleme nicht nur Koordination erfordern, sondern
  auch Verteilungsprobleme beinhalten;
- wenn es keinen „Schatten der Hierarchie" oder keine Mehrheitsentscheidung
  gibt;
- und wenn es keine Hegemonie eines einzelnen Mitglieds gibt (Scharpf 1985:
  350-352).

Obwohl die Theorie der Politikverflechtung insbesondere in der deutschen Politikwissenschaft weite Anerkennung gefunden hat,[6] wurde sie doch auch kritisiert
und auf der Basis empirischer Argumente angezweifelt. Besonders die Entwicklung der EU stellt eine Herausforderung für die Theorie der Politikverflechtung
dar. Zwar waren die 1970er und 1980er Jahre tatsächlich weitgehend eine Zeit der
Stagnation für die EU. Nach 1985 aber gab es einige durchgreifende Vertragsänderungen, die bedeutende institutionelle Reformen zum Inhalt hatten: Das Mehrheitsprinzip wurde eingeführt, das Europäische Parlament hat wichtige Kompetenzen hinzugewonnen und der Einfluss der nationalen Regierungen wurde
vermindert (vgl. Abschnitt 3). Darüber hinaus ist nun eine dritte Ebene unterhalb
der Mitgliedstaaten, die sogenannten Regionen, auf der EU-Ebene institutionell
verankert. Im „Ausschuss der Regionen" sind die deutschen Bundesländer und
vergleichbare Körperschaften in den anderen EU-Mitgliedstaaten vertreten. Wie
Benz (1998, 1999a) gezeigt hat, führt dies nicht unbedingt zu verschärfter Politikverflechtung.

---

6 So z. B. bei Lehmbruch 1998; Benz 1999b; Benz, Scharpf, und Zintl 1992; Schultze 1993; Zintl
   1999.

4.1.2 Theorien zum europäischen Mehrebenensystem

Angestoßen durch die Ansätze von Scharpf wurden in jüngerer Zeit eine ganze Reihe von Theorien der Mehrebenensteuerung in der EU entwickelt. Die inter-gouvernementalistisch orientierten Integrationstheorien (vgl. Kapitel 1) wurden ergänzt durch Ansätze, die auf den Mehrebenen-Charakter der EU fokussieren. Sie berücksichtigen die Besonderheiten des EU-Systems und dabei insbesondere die Tatsache, dass es in der EU drei Ebenen territorialer Jurisdiktionen gibt: die supranationale Ebene der EU, die nationale Ebene der Mitgliedstaaten und die sub-nationale Ebene der Regionen.

Die neuere Literatur zur europäischen Mehrebenensteuerung disaggregiert den Staat und betrachtet nicht nur die verschiedenen Handlungsebenen, sondern un-terscheidet auch zwischen staatlichen und gesellschaftlichen Akteuren. Ihre Ana-lysen berücksichtigen die Tatsache, dass auf der supranationalen Ebene nicht nur Verhandlungen zwischen nationalen Regierungen stattfinden, sondern dass es dort auch andere Akteure mit beträchtlicher Autonomie gibt: das Europäische Parlament, die Kommission und den Europäischen Gerichtshof. Darüber hinaus werden auch nicht-staatliche Akteure in den Blick genommen, wie Parteien und Interessengruppen. Innerhalb der Theorie politischer Systeme oder der Kompa-ratistik sind dies Selbstverständlichkeiten – im Rahmen der Theorien der interna-tionalen Beziehungen ist es eher ein Novum.

Diese neue Blickrichtung ermöglichte es, zusätzliche Effekte und zusätzliche strategische Möglichkeiten von Akteuren in Mehrebenensystemen zu erkennen. Da es inzwischen eine große Anzahl solcher Ansätze gibt, soll hier nur eine kurze Zusammenfassung der wichtigsten Hypothesen dieser Literatur gegeben werden. Meist handelt es sich bei diesen Ansätzen auch nicht um umfassend aus-gearbeitete Theorien oder um neuartige Analysewerkzeuge, sondern um Be-obachtungen und Vermutungen, die in einigen Fällen lediglich den Charakter von „*ad hoc*-Hypothesen" tragen. Die Theorien beziehen sich auf zusätzliche Handlungsmöglichkeiten der Akteure in Mehrebenensystemen, auf den politi-schen Prozess und auf die Ergebnisse der europäischen Politik.

(1) Die Koordinationsnotwendigkeit und der Umfang der Koordinationsprob-leme sind im europäischen Mehrebenensystem größer als in anderen politischen Systemen. Dies ist Folge der schieren Zahl der Akteure und Handlungsebenen, der unterschiedlichen nationalen Verhandlungs-, Politik- und Verwaltungsstile, der unterschiedlichen Problemwahrnehmungen sowie von wenig kompatiblen nationalen Rechtssystemen (Grande 2000: 18; Benz 1999a: 50-52).

(2) In Mehrebenensystemen entstehen neuartige Typen von politischen Akteu-ren. Es sind Akteure, die an den Schnittstellen der verschiedenen Handlungsebe-nen tätig werden (Grande 2000: 18; Benz/Scharpf/Zintl 1992). Sie repräsentieren ihre Organisation auf der EU-Ebene, sie sind Schüsselakteure beim Transfer von Informationen zwischen den Ebenen und sie regulieren den Zugang zu den ver-schiedenen Politikarenen auf der EU-Ebene. Im Ergebnis sind diese „Schnittstel-

lenakteure" in der Praxis recht mächtig, selbst wenn sie keine formalen Kompetenzen und Macht besitzen. Macht ist in Mehrebenensystemen nicht nur an der Spitze konzentriert; sie findet sich gerade auch an den Schnittstellen der Ebenen.

(3) In Mehrebenensystemen verfügen die Akteure über zusätzliche strategische Möglichkeiten. Vertreter einer Organisation können die Einschränkungen, die ihnen durch ihre Wählerschaft oder „Hintersassen" auferlegt werden, auf der oberen Ebene strategisch einsetzten, um dort Verhandlungsmacht zu gewinnen. Andererseits können sie aber auch Einschränkungen, die ihnen von ihren Verhandlungspartnern auf der oberen Ebene auferlegt werden, dazu nutzen, Forderungen der heimischen Wählerschaft oder anderer Akteure zurückzuweisen (Putnam 1988; Grande 1996; Benz 1999a: 54).

(4) Ein Mehrebenensystem stellt für die Akteure erheblich mehr Möglichkeiten bereit, sogenannte „advocacy coalitions" zu formen (Sabatier 1998). So können Unterhändler aus einem Mitgliedstaat Gleichgesinnte in anderen Staaten finden. Dies lässt sich auch auf gesellschaftliche Akteure, etwa Interessenverbände, erweitern.

(5) In Mehrebenensystemen gibt es für Interessengruppen eine erhöhte Zahl von Zugängen zum politischen System. Sie können Lobbying nicht mehr nur beim nationalen Parlament oder der Regierung betreiben, sondern sie können auch versuchen, Einfluss auf die Europäische Kommission, das Europäische Parlament und die Vertreter ihrer Regierung in Brüssel zu gewinnen. Auf diese Weise können private Akteure ebenso wie sub-nationale Einheiten an ihren nationalen politischen Vertretern vorbei Unterstützung anderswo im System finden. Andererseits können auch supranationale Akteure, wie die Kommission, das Parlament und deren Mitglieder, an den nationalen Regierungen vorbei direkten Zugang zu gesellschaftlichen Akteuren oder zu den Regionen suchen (Marks/Hooghe/Blank 1996b).

(6) In Mehrebenensystemen können anstehende Probleme zwischen den Ebenen verschoben werden, ein Vorgang, der von Wassenberg (1982) als „cuckoo game" bezeichnet wurde. Nicht nur die Probleme selbst, auch die Verantwortung für bestimmte Probleme oder für die negativen Nebeneffekte von Problemlösungen kann zwischen den Ebenen hin und her geschoben werden („blame shifting").

(7) In Mehrebenensystemen entstehen besondere Probleme für die Organisation und die Einflussnahme der sogenannten intermediären Akteure, der Parteien und Interessenverbände. Diese Organisationen müssen sich intern so strukturieren, dass sich eine vertikale Differenzierung ergibt, die den politischen Handlungsebenen entspricht. Sie müssen Dachorganisationen oder zumindest gemeinsame Vertretungen auf der EU-Ebene gründen. Bisher haben weder die Parteien noch die Interessenverbände diese Aufgabe sehr erfolgreich bewältigt. Obwohl das Europäische Parlament seit 1979 direkt gewählt wird, gibt es immer noch kein funktionierendes europäisches Parteiensystem. Die Europaverbände haben in der Regel eine zu geringe Ressourcenausstattung, sie sind nicht unabhängig

von ihren nationalen Mitgliedsverbänden, was ihre Bewegungsfreiheit auf der EU-Ebene einschränkt, und sie sind meist nicht in der Lage, für die nationalen Mitglieder verbindliche Vereinbarungen mit anderen Akteuren auf EU-Ebene zu treffen. Obwohl es erweiterte Zugangsmöglichkeiten zum politischen System gibt, ist es nicht leicht für die Organisationen, diese Möglichkeiten in ihrem Sinne zu nutzen. Interessengruppen, die nicht in der Lage sind, effektiv mit den neuen Anforderungen umzugehen, werden durch das Mehrebenensystem benachteiligt (Grande 2000: 20 f.).

(8) Immer dann, wenn politische Entscheidungen, die auf der EU-Ebene getroffen wurden, in den Mitgliedstaaten ratifiziert werden müssen, könnte dies eine Auswirkung auf den Inhalt der Entscheidung haben. Wenn die Unterhändler, also die Akteure auf der EU-Ebene, der Kontrolle durch ihre Wählerschaften unterworfen sind, könnten sie eher im Modus des „strategischen Verhandelns" agieren, anstatt im Modus des „kollektiven Problemlösens" oder des „kommunikativen Argumentierens". Für diese Akteure sind die Präferenzen ihrer heimischen Wählerschaft dominant und deren Interessen werden sie in den Verhandlungen auf der EU-Ebene primär repräsentieren. Dabei wird dann möglicherweise die kollektive Wohlfahrt der Gesamtheit der EU-Bürger vernachlässigt (Benz 1994: 187-190, Benz 1999a).

(9) Die Interaktion mehrerer Verhandlungssysteme innerhalb des Mehrebenensystems führt zu charakteristischen Effekten. Typischerweise weisen Mehrebenensysteme eine größere Zahl von Veto-Punkten auf als Einebenensysteme. Je mehr Konsens erfordert ist, desto schwieriger wird es, zu einer Einigung zu kommen (die Politikverflechtungsfalle, Scharpf 1985). Die Forschung hat aber gezeigt, dass es auch positive Interaktionseffekte gibt. Mehrebenensysteme erleichtern die Diffusion und den Transfer von erfolgreichen Politiken, sowohl vertikal zwischen den Ebenen, als auch horizontal zwischen den Mitgliedstaaten (Kern 2000) und sie bieten eine günstige Umgebung für „Policy-learning" (Benz 1998). Darüber hinaus können sie eine „Konkurrenz um bessere Problemlösungen" zwischen den Mitgliedstaaten auslösen (Héritier/Knill/Mingers/Becka 1994; Héritier/Knill/Mingers 1996).

Der Überblick über diese Ansätze zeigt, dass es bisher keine allgemeine und umfassende Theorie der Mehrebenensteuerung gibt. Es gibt keine einzelne Theorie, die auf der Basis eines bestimmten theoretischen, analytischen oder methodischen Ansatzes die spezifischen institutionellen, strategischen und politikergebnisbezogenen Effekte einer Mehrebenenstruktur herausarbeiten würde. Statt dessen gibt es verschiedene Ansätze, die verschiedene Ziele verfolgen. Gleichermaßen gibt es keine allgemeine Mehrebenentheorie für alle Typen von Mehrebenensystemen, die also föderale Staaten, die EU und internationale Regime umfassen würde. Es wäre wünschenswert, die bisher vorgelegten Mehrebenentheorien mit dem Fundus der traditionellen Föderalismustheorien abzugleichen. Manche der vorgestellten Ansätze haben allgemeineren Charakter (die Politikverflechtungsfalle), andere sind EU-spezifisch.

4.2 Konzepte der flexiblen Integration in Europa

Während im Zentrum des vorigen Abschnitts explanative Theorien standen, also Theorien, die auf die Erklärung der Funktionsweise des europäischen Mehrebenesystems zielen, werden im folgenden normative Theorien der Integration im Mehrebenensystem dargestellt. Sie zielen auf die optimale Gestaltung dieses Systems. Die Theorien der flexiblen Integration in Europa befassen sich mit der Frage, ob die Integration der Gliedstaaten in einem Mehrebenensystem – und speziell in der EU – immer vollständig und für alle Mitgliedstaaten in gleicher Weise erfolgen muss oder sollte.

Für die EU ist die Vorstellung einer differenzierten Integration keineswegs neu. Im Laufe der Zeit wurden eine ganze Reihe unterschiedlicher Vorschläge zur flexiblen Integration entworfen. Ziel dieser Konzepte ist es, eine Problemlösung zu finden, wenn einzelne Mitgliedstaaten die Integration bei einer bestimmten Politik nicht mit vollziehen wollen oder können, während andere Mitgliedstaaten die Integration auf diesem Gebiet vorantreiben möchten. Die Theorien der flexiblen Integration fragen, ob es nicht Möglichkeiten gibt, Mitgliedschaften auf zwei oder drei mehr oder weniger intensiven Integrationsstufen zu entwickeln.

Im folgenden wird zunächst ein Überblick über diese meist von Politikern entwickelten Vorschläge zur flexiblen Integration gegeben. Anschließend werden die ökonomischen Theorien des Föderalismus vorgestellt. Diese Theorien gehen von dem normativen Prinzip der Effizienz bei der Bereitstellung staatlicher Leistungen aus. Angewendet auf die Integration in einem Mehrebenensystem führt dieses Prinzip in der jüngsten Spielart der ökonomischen Theorien des Föderalismus ebenfalls zu einem Modell flexibler Integration, das explizit auf Europa angewendet wird. Da dieses Modell auf den normativen Prinzipien der beiden anderen Theorievarianten, dem fiskalischen Föderalismus und dem Wettbewerbsföderalismus aufbaut, werden alle drei Ansätze präsentiert.

4.2.1 Politische Konzepte differenzierter Integration

Die Vorstellung abgestufter Integration war bereits Jean Monnet nicht fremd. Spätestens seit dem Tindemans-Bericht 1975 werden Modelle differenzierter Integration diskutiert (vgl. Hörnlein 2000: 200 ff.). Angesichts der Osterweiterung mehren sich die Plädoyers für eine flexiblere, abgestufte und differenzierte Integration. Kritische Stimmen finden sich eher selten. Sie beziehen sich darauf, dass „Ungleichgewichte geeignet sind, den Integrationsprozess zu stören" (Hörnlein 2000: 203). Drei grundsätzliche Formen der differenzierten Integration werden diskutiert: die rein zeitliche Abstufung, die feste mitgliedstaatliche und sektorale Differenzierung, sowie die variable sektorale Differenzierung. Die wichtigsten dieser Vorschläge sind:[7]

---

[7] Ausführliche Überblicke geben Stubb 1996 und Giering 1997.

(1) Der Vorschlag eines „Europa der zwei oder mehr Geschwindigkeiten" weist gegenüber der derzeitigen Gestalt der Europäischen Union (EU) die geringsten Abweichungen auf. Die Differenzierung hat rein zeitlichen Charakter. Es bezieht sich nur auf Mitgliedstaaten, und setzt weiterhin grundsätzlich den vollständigen *acquis communautaire* (die Übernahme des geltenden EU-Rechts) voraus. Das Konzept zielt auf die Verwirklichung einer föderalen politischen Union in mehreren Stufen, wobei einige Staaten zu einem früheren Zeitpunkt enger zusammenarbeiten, die anderen dann später nachfolgen (Grabitz 1984; Janning 1994).

(2) „Kerneuropa" und „Europa der konzentrischen Kreise" sind Konzepte, die von der Idee eines Kerns ausgehen, der aus einer föderalen politischen Union besteht. Zum Kern gehören ein Teil der derzeitigen EU-Mitgliedstaaten, darum herum gelagert sind die übrigen Mitgliedstaaten, dem äußeren Zirkel kann jeder interessierte Staat angehören. Entscheidungen, die die politische Union betreffen, werden nur von den Mitgliedern des Kerns getroffen. Für die Mitgliedstaaten, die nicht zum Kern gehören, gilt weiterhin der volle *acquis*, die Entscheidungsprozeduren folgen dem derzeitigen status quo. Im äußeren Zirkel wird auf intergouvernementaler Basis entschieden (Deubner 1995; Toulemon 1995).

(3) Das „Europa der Avantgarde" umfasst nur derzeitige Vollmitglieder. Hier wird ebenfalls von einer Avantgarde der Mitgliedstaaten die politische Union gebildet, wobei die restlichen Mitgliedstaten den gegenwärtigen Status behalten. Der *acquis* wird für alle erhalten. Die Entscheidungen innerhalb der politischen Union werden nur von der Avantgarde getroffen. Wie beim „Europa der konzentrischen Kreise" gehört jeder Staat fest zu einer der Gruppen, es gibt keine sektorale Differenzierung (Club von Florenz 1996).

(4) Das Konzept der „Differenzierten Integration" erhält den *acquis* für alle Mitgliedstaaten der EU. Es erlaubt aber die Gründung sektoraler (funktionaler) Regime außerhalb der Verträge. An diesen Regimen können sowohl Mitgliedstaaten als auch Nicht-Mitgliedstaaten teilnehmen. Die Entscheidungen innerhalb der Regime werden nur von den jeweiligen Teilnehmern getroffen. Die politische Union wird im Sinne einer Schnittmenge von den Teilnehmern aller Regime gebildet (Bertelsmann Forum International 1997).

(5) Das „Europa der variablen Geometrie" zielt ebenfalls auf sektoral differenzierte funktionale Regime, die sowohl EU-Mitgliedstaaten als auch Nicht-Mitgliedern offen stehen. Die Entscheidungen werden aber grundsätzlich von allen Mitgliedstaaten getroffen, wobei erwartet wird, dass sich Nicht-Teilnehmer der jeweiligen Regime der Stimme enthalten. Der *acquis* soll für die Mitglieder erhalten bleiben. Die Regime sollen so weit als möglich innerhalb der Verträge gebildet werden. Es gibt also eine Art supranationalen Kern, der von funktionalen Regimen umgeben wird, die fallweise auch Nicht-Mitglieder zulassen (Stubb 1996; Giering 1997).

(6) Das Konzept der „Flexiblen Integration" bezieht sich dagegen nur auf Mitgliedstaaten. Auch hier können jedoch funktionale Regime mit wechselnden Teil-

nehmern gebildet werden, die entweder nach den supranationalen Verfahren oder in intergouvernementaler Weise entscheiden. Der *acquis* soll eventuell reduziert werden, die Bildung von funktionalen Regimen außerhalb der Verträge ermöglicht (Centre for Economic Policy Research 1995).

(7) Am weitesten entfernt sich das „Europe à la carte" von der gegenwärtigen EU. Auch hier sollen sektoral differenzierte funktionale Regime gebildet werden, jedoch durchgehend auf der Basis intergouvernementaler Organisation. Jeder interessierte Staat kann an jedem Regime teilnehmen, wobei die Entscheidungen von den jeweiligen Teilnehmern getroffen werden. Damit gibt es keine festen Mitgliedstaaten mehr. Die Regime werden außerhalb der Verträge geformt, der *acquis communautaire* wird aufgelöst (Dahrendorf 1979).

Den meisten Vorschlägen ist gemeinsam, dass sie das Modell der EU grundsätzlich beibehalten wollen. Das Territorialitätsprinzip bleibt unberührt, ebenso die vertikale Gliederung in Ebenen. Es gibt die Ebene der EU oder der funktionalen Regime, darunter die Nationalstaaten. Was in Frage gestellt wird, ist die pyramidenartige Konstruktion legislativer Kompetenzen mit jeweils *vollständiger* Integration aller Mitglieder auf einer Ebene in die nächsthöhere. Es geht um die flexiblere Integration der Nationalstaaten in die oberste Ebene, wobei nach der Integrationstiefe oder nach Sektoren differenziert wird. Die subnationale Ebene wird in dieser Diskussion überhaupt nicht berührt. Die Einführung von nach Mitgliedstaaten differenzierten Politiken, die aber durch die gesamte Gemeinschaft beschlossen werden, wäre nur im Rahmen des Ansatzes der variablen Geometrie möglich.

Weiter geht hier Scharpf (1999b: 151 ff.), der für einige Politikbereiche konkrete Vorschläge für die differenzierte Integration entwickelt. So schlägt er z. B. für den Umweltschutz vor, dass zwar eine Harmonisierung der Schutzniveaus auf EU-Ebene stattfinden solle, um einen Regulierungswettlauf nach unten zu verhindern, dass aber bei unterschiedlichen mitgliedstaatlichen Präferenzen für das Schutzniveau durchaus zwei oder mehr verschiedene Regulierungen für verschiedene Ländergruppen beschlossen werden könnten. Damit würde einerseits ein „race to the bottom" der Schutzstandards verhindert, andererseits ließen sich so Entscheidungsblockaden vermeiden (ähnlich Scharpf 1994b: 487). Im Bereich der Sozialausgaben hält er die Harmonisierung für nicht praktikabel, da die Sozialsysteme der Mitgliedstaaten zu heterogen sind. Um einen Wettlauf nach unten zu verhindern, könne man aber einen Minimalstandard der Sozialausgaben (bezogen auf das jeweilige Bruttoinlandsprodukt) festlegen. Auch bei den nötigen institutionellen Reformen könnten relativ homogene Gruppen von Mitgliedstaaten sich als Gruppen koordinieren, so dass dann zumindest nur noch zwei oder drei verschiedene Grundsysteme vorlägen. Scharpf fordert die Einrichtung einer institutionellen Infrastruktur auf EU-Ebene, die eine solche Koordination unterhalb der EU-Ebene ermöglicht (1999b: 166).

Allen genannten Konzepten ist gemeinsam, dass sie Reaktionen auf die partielle Integrationsunfähigkeit oder -unwilligkeit einiger Mitgliedstaaten oder Beitrittskandidaten sind. Die Kongruenz oder Inkongruenz von Ausbreitungsräumen der Regulierungsprobleme und der Territorien der Mitgliedstaaten spielt in diesen Konzepten keine Rolle. Die Frage der Kongruenz ist jedoch ein bedeutendes Argument für die flexible Integration – wenn Probleme grenzüberschreitend sind, müssen sich die betroffenen Staaten notwendig koordinieren, um eine effektive Problemlösung zu erzielen. Die Problemräume sind bei verschiedenen Politiken jedoch unterschiedlich. Während etwa das Problem der großräumigen Luftverschmutzung die meisten europäischen Staaten berührt, sind von den Problemen des Alpentransits nur einige Staaten betroffen. Warum sollte also im zweiten Fall die gesamte EU über eine Problemlösung entscheiden? Die ökonomischen Theorien des Föderalismus greifen diesen Punkt auf.

4.2.2 Fiskalischer, kompetitiver und funktionaler Föderalismus

Die Theorie des fiskalischen Föderalismus befasst sich explizit mit der Kongruenz von Problemreichweite und politischen Entscheidungsräumen (vgl. Feld/Kirchgässner 1998; Heinemann 1996). Die Inkongruenz der geographischen Reichweite des Problems und der Jurisdiktionen führt zu räumlichen Externalitäten. Räumliche Externalitäten sind positive oder negative Effekte, die im Territorium einer staatlichen Körperschaft (Jurisdiktion) anfallen, jedoch in einem anderen Territorium verursacht und politisch entschieden oder reguliert werden. Wenn die erste Jurisdiktion über die Ursache der Externalitäten mitentscheiden könnte oder sie mitfinanzieren müsste, würden diese vermutlich in geringerem (bei negativen externen Effekten) oder höherem (bei positiven Effekten) Maße verursacht. Bei Vorliegen von Externalitäten sind deshalb die Entscheidungen der Jurisdiktionen über Regulierungsmaßnahmen nicht effizient, mögliche Wohlfahrtsgewinne werden verschenkt. Ein Beispiel sind grenzüberschreitende Umweltprobleme: Die Auswirkungen der in der Schweiz verursachten Rheinverschmutzung fallen auch in den Niederlanden und Deutschland an. Der in der Schweiz entstehenden Rheinverschmutzung kann jedoch nicht durch politische Maßnahmen in Deutschland oder den Niederlanden begegnet werden. Hierzu ist die grenzüberschreitende Kooperation dieser Jurisdiktionen mit der Schweiz erforderlich.

Eine normative Lösung für das Problem räumlicher Externalitäten stellt das von Mancur Olson 1969 entwickelte *Prinzip der fiskalischen Äquivalenz* dar. Olson stellte sich die Frage, unter welchen Bedingungen ein öffentliches Gut durch eine Jurisdiktion effizient bereitgestellt wird. Die Antwort lautet, die Bereitstellung eines öffentlichen Gutes wird dann effizient sein, wenn die Nutzer des Gutes, die Steuerzahler und die Entscheidungsträger identisch sind.[8] Wenn nur die Steuerzahler eines Staates für Maßnahmen aufkommen, die auch im Nachbarstaat

---

[8]   Derselbe Sachverhalt wird bei Oates (1972) als „Korrespondenzprinzip" und in der Politikwissenschaft als „demokratische Identität" (Zürn 1996: 39; Scharpf 1993: 167) bezeichnet.

positive Wirkungen zeigen, ist das nicht effizient. Auch der Nachbarstaat sollte sich an der Finanzierung der Maßnahmen beteiligen. Die Reichweite einer optimalen Jurisdiktion ist in Olsons Theorie begrenzt durch drei Faktoren:

- die räumliche Reichweite des öffentlichen Gutes
- gleiche Produktionskosten für das öffentliche Gut
- homogene Präferenzen der Bevölkerung für das öffentliche Gut.

Die Reichweite eines öffentlichen Gutes oder eines Regulierungsproblems kann durch natürliche, etwa physikalische oder biologische, Bedingungen bestimmt sein. Die für die Regulierung des Problems zuständige Jurisdiktion muss seiner geographischen Reichweite angepasst werden, wenn eine effiziente Lösung des Problems erreicht werden soll. Aber auch wenn es Räume mit verschiedenen Präferenzen bezüglich einer Policy oder mit verschieden hohen Kosten für die Erzielung derselben Wirkung gibt, dann sollten gemäß Oates[9] die Bürger in diesen Räumen jeweils ihre eigenen Entscheidungen treffen. Dies entspricht in etwa dem oben erwähnten Vorschlag von Scharpf zu differenzierten Umweltstandards in der EU.

Auf der Basis des Äquivalenzprinzips wird eine feste Zuweisung von Kompetenzen an die verschiedenen politischen Handlungsebenen vorgeschlagen: Lokale Probleme sollten auf der kommunalen Ebene geregelt werden, gesamtstaatliche Probleme auf der nationalen Ebene, grenzüberschreitende und globale Probleme auf höchstmöglichen jurisdiktionalen Ebene, also etwa der EU oder auch der UN.

Eine solche statische Zuweisung von Kompetenzen ist allerdings in einem hierarchisch aufgebauten föderativen System mit starren politischen Grenzen nur eine unvollständige Lösung für das Problem der grenzüberschreitenden Externalitäten. Manche Probleme berühren einige, aber nicht alle Mitgliedstaaten der Union. Andere berühren nur Teile einiger Mitgliedstaaten. Daher besteht die Notwendigkeit für partielle Kooperation innerhalb der EU. Ein flexiblerer Ansatz als die Zuweisung von umweltpolitischen Kompetenzen an starre Handlungsebenen wäre deshalb sinnvoll.

Während das Externalitäten-Kriterium des fiskalischen Föderalismus letztlich ein hohes Maß an Zentralisierung erlaubt, geht die Theorie des kompetitiven Föderalismus (auch: Theorie des Systemwettbewerbs) davon aus, dass das dezentrale Angebot öffentlicher Güter die grundsätzlich die bessere Lösung ist, von der nur unter eingeschränkten Bedingungen abgewichen werden sollte. Nach dieser Theorie verhilft der Wettbewerb dezentraler Körperschaften erstens unterschiedlichen Präferenzen für die Versorgung mit öffentlichen Gütern zum Ausdruck (Oates/Schwab 1988), und befördert zweitens die dynamische Effizienz, indem er durch die Suche nach neuen, günstigeren Produktionstechniken für diese Güter zu Innovation führt (z. B. Vanberg 1999; Kerber 1998). Unter der Annahme,

---

[9] Das sogenannte „Dezentralisierungstheorem", Oates 1972, Kapitel 2.

dass die Einwohner und Unternehmen mobil sind, führt der Wettbewerb dezentraler Jurisdiktionen zu einer Art marktlichen Lösung: Die Migration führt dazu, dass sich eine Struktur herausbildet, in der die Präferenzen *intra*jurisdiktional homogen sind, *inter*jurisdiktional dagegen heterogen (Tiebout 1956). Aber auch bei eingeschränkter Mobilität der Einwohner bliebe der Wettbewerb wirksam, da die Bürger ihre Präferenzen nicht nur durch Abwanderung ausdrücken können, sondern auch durch politische Meinungsäußerung in Wahlen oder durch Lobbying: Der Verweis auf die Lösung oder das Angebot eines öffentlichen Guts in Nachbarjurisdiktionen werde im politischen Wettbewerb stehende Regierungen veranlassen, auf die Präferenzen der Bürger einzugehen und solche Lösungen ebenfalls anzubieten.

Probleme ergeben sich dort, wo bestimmte politische Ziele auf marktliche Weise nicht erreicht werden können, etwa bei der Einkommensverteilung bzw. bei allen Fällen von Marktversagen. Die Wiedereinführung des Marktmechanismus auf der Ebene der politischen Systeme impliziert die Wiederholung des Marktversagens auf dieser Ebene. So werden Jurisdiktionen mit einer umfangreichen Umverteilungspolitik Bürger mit niedrigerem Einkommen anziehen, während die Bürger mit hohem Einkommen in Jurisdiktionen mit geringer Umverteilung abwandern. Im Ergebnis entsteht eine vollständig nach reichen und armen Jurisdiktionen segmentierte Struktur (Feld/Kirchgässner 1998). In ähnlicher Weise ist bei sozialen oder Umweltschutzstandards oder auch bei Kapitalsteuern damit zu rechnen, dass der Regulierungswettbewerb zum Regulierungswettlauf nach unten führt. Um die Abwanderung der Adressaten der Standards oder der Steuerbasis zu verhindern, werden die Jurisdiktionen ihre Standards bzw. Steuern sukzessive senken (z. B. Sinn 1993; 1996; Scharpf 1994a: 148; 1998). Dieser Kritik begegnen Vertreter des Systemwettbewerbs mit dem Hinweis auf den politischen Wettbewerb: Ein Absenken der Standards als Reaktion auf Abwanderung könne durch politische Präferenzäußerung verhindert werden (Seliger 1998). Dann aber fragt sich, warum das Prinzip des Systemwettbewerbs überhaupt eingesetzt werden soll und nicht gleich die politische Lösung auf der dezentralen oder der zentralen Ebene angestrebt wird. Die naheliegende Frage, bei welchen Problemen welche Lösung, die wettbewerbliche oder die kollektiv-politische, funktional sinnvoll ist, wird im Rahmen dieser Theorien selten gestellt.

Die Theorien des Systemwettbewerbs stellen territoriale Grenzen ebenfalls nicht in Frage. Sie wollen Regierungen, Institutionen und Regulierungen unter Wettbewerbsdruck setzen, in der Hoffnung auf größere Effizienz und Bürgerfreundlichkeit der Staatstätigkeit. Notwendige Voraussetzung ist die Mobilität aller Faktoren zwischen den Territorien. Das Konzept impliziert einen einheitlichen wirtschaftlich-gesellschaftlichen Großraum, der in konkurrierende politische Territorien partitioniert ist.

Anders ist dies beim Ansatz des funktionalen Föderalismus, der das Territorialitätsprinzip tatsächlich aufgibt, insofern er die Gründung rein funktionaler, vom

Raum und von politischen Grenzen losgelöster, Jurisdiktionen vorschlägt. Dies muss nicht heißen, dass keinerlei territoriale politische Einheiten mehr existieren, aber funktionale Jurisdiktionen bekämen ein erheblich größeres Gewicht (z. B. Straubhaar 1995; Frey 1997: 19). Der Grundgedanke Olsons, das Äquivalenzprinzip, bleibt auch in diesem Ansatz erhalten. Der funktionale Föderalismus übernimmt die Vermeidung räumlicher Externalitäten vom fiskalischen Föderalismus und kombiniert es mit dem Wettbewerbsprinzip des kompetitiven Föderalismus.

Das prominenteste Beispiel für die Theorie des funktionalen Föderalismus ist das Konzept der FOCJ von Frey (1996; 1997) und Eichenberger (1996). Frey und Eichenberger sehen im Konzept der FOCJ eine Lösung für das Problem der Inkongruenz in Europa. FOCJ steht für Functional Overlapping Competing Jurisdictions. FOCJ sind Jurisdiktionen in dem Sinne, dass sie das Recht haben, Steuern zu erheben und kollektive Entscheidungen durchzusetzen. FOCJ werden auf funktionaler Basis gegründet, sie sind durch eine bestimmte Aufgabe definiert. Im Gegensatz zum fiskalischen Föderalismus erfolgt deshalb in diesem Konzept die Anpassung an Externalitäten, Skalenvorteile und politische Präferenzunterschiede flexibel und endogen. Da FOCJ sich geographisch überlappen können, resultiert kein pyramiden-artiger Aufbau föderaler Ebenen wie im klassischen Föderalismus.

FOCJ können sich in zweierlei Hinsicht überschneiden: Erstens können sich FOCJ räumlich überlappen, die unterschiedliche Aufgaben erfüllen. Zweitens sind aber auch geographische Überlappungen von FOCJ erlaubt, die die gleiche Funktion erfüllen. Diese könnten beispielsweise eine unterschiedliche Menge oder Qualität der von ihnen erbrachten Leistung anbieten. So könnten in einem gegebenen Gebiet zwei oder mehr Schul-FOCJ oder mehrere Systeme sozialer Sicherung nebeneinander existieren, wobei jeder FOCUS für seine Mitglieder eine unterschiedliche Art oder Qualität der Schule oder Sozialversicherung bereitstellt. Die Mitglieder können nach ihrer Präferenz wählen, zu welchem FOCUS sie gehören möchten. Ein- und Austritt sind grundsätzlich frei. Das bedeutet, dass die FOCJ miteinander in Konkurrenz stehen wie in einem Markt. Die Leistung eines FOCUS ist darüber hinaus in einer zweiten Form an die Präferenzen der Mitglieder rückgebunden: Innerhalb jedes FOCUS gibt es politische Konkurrenz; die Mitglieder entscheiden über die Politik des FOCUS auf direkt-demokratische Weise (Eichenberger 1996: 115; Frey 1996: 318).

Im Zusammenhang mit dem Problem des Auseinanderklaffens der Ausbreitungsräume der regulierungsbedürftigen Probleme und der territorialen Jurisdiktionen sind vor allem zwei Aspekte des Konzepts von Bedeutung. Zum einen ermöglicht die Funktionalität der FOCJ die flexible Anpassung von Jurisdiktionen an die Reichweite des Regulierungsproblems. Zum andern ist aber der Wettbewerb zwischen FOCJ und die Überlappung von FOCJ, die die gleiche Funktion erfüllen, in vielen Fällen nicht praktizierbar. Das FOCJ-Konzept übernimmt mit dem Wettbewerbsgedanken der Theorie des Systemwettbewerbs das Problem, dass bei öffentlichen Gütern das Konkurrenzprinzip nicht zu wünschenswerten Ergebnissen führt. Soweit die Regulierungen öffentliche Güter betreffen oder Schutzfunktionen haben, muss mit einem Regulierungswettlauf nach unten gerechnet werden.

Das Äquivalenzprinzip beinhaltet eine Regel für die optimale Zuweisung von Aufgaben zu hierarchisch gestaffelten politischen Handlungsebenen. Es ist aber zu rigide, insofern es die gegebenen Grenzen und die gegebene hierarchische Struktur der Jurisdiktionen akzeptiert. FOCJ erlauben zwar mehr Flexibilität, aber die Idee geographisch überlappender und konkurrierender Jurisdiktionen, die dieselbe Funktion erfüllen, ist für viele politische Probleme nicht anwendbar. Benötigt wird eine Konzeption, die sich zwar auf das von Olson entwickelte Äquivalenzprinzip stützt, aber ein flexibleres Design der Jurisdiktionen erlaubt, ohne gleichzeitig das hohe Schutzniveau dem Prinzip der Konkurrenz zu opfern.

5 Fazit

Die Analyse des politischen Systems der EU mit dem Mitteln der vergleichenden Politikwissenschaft und der kooperativen Spieltheorie hat gezeigt, dass die EU zwar ein sehr spezifisches politisches System („sui generis") ist, dass es jedoch keineswegs unvergleichbar ist und dass die typologischen und analytischen Instrumente der Politikwissenschaft durchaus auch auf die EU sinnvoll angewandt werden können. Die EU ist zwar im Rahmen der klassischen Typologie demokratischer Regierungssysteme schwer einzuordnen. Sie ist weder klar dem Präsidentialismus noch dem Parlamentarismus zuzuordnen. Gewisse Elemente des institutionellen Gefüges und ihre Veränderung in den letzten Jahrzehnten, vor allem die stark vorhandene Gewaltenverschränkung, deuten aber darauf hin, dass sich die EU in Richtung parlamentarisch-demokratisches System bewegt.

Andererseits hat sich gezeigt, dass die Typologie von Lijphart, die Konsensus- und Mehrheitsdemokratie unterscheidet, weitgehend anwendbar ist. Die meisten Kriterien für eine Verhandlungsdemokratie treffen auf die EU zu; dagegen trifft nahezu keines der Kriterien für eine Mehrheitsdemokratie zu. Die EU ist ein Konsenssystem, und das ist sie vor allem aufgrund der Konsenserfordernisse zwischen den Mitgliedstaaten. Eher stellt sich die Frage, ob die EU denn wirklich eine Demokratie ist.

Das demokratische Defizit in der EU ist nicht von der Hand zu weisen. Auch wenn die Legitimität der Institutionen und Politiken in der EU sich aus drei Quellen speist – der Output-Legitimation, der intergouvernementalen und der supranationalen Legitimation, sind doch beträchtliche Lücken vorhanden. Über die Politikergebnisse allein kann sich die EU nicht mehr legitimieren; die indirekte intergouvernementale Legitimationskette weist spätestens seit dem Übergang zur Mehrheitsentscheidung im Ministerrat Lücken auf; die direkte supranationale Legitimation leidet unter den fehlenden Kompetenzen des Europäischen Parlaments, unter einer nicht vorhandenen europäischen Parteienkonkurrenz, unter der mangelnden Unterstützung durch die Wähler und unter dem Fehlen eines europäischen Demos. Es mangelt nicht an Vorschlägen zur Überwindung des demokratischen Defizits, die sich auf alle seine Elemente beziehen. Deren Realisierungschancen sind zur Zeit aber nicht groß.

Im Verlauf der Geschichte der EU wurde mit Abstimmungsregeln und Entscheidungsverfahren sehr viel experimentiert. Solange der Luxemburger Kompromiss angewandt wurde, legten die Mitgliedstaaten offenbar Wert darauf sich als Gleiche zu behandeln – denn die Einstimmigkeit sichert ja jedem Mitglied gleiche Macht zu. Einstimmigkeit sichert gleichzeitig Pareto-Optimalität, d. h. kein Mitgliedstaat konnte durch eine Entscheidung schlechter gestellt werden. Der Nachteil der Einstimmigkeit liegt in langen Entscheidungszeiten und möglichen Entscheidungsblockaden. Je größer die Zahl der Mitglieder, um so schwieriger wird es, überhaupt eine Entscheidung zu treffen. Der Übergang zur qualifizierten Mehrheit durch die Einheitliche Europäische Akte – nicht zufällig im Zusammenhang mit einer Erweiterungsrunde – änderte diese Situation. Die Vetospieler-Analyse hat gezeigt, dass sich dadurch die Politikstabilität wesentlich vermindert hatte.

Für die Abstimmung mit qualifizierter Mehrheit wurde Stimmgewichtung eingeführt. Anders als in den USA waren die Mitgliedstaaten der EU offenbar nicht bereit, jedem Staat das gleiche Gewicht zu geben. Sie orientierten sich jedoch auch nicht genau an der Bevölkerungsgröße. Die Stimmverteilung wurde vor allem in jüngster Zeit mehrfach angepasst und sie soll nach dem Verfassungsentwurf in Zukunft ganz aufgegeben werden, zugunsten einer doppelten Mehrheit aus repräsentierter Bevölkerung und einer Mindestzahl von Staaten, die zustimmen müssen. Die Analyse mit Hilfe von Machtindices hat gezeigt, dass unabhängig von all den Veränderungen in der Stimmgewichtung und den Abstimmungsregeln eine Konstante bleibt: Die kleinen Staaten sind im Abstimmungssystem des Rates überrepräsentiert, die großen Mitgliedstaaten sind unterrepräsentiert.

Die Balance zwischen den Hauptorganen der EU-Gesetzgebung hat sich im Lauf der Entwicklung der EU-Institutionen durch die verschiedenen Vertragsrevisionen stark verändert. Zu Beginn lag die Macht vor allem beim Rat: Bei Einstimmigkeit konnte der Rat seine Position gegen alle anderen Organe durchsetzen. Im Konsultationsverfahren genügte jedoch auch eine qualifizierte Mehrheit des Rates, wenn er auf der Basis des Kommissionsvorschlags entschied. Damit hatte auch die Kommission einen gewissen Einfluss. Solange allerdings die Praxis des Luxemburger Kompromisses ausgeübt wurde, stand diese Macht nur auf dem Papier.

Erst mit dem faktischen Übergang zur qualifizierten Mehrheit im Konsultationsverfahren, aber vor allem im Kooperationsverfahren, wurde Entscheidungsmacht vom Rat auf die anderen Organe verlagert. Gewinner ist das Europäische Parlament, das zunächst im Rahmen des Kooperationsverfahrens ein suspensives Veto bekam, das aber von einem einstimmigen Rat überstimmt werden konnte.

Im Kodezisionsverfahren (in der Variante nach dem Amsterdamer Vertrag) und zukünftig nach dem Verfassungsentwurf ist das Parlament zu einem gleichberechtigten Partner des Rates geworden. Allerdings gibt es derzeit immer noch Materien, in denen der Rat einstimmig oder im Konsultationsverfahren entscheidet. Insofern ist das Parlament eben nur im Rahmen der Kodezision dem Rat gleich gestellt, aber nicht generell. Die Kommmission dagegen hatte zwar im Konsultationsverfahren des Rates und im Kooperationsverfahren Macht gewonnen, da sie hier für die Gewinnkoalitionen mit qualifizierter Mehrheit des Rates gebraucht wurde. Im Kodezisionsverfahren hat sie jedoch ihren formellen Einfluss wieder verloren.

Eine der Besonderheiten des politischen Systems der EU ist sein Mehrebenencharakter. Der Überblick über die Theorien der Mehrebenenpolitik hat gezeigt, dass es bisher keine allgemeine und umfassende Theorie gibt, die auf der Basis eines bestimmten theoretischen, analytischen oder methodischen Ansatzes die spezifischen institutionellen, strategischen und politikergebnisbezogenen Effekte einer Mehrebenenstruktur herausarbeiten würde. Manche der vorgestellten Ansätze haben allgemeineren Charakter, andere sind EU-spezifisch.

Außerdem gibt es bisher wenig systematische empirische Prüfung der Mehrebenentheorien. Soweit diese Theorien sich nur auf die EU beziehen, gibt es hier ein grundsätzliches Problem: Die empirische Beobachtung und Beschreibung eines Systems kann zwar induktiv zur Theoriebildung führen. Für eine allgemeine Theorie sind aber allzu spezifische Hypothesen, die an einem sehr spezifischen System gewonnen wurden, wenig brauchbar. Die empirische Prüfung solcher Theorien setzt die Existenz mehrerer Fälle voraus. Für die Zukunft wünschenswert wäre also die Entwicklung allgemeiner Theorien von Mehrebenensystemen oder Mehrebenensteuerung, die auch auf die EU anwendbar sind. Diese Theorien könnten und sollten dann auch systematisch empirisch geprüft werden.

Kapitel 3 Die EU und die Mitgliedstaaten

Christoph Knill

1 Einleitung

Mit der Analyse nationaler Rückwirkungen der europäischen Integration und der Implementation europäischer Policies werden in diesem Kapitel zwei eng miteinander verknüpfte Themen analysiert, in deren Kern es um die Frage geht, wie die Mitgliedstaaten auf politische und institutionelle Entwicklungen auf der Ebene der EU reagieren bzw. europäische Vorgaben national „verarbeiten". Dieses Forschungsinteresse hebt sich damit sehr deutlich von „klassischen" Strängen der Integrationsforschung ab, bei denen genau der umgekehrte Zusammenhang im Mittelpunkt steht. Es wird untersucht wie nationale Interessen, Strukturen und Politiken die Entwicklung von Institutionen und Policies auf supranationaler Ebene beeinflussen.

Mögliche Auswirkungen der europäischen Integration auf politische Prozesse, Institutionen und Politikinhalte in den Mitgliedstaaten werden unter dem Stichwort Europäisierung thematisiert – ein Forschungszweig, der in den letzten Jahren zunehmend an Bedeutung gewonnen hat. Eine wichtige Rolle spielt dabei die Erkenntnis, dass nationale Rückwirkungen in erheblichem Maße aus der Umsetzung und Durchführung europäischer Policies resultieren. Die Analyse der Implementation europäischer Politiken steht damit in einem engen Zusammenhang mit der Erforschung von Europäisierungsprozessen.

2 Europäisierung: Die nationalen Rückwirkungen der europäischen Integration

Die Forschung zur europäischen Integration hat sich bislang hauptsächlich mit den Entwicklungen auf supranationaler Ebene befasst. Die Auswirkungen der europäischen Integration auf die Politikgestaltung und institutionelle Strukturen in den Mitgliedstaaten sind hingegen nur wenig erforscht worden. Die folgenden Ausführungen verfolgen drei Ziele. Erstens geht es darum, grundlegende Forschungsfragen und Konzepte der Europäisierungsforschung zu identifizieren. In einem zweiten Schritt erfolgt ein Überblick über zentrale Forschungsbereiche und empirische Befunde der neueren Europäisierungsforschung. Drittens werden unterschiedliche theoretische Konzepte vorgestellt, auf deren Basis die nationalen Auswirkungen der europäischen Integration erklärt werden können.

2.1 Forschungsfragen und Konzepte

In den letzten Jahren lässt sich ein starker Zuwachs von Analysen verzeichnen, die sich mit dem Thema der Europäisierung befassen. Allerdings wird in diesem

Zusammenhang der Begriff Europäisierung in sehr unterschiedlicher Weise verwendet (Radaelli 2000).

2.1.1 „Klassische" Forschungsstränge

Sowohl im Bereich der Internationalen Beziehungen als auch der Vergleichenden Politikwissenschaft hat die Analyse von Europäisierungsprozessen eine lange Tradition. Allerdings lag der Fokus dieser Untersuchungen primär auf der Entwicklung supranationaler Institutionen und Politiken (also dem Prozess der europäischen Integration) und weniger auf den Rückwirkungen dieser Prozesse auf der nationalen Ebene. In den Internationalen Beziehungen zeigt sich diese Ausrichtung insbesondere an den konkurrierenden Aussagen intergouvernementalistischer und neofunktionalistischer Ansätze, die sich insbesondere auf die Erklärung der Entstehung bzw. Nichtentstehung supranationaler Institutionen konzentrieren (Keohane/Hoffmann 1991; Moravcsik 1991, 1994; Burley/Mattli 1993a).

Entsprechend werden nationale Strukturen und Prozesse nicht als abhängige Variablen konzipiert, sondern als Faktoren analysiert, welche die Wechselwirkungen zwischen der supranationalen und der nationalen Ebene beeinflussen. Eine wichtige Diskussion in diesem Zusammenhang bezieht sich auf die Frage, inwieweit die europäische Integration eine Umverteilung von Macht und Ressourcen zwischen nationalen Akteuren und Institutionen impliziert. So argumentiert beispielsweise Moravcsik (1994), dass die politische Kooperation auf europäischer Ebene die Handlungsautonomie der nationalen Regierungen gegenüber anderen Akteuren (wie nationalen Parlamenten, Regionen und Interessengruppen) erhöht. Diese Sichtweise wird wiederum von anderen Autoren in Frage gestellt, die wie Sandholtz (1996) davon ausgehen, dass der europäische Integrationsprozess subnationalen und gesellschaftlichen Akteuren neue politische Handlungsoptionen und Ressourcen eröffnet. Eine dritte Gruppe von Autoren betont schließlich, dass die Effekte der europäischen Integration weder zu einer Stärkung noch zu einer Schwächung der nationalen Regierungen gegenüber anderen Akteuren führen. Vielmehr geht Europäisierung einher mit einer verstärkten Tendenz verflochtener und interdependenter Entscheidungsstrukturen, die in neuen kooperativen Formen des Regierens (Governance) zum Ausdruck kommen (Kohler-Koch et al. 1998; Kohler-Koch/Eising 1999).

Wenngleich diese Analysen wichtige Erkenntnisse über die Entwicklung und mögliche Effekte europäischer Integration vermitteln, erlauben sie nur geringe Rückschlüsse auf die nationalen Auswirkungen der Integration. Dies ist auf mehrere Faktoren zurückzuführen. Erstens beschränkt sich die traditionelle Europäisierungsforschung auf die Analyse möglicher Machtverschiebungen zwischen nationalen Akteuren. Zweitens werden keine Bedingungen spezifiziert, unter denen nationale Veränderungen – für die Machtverschiebungen zwischen Akteuren ja durchaus eine entscheidende Voraussetzung darstellen können – erwartet werden. In diesem Zusammenhang verwendete Konzepte zur Erfassung der Wechselwirkungen zwischen europäischer, nationaler und subnationaler Ebene, wie Politiknetzwerke, Mehrebenensystem oder multilevel governance, sind primär metaphorischer Natur. Sie erlauben für sich genommen keine Rückschlüsse auf die Bedingungen, unter denen der europäische Integrationsprozess zu einem Wandel nationaler Strukturen führt.

2.1.2 Neuere Forschungsentwicklungen

Erst seit Mitte der neunziger Jahre konzentriert sich das Interesse der Europäisierungsforschung verstärkt darauf, die nationalen Auswirkungen der europäischen Integration systematisch zu untersuchen. Wann macht Europa einen Unterschied für nationale Strukturen, Prozesse und Politikinhalte und wie lassen sich diese Auswirkungen erklären? Im Unterschied zu früheren Ansätzen der Europäisierungsforschung geht es hier um die Frage, wie einmal geschaffene europäische Politiken, Institutionen und Verfahren auf die nationale Ebene zurückwirken.

Diese Entwicklung speist sich im Wesentlichen aus drei Quellen. So ist diese Ausrichtung der Europäisierungsforschung weitgehend kongruent mit in der Tradition des „second image reversed" stehenden Forschungsinteressen der Internationalen Beziehungen. Im Mittelpunkt dieser Forschungsrichtung steht die Analyse möglicher Auswirkungen internationaler Einflüsse auf nationale Politikmuster und politische Institutionen.

Zweitens besteht eine enge Verbindung zur Implementationsforschung mit ihrem Interesse an Mustern und Problemen bei der Umsetzung von politischen Entscheidungen. So spielt die Frage, ob und unter welchen Bedingungen nationale Arrangements an die Vorgaben europäischer Maßnahmen und Programme angepasst werden, eine entscheidende Rolle für den Implementationserfolg europäischer Policies. Im Hinblick auf zentrale analytische Fragen besteht somit ein breiter Überschneidungsbereich zwischen Implementations- und Europäisierungsforschung. Dies bedeutet jedoch keineswegs, dass beide Forschungsbereiche vollständig kongruent sind. So müssen etwa Europäisierungseffekte nicht ausschließlich als Folge der nationalen Umsetzung europäischer Policies auftreten; vielmehr kann der europäische Integrationsprozess über eine Reihe anderer Mechanismen auf nationale Strukturen, Prozesse und Politikinhalte einwirken (beispielsweise über die Veränderung politischer Ideen, nationaler Identitäten oder der Handlungsoptionen nationaler Akteure).

Ein dritter Bereich, der Verbindungen zur neueren Europäisierungsforschung aufweist, ist die vergleichende Politikwissenschaft mit ihrem Interesse an möglichen Entwicklungen der Konvergenz und Divergenz nationaler Strukturen, Prozesse und Politikinhalte (Dimitrova/Steunenberg 2000; Holzinger/Knill 2005). Im Vordergrund steht hier die Frage, ob und inwieweit der europäische Integrationsprozess im Zeitablauf zu entsprechenden Angleichungen zwischen den Mitgliedstaaten führt. Allerdings ist damit keineswegs impliziert, dass Europäisierung und Konvergenz begrifflich gleichzusetzen sind. Konvergenz kann zwar eine Folge der Europäisierung sein. Es ist jedoch gerade die vorrangige Frage der

Forschung zur Europäisierung, ob die nationalen Auswirkungen der europäischen Integration tatsächlich solche Konvergenzen bewirken.

2.2 Bereiche der Europäisierung: Wo werden nationale Auswirkungen der Integration beobachtet?

Inzwischen liegt eine Vielzahl von empirischen Untersuchungen zu den nationalen Auswirkungen der europäischen Integration vor. In sachlicher Hinsicht zeigt sich dabei, dass Effekte der Europäisierung grundsätzlich sowohl bei Politikinhalten als auch politischen Prozessen und institutionellen Strukturen auftreten können. Europäisierung erstreckt sich auf alle drei Dimensionen des Politikbegriffs (policy, politics und polity). In räumlicher Hinsicht konzentrieren sich die Untersuchungen insbesondere auf Europäisierungseffekte in den EU-Mitgliedstaaten. In den letzten Jahren sind jedoch auch vermehrt Wirkungen in Staaten außerhalb der EU thematisiert worden, wie etwa der Schweiz, Norwegen oder den mittel- und osteuropäischen Beitrittsländern.

Im Hinblick auf Politikinhalte (Policies) basieren nationale Auswirkungen insbesondere auf der Implementation europäischer Politikvorgaben. Europäische Vorgaben können sich in diesem Zusammenhang nicht nur auf die Wahl von Steuerungsinstrumenten auswirken (z. B. interventionistische Konzepte versus Selbstregulierung) oder die konkrete Ausgestaltung dieser Instrumente (z. B. die Stringenz von Grenzwerten) beeinflussen. Auch dominante Policy Paradigms, d. h. Ideen und Annahmen, die der Konzeption und Lösung politischer Probleme zugrunde liegen, können durch europäische Vorgaben in Frage gestellt werden (vgl. Héritier/Knill/Mingers 1996; Héritier et al. 2001; Kerwer 2001, Lavenex 1999).

In Bezug auf die Prozessdimension (Politics) sind mögliche Effekte insbesondere für die Herausbildung, Aggregation und Repräsentation nationaler Interessen zu erwarten. So lässt sich etwa beobachten, dass die Entstehung von Interessenverbänden auf europäischer Ebene wichtige Auswirkungen auf nationale Prozesse der Interessenvermittlung haben kann (Eising/Kohler-Koch 1994; Knill/Lehmkuhl 1998; Lehmkuhl 1999). Bislang existieren allerdings nur wenige systematische Untersuchungen in diesem Bereich. Dies gilt insbesondere für mögliche Europäisierungseffekte auf nationale politische Parteien und Muster politischer Willensbildung.

Weitaus mehr Untersuchungen finden sich hingegen für die institutionelle Dimension (Polity), d. h. bezüglich der Frage, wie sich die europäische Integration auf nationale Institutionen auswirkt. So wurden Europäisierungseffekte für eine Vielzahl verschiedener institutioneller Aspekte herausgearbeitet. Dies gilt für europäische Rückwirkungen auf staatliche Strukturen (Muster der Kompetenzverteilung zwischen unterschiedlichen Ebenen) und Verwaltungstraditionen (Knill 2001; Kohler-Koch et al. 1998) oder Beziehungsmuster zwischen unterschiedlichen staatlichen Ebenen (z. B. Bund und Ländern) ebenso wie für die Europäisierung nationaler Identitäten, Rechtssysteme (Schwarze 1996) oder Governance-Strukturen (Kohler-Koch/Eising 1999; Kohler-Koch 1999).

Unabhängig davon, ob nun der Fokus auf Politikinhalte, Prozesse oder institutionelle Strukturen gerichtet ist, verweisen die bisher vorliegenden Forschungsergebnisse grundsätzlich darauf, dass mit der Europäisierung weit reichende Auswirkungen auf nationale Arrangements einhergehen können. Allerdings zeigen die empirischen Befunde, dass die nationalen Auswirkungen europäischer Politik über verschiedene Politikbereiche und Mitgliedstaaten hinweg stark variieren. Dieselbe europäische Maßnahme kann in einem Land fundamentale Reformen auslösen, während sich in anderen Mitgliedstaaten keinerlei Effekte beobachten lassen. In gleicher Weise zeigt sich, dass das Ausmaß der Europäisierung innerhalb desselben Mitgliedstaates sowohl zwischen als auch innerhalb verschiedener Politiksektoren starken Schwankungen unterliegt (vgl. Caporaso/Cowles/Risse 2001; Héritier et al. 2001; Knill/Lenschow 1998). Kurz: Ob und gegebenenfalls welchen Unterschied Europa für nationale Strukturen, Prozesse und Politikinhalte macht, variiert von Sektor zu Sektor und von Mitgliedstaat zu Mitgliedstaat.

2.3 Theoretische Erklärungen von Europäisierungseffekten

Auf der Suche nach theoretischen Konzepten zur Erklärung der stark variierenden Effekte der Europäisierung stößt man auf eine Vielzahl unterschiedlicher Ansätze. Es gibt bislang keine umfassende Europäisierungstheorie, sondern allenfalls theoretische Fragmente, die an unterschiedlichen analytischen Aspekten ansetzen. So wird zum einen auf die institutionelle Kompatibilität europäischer und nationaler Arrangements als zentrale Erklärungsvariable abgehoben, d. h. der Höhe des von europäischen Maßnahmen ausgehenden Anpassungsdruck für nationale Institutionen (Duina 1997; Héritier/Knill/Mingers 1996; Olsen 1995). Andere Autoren hingegen bezweifeln die Relevanz dieses Arguments und konzentrieren sich statt dessen auf die Frage, inwieweit europäische Policies die institutionellen Handlungsmöglichkeiten (Opportunity Structures) nationaler Akteure verändern und auf diese Weise zu mehr oder weniger starken Reformen auf nationaler Ebene beigetragen haben (Lehmkuhl 1999; Schneider 2001). Eine dritte Gruppe von Studien wiederum schlägt eine Kombination aus Kompatibilitäts- und Opportunity Structures-Argumenten vor (Green Cowles/Risse 2001; Knill/Lenschow 1998). Schließlich finden sich Versuche, nationale Europäisierungsmuster durch eine Verbindung institutionalistischer und kognitiver Ansätze zu erklären (Checkel 2001a; Lavenex 1999).

Vor dem Hintergrund dieser unterschiedlichen Konzepte ist es nicht das Ziel der folgenden Ausführungen, bisherige Erklärungsangebote zu kritisieren und durch ein neues universell gültiges Konzept zu ersetzen.[1] Vielmehr soll es darum

---

1 Vgl. Radaelli 2000 für eine generelle Systematisierung der Europäisierungsforschung.

gehen, die verschiedenen Erklärungsmodelle vorzustellen und die Bedingungen zu identifizieren, unter denen diese Ansätze mehr oder weniger relevant sind. Die Ausführungen orientieren sich dabei insbesondere an der analytischen Unterscheidung unterschiedlicher Mechanismen der Europäisierung.

2.3.1 Mechanismen der Europäisierung

Knill und Lehmkuhl (2002b) identifizieren drei idealtypische Mechanismen, um die Wirkungsweise europäischer Policies auf nationale Institutionen, politische Prozesse und Politikinhalte zu charakterisieren. Dabei erfordert jeder Mechanismus die Anwendung unterschiedlicher Erklärungskonzepte, um die Varianz nationaler Anpassungsmuster zu verstehen.

So kann europäische Politik erstens ein konkretes institutionelles Modell im Hinblick auf die Anpassung und Ausgestaltung nationaler Staatlichkeit vorschreiben. Dies ist dann der Fall, wenn die ordnungsgemäße Umsetzung europäischer Vorgaben auf nationaler Ebene an weit reichende institutionelle und instrumentelle Anforderungen geknüpft ist. Es besteht eine enge Kopplung zwischen effektiver Implementation und der Anpassung nationaler Verwaltungsstrukturen und Regulierungsstile. In diesem Fall basieren die Effekte der Europäisierung primär auf rechtlicher Verpflichtung.

Europäische Politik kann sich zweitens auf die gezielte Beeinflussung der strategischen Handlungsmöglichkeiten nationaler Akteure beschränken. Europäische Policies definieren in diesem Fall weniger konkrete Vorgaben für die Ausgestaltung nationaler Staatlichkeit, sondern zielen darauf ab, die institutionellen Gelegenheitsstrukturen (Opportunity Structures) nationaler Akteure zu verändern. Diese EU-induzierten Verschiebungen im Hinblick auf das Macht- und Einflusspotential können wiederum in entsprechenden Anpassungen nationaler Regulierungsmuster resultieren.

Hiervon zu unterscheiden ist ein dritter Mechanismus der Europäisierung, der weder auf der Definition institutioneller Modellvorgaben noch auf der Verände-

Tabelle 3.1: Mechanismen der Europäisierung

Mechanismus	*Wirkungsweise / Logik*
Europäisierung durch Vorgabe institutioneller Modelle	Rechtlicher Zwang (*compliance*)
Europäisierung durch Veränderung nationaler Gelegenheitsstrukturen	Umverteilung von Macht und Ressourcen
Europäisierung durch Veränderung nationaler Ideen und Annahmen	Kognitiv (Perzeption und Konzeption politischer Probleme)

rung nationaler Gelegenheitsstrukturen basiert. Vielmehr ist europäische Politik in solchen Fällen primär darauf ausgerichtet, die auf nationaler Ebene dominanten Ideen und Annahmen im Hinblick auf die Perzeption und Lösung bestimmter politischer Probleme zu beeinflussen. In diesem Fall basieren die Effekte der Europäisierung auf einer kognitiven Logik; rechtlicher Zwang oder strategische Handlungsmöglichkeiten nationaler Akteure sind von nachrangiger Bedeutung.

2.3.2 Europäisierung durch die Vorgabe institutioneller Modelle

Europäische Politik kann Veränderungen auf nationaler Ebene auslösen, indem sie konkrete Vorgaben für die Ausgestaltung nationaler Staatlichkeit definiert. Die Anpassung nationaler Institutionen ergibt sich aus dieser Perspektive als Ergebnis verbindlicher Entscheidungen autorisierter Akteure (dem Europäischen Parlament und dem Ministerrat) (Kohler-Koch et al. 1998: 21).

Dieser Mechanismus der Europäisierung findet sich vor allem, wenngleich nicht ausschließlich, in Fällen der positiven Integration (Taylor 1983), wie etwa in den Bereichen Umweltschutz, Arbeitsschutz, Verbraucherschutz oder Sozialpolitik. Hier zielen europäische Policies generell darauf ab, bestehende nationale Arrangements im Sinne supranationaler Vorstellungen zu ersetzen. Sie erfordern so eine „positive Umgestaltung" bestehender nationaler Arrangements (Scharpf 1999a). Diese direkte institutionelle Wirkung europäischer Vorgaben wurde insbesondere für die Bereiche Umweltpolitik und Sozialpolitik eingehend analysiert (Knill/Lenschow 1998; Falkner 2000).

Wie können wir unterschiedliche Muster nationaler Veränderungen in Fällen erklären, in denen die europäische Politik ausdrücklich ein bestimmtes institutionelles Modell für die Anpassung vorschreibt? Angesichts der Tatsache, dass von europäischer Seite relativ konkrete Anforderungen im Hinblick auf institutionelle Anpassungen in den Mitgliedstaaten erfolgen, liegt es nahe, unterschiedliche Anpassungsmuster auf der Basis eines neo-institutionalistischen Ansatzes zu erklären. In dieser Perspektive wird der Grad der institutionellen Kompatibilität europäischer Vorgaben und nationaler Arrangements (*goodness of fit*) als entscheidende Erklärungsgröße herangezogen.

Ausgangspunkt ist hierbei einer der zentralen Befunde innerhalb der verschiedenen neo-institutionalistischen Ansätze (Hall/Taylor 1996): Die Beobachtung, dass institutionelle Anpassungen an externe – in unserem Fall europäische – Vorgaben generell nur im Rahmen gewisser Grenzen erwartet werden können. Bestehende Institutionen beeinflussen das strategische Handeln von Akteuren, indem sie bestimmte Handlungskorridore eröffnen und gleichzeitig andere Optionen ausschließen. Institutioneller Wandel basiert daher auf inkrementellen Anpassungen entlang bestimmter Pfade; fundamentale „Pfadsprünge" geschehen nur in krisenhaften Umbruchsituationen. Die Betonung institutioneller Stabilität und Kontinuität ist allerdings nicht gleichbedeutend mit einem statischen Verständnis institutioneller Entwicklung. Vielmehr befinden sich Institutionen gewissermaßen in einem ständigen Prozess der Anpassung an ihr Umfeld. Entscheidend ist hierbei jedoch, dass das Ausmaß dieser Anpassungen durch den strukturierenden Einfluss existierender institutioneller Arrangements beschränkt wird. Institutioneller Wandel beschränkt sich daher zumeist auf Aspekte, welche die grundlegende Identität einer Institution nicht in Frage stellen (Thelen/Steinmo 1992; March/Olsen 1989).

Mit dieser abstrakten Argumentation ist freilich wenig gewonnen, solange keine Kriterien entwickelt werden, um zu beurteilen, wann europäische Vorgaben die Anpassungskapazität nationaler Institutionen übersteigen und wann nicht. In diesem Zusammenhang wird analytisch zwischen drei Konstellationen institutionellen Anpassungsdrucks unterschieden, die sich mit unterschiedlichen Erwartungen bezüglich der Anpassung nationaler Arrangements verbinden (Knill 2001; Knill/Lenschow 1998; vgl. Sabatier 1993).

In einem ersten Szenario lassen sich Konstellationen identifizieren, in denen die europäischen Vorgaben weitgehend mit den bestehenden Regulierungsmustern und Verwaltungstraditionen auf nationaler Ebene vereinbar sind, also keine oder nur sehr geringfügige institutionelle Anpassungen erfordern. In solchen Fällen kann von einer relativ geringen Europäisierung nationaler Staatlichkeit ausgegangen werden, da keine Erfordernisse institutioneller Anpassung bestehen.

Das zweite Szenario bezieht sich auf Konstellationen sehr hohen Anpassungsdrucks. Europäische Anforderungen übersteigen die Anpassungskapazität nationaler Institutionen. Die fehlende oder nur unzureichende Anpassung nationaler Institutionen ist die wahrscheinliche Konsequenz. In Anlehnung an die Operationalisierung von Krasner (1988) sind Konstellationen hoher institutioneller Inkompatibilität vor allem dann gegeben, wenn europäische Vorgaben in Widerspruch treten mit nationalen Arrangements, die sich durch einen hohen Grad an institutioneller Verankerung in ihrem institutionellen Umfeld auszeichnen. Im

Abb. 3.1 Institutioneller Anpassungsdruck und staatlicher Wandel

Institutioneller Anpassungsdruck	Wahrscheinlichkeit nationalen Wandels
Gering	Gering
Moderat	Abhängig von Akteurskonstellation auf nationaler Ebene Gering oder Hoch
Hoch	Gering

konkreten Fall bezieht sich dies etwa auf Merkmale sektoraler Regulierung, die generelle Aspekte der nationalen Staats-, Verwaltungs- und Rechtstradition repräsentieren und die somit durch eine starke Einbettung in den makro-institutionellen Kontext des politisch-administrativen und rechtlichen Systems gekennzeichnet sind. Betreffen europäische Vorgaben die Veränderung solcher Kernaspekte nationaler Verwaltungssysteme, so ist davon auszugehen, dass administrative Anpassung eher unwahrscheinlich ist. In diesem Fall spielen nationale Institutionen eine relativ determinierende Rolle im Hinblick auf das Ergebnis der Nichtanpassung.

Das dritte Szenario institutionellen Anpassungsdrucks bezieht sich auf Konstellationen, in denen europäische Vorgaben zwar durchaus substantielle Anpassungsleistungen verlangen, sie stellen jedoch institutionell fest verankerte Kernaspekte nationaler Regulierungsmuster nicht in Frage, sondern sind mit letzteren kompatibel. Europäische Vorgaben implizieren in solchen Konstellationen lediglich moderate institutionelle Veränderungen, ohne dabei jedoch in Widerspruch zu treten mit generellen Charakteristika nationaler Staats-, Verwaltungs- und Rechtstraditionen.

In solchen Fällen ist zwar eher mit einer Anpassung nationaler Arrangements zu rechnen; es kann jedoch keineswegs vorausgesetzt werden, dass die erforderlichen institutionellen Anpassungen tatsächlich stattfinden. Im Gegensatz zu den beiden anderen Konstellationen befinden wir uns hier in einer Art „Grauzone", in der eine rein institutionalistische Betrachtung nicht ausreichend ist, um eindeutige Erwartungen im Hinblick auf mögliche Europäisierungseffekte zu gewinnen. Vielmehr ist es in diesen Fällen erforderlich, die institutionalistische Sichtweise durch eine akteursorientierte Analyse zu ergänzen. Gefragt wird, inwieweit Anpassungen an europäische Vorgaben von nationalen Akteuren unterstützt werden und inwieweit solche Akteure vor dem Hintergrund ihrer Ressourcen und institutionellen Handlungsmöglichkeiten in der Lage sind, diese Anpassungen durchzusetzen.

2.3.3 Europäisierung durch die Veränderung nationaler Opportunity Structures

Grundsätzlich anders in ihrer Wirkung sind europäische Policies, deren primärer Einfluss sich an der Veränderung der nationalen Opportunity Structures manifestiert, d. h. der Umverteilung von Einfluss und Ressourcen zwischen nationalen Akteuren. Anstatt positive Vorgaben für die Regulierung nationaler Märkte zu definieren, beschränken sich europäische Policies in diesen Bereichen primär darauf, bestimmte nationale Regulierungsoptionen auszuschließen.

Beispiele, bei denen dieser Mechanismus der Europäisierung eine zentrale Rolle spielt, finden sich insbesondere im Bereich der Marktliberalisierung (negative Integration). Durch europäische Policies bedingte Einschränkungen zeigen sich etwa im Hinblick auf das Verbot solcher nationaler Arrangements, welche die Funktionsweise des europäischen Binnenmarktes in Frage stellen, z. B. durch protektionistische oder in unzulässiger Weise diskriminierende Vorschriften. Von

diesen Einschränkungen abgesehen, sind die Mitgliedstaaten jedoch nicht verpflichtet, ihre Regulierungsmuster im Sinne eines von der europäischen Gesetzgebung vorgeschriebenen institutionellen Modells zu ersetzen (Scharpf 1994b).
Entsprechend stellt die Wirkung europäischer Policies mit Blick auf die strategische Position nationaler Akteure den Ausgangspunkt für die Erklärung der Varianz nationaler Anpassungsmuster dar.

Auch die nationalen Auswirkungen europäischer Policies, die primär auf die
Veränderung nationaler Opportunity Structures abzielen, können im Rahmen eines zweistufigen Erklärungsansatzes erfasst werden. Die einzelnen Erklärungs-
schritte unterscheiden sich jedoch deutlich von dem zuvor entwickelten Konzept. So sind in diesen Fällen national unterschiedliche Anpassungsreaktionen
nicht in erster Linie eine Frage des institutionellen Anpassungsdrucks. Denn dieser kann grundsätzlich als gering eingeschätzt werden, da europäische Policies in
diesem Kontext primär auf die Einschränkung bestimmter Optionen für die nationale Regulierung und weniger auf deren Anpassung an europäische Modellvorgaben ausgerichtet sind.

Der Ausgangspunkt für die Erklärung ist vielmehr der zugrunde liegende Mechanismus der Europäisierung dieser Policies, der darauf abzielt, Einflussmöglichkeiten und Ressourcen zwischen nationalen Akteuren neu zu verteilen. So
kann die Varianz nationaler Anpassungsmuster erklärt werden, indem man die
Wirkung europäischer Politiken mit Blick auf die strategische Position nationaler
Akteure untersucht. Die EU-Politik zur Liberalisierung des Straßengüterver-
kehrs beispielsweise eröffnet neue strategische Optionen für die Nachfrageseite
(z. B. können Firmen entscheiden, ob sie ihre Güter von einem ausländischen
oder inländischen Fuhrunternehmer transportieren lassen wollen), während gewisse Handlungsoptionen für die Angebotsseite ausgeschlossen werden (wie etwa protektionistische Regelungen zum Schutz des nationalen Transportgewerbes
vor europäischer Konkurrenz).

Im Rahmen des ersten Erklärungsschrittes stellt sich daher zunächst die Frage,
in welchen Konstellationen europäische Policies nationale Opportunity Structures derart verändern, dass das auf nationaler Ebene bestehende institutionelle
Gleichgewicht wirksam in Frage gestellt wird und entsprechende Reformen in
Gang gesetzt werden. Anders formuliert: In welchem Maße ist es möglich *ex ante* Konstellationen auszumachen, in denen der europäische Mechanismus der
Veränderung nationaler Opportunity Structures mehr oder weniger effektiv ist?

Héritier und Knill (2001) argumentieren in diesem Zusammenhang, dass das
Potential europäischer Einwirkungen auf nationale Regulierungsmuster in dem
Maße steigt, in dem nationale Opportunity Structures durch eine relativ ausge-
wogene Macht- und Ressourcenverteilung zwischen verschiedenen Akteurskoalitionen gekennzeichnet sind. Solche Verhältnisse sind etwa dann gegeben, wenn
der politische Aggregations- und Artikulationsprozess relativ offen ist (also keine privilegierten Zugangs- und Einflussmöglichkeiten für einzelne Akteure bestehen). Je ausgeglichener diese Konstellation, desto eher kann europäischer Ein-

fluss das bestehende institutionelle Gleichgewicht zugunsten einer bestimmten Akteurskoalition verändern und damit entsprechende Reformen auslösen. Vereinfacht gesprochen: Je umstrittener das auf nationaler Ebene bestehende Regulierungskonzept, desto eher kann europäischer Einfluss die politischen Kräfteverhältnisse zugunsten einer bestimmten Koalition verschieben.

Es kann aber auch der Fall sein, dass die bestehenden Gelegenheitsstrukturen durch eine eindeutige Dominanz einer Akteurskoalition gekennzeichnet sind. In solchen Fällen lässt sich ein geringeres Potential für EU-induzierte Reformprozesse vermuten. So wird es einerseits kaum einen Unterschied machen, wenn der europäische Einfluss die Position derjenigen Akteure stärkt, die sich ohnehin schon in der dominanten Position befinden. Andererseits dürfte der europäische Einfluss vielfach nicht ausreichen, um die Stellung opponierender Akteure in einer Weise zu stärken, die es ihnen möglich macht, nationale Reformen gegen den Widerstand der dominanten Akteurskoalition erfolgreich durchzusetzen.

Dieser erste Erklärungsschritt erlaubt uns jedoch lediglich, solche Konstellationen auszumachen, in denen EU-induzierte Veränderungen mehr oder weniger wahrscheinlich sind. Wenn wir aber zu der Schlussfolgerung kommen, dass es ein hohes Potential für europäische Einflussnahme gibt, sagt dieser erste Schritt nichts über die mögliche Richtung der nationalen Veränderung aus. Da kein vorgegebenes europäisches Modell verbindlich umzusetzen ist, gibt es einen großen Spielraum hinsichtlich der nationalen Anpassung.

Um die Richtung des nationalen Wandels zu erklären, bedarf es daher eines zweiten Erklärungsschrittes, in dessen Rahmen analysiert wird, inwieweit nationale Reformen entweder in Einklang mit europäischen Regulierungszielen stehen oder von ihnen abweichen. In diesem Zusammenhang ist es von wichtiger Bedeutung, ob europäische Politik entweder jene nationalen Akteure stärkt, die europakonforme Regelungsanpassungen ablehnen oder solche, die entsprechende Anpassungen unterstützen (Héritier/Knill 2001). Diese Frage lässt sich aus einer *ex ante* Perspektive kaum beantworten, sondern bedarf einer genauen Analyse der spezifischen Konstellation, die auf der nationalen Ebene gegeben ist. Folglich können wir nur dann europakonforme Reformen erwarten, wenn europäische Veränderungen in nationalen Gelegenheitsstrukturen tatsächlich diejenigen Akteurskoalitionen stärken, welche die Ziele europäischer Maßnahmen unterstützen. Ist hingegen das Gegenteil der Fall, ist es durchaus denkbar, dass EU-induzierte Reformen paradoxerweise zu Ergebnissen führen, welche von den der europäischen Politik zugrunde liegenden Zielen abweichen.

2.3.4 Europäisierung durch Veränderung nationaler Ideen und Überzeugungen

Von europäischen Policies der Marktschaffung sowie der Korrektur von Marktprozessen lassen sich analytisch solche Aktivitäten unterscheiden, deren nationale Auswirkungen primär auf den Veränderungen von Ideen und Überzeugungen nationaler Akteure basieren. Solche Verschiebungen können sich in geänderten Präferenzordnungen dieser Akteure niederschlagen und damit entsprechende regulative Reformen auslösen (Kohler-Koch 1999: 27-28). Dieser auf kognitiven Effekten basierende Mechanismus europäischer Politik kann insbesondere bei Policies beobachtet werden, die darauf ausgerichtet sind, das Feld für eine darauf folgende, weiter gehende Maßnahme der positiven oder negativen Integration zu bereiten. Statt konkrete Regulierungsmodelle vorzugeben oder nationale Gelegenheitsstrukturen gezielt zu beeinflussen, zielen diese Policies darauf ab, auf nationaler Ebene politische Unterstützung für umfassendere europäische Reformziele zu mobilisieren (vgl. Ingram/Schneider 1990). Solche Policies lassen sich insbesondere dann beobachten, wenn tief greifende Interessenkonflikte zwischen den Mitgliedsstaaten nur geringen Spielraum für weiter gehende europäische Policies belassen.

Um diese kognitiven Effekte zu illustrieren, bietet sich die europäische Eisenbahnpolitik als Beispiel an[2], die lange Zeit durch zwei Aspekte gekennzeichnet war. Auf der einen Seite gelang es auf der nationalen Ebene aufgrund unterschiedlicher Vorstellungen der involvierten Akteure nicht, die finanziellen Probleme der Eisenbahnen zu bewältigen. Auf der anderen Seite scheiterte die Kommission mit ihren Versuchen zur Formulierung einer gemeinsamen europäischen Eisenbahnpolitik an der Interessenheterogenität der Mitgliedstaaten.

So nahm die Kommission seit Ende der achtziger Jahre Abstand von ihren ursprünglichen Plänen zur Integration der nationalen Eisenbahngesellschaften. Vielmehr verschob sie den Schwerpunkt ihrer Politik hin zu deren organisatorischer und regulativer Reform. Kernpunkte dieser Reformen bilden die Stärkung der Unabhängigkeit des Bahnmanagements gegenüber politischer Einflussnahme, die Regelung der finanziellen Beziehungen zwischen der staatlichen Verwaltung und den Eisenbahngesellschaften, die Trennung von Infrastruktur und dem Betrieb von Transportdiensten sowie die Regelung des Marktzuganges. Selbst diese stark abgeschwächten Vorschläge der Kommission wurden jedoch im Rahmen des politischen Beratungsprozesses auf der europäischen Ebene vom Rat und vom Europäischen Parlament noch weiter verwässert. Demzufolge stellte auch die letztlich auf den Weg gebrachte europäische Gesetzgebung keine wirklich ernsthafte Herausforderung für die etablierte Eisenbahnpolitik in den Mitgliedsstaaten dar, sondern zeichnete sich durch einen relativ unverbindlichen Charakter aus.

Die Kommission war sich der begrenzten Wirksamkeit des letztlich verabschiedeten Vorschlags völlig bewusst. Anders als bei ihrem ursprünglichen ambitionierten Ziel, die nationalen Eisenbahnen mit einem „top-down"-Ansatz zu reformieren, bestand ihre neue Strategie darin, den nationalen Kontext von Politikgestaltung durch die Erhöhung der nationalen Unterstützung für ihr Reformprogramm zu verändern (Kerwer/Teutsch 2001).

---

[2] Die Bedeutung kognitiver Wirkungen europäischer Politiken auf nationale Politiken, Entscheidungsprozesse und Identitätsaspekte wurde z. B. auch im Bereich der Flüchtlingspolitik (Lavenex 1999) oder der Staatsbürgerschaft (Checkel 2001a) nachgewiesen.

Im Gegensatz zu europäischen Policies, deren Wirkung aus einer Veränderung der nationalen Opportunity Structures hervorgeht, zielen Policies, die auf der Veränderung nationaler Erwartungen und Überzeugungen basieren, primär darauf ab, den kognitiven Input in diese Opportunity Structures zu verändern. Für die Erklärung der nationalen Auswirkungen solcher Policies stellt sich damit die Frage, ob und inwieweit die europäische Gesetzgebung die Ideen und Überzeugungen von nationalen Akteuren in ausreichendem Maße verändert hat, um entsprechende regulative Anpassungen hervorzubringen.

Hierbei lassen sich zwei Konstellationen unterscheiden. Erstens kann die Wirkung europäischer Aktivitäten das *Ergebnis* nationaler Reformen verändern, die sich unabhängig vom europäischen Einfluss ereignen. Von dieser Konstellation kann man ausgehen, wenn es auf der nationalen Ebene bereits einen prinzipiellen Konsens über die Durchführung von Reformen gibt. In diesen Fällen können europäische Überzeugungen und Ideen einen Orientierungspunkt für die nationalen Entwicklungen darstellen und mögliche Lösungen und Konzepte für nationale Probleme anbieten. Zweitens kann europäische Politik auch den *Reformprozess* selbst betreffen, wenn nationale Reformgegner unter dem Einfluss europäischer Ideen ihre Präferenzordnungen verändern und ihren Widerstand gegen entsprechende Reformen aufgeben. So bewirkte allein die Tatsache, dass von europäischer Seite eine gemeinsame Eisenbahnpolitik angestrebt wurde, dass sich sowohl die deutschen Länder als auch die Gewerkschaften, die einer Reform der Deutschen Bahn zu Beginn der 90er Jahre noch skeptisch gegenüber standen, ihre Interessenpositionen veränderten. Zum einen setzte sich auf Länderseite die Überzeugung durch, dass die Frage der Regionalisierung, so wie sie in der europäischen Gesetzgebung angelegt worden war, nicht zwangsläufig als ein Verteilungskonflikt zwischen den Ländern und der Bundesebene betrachtet werden musste. Vielmehr konnte darin auch ein Beitrag zur Steigerung der Kosteneffizienz gesehen werden. Zum anderen veränderten auch die Gewerkschaften ihre Strategie. Europäische Liberalisierungspolitiken wurden weniger als Bedrohung für Arbeitsplätze begriffen. Vielmehr erkannten sie in der Pro-Bahn-Einstellung, die der europäischen Politik zugrunde lag, eine Chance zur Stärkung der Rolle der Bahn und damit auch eine Chance für die zukünftige Sicherung der Arbeitsplätze im Bahnbereich (Knill/Lehmkuhl 2002b).

Dabei ist die Wahrscheinlichkeit, mit der solche Entwicklungen erwartet werden können, abhängig von der anfänglichen Konstellation nationaler Opportunity Structures. So ist kaum zu erwarten, dass europäische Politik substantielle Auswirkungen hat, wenn das Anfangsniveau der nationalen Unterstützung für europäische Ziele sehr niedrig ist und die dominante Akteurskoalition von Reformgegnern über ausreichende institutionelle Vetopunkte verfügt, um ihre Interessen durchzusetzen. Die nationale Wirkung auf kognitive Veränderungen abzielender europäischer Policies hängt deshalb stark von der Kongruenz europäischer und nationaler Ideen sowie von den gegebenen institutionellen Handlungsoptionen möglicher Reformgegner ab.

Die bisherigen Überlegungen haben deutlich gemacht, dass das analytische Instrumentarium, auf dessen Basis die national und sektoral variierenden Auswirkungen europäischer Integration erklärt werden können, von dem spezifischen Mechanismus der Europäisierung bestimmt wird, welcher der jeweiligen europäischen Politik zugrunde liegt. Zu betonen ist allerdings, dass die hier vorgestellten Aussagen auf einer idealtypischen Betrachtung verschiedener Mechanismen der Europäisierung basieren. Diese rein analytische Unterscheidung kann eine tragfähige Basis für weitergehende Forschungsaktivitäten bieten, in deren Mittelpunkt es insbesondere um die Frage potentieller Wechselwirkungen und Interdependenzen zwischen unterschiedlichen Mechanismen der Europäisierung gehen sollte. Denn viele europäischen Policies sind in der Realität durch eine Mischform unterschiedlicher Wirkungsmechanismen gekennzeichnet.

3 Die Implementation europäischer Politiken

Die Frage nach den nationalen Effekten europäischer Politik steht nicht nur im Kern der Europäisierungsforschung. Sie ist darüber hinaus von zentraler Bedeutung um die Effektivität der Umsetzung und Durchführung europäischer Maßnahmen zu beurteilen. Was wird aus einem europäischen Gesetz oder Programm, nachdem es auf europäischer Ebene offiziell verabschiedet wurde? Wie gestaltet sich die formale Umsetzung und praktische Anwendung der Rechtsakte auf nationaler Ebene? Welche Probleme und Abweichungen von europäischen Zielvorgaben lassen sich beobachten? Auf den ersten Blick könnte man vermuten, dass solche Fragen relativ trivial sind. Warum sollten bei einer scheinbar wohl durchdachten Maßnahme, die von allen beteiligten Akteuren abgesegnet wurde, anschließend Probleme bei der Durchführung auftreten? Dass sich die Konstellation in der politischen Realität weitaus komplexer darstellt, wird nicht nur an den weit reichenden Implementationsdefiziten deutlich, die generell für die europäische Politik konstatiert werden. Vielmehr zeigte die Implementationsforschung schon in den siebziger und achtziger Jahren, dass auch bei nationalen Programmen große Abweichungen und Zielverschiebungen während der Durchführungsphase auftreten können. Verwaltungsbehörden folgen im Vollzug keineswegs immer uneingeschränkt den politischen Vorgaben und selbst wenn sie dies tun, weichen die Ergebnisse in manchen Fällen deutlich von den politischen Erwartungen ab.

So untersuchten etwa Pressman und Wildavsky (1973) in ihrer klassischen Studie zur Politikimplementation, warum ein Arbeitsmarktprogramm des amerikanischen Bundesstaates, das breite politische Unterstützung fand, auf der Ebene der Gliedstaaten nicht ordnungsgemäß umgesetzt wurde. Der Untertitel ihres Buches fasst die zentrale Botschaft der Analyse prägnant zusammen: „How great expectations in Washington are dashed in Oakland; or, why it's amazing that federal programmes work at all…". Pressman und Wildavsky argumentierten, dass die effektive Umsetzung politischer Programme eher die Ausnahme als die Regel darstellt, da hierfür die Kooperation einer Vielzahl von involvierten Akteuren innerhalb der Implementationskette erforderlich ist (von den politischen Entscheidungsträgern über die beteiligten Verwaltungsebenen bis hin zu unterschiedlichen gesellschaftlichen Interessengruppen und Policy-Adressaten), die alle versuchen, die Durchführung gemäß ihrer Interessen zu beeinflussen.

Der Befund, dass eine Verschiebung von Programmzielen und Abweichungen von ursprünglichen politischen Intentionen während der Implementationsphase sehr häufig zu beobachten sind, lässt gerade für die europäische Politik eine hohe Diskrepanz zwischen Anspruch und Wirklichkeit politischer Aktivitäten vermuten. Dies ergibt sich zunächst aus der Tatsache, dass bei der Durchführung von EU-Maßnahmen grundsätzlich eine Vielzahl von Entscheidungsstellen auf unterschiedlichen institutionellen Ebenen beteiligt ist. Überdies verfügt die Kommission, welche als „Hüterin der Verträge" die Umsetzung des Gemeinschaftsrechts in den Mitgliedstaaten kontrolliert, über vergleichsweise geringe Ressourcen, um die Kooperation der am Implementationsprozess beteiligten staatlichen und privaten Akteure auf hierarchischem Wege zu gewährleisten. Vielfach wird der EU deshalb ein systematisches Implementationsproblem unterstellt (Krislov et al. 1986; Mendrinou 1996; Snyder 1993; Tallberg 1999; Weiler 1988).

Ausgehend von dieser generellen Einschätzung wird zunächst die empirische Ausgangslage skizziert. Was sind die institutionellen Rahmenbedingungen, die für die Durchführung europäischer Politiken relevant sind? Wie groß ist das europäische Implementationsdefizit und welche Maßnahmen wurden ergriffen, um dieses Defizit zu reduzieren? Diese Bestandsaufnahme bildet die Basis für eine anschließende theoretische Interpretation und Analyse der empirischen Befunde.

3.1 Implementationseffektivität europäischer Politik: Rahmenbedingungen und politische Entwicklungen

Betrachtet man die politische und wissenschaftliche Diskussion zur Implementation europäischer Politik, so fallen insbesondere zwei Aspekte auf, die im Rahmen der nachfolgenden Ausführungen näher analysiert werden sollen. Erklärungsbedürftig ist zunächst die Tatsache, dass die Implementation europäischer Politik erst vergleichsweise spät (gegen Mitte der achtziger Jahre) als politisches Problem thematisiert wird. In einem zweiten Schritt stellt sich das Problem der generellen Beurteilung der Implementationseffektivität, die je nach gewähltem Maßstab stark variieren kann. Zuvor sollen jedoch die institutionellen und prozeduralen Rahmenbedingungen skizziert werden, welche für die Implementation europäischer Politik von Bedeutung sind.

3.1.1 Institutionelle Rahmenbedingungen

Aus den europäischen Vertragsgrundlagen ergibt sich eine klare Zuständigkeitsverteilung bezüglich der Implementation europäischer Politik. So obliegt die

Durchführung gemeinschaftlicher Rechtsakte grundsätzlich den Mitgliedstaaten (Art. 10 [ex-Art. 5] EGV). Für die Kontrolle der Umsetzung und Anwendung des Gemeinschaftsrechts in den Mitgliedstaaten ist die Kommission als „Hüterin der Verträge" zuständig. Um die korrekte Implementation europäischer Maßnahmen zu sichern, kann die Kommission nach Art. 226 (ex-Art. 169) EGV ein Vertragsverletzungsverfahren gegen Mitgliedstaaten einleiten, welche die Verpflichtungen, die sich aus dem Gemeinschaftsrecht ergeben, nicht erfüllt haben. Bevor allerdings ein solches Verfahren eingeleitet wird, unternimmt die Kommission verschiedene informelle und formelle Schritte, um die ordnungsgemäße Umsetzung von Rechtsakten zu gewährleisten. Hierbei lassen sich verschiedene Verfahrensstufen unterscheiden.

Vermutet die Kommission, dass in einem Mitgliedstaat ein Verstoß gegen das Gemeinschaftsrecht vorliegt, nimmt sie zunächst informelle Kontakte mit den zuständigen nationalen Stellen auf, um Einzelheiten und mögliche Probleme der Durchführung der betroffenen Maßnahme zu besprechen (Collins/Earnshaw 1992; Krämer 1996). Erst wenn die Kommission im Rahmen dieser Kontakte zu der Auffassung gelangt, dass die Implementation nicht ordnungsgemäß erfolgt ist, wird die zweite Stufe des Verfahrens eingeleitet, die aus einem förmlichen Mahnschreiben der Kommission an den Mitgliedstaat besteht. (Holzinger 1994: 102; Jordan 1999: 74) Auf diese Weise soll dem Mitgliedstaat die Möglichkeit gegeben werden, mögliche Unklarheiten und Probleme im Implementationsprozess zu klären und gegebenenfalls zu beseitigen. Kommt es auch auf dieser Ebene zu keiner einvernehmlichen Lösung, gibt die Kommission im dritten Schritt eine mit Gründen versehene Stellungnahme ab, in der sie darlegt, inwiefern der betroffene Mitgliedstaat gegen das Gemeinschaftsrecht verstoßen hat. Darüber hinaus wird dem Staat eine Frist gesetzt, innerhalb derer die festgestellten Implementationsdefizite beseitigt werden müssen.

Falls der Mitgliedstaat die sich aus der Stellungnahme ergebenden Verpflichtungen nicht innerhalb der gesetzten Frist erfüllt, kann die Kommission den Europäischen Gerichtshof (EuGH) anrufen. Der Gerichtshof entscheidet endgültig darüber, ob ein Mitgliedstaat gegen eine Verpflichtung aus dem Vertrag verstoßen hat. Der Mitgliedstaat ist dann verpflichtet, die notwendigen Maßnahmen zu ergreifen, die sich aus dem Urteil des EuGH ergeben. Allerdings stehen der EU nur geringe Sanktionsmittel zur Verfügung solche Verpflichtungen gegenüber einzelnen Mitgliedstaaten durchzusetzen. Gewisse Verbesserungen ergaben sich mit dem Vertrag von Maastricht, der in solchen Fällen erstmals die Verhängung von Geldbußen gegen einzelne Mitgliedstaaten ermöglicht.

Vor Anrufung des EuGH kommt es jedoch häufig zu bilateralen Verhandlungen zwischen Kommission und betroffenem Mitgliedstaat, mit dem Ziel, „in letzter Minute" doch noch eine einvernehmliche Lösung zu erzielen. Entsprechend ist die Zahl der Klageerhebungen vor dem EuGH im Verhältnis zu Mahnbriefen und begründeten Stellungnahmen sehr gering (Jordan 1999: 81).

Bei der Einleitung von Vertragsverletzungsverfahren sind drei zentrale Tatbestände zu unterscheiden: die Nichtmitteilung von Umsetzungsmaßnahmen in den Mitgliedstaaten (1), die unrichtige oder unvollständige Umsetzung (2) sowie die unrichtige Anwendung von Gemeinschaftsrecht (3). Während sich die ersten beiden Aspekte auf die formale Umsetzung beziehen, geht es beim dritten Tatbestand um die praktische Anwendung von Gemeinschaftsrecht.

Im Hinblick auf die formale Umsetzung liegt der Fokus auf den jeweiligen Rechts- und Verwaltungsvorschriften, welche ergangen sind, um die sich aus europäischen Richtlinien ergebenden Rechte und Pflichten in die nationale Rechtsordnung zu inkorporieren. Effektive Implementation impliziert in diesem Zusammenhang nicht nur eine fristgerechte und vollständige Anpassung an europäische Vorgaben, sondern setzt außerdem eine entsprechende Integration dieser Vorgaben in den bestehenden regulativen Kontext voraus. Bei der Beurteilung der praktischen Umsetzung europäischer Programme steht das Handeln von Implementeuren und Policy-Adressaten im Mittelpunkt. Inwieweit haben die rechtlichen Veränderungen tatsächlich zu entsprechenden Anpassungen in der nationalen Regulierungspraxis geführt? Werden europäische Vorgaben (beispielsweise Grenzwerte, die Einrichtung neuer Verwaltungsbehörden oder die Änderung bestehender Verwaltungsverfahren) tatsächlich eingehalten (Knill/Lenschow 1999: 595; Weale et al. 2000: 297)?

3.1.2 Politisierung von Implementationsproblemen

Die Tatsache, dass die Diskussion von Implementationsproblemen ein politisches „Tabuthema" war (Jordan 1999: 73), ist keineswegs darauf zurückzuführen, dass in dieser Zeit faktisch keine Defizite aufgetreten sind. Vielmehr waren eine Reihe von Aspekten von Bedeutung, die es weder für die Kommission noch für die Mitgliedstaaten sonderlich attraktiv erscheinen ließen, diese Defizite zu thematisieren.

Sowohl Kommission als auch Mitgliedstaaten konzentrierten ihre Aktivitäten zunächst primär auf die Politikgestaltung. Der Schwerpunkt gemeinschaftlichen Handelns lag auf der Verabschiedung politischer Rechtsakte und weniger auf deren Implementation. Diese Orientierung wurde auf Seiten der Kommission durch ihre institutionellen Eigeninteressen zur Ausweitung ihrer politischen Kompetenzen begünstigt. So hätten verstärkte Interventionen der Kommission zur Kontrolle und Überwachung der Implementationseffektivität die politische Unterstützung der Mitgliedstaaten für die Ausweitung politischer Kompetenzen auf europäischer Ebene gefährdet (Jordan 1999: 74). Die Position der Kommission deckte sich weitgehend mit den Zielen der Mitgliedstaaten, die aus nahe liegenden Gründen kaum daran interessiert waren, ihre jeweiligen Probleme und Versäumnisse bei der Umsetzung europäischer Politik herauszustellen.

Diese Konstellation, welche die weitgehende Depolitisierung von Implementationsproblemen begünstigte, veränderte sich jedoch ab Mitte der achtziger Jahre. Die Effektivität der Implementation europäischer Politik rückte verstärkt ins Zentrum der politischen und wissenschaftlichen Aufmerksamkeit. Zunächst bewirkte das mit der Einheitlichen Europäischen Akte (EEA) 1987 definierte Ziel, die Integration des europäischen Binnenmarktes bis 1992 zu vollenden, dass Fragen der effektiven Umsetzung von Gemeinschaftsrecht an politischer Bedeutung gewannen (Weiler 1988). Die zunehmende Politisierung von Implementationsproblemen ist darüber hinaus maßgeblich durch die Rechtsprechung des EuGH ermöglicht worden. Hervorzuheben sind in diesem Zusammenhang insbesondere die in den Gründungsverträgen nicht enthaltenen Prinzipien der Höherrangigkeit und der direkten Wirkung des Gemeinschaftsrechts. Damit stellte der EuGH nicht nur klar, dass im Falle einer Kollision zwischen europäischen und nationalen Vorschriften die europäische Rechtsnorm als übergeordnet zu betrachten ist. Gleichzeitig ging er davon aus, dass europäische Rechtsakte – unabhängig von ihrer nationalen Umsetzung – auf nationaler Ebene unmittelbar gelten und rechtliche Anspruchspositionen gegenüber den Mitgliedstaaten begründen können (Alter/Meunier-Aitsahalia 1994).

Aufgrund dieser verschiedenen Entwicklungen ist die Implementationseffektivität europäischer Politik insbesondere in den neunziger Jahren zu einem zentralen Thema auf der politischen Agenda geworden. Die Tatsache einer zunehmenden Politisierung dieses Themas erlaubt für sich allein jedoch noch keine Rückschlüsse darüber, wie gut bzw. wie schlecht es um die Implementation europäischer Politiken tatsächlich bestellt ist. Diese Frage sowie damit verbundene Mess- und Beurteilungsprobleme werden im folgenden Abschnitt analysiert.

3.1.3 Probleme der empirischen Messung von Implementationseffektivität

Für eine umfassende Beurteilung der Implementationseffektivität europäischer Politik ist man mangels alternativer Quellen primär auf die von der Kommission bereitgestellten Daten angewiesen. Einschlägig sind hierbei insbesondere die seit 1984 jährlich erstellten Berichte über die Kontrolle der Anwendung des Gemeinschaftsrechts in den Mitgliedstaaten. Wenngleich diese Daten derzeit die einzige umfassende Quelle zur Beurteilung der Implementationseffektivität europäischer Politik darstellen, lassen sich hieraus nur in sehr begrenztem Maße verlässliche Aussagen über generelle Tendenzen gewinnen. Dies ist auf mehrere Probleme zurückzuführen, die sich bei der Interpretation der Daten ergeben.

So wird erstens darauf verwiesen, dass aus dem beobachteten Anstieg der Zahlen für eingeleitete Vertragsverletzungsverfahren, Stellungnahmen und Mahnbriefe nicht automatisch auf einen Anstieg der Implementationsdefizite geschlossen werden kann. So betont etwa Jordan (1999: 81), dass „the recent rise in complaints and infringement proceedings may simply reflect the Commission's determination to tighten up on enforcement rather than increasing lawlessness among member states". Aus dieser Perspektive reflektieren zunehmende Implementationsdefizite eher veränderte politische Prioritäten der Kommission als eine Verschärfung der tatsächlichen Problemlage.

Ein zweites Problem ist darin zu sehen, dass die von der Kommission veröffentlichten Daten teilweise inkonsistent sind. So hat die Kommission immer wieder die Grundlagen für die Erhebung und Zuordnung unterschiedlicher Tatbestände (wie etwa die Zahl von Vertragsverletzungsverfahren) verändert. Gleiches gilt für die Kriterien der Zurechnung einzelner Maßnahmen zu bestimmten Politiksektoren. Die relativ häufige Veränderung der Grundlagen für die Datenerhebung erschwert die Ableitung genereller Aussagen über mögliche Entwicklungstendenzen (Börzel 2001: 803-824).

Drittens sind die Daten der Kommission in verschiedener Hinsicht unvollständig. Einerseits beinhalten sie lediglich diejenigen Verstöße gegen Gemeinschaftsrecht, welche die Kommission selbst aufgedeckt hat bzw. auf welche sie durch Beschwerden seitens der Bevölkerung oder gesellschaftlicher Gruppen aufmerksam wurde. Auf der anderen Seite ist die „Aufklärungsquote" der Kommission bezüglich der formalen und praktischen Umsetzung ungleich verteilt. So lassen sich Defizite der Mitgliedstaaten bei der Transposition europäischer Vorgaben in nationales Recht noch vergleichsweise einfach ermitteln. Im Hinblick auf die praktische Anwendung ist die Kommission hingegen aufgrund fehlender Ressourcen nur begrenzt in der Lage, Implementationsdefizite aufzudecken. Die Statistiken der Kommission beziehen sich daher primär auf Probleme der rechtlichen Umsetzung; die letztlich gravierenderen Probleme der praktischen Anwendung von europäischen Maßnahmen werden nicht ausreichend erfasst (Jordan 1999; Weale et al. 2000: 299).

Eine vierte Schwierigkeit ergibt sich bei der vergleichenden Interpretation der Kommissionsdaten. Denn diese Daten sagen oft mehr über die politischen und administrativen Unterschiede zwischen den Mitgliedstaaten als über Differenzen in der Qualität der Umsetzung von Gemeinschaftsrecht (Jordan 1999: 82; Krämer 2000: 143). So haben Mitgliedstaaten mit föderalen Strukturen typischerweise größere Probleme mit der formalen Umsetzung als unitarische Staaten. Dies ergibt sich daraus, dass die rechtliche Transposition generell umfassende Koordinationserfordernisse mit den Einzelstaaten oder Regionen nach sich zieht, welche für die konkrete Umsetzung verantwortlich sind (Toonen 1992). Mögliche Rückwirkungen auf die Zahl der festgestellten Rechtsverstöße können sich außerdem aus den in den Mitgliedstaaten vorhandenen administrativen Kapazitäten zur Überwachung und Kontrolle der Umsetzung von Gemeinschaftsrecht ergeben. Nur wenn die nationalen Verwaltungen von ihren Ressourcen her in der Lage sind, die Einhaltung europäischer Vorgaben zu überprüfen, besteht überhaupt die Möglichkeit, praktische Implementationsdefizite festzustellen (Holzinger/Knoepfel 2000; Knill/Lenschow 2000).

3.1.4 Generelle Entwicklungstendenzen

Wenngleich aufgrund der beschriebenen Probleme bislang keine solide empirische Basis für eine umfassende Beurteilung der Implementationseffektivität europäischer Politik gegeben ist, können zumindest einige generelle Entwicklungslinien identifiziert werden. Als Ausgangspunkt hierfür dienen nicht nur die Daten der Kommission, sondern auch die Befunde verschiedener politikwissenschaftlicher Untersuchungen zur Implementationseffektivität in einzelnen Feldern europäischer Politik (Börzel 2000; Collins/Earnshaw 1992; Jordan 1999; Knill/Lenschow 1999, 2000; Krämer 1996; Lübbe-Wolff 1996; Macrory 1992; Siedentopf/Ziller 1988).

Zwar ist auf der Basis dieser Befunde kaum eine gesicherte Beurteilung dahingehend möglich, ob die verstärkte Politisierung von Implementationsdefiziten, wie sie sich seit den achtziger Jahren beobachten lässt, tatsächlich mit einer realen Zunahme von Implementationsproblemen korreliert oder lediglich auf eine Verschiebung politischer Prioritäten und Problemwahrnehmungen zurückzuführen ist. Auffallend ist jedoch zunächst die hohe Varianz in der Implementationseffektivität, die sich über einzelne Politiksektoren identifizieren lässt. So zeigt der Vergleich über Politikfelder, dass Implementationsprobleme insbesondere in den Bereichen Umweltschutz, Binnenmarkt, Verbraucherschutz und Sozialpolitik weitaus ausgeprägter sind als in anderen Politikfeldern der Gemeinschaft.

Zweitens sind entsprechende Unterschiede zwischen den Mitgliedstaaten weniger ausgeprägt als man dies zunächst vermuten könnte. So wird etwa die vielfach geäußerte Vermutung eines „Mediterranean Syndrome" nicht bestätigt, wonach für die südlichen Mitgliedstaaten aufgrund fehlender administrativer Ressourcen tendenziell größere Implementationsdefizite erwartet werden (Börzel 2000). Vielmehr variieren die Implementationsergebnisse relativ unsystematisch über einzelne Länder und Policies innerhalb eines Politikfeldes (Knill/Lenschow 1999). Diese Aussage gilt insbesondere, wenn bei der Erfassung der Implementationseffektivität nicht nur die formale Umsetzung, sondern auch die praktische Anwendung berücksichtigt wird.

Drittens verweisen die Ergebnisse verschiedener Untersuchungen darauf, dass zwischen dem Implementationserfolg einer bestimmten europäischen Policy und deren instrumenteller Ausgestaltung nicht notwendigerweise ein kausaler Zusammenhang besteht. Dieser Sachverhalt zeigt sich sehr deutlich im Bereich der Umweltpolitik. In verschiedenen empirischen Untersuchungen wurde gezeigt, dass die Wahl der europäischen Policy-Instrumente (hierarchische Intervention durch detaillierte inhaltliche Vorgaben versus „weiche" Formen der Steuerung durch Rahmenvorgaben, Verfahrensregelungen und Betonung von privater Selbstregulierung) die Effektivität der nationalen Umsetzung nicht beeinflusst hat (Bouma 2000; Börzel 2000; Kimber 2000; Knill/Lenschow 2000; Wright 2000).

Angesichts der partiell durchaus überraschenden Ergebnisse, die sich aus den bisher vorliegenden Daten zur Implementationseffektivität europäischer Politik ableiten lassen, stellt sich die Frage nach möglichen Erklärungen und – damit verbunden – alternativen Konzepten für eine verbesserte Umsetzung und Durchführung von Politiken der EU. Diese Überlegungen sind Gegenstand des folgenden Abschnittes.

3.2 Die Implementation europäischer Politiken aus theoretischer Perspektive

Wenngleich die Implementationsforschung sich bereits in den siebziger und achtziger Jahren als eigenständiges Forschungsfeld etablierte, wird ihr nach wie vor geringer theoretischer Entwicklungsstand beklagt. Ungeachtet der Vielzahl von Fallstudien und Analysen zur Implementation in einzelnen Politikbereichen mangelt es an generalisierbaren Aussagen und Modellen, welche den Erfolg der Durchführung und Umsetzung politischer Programme erklären können. Diese theoretischen Defizite manifestieren sich nicht nur in unterschiedlichen Konzeptionen effektiver Implementation, sondern auch in partiell widersprüchlichen theoretischen Aussagen.

Allerdings bedeutet diese Ausgangskonstellation nicht, dass für die Analyse europäischer Implementationsprozesse keinerlei theoretische Konzepte und Modelle entwickelt wurden. Dies ist nicht zuletzt darauf zurückzuführen, dass sich mit der Untersuchung europäischer Implementationsprozesse – verglichen mit Forschungen im nationalen Kontext – bessere Möglichkeiten bieten, breite Untersuchungen über gleichartige Implementationsprozesse durchzuführen (etwa durch die vergleichende Analyse der Umsetzung konkreter europäischer Policies in verschiedenen Mitgliedstaaten).

3.2.1 Unterschiedliche Konzeptionen effektiver Implementation

Für die Beantwortung der Frage, ob eine Maßnahme erfolgreich umgesetzt wurde oder nicht, ist es von entscheidender Bedeutung wie effektive Implementation im Einzelfall definiert wird (Hill 1997). Generell lassen sich die in diesem Zusammenhang denkbaren Konzeptionen entlang zweier Dimensionen unterscheiden, die sich auf den analytischen Fokus und die zugrunde liegende Forschungsperspektive beziehen.

Die erste Dimension bezieht sich auf die Unterscheidung zwischen Policy Outcomes und Policy Impacts. Liegt der Fokus auf den jeweiligen Outcomes, so wird bereits dann von einer effektiven Implementation ausgegangen, wenn die rechtliche Umsetzung und praktische Anwendung den in der jeweiligen Maßnahme definierten Zielen entspricht. Damit bleibt jedoch ausgeklammert, ob und inwieweit damit die angestrebten Wirkungen einer Policy erreicht werden. Hat etwa die Einführung von Grenzwerten für Kfz-Abgase tatsächlich zu der intendierten Verbesserung der Luftqualität geführt? Die Orientierung an konkreten Impacts impliziert somit eine wesentlich anspruchsvollere Definition von effektiver Implementation.

Neben der Unterscheidung von Outcomes und Impacts kann innerhalb einer zweiten Dimension zwischen unterschiedlichen Forschungsperspektiven auf den Implementationsprozess differenziert werden (Peters 1993). In diesem Zusammenhang wird generell zwischen einer Sicht „von oben" und einer Sicht „von unten" unterschieden. Analysiert man die Implementation politischer Programme „von oben", wird der Implementationserfolg auf der Basis eines Soll/Ist-Vergleichs von intendierten und tatsächlich eingetretenen Outcomes und Impacts beurteilt. Der Grad der Zielerreichung dient als Indikator für den Implementationserfolg.

Dieser Perspektive liegt ein stark vereinfachtes Modell politischer Steuerung zugrunde. Regierung und Parlament werden einheitliche Präferenzen unterstellt, aus denen sich für die Vollzugsverwaltung eindeutige Standards und Vorgaben für die Phase der Durchführung ergeben. Aus der Analyse eventueller Implementationsdefizite sollen Rückschlüsse für die verbesserte Ausgestaltung künftiger Programme geschlossen werden (etwa im Hinblick auf Zielvorgaben, Ressourcen oder Strukturen der Koordination und Kontrolle nachgeordneter Behörden).

Im Gegensatz dazu ist die Konzeption von effektiver Implementation, wie sie generell einer analytischen Sicht „von unten" zugrunde liegt, primär prozessorientiert. Erfolgreiche Umsetzung wird nicht am Erreichen bestimmter zentraler Zielvorgaben gemessen, sondern danach beurteilt, inwieweit eine Policy durch Interpretationsprozesse an dezentrale Kontextbedingungen angepasst worden ist (Windhoff-Héritier 1987: 91).

Diese Perspektive stellt die vereinfachenden Annahmen der Sicht „von oben" in Frage und versucht der Komplexität von Implementationsprozessen Rechnung zutragen. So wird betont, dass die Formulierung klarer Ziele häufig den Interessen von Politikern entgegen steht, welche gerade nicht an eindeutigen, sondern eher an unbestimmten Vorgaben interessiert sind, die sich einer einfachen Nachprüfung entziehen. Auch wird berücksichtigt, dass die Durchführung von Policies selten durch klar abgegrenzte, hierarchische Kontrollstrukturen zwischen Politik und Vollzugsverwaltung gekennzeichnet ist. Vielmehr impliziert die Implementation häufig komplexe Interaktionsmuster zwischen staatlichen und privaten Akteuren und Organisationen auf unterschiedlichen Ebenen (national, regional, lokal) mit unterschiedlichen, potentiell divergierenden Prioritäten, Interessen und Wertvorstellungen im Hinblick auf ein bestimmtes Policy-Problem. Aus dieser Sicht basiert die Durchführung von Policies weniger auf hierarchisch definierten und kontrollierten Vorgaben, sondern wird als Aushandlungsprozess zwischen einer Vielzahl an der Implementation beteiligten Organisationen und Verwaltungsbehörden verstanden, in dessen Verlauf die Ziele und Ausrichtung eines politischen Programms nachhaltige Veränderungen erfahren können.

Für die Analyse der Implementation europäischer Politik wird zumeist eine Perspektive zugrunde gelegt, welche die erreichten Outcomes auf der Basis eines Soll/Ist-Vergleichs beurteilt. Es wird gefragt, inwieweit notwendige rechtliche und administrative Voraussetzungen geschaffen worden sind, um den Zielvorgaben europäischer Maßnahmen gerecht zu werden. Es ist somit die Art und Weise der rechtlichen und praktischen Umsetzung europäischer Politik und weniger die Evaluation der Wirkungen einer Policy, welche zumeist als Indikator für effektive Implementation dient (Collins/Earnshaw 1992; Jordan 1999; Knill/Lenschow 1999; Weale et al. 2000). Mit dieser engen Definition effektiver Implementation verbinden sich jedoch mehrere analytische Vorteile.

Erstens vermeidet man auf diese Weise konzeptionelle Probleme, mit denen alternative Definitionen konfrontiert sind. So stellt sich bei dem Fokus auf Policy-Impacts das Problem, dass es aufgrund einer komplexen Konstellation politischer, ökonomischer und sozialer Einflussfaktoren kaum möglich ist, aus eingetretenen Wirkungen auf eine effektive Implementation zu schließen (Baier/March/Sætren 1990). Die Anwendung einer prozessorientierten Perspektive „von unten" ist dagegen durch das Problem charakterisiert, dass der Verzicht auf konkrete Performance-Indikatoren (im Sinne eines Soll/Ist-Vergleichs) die Messbarkeit von Implementationserfolg nahezu unmöglich macht (Knill/Lenschow 1999: 596; Lane 1995: 110). Zweitens ermöglicht erst der Fokus auf die rechtliche und praktische Umsetzung die Vergleichbarkeit von verschiedenen Policies im Hinblick auf deren Implementationseffektivität. So brächte die Konzentration auf Impacts große konzeptionelle Probleme mit sich, um den Beitrag unterschiedlicher Maßnahmentypen innerhalb eines Politikbereiches (z. B. der Großfeuerungsanlagenrichtlinie und der Richtlinie über freien Zugang zu Umweltinformationen im Bereich der Umweltpolitik) zur Einhaltung normativer Zielvorgaben (z. B. Verbesserung der Luftqualität) zu vergleichen (Knill/Lenschow 1999: 596). Vor diesem Hintergrund erscheint ein Fokus auf die rechtliche und administrative Umsetzung europäischer Vorgaben in den Mitgliedstaaten grundsätzlich als angemessenes Beurteilungskriterium zur Beurteilung der Implementationseffektivität europäischer Politik.

3.2.2 Theoretische Ambiguität

Das zentrale Untersuchungsinteresse dieser auf den Soll/Ist-Vergleich von politischen Outcomes gerichteten Perspektive der Implementationsforschung bezieht sich auf die Bedingungen, welche den Grad der Zielerreichung bei der Durchführung von Policies beeinflussen. Wie lässt sich die Implementationseffektivität verbessern? Welche Steuerungsinstrumente sind hierfür geeignet? Inwieweit sollte sich die Instrumentenwahl an den im jeweiligen Einzelfall gegebenen Steuerungsbedingungen (Natur des Problems, involvierte Akteure) orientieren?

Betrachtet man die Literatur zur Implementationsforschung, so fällt auf, dass sich im Hinblick auf diese Fragen keine eindeutigen Aussagen und Empfehlungen ableiten lassen. Die Implementationsforschung in ihrer Gesamtheit favorisiert keinen einheitlichen Ansatz, der eindeutige Rückschlüsse über den Zusammenhang von Instrumentenwahl und Implementationserfolg erlaubt. Dies gilt insbesondere für die Frage, ob politische Steuerung eher durch hierarchische Interventionen oder „weichere Formen" wie Rahmenregelungen, Sicherung regulativer Verfahrensstandards (Transparenz, Partizipation gesellschaftlicher Interessen, ökonomische Anreize, gesellschaftliche Selbstregulierung) erfolgen soll.

In der Implementationstheorie finden sich zwar viele Argumente, die davon ausgehen, dass „weiche" Steuerungsinstrumente verglichen mit interventionistischen Ansätzen geringere Probleme bei der Umsetzung aufweisen (Lipsky 1980; Berman 1980). Andere Autoren betonen dagegen die Vorteile klassischer Formen interventionistischer Regulierung, insbesondere aufgrund der klaren Handlungs- und Vollzugsvorgaben, welche solche Maßnahmen für Implementeure und Adressaten beinhalten (Krämer 2000; Lübbe-Wolff 1996). Zwischen diesen beiden Extrempolen gibt es wiederum Studien, welche eine Mischung von interventionistischeren und „weicheren" Komponenten als ideale Form der Regulierung vorschlagen (Sabatier 1986: 23-25).

Angesichts der Singularität von Implementationsprozessen, die in einer Vielzahl von Fallstudien zum Ausdruck kam, war die Implementationsforschung schon Anfang der achtziger Jahre von ihrem ursprünglichen Ziel theoretischer Modellbildung abgerückt (Mayntz 1983: 8; Windhoff-Héritier 1987: 88). Anstatt universal gültige Konzepte zu erarbeiten, konzentrierte man sich in der Folgezeit darauf, die spezifischen Bedingungen zu identifizieren, unter denen bestimmte Instrumente zu besseren Ergebnissen führen (Linder/Peters 1989; Ingram/ Schneider 1990; Peters 1993).

Selbst auf dieser weniger abstrakten theoretischen Ebene wartete die Implementationsforschung jedoch mit widersprüchlichen Erkenntnissen und Empfehlungen auf. In Fällen etwa, in denen nur mit einer geringen Unterstützung einer Policy durch Adressaten und Implementeure gerechnet werden kann, erwarten Ingram und Schneider (1990) bessere Implementationsresultate bei der Verwendung „weicher" Instrumente, da diese explizit darauf abzielen, den Policy-Kontext durch die Motivation von Lernprozessen in einem für die Umsetzung günstigen Sinne zu verändern. Diese Sichtweise wird jedoch von Cerych und Sabatier (1986) in Frage gestellt. Sie argumentieren, dass in solchen Situationen interventionistische Steuerung zu effektiverer Implementation führt, da die klaren Performance-Indikatoren solcher Maßnahmen in besonderer Weise geeignet sind, Lernprozesse zu stimulieren.

Ein weiteres Beispiel für widersprüchliche Empfehlungen bezieht sich auf Konstellationen, die durch hohe Unsicherheit und Komplexität gekennzeichnet sind. Ingram und Schneider (1990) sehen in solchen Fällen „weiche" Formen der Steuerung als viel versprechend an, weil diese genügend Spielraum für eine flexible Anpassung an künftige Entwicklungen belässt. Aber auch in diesem Fall gibt es gute Argumente, mit denen sich in gleicher Weise die Anwendung interventionistischer Instrumente begründen lässt, die sich durch klare und detaillierte Ziel- und Handlungsvorgaben auszeichnen. So besteht erstens das Problem, dass Implementeure den weiten Anpassungsspielraum neuer Instrumente in negativer Weise ausschöpfen, d. h. zu viel Spielraum kann dazu führen, dass letztlich überhaupt nichts passiert (Lane 1995: 112; Lübbe-Wolff 1996). Zweitens kann auch interventionistische Steuerung, selbst wenn sie der gegebenen Komplexität nicht in vollem Umfang Rechnung trägt, Anpassungs- und Lernprozesse auf der Basis von Versuch und Irrtum stimulieren.

Wenngleich diese Aufzählung widersprüchlicher Erkenntnisse und Empfehlungen der Implementationsforschung keineswegs abschließend ist, so mag sie doch genügen, um die generelle Ambiguität der Implementationstheorie zu verdeutlichen. Selbst Versuche, verschiedene Fall- und Problemkonstellationen zu identifizieren und hieraus kausale Beziehungen zwischen Instrumentenwahl und Implementationseffektivität herzuleiten, sind fehlgeschlagen. Zwischen Steuerungsinstrument und Implementationseffektivität besteht offensichtlich keine einfache kausale Beziehung.

3.2.3 Neuere theoretische Entwicklungen: Effektive Implementation als Problem institutioneller Anpassung

Wenn der Implementationserfolg europäischer Politik also weder von länderspezifischen Faktoren abhängt, noch von dem zugrunde liegenden Steuerungstyp beeinflusst wird, stellt sich die Frage nach alternativen Ansatzpunkten zur Verbesserung der Implementationseffektivität. In der neueren politikwissenschaftlichen Literatur wird in diesem Zusammenhang eine institutionalistische Perspektive vorgeschlagen. Zentrales Argument ist hierbei, dass nicht die Wahl des Steuerungsinstrumentes *per se* den Implementationserfolg europäischer Politik beeinflusst, sondern das Ausmaß des institutionellen Anpassungsdrucks, welcher von diesen Policies auf nationale Regulierungsmuster und Verwaltungsstrukturen ausgeht (Duina 1997; Knill 2001; Knill/Lenschow 1999).

Die institutionalistische Perspektive basiert auf der Annahme, dass effektive Implementation europäischer Politik als eine Frage effektiver institutioneller Anpassung betrachtet werden kann. Wenngleich europäische Politiken primär auf die Definition von Instrumenten und weniger auf direkte institutionelle Vorgaben ausgerichtet sind, so darf nicht übersehen werden, dass vielfach eine enge Kopplung zwischen Instrumenten und notwendigen institutionellen Voraussetzungen für deren effektive, formelle und praktische Umsetzung besteht. Dies betrifft etwa die Einrichtung entsprechender administrativer Strukturen oder die Anpassung bestehender Regulierungsmuster (institutionalisierte administrative Praktiken und Interaktionsmuster zwischen staatlichen und gesellschaftlichen Akteuren). Entscheidungen über Instrumente implizieren daher immer auch Entscheidungen über entsprechende institutionelle Arrangements für deren Implementation.

Akzeptiert man diese Annahme, so kann die Effektivität der Implementation europäischer Politik mit dem selben theoretischen Ansatz erklärt werden, der in Kapitel 2.3.2 bereits zur Analyse von Europäisierungswirkungen durch die Vorgabe institutioneller Modelle beschrieben wurde. Folgt man der dort entwickelten Argumentation, so ist davon auszugehen, dass die Chancen für eine effektive Implementation europäischer Politik umso geringer sind, je größer die institutionelle Inkompatibilität zwischen europäischen Vorgaben und bestehenden nationalen Arrangements ist. Von einer hohen Inkompatibilität ist insbesondere dann auszugehen, wenn europäische Policies in Widerspruch treten mit Elementen nationaler Verwaltungs- oder Rechtstraditionen. Umgekehrt steigt die Wahrscheinlichkeit effektiver Umsetzung, je geringer der Anpassungsdruck ist, der von europäischen Maßnahmen auf nationale Arrangements ausgeht.

3.2.4 Konsequenzen für die Ausgestaltung politischer Steuerung in der EU

Welche Rückschlüsse ergeben sich aus den bisherigen Überlegungen für die Ausgestaltung politischer Steuerung in der EU? Unter welchen Bedingungen lässt sich die Implementationseffektivität europäischer Politik optimieren oder zumindest verbessern? Die Beantwortung dieser Fragen verweist auf ein generelles Problem der Politikgestaltung im europäischen Mehrebenensystem. Europäische Vorgaben müssen so gestaltet sein, dass ihre Implikationen einerseits mit grundlegenden institutionellen Arrangements auf nationaler Ebene im Einklang sind, andererseits aber dennoch eine gewisse institutionelle Dynamik implizieren (vgl. Cerych/Sabatier 1986). Die Lösung dieses Dilemmas von entweder zu viel oder zu wenig europäischen Vorgaben verlangt letzten Endes die Gestaltung von europäischer Politik in Abhängigkeit von bestehenden institutionellen Voraussetzungen auf nationaler Ebene.

Mögliche Steuerungskonzepte, die in diese Richtung gehen, lassen sich in den letzten Jahren durchaus auf europäischer Ebene beobachten. Sie zielen darauf ab, von europäischer Seite definierte Anpassungserfordernisse für nationale Institutionen so weit wie möglich zu reduzieren. Häufig basiert die Steuerung dabei auf einer Kombination relativ allgemeiner substantieller Zielvorgaben (z. B. Qualitätsziele für die Luftqualität) und prozeduraler Regulierung im Hinblick auf den Informationsaustausch, die Veröffentlichung und den Vergleich der jeweiligen Performance der einzelnen Mitgliedstaaten. Mit möglichst allgemeinen Zielvorgaben sollen institutionelle Anpassungserfordernisse auf ein Minimum reduziert werden; gleichzeitig soll über Verfahrensvorschriften politischer Druck im Hinblick auf eine umfassende Zielerreichung mobilisiert werden. Im Rahmen der sog. „offenen Methode der Koordinierung" wird dabei vielfach auf die rechtliche Verbindlichkeit der Zielvorgaben verzichtet (Koregulierung). Darüber hinaus wird seitens der Kommission verstärkt auf den Abschluss freiwilliger Vereinbarungen mit der Industrie gesetzt (private Selbstregulierung).

Wenngleich diese Ansätze grundsätzlich dazu geeignet wären, die beschriebenen Probleme institutioneller Anpassung zu vermeiden, sind sie bislang von eher untergeordneter Bedeutung. Dies mag nicht zuletzt darin begründet sein, dass sehr generelle, rechtlich unverbindliche Zielvorgaben oder die Selbstregulierung der Industrie nicht für alle Probleme eine angemessene Form der Steuerung darstellen (Héritier 2002; Holzinger/Knill/Schäfer 2003). Dies gilt etwa für Bereiche, in denen die Marktintegration einheitliche Standards erforderlich macht, oder die durch ein hohes Gefahrenpotential gekennzeichnet sind (Radioaktivität, Chemikalienkontrolle, Trinkwasserqualität).

4 Fazit

In diesem Kapitel haben wir zwei Forschungsbereiche betrachtet, deren Fokus weniger auf der Analyse politischer und institutioneller Entwicklungen auf der Ebene der EU gerichtet ist, sondern auf die Effekte der europäischen Integration in den Mitgliedstaaten. Unter dem Stichwort Europäisierung werden hierbei allgemein mögliche Auswirkungen der Integration auf nationale Politikinhalte, politische Prozesse und institutionelle Strukturen untersucht. Das Forschungsinteresse richtet sich insbesondere auf die Bedingungen und Faktoren, die Europäisierungseffekte und deren Varianz in den Mitgliedstaaten erklären können.

Allerdings gibt es bislang noch keine umfassende Theorie, welche diese Zielsetzungen erfüllt. Vielmehr werden konkurrierende theoretische Konzeptionen verwendet, die sich anhand ihrer jeweils relevanten unabhängigen Variablen unterschieden. Neben institutionalistischen Erklärungen, die auf die Kompatibilität europäischer und nationaler Institutionen abheben (*goodness of fit*) finden sich an Rational Choice-Modellen ausgerichtete Ansätze, deren Ausgangspunkt die Interessen und strategische Interaktion nationaler Akteure bilden, sowie konstruktivistische Theorien, welche die Veränderung nationaler Ideen und Paradigmen in den Mittelpunkt stellen. Mit der Unterscheidung verschiedener Mechanismen der Europäisierung (Vorgabe institutioneller Modelle, Veränderung nationaler Gelegenheitsstrukturen, Veränderung nationaler Ideen und Annahmen) wurde ein analytisches Raster vorgestellt, auf dessen Basis der jeweilige Anwendungsbereich (die *scope conditions*) der verschiedenen Europäisierungstheorien eingegrenzt werden kann. Anders gesagt: Die Erklärungskraft der verschiedenen Europäisierungstheorien hängt vom jeweiligen Mechanismus ab, welcher der europäischen Politik im Einzelfall zugrunde liegt.

Eng verknüpft mit dem Forschungsfeld der Europäisierung ist die Analyse der Implementation europäischer Policies in den Mitgliedstaaten. Im Vordergrund steht hier die Frage, welche Faktoren die Effektivität der Umsetzung und Durchführung europäischer Maßnahmen beeinflussen. Effektive Implementation bedeutet grundsätzlich, dass die Mitgliedstaaten nicht nur ihre Politikinhalte, sondern auch bestehende Regulierungsstrukturen und administrative Praktiken an die Vorgaben aus Brüssel anpassen müssen. Die Implementation europäischer Politik stellt insofern ein wichtiges – wenngleich nicht das einzige – Einfallstor für die Europäisierung der Mitgliedstaaten dar.

Wir haben gesehen, dass die Implementationseffektivität europäischer Policies stark von Land zu Land und von Politikfeld zu Politikfeld variiert. Auch zeigte sich, dass häufig diskutierte Erklärungsansätze, die auf die Wahl der Steuerungsinstrumente oder länderspezifische Merkmale abheben, nicht ausreichend sind, um die empirischen Befunde zu erklären. Neuere Erklärungsansätze betonen hingegen die zentrale Bedeutung der institutionellen Kompatibilität zwischen europäischen und nationalen Arrangements, welche möglicherweise eher in der Lage ist, Unterschiede im Implementationserfolg zu erklären. Wie die Europäisierungsforschung ist allerdings auch die Analyse der Implementation europäischer Politik ein vergleichsweise neues Forschungsgebiet, dessen theoretische Entwicklung noch „in den Kinderschuhen steckt".

Der theoretische Fortschritt in diesen Bereichen wird dabei insbesondere davon abhängen, inwieweit es gelingt, bislang vielfach bestehende methodische Defizite auszuräumen. So fehlt in vielen Untersuchungen ein Forschungsdesign, das eindeutige Kausalitätszuschreibungen zwischen Effekten der europäischen Integration und nationalen Veränderungen ermöglicht. Wir können vielfach nicht mit Sicherheit sagen, ob nationale Effekte tatsächlich auf europäischen Einfluss zurückgehen oder vielmehr das Resultat endogener nationaler Entwicklungen oder globaler Einflüsse und Diffusionsprozesse sind. Um diesem Problem zu begegnen, sollten Untersuchungen zur Europäisierung auch Staaten mit einbeziehen, die nicht Mitglied der EU sind. Auf diese Weise könnte zumindest teilweise der Einfluss anderer Faktoren kontrolliert werden. Ein weiteres Problem der Europäisierungs- und Implementationsforschung ist in der unzureichenden Datenlage zu sehen. Vielfach stützen sich Untersuchungen auf Aspekte der formalen Transposition bzw. Veränderungen in formalen Strukturen, wo empirische Daten vergleichsweise leicht zugänglich sind. Mit diesem Fokus werden jedoch Veränderungen in administrativen Praktiken und Regulierungsstilen nicht erfasst. In diesem Bereich sind wir daher in starkem Maße auf Einzelfallstudien oder Untersuchungen mit kleiner Fallzahl angewiesen.

Kapitel 4 Die Politiken der EU

Christoph Knill

1 Einleitung

Bei der Analyse der Politiken der EU liegt der Fokus auf konkreten Politikinhalten (Policies), insbesondere den in Gesetzen (europäischen Richtlinien und Verordnungen) oder in politischen Programmen formulierten Aufgaben und Zielen. Im Zentrum steht die Frage nach dem Zustandekommen, der Ausgestaltung und den Wirkungen politischer Aktivitäten auf europäischer Ebene. Es geht um die Untersuchung politischer Problembewältigung in bestimmten Politikfeldern (z. B. Wirtschaftspolitik, Sozialpolitik oder Umweltpolitik). Das Ziel der folgenden Ausführungen ist es, wichtige Merkmale der Entwicklung und Ausgestaltung europäischer Politiken herauszuarbeiten und zu erklären. Zu diesem Zweck werden nicht nur dominante Policy-Typen und Steuerungsformen betrachtet, sondern auch die Muster europäischer Politikgestaltung, die am Beispiel der Umweltpolitik illustriert werden.

2 Politikfelder und Steuerungsmuster

Die politischen Handlungsfelder der EU erstrecken sich mittlerweile auf nahezu alle Bereiche staatlicher Politiken. Das Spektrum reicht von Marktregulierung, Sozialpolitik, Umwelt, Verbraucherschutz, Verkehr, Forschung, Regionalpolitik, Kultur- und Medienpolitik bis hin zu Wirtschafts- und Währungspolitik, innerer Sicherheit sowie Außen- und Verteidigungspolitik. Wenngleich die verschiedenen Politikfelder durch einen unterschiedlichen Grad der Vergemeinschaftung und damit der Übertragung nationaler Souveränität auf die supranationalen Institutionen der EU gekennzeichnet sind, werden damit die umfassenden Policy-Zuständigkeiten deutlich, welche die EU in nomineller Hinsicht mittlerweile besitzt. Eine ähnliche Bandbreite zeigt sich bezüglich der Steuerungsmuster und -instrumente, welche auf europäischer Ebene zur Anwendung kommen.

2.1 Policy-Typen

In der politikwissenschaftlichen Literatur finden sich verschiedene Versuche, die Vielfalt von Policies zu systematisieren (vgl. Windhoff-Héritier 1987). Von zentraler Bedeutung ist hierbei die von Lowi (1964) vorgeschlagene Einteilung nach den Wirkungen einer Policy. Ausgehend von der These, dass von Politikinhalten (policies) charakteristische Rückwirkungen auf politische Prozesse (politics) ausgehen, unterschied Lowi zwischen redistributiver, distributiver und regulativer Politik. Diese Policies sind durch spezifische Prozesse der Konflikt- und Konsensbildung gekennzeichnet, deren zentrale Bestimmungsfaktoren die Kosten und Nutzen sind, die von den Betroffenen erwartet werden, sowie die Steuerungsstrategie, mittels derer Kosten und Nutzen vermittelt werden.

Konkret bedeutet dies, dass bei einer redistributiven Politik (wie etwa progressive Besteuerung oder Sozialhilfepolitik), die auf Umverteilung abzielt und Kosten und Nutzen ungleich verteilt, starke Verteilungskonflikte zwischen potentiellen Gewinnern und Verlierern zu erwarten sind. Hingegen kann bei einer distributiven Politik, welche die Bereitstellung allgemein zugänglicher Leistungen beinhaltet und die Kosten- und Nutzenverteilung weitgehend unklar lässt (z. B. Forschungszuschüsse), von eher konsensualen Prozessmustern ausgegangen werden. Ähnliches wird auch von regulativen Politiken angenommen, die typischerweise keine Leistung beinhalten, sondern darauf ausgerichtet sind, rechtliche, verhaltensnormierende Regeln zu definieren (z. B. im Bereich des Umweltschutzes oder des Kartellrechts). Diese Regeln können zwar durchaus Kosten- und Nutzenwirkungen haben, letztere sind jedoch meist nur schwer kalkulierbar.

Betrachtet man nun die Politiken der EU, so fallen mehrere Aspekte auf, die in den folgenden Abschnitten näher untersucht werden. Erstens zeigt sich eine eindeutige Dominanz regulativer Politik. Zweitens dominiert hierbei ein spezifischer Typus regulativer Politik, welcher auf die Etablierung funktionierender Marktordnungen ausgerichtet ist. Demgegenüber sind marktkorrigierende regulative Policies, welche darauf abzielen, negative Effekte des Marktverhaltens zu reduzieren (z. B. Sozialpolitik) von vergleichsweise geringerer Relevanz. Drittens fällt auf, dass die budgetären Aufwendungen für europäische Policies mit Leistungscharakter durch zwei zentrale Bereiche redistributiver Politik dominiert werden, der Agrarpolitik und der Strukturpolitik.

2.1.1 Regulative Politik

Im Rahmen von regulativer Politik wird versucht, durch Gebote, Verbote oder Anreize auf das Verhalten von Individuen einzuwirken und damit Verhaltensänderungen bzw. bestimmte Steuerungswirkungen zu erzielen. Im Hinblick auf unterschiedliche Arten regulativer Politik wird in der Literatur zur europäischen Integration eine zentrale Unterscheidung zwischen negativer und positiver Integration getroffen (Tinbergen 1965; Taylor 1983).

Negative Integration bezieht sich dabei auf die Abschaffung von nationalen Barrieren für den Handel und Wettbewerb innerhalb des europäischen Marktes. Den Mitgliedstaaten werden bestimmte Handlungsoptionen in der Wirtschaftspolitik entzogen, namentlich diejenigen, welche die Funktionsfähigkeit des gemeinsamen Marktes beeinträchtigen. Negative Integration wird daher vielfach auch als marktschaffende Politik bezeichnet. Positive Integration bezieht sich hingegen eher auf marktkorrigierende Politiken der EU. Letztere zielen darauf ab, mögliche negative Auswirkungen der Marktintegration, etwa im Hinblick auf Umwelt- und Verbraucherschutz, zu vermeiden. Bestehende nationale Regelungen werden durch neue europäische Regelungen ersetzt bzw. harmonisiert. Im Folgenden werden zunächst diese zwei Bereiche der regulativen Politik betrachtet. Daran anschließend wird analysiert, wie man die spezifische Entwicklung regulativer Politik der EU aus theoretischer Sicht verstehen kann.

Negative Integration

Der Bereich der negativen Integration umfasst zwei zentrale Aspekte europäischer Politik: die Verwirklichung des Binnenmarktes sowie die Wettbewerbspolitik. Die grundlegende Weichenstellung für die Schaffung eines gemeinsamen europäischen Marktes wurde 1987 mit der Einheitlichen Europäischen Akte (EEA) gelegt. Die Mitgliedstaaten verständigten sich darauf, ein entsprechendes von der Kommission vorgelegtes Programm bis zum Ende des Jahres 1992 zu realisieren (Europäische Kommission 1985). In ihrem Programm hatte die Kommission rund 280 legislative Maßnahmen identifiziert, welche zur Etablierung eines gemeinsamen Marktes erforderlich waren. Diese Maßnahmen betrafen die Abschaffung von physischen, technischen und fiskalischen Handelshemmnissen (Hix 1999: 215-217).

Die Maßnahmen im Bereich der physischen Handelsbarrieren beziehen sich insbesondere auf die Abschaffung von Zollformalitäten und Grenzkontrollen zur Gewährleistung der Freizügigkeit von Personen und des freien Verkehrs von Waren innerhalb der Gemeinschaft. Bei den technischen Handelshemmnissen geht es um die Harmonisierung von Produktstandards, d. h. Vorgaben für die Beschaffenheit und Qualität der im gemeinsamen Markt gehandelten Güter. Entscheidend ist hier das Prinzip der wechselseitigen Anerkennung. Anstatt auf EU-weit einheitliche Regelungen zu drängen, beinhaltet dieses Prinzip, dass Produkte, die in einem Mitgliedstaat den technischen und rechtlichen Standards entsprechen, automatisch auch in anderen Mitgliedstaaten rechtmäßig gehandelt werden dürfen. Auf diese Weise kam es zu einer signifikanten Beschleunigung der Marktintegration. Zur Aufhebung fiskalischer Barrieren schlug die Kommission verschiedene Maßnahmen im Bereich der Steuerpolitik vor, insbesondere die Angleichung der Mehrwertsteuer (Festlegung von Mindestsätzen) und der Verbrauchssteuern (auf Tabak und Alkohol). Auch bei der Harmonisierung der Kapitalertragssteuern wurde 2003 nach langer Verhandlungszeit eine Einigung erzielt (Holzinger 2003).

Vorrangiges Ziel der Wettbewerbspolitik ist die Vermeidung von Wettbewerbsverzerrungen innerhalb des gemeinsamen Marktes. Insgesamt lassen sich hierbei drei Bereiche unterscheiden, in denen die Kommission im Rahmen verschiedener vertraglicher und sekundärrechtlicher Regelungen umfassende Kontrollkompetenzen besitzt: das Kartellrecht, die Fusionskontrolle und die Regulierung staatlicher Beihilfen und Subventionen.

Im Rahmen des Kartellrechtes werden Preisabsprachen und Absprachen über Produktionsmengen zwischen Firmen kontrolliert. Darüber hinaus soll verhindert werden, dass Firmen aufgrund ihrer Nationalität bzw. ihres Status als öffentliches Unternehmen bevorzugt werden (kein Schutz für Staatsbetriebe vor Wettbewerb). Bei der Fusionskontrolle besitzt die Kommission Kompetenzen, den Zusammenschluss einzelner Firmen zu kontrollieren bzw. zu verbieten, wenn der gemeinsame Umsatz dieser Firmen bestimmte Beträge übersteigt. Die Regulierung staatlicher Subvention verbietet es den Mitgliedstaaten grundsätzlich, nationale Unternehmen und Industriezweige finanziell zu unterstützen, wenn damit Verzerrungen im europäischen Wettbewerb oder Handelshemmnisse verbunden sind.

Was sind die Auswirkungen der negativen Integration? Mit der Übertragung regulativer Kompetenzen von der nationalen auf die europäische Ebene kam es erstens zu einer weit reichenden Liberalisierung des Handels zwischen den Mitgliedstaaten und einem verstärkten Wettbewerb innerhalb der nationalen Märkte.

Damit einher geht zweitens ein deutlicher Rückgang staatlicher Interventionen in das Wirtschaftsgeschehen. Dieser kommt insbesondere in Bereichen zum Ausdruck, die zuvor durch starken staatlichen Einfluss oder die Existenz staatlicher Monopole und staatlicher Unternehmen gekennzeichnet waren. Durch die Anwendung des europäischen Wettbewerbsrechtes ist es in diesen Fällen vielfach zu einer Liberalisierung und Privatisierung gekommen. Beispiele sind die Telekommunikation, der Energiesektor, der Luftverkehr oder der Finanzsektor.

Ein dritter Effekt der negativen Integration ist die Entstehung eines Regulierungswettbewerbs zwischen den Mitgliedstaaten (Tiebout 1956; Oates/Schwab 1988; Holzinger/Knill 2005). Dieser Wettbewerb der nationalen Regelsysteme wird erwartet, weil einzelne Firmen innerhalb des Binnenmarktes völlig frei sind, ihren Standort nach Kostengründen zu wählen. Sie haben die Möglichkeit, sich in demjenigen Mitgliedsland niederzulassen, in dem die Kosten (etwa aufgrund von Umweltauflagen, Steuerbelastungen oder Lohnkosten) am niedrigsten sind. Aufgrund dieser Konstellation entsteht ein Wettbewerbsdruck zwischen den Mitgliedstaaten ihre Regelsysteme so auszugestalten, dass diese Kosten möglich niedrig sind. Vielfach wird befürchtet, der regulative Wettbewerb zwischen den Mitgliedstaaten führe zu einem „race to the bottom". Um möglichst viele Investoren anzuziehen, senken die Mitgliedstaaten Steuern, Umweltstandards sowie arbeitsrechtliche Vorschriften immer weiter. Bisher zeigen sich innerhalb der EU jedoch kaum Anzeichen für eine solche Entwicklung. Denn für viele Unternehmen spielen regulative Kosten gegenüber anderen Faktoren (Infrastruktur, Integration von Produktionsstrukturen) eine untergeordnete Rolle (Sun/Pelkmans 1995; Vogel 1995). Wenngleich klare Aussagen über die tatsächlichen Effekte des Systemwettbewerbs schwer möglich sind, bleibt festzuhalten, dass die Entwicklungen im Bereich der negativen Integration zu einer deutlichen Einschränkung wirtschaftspolitischer Handlungskompetenzen der Mitgliedstaaten geführt haben (Scharpf 1996).

Positive Integration
Neben Maßnahmen zur Etablierung eines gemeinsamen Marktes hat die EU gleichzeitig marktkorrigierende Regulierungen entwickelt. Dies gilt insbeson-

re für die Bereiche des Umweltschutzes und der Sozialpolitik. Die europäische Umweltpolitik war bis zur Verabschiedung der EEA kein vertragsmäßig verankertes Handlungsfeld der EU. Umweltpolitische Maßnahmen mussten daher zunächst mit rein ökonomischen Motiven begründet werden, insbesondere der Abschaffung von Handelshemmnissen durch national unterschiedliche Umweltstandards. Mit der EEA und den Verträgen von Maastricht und Amsterdam erfolgte eine deutliche Ausweitung umweltpolitischer Kompetenzen der EU. Während mit der EEA Umweltschutz explizit als Aufgabe der Gemeinschaft verankert wurde, kam es im Rahmen der Verträge von Maastricht und Amsterdam zu signifikanten Reformen des Entscheidungsverfahrens in diesem Bereich. Dies führt dazu, dass nahezu alle Bereiche gemeinschaftlicher Umweltpolitik nach dem Mitentscheidungsverfahren beschlossen werden (vgl. Kapitel 2). Die umweltpolitischen Strategien und Leitlinien gemeinschaftlicher Politik werden im Rahmen mehrjähriger umweltpolitischer Aktionsprogramme definiert. Seit Beginn der siebziger Jahre sind sechs solcher Programme verabschiedet worden (Sbragia 2000; Knill 2003).

Im Unterschied zur Umweltpolitik enthielten die Römischen Verträge zur Gründung der Gemeinschaft durchaus eigenständige Rechtsgrundlagen für politische Initiativen im Bereich der Sozialpolitik. Beispiele sind etwa die Verpflichtung der Mitgliedstaaten, gleiche Bezahlung für Männer und Frauen zu gewährleisten oder die Möglichkeit engerer Kooperation der Mitgliedstaaten zur Verbesserung der Lebens- und Arbeitsbedingungen. Trotz dieser vertraglichen Kompetenzen sind die Fortschritte in der europäischen Sozialpolitik – verglichen mit der Umweltpolitik – insgesamt als geringer zu bewerten. Dies ist nicht zuletzt darauf zurückzuführen, dass umweltpolitische Maßnahmen in vielen Fällen in engem Zusammenhang zur negativen Integration stehen (Abbau von Handelshemmnissen durch Harmonisierung von Produktstandards). Ein solches Szenario ist für die Sozialpolitik in geringerem Umfang gegeben.

Auch unterscheidet die europäische Sozialpolitik sich fundamental von der klassischen Sozialpolitik des nationalen Wohlfahrtsstaates: Im Unterschied zur nationalen Ebene bedeutet europäische Sozialpolitik nur in geringem Maße Umverteilungspolitik, wie sie beispielsweise in den nationalen Sozialversicherungssystemen und staatlichen Dienstleistungen zum Ausdruck kommt. Vielmehr ist europäische Sozialpolitik primär sozial-regulative Politik: Sie zielt darauf ab, negative soziale Auswirkungen des Binnenmarktes zu verhindern, ohne dass dabei die zentralen nationalen Kompetenzen im Bereich der Umverteilung tangiert werden (Falkner 2000; Leibfried/Pierson 1995).

Im Ergebnis bedeutet dies, dass wir sozialpolitische Maßnahmen auf europäischer Ebene vor allem in Bereichen finden, welche die soziale Regulierung von Märkten betreffen. Dies gilt etwa für den Bereich des Arbeitsschutzes, wo seitens der EU strenge Sicherheitsstandards definiert wurden, welche mit dem Niveau umweltpolitischer Regulierungen vergleichbar sind. Ähnliches lässt sich auch für die Gleichstellung von Männern und Frauen sowie die Freizügigkeit von Arbeitnehmern innerhalb des europäischen Binnenmarktes sagen. Geht es hingegen um klassische wohlfahrtsstaatliche Aktivitäten, nehmen sich die Erfolge europäischer Sozialpolitik bescheiden aus. So konnte man sich auf europäischer Ebene bislang entgegen aller Bemühungen noch auf kein gemeinsames Programm zur Bekämpfung der Arbeitslosigkeit verständigen. Selbst in Bereichen, in denen man sich seitens der EU auf gemeinsame Standards verständigt hat, sind diese – im Gegensatz zum Umweltschutz – eher an den niedrig als an den hoch regulierenden Mitgliedstaaten ausgerichtet. Darüber hinaus lassen die Maßnahmen einen hohen Grad an Flexibilität bei der Umsetzung auf nationaler Ebene. Damit einher geht der möglichst weitgehende Verzicht auf „harte" rechtsverbindliche Vorgaben (Streeck 1995).

Die regulative Politik der EU aus theoretischer Sicht

Betrachtet man insgesamt die regulative Politik der EU, so fallen insbesondere zwei generelle Entwicklungen auf, die erklärungsbedürftig erscheinen:

• Wie lässt sich erklären, dass die regulative Politik gegenüber anderen Policy-Typen auf europäischer Ebene eine dominante Rolle spielt?
• Warum sind innerhalb der regulativen Politik der EU im Bereich der negativen Integration größere Fortschritte erzielt worden als im Bereich der positiven Integration?

Ein erster Ansatzpunkt zur Beantwortung dieser Fragen setzt an den *Präferenzen der Mitgliedstaaten im intergouvernementalen Verhandlungsprozess* an. Diese Perspektive betont, dass im Bereich der negativen Integration zwischen den Mitgliedstaaten weitgehend Einigkeit über die Notwendigkeit gemeinschaftlichen Handelns bestand. Alle Mitgliedstaaten erhofften sich ökonomische Vorteile von der Schaffung eines integrierten Marktes, die potentielle Nachteile weit übersteigen würden. Einerseits waren Deregulierung und Liberalisierung ganz im Sinne neoliberaler Regierungen (wie etwa der Regierung Thatcher in Großbritannien oder der Regierung Kohl in Deutschland). Auf der anderen Seite sahen Staaten mit sozialdemokratischen Regierungen (Frankreich unter Mitterand) die Schaffung des Binnenmarktes als Chance, die Position der europäischen Wirtschaft im globalen Wettbewerb mit Japan und den USA zu sichern (Garrett 1992; Moravcsik 1994).

Dieser breite Konsens im Hinblick auf die negative Integration bröckelt jedoch schnell, wenn es um Fragen der positiven, marktkorrigierenden Regulierung geht. Hier besteht eine grundsätzliche Interessendivergenz zwischen „reichen" und „armen" Mitgliedstaaten (Scharpf 1996). Reiche Länder sind wirtschaftlich hoch entwickelt. Strengen umwelt- und sozialpolitischen Standards wird seitens der Bevölkerung eine hohe Priorität eingeräumt. Entsprechend sind diese Länder bereit, die ökonomischen Kosten für ambitionierte Regulierung zu tragen. In armen, wirtschaftlich wenig entwickelten Mitgliedstaaten kommt diesen Aspekten hingegen eine eher nachrangige Bedeutung zu. Entsprechend bevorzugen diese Länder Regulierungen auf niedrigem Niveau. Mit anderen Worten: Es besteht kein Konsens zwischen den Mitgliedstaaten im Hinblick auf die Frage, ob und wie viel in diesem Bereich reguliert werden soll. Entsprechend weniger fortgeschritten ist die Entwicklung der positiven Integration.

Aus den Interessenpositionen der Mitgliedstaaten lässt sich darüber hinaus die Dominanz regulativer gegenüber distributiver und redistributiver Politiken auf europäischer Ebene erklären. Regulative Policies implizieren keine Leistungen, welche den Haushalt der EU belasten. Sie werden so von den Mitgliedstaaten, deren Zahlungen einen Großteil der europäischen Haushaltseinnahmen ausmachen, eher akzeptiert und unterstützt als distributive oder redistributive Maßnahmen (Majone 1996). Der EU fehlen damit die finanziellen Mittel, um umfangreiche (re)distributive Politiken durchzuführen; sie verfügt nicht über nennenswerte eigene Mittel und vor allem nicht über Steuereinnahmen (Genschel 2002).

Ein zweiter Erklärungsansatz hebt dagegen ab auf die *einflussreiche und unabhängige Rolle der Kommission*. Betont werden hier die spezifischen Eigeninteressen der Kommission. Wie jede Bürokratie, hat die Kommission ein Interesse, ihren organisatorischen Bestand und ihre Machtposition zu sichern und zu erweitern. Die zentrale Ressource, mit der die Kommission ihr Ziel der Kompetenzausweitung verfolgt, beruht auf der Möglichkeit, EU-Maßnahmen zu initiieren und dadurch gleichzeitig den Ablauf des Entscheidungsprozesses zu beeinflussen (vgl. Abschnitt 3.1 dieses Kapitels).

Aus dieser Sicht wird zunächst verständlich, dass die Kommission aufgrund finanzieller Restriktionen ihr Interesse an Kompetenzausweitung primär über die Entwicklung regulativer Policies verfolgt (Majone 1996). Im Bereich der negativen Integration wird beispielsweise argumentiert, dass die Kommission mit ihrem Vorschlag eines neuen Ansatzes der Harmonisierung (wechselseitige Anerkennung anstatt Harmonisierung) sowie durch verschiedene Berichte und Studien über die potentiellen Nutzen eines gemeinsamen Marktes neue Bewegung in die Verhandlungen zwischen den Mitgliedstaaten gebracht hat und deren Bereitschaft zur Verabschiedung des Binnenmarktprogramms deutlich erhöht hat. Eine ähnliche Aktivität der Kommission ist auch in vielen Feldern der positiven Integration zu beobachten. Hier hat die Kommission versucht, sich neue Kompetenzen im Bereich der Sozial- und Umweltpolitik zu erschließen, indem sie in Koalition mit hoch regulierenden Staaten innovative Policy-Vorschläge entwickelte und in den europäischen Entscheidungsprozess einbrachte (Eichener 1996; Héritier/Knill/Mingers 1996). Eine Schwäche dieses Ansatzes ist allerdings darin zu sehen, dass wir auf dieser Basis kaum die unterschiedlichen Entwicklungen zwischen negativer und positiver Integration erklären können.

Eine dritte theoretische Perspektive zur Erklärung der regulativen Politik der EU konzentriert sich auf den *Einfluss institutioneller Regeln und Strukturen*. Dabei werden einerseits die Auswirkungen unterschiedlicher Entscheidungsverfahren hervorgehoben. So wird argumentiert, dass bei Abstimmungen mit qualifizierter Mehrheit die Kommission und das EP eher in der Lage sind, die Agenda zu gestalten und politische Innovationen auf europäischer Ebene zu ermöglichen (Tsebelis 1994; Garrett 1992). Im Fall einstimmiger Entscheidungen ist dieser Spielraum geringer, weil jedes Mitgliedsland faktisch ein Vetorecht besitzt und damit den Entscheidungsprozess blockieren kann. Diese Differenzen im Entscheidungsverfahren erklären die relativ weitgehenden Entwicklungen im Bereich der negativen Integration, wo Mehrheitsentscheidungen früher eingeführt wurden als in den Feldern der positiven Integration.

Auf der anderen Seite wird im Rahmen institutionalistischer Ansätze der Einfluss von nicht-intendierten Effekten auf die europäische Politikentwicklung hervorgehoben. Diese Effekte können insbesondere durch die Übertragung nationaler Kompetenzen auf die Kommission entstehen. Da die Mitgliedstaaten zum Zeitpunkt der Delegation von Kompetenzen nicht genau abschätzen können, wie und in welchem Ausmaß die Kommission ihre Handlungsspielräume nutzt, besteht die Möglichkeit relativ dynamischer Politikentwicklungen, welche *ex ante* nicht vorhersehbar waren. Dabei wird davon ausgegangen, dass nicht-intendierte Effekte umso weit reichender sind, je größer der unabhängige Einfluss supranationaler Akteure ist (Pierson 1996; Armstrong/Bulmer 1998). Aufgrund der unterschiedlichen Entscheidungsverfahren variiert das Potential für solche Dynamiken deutlich zwischen negativer und positiver Integration.

Ein vierter Erklärungsansatz betont hingegen weniger den Einfluss staatlicher und suprastaatlicher Akteure als die *unterschiedlichen Kräfteverhältnisse gesellschaftlicher Interessen im Hinblick auf die Beeinflussung europäischer Politik.* Ausgangspunkt ist hierbei die unterschiedliche Organisationsfähigkeit gesellschaftlicher Interessen. Wirtschaftsverbände verfügen gegenüber Umweltinteressen oder Gewerkschaften nicht nur in zahlenmäßiger Hinsicht über ein deutliches Übergewicht, sondern sind – ungeachtet großer Unterschiede zwischen einzelnen Verbänden – auch besser mit personellen und finanziellen Ressourcen ausgestattet (Greenwood 1997; Holzinger 1994: 127; Knill 2003: 102).

Die Ursachen für dieses Ungleichgewicht sind einerseits in der ursprünglichen Konstruktion der EU als Wirtschaftsgemeinschaft zu sehen. Entsprechend haben sich Wirtschaftsverbände bereits früh auf europäischer Ebene etabliert. Für umwelt- oder sozialpolitische Interessen ergaben sich entsprechende Anreize, sich auf europäischer Ebene zu organisieren, hingegen erst mit der Entwicklung und Ausweitung entsprechender Kompetenzen der EU, insbesondere durch die EEA und den Vertrag von Maastricht. Auf der anderen Seite ist zu konstatieren, dass umwelt- oder sozialpolitische Interessen grundsätzlich schwerer organisierbar sind als Wirtschaftsinteressen. Während der Nutzen, der sich etwa aus der Verwirklichung umweltpolitischer Ziele ergibt, relativ diffus über eine Vielzahl von Betroffenen verteilt ist, fallen mögliche Kosten von Umweltmaßnahmen relativ konzentriert für eine vergleichsweise geringe Zahl von betroffenen Unternehmen an. Entsprechend unterschiedlich sind die Anreize, sich in einem Umwelt- bzw. Wirtschaftsverband zu organisieren. Für die Organisation von Umweltinteressen ergibt sich hieraus ein „free-rider" Problem: Die Betroffenen profitieren zwar von den Aktivitäten der Umweltverbände (etwa in der Form eines höheren umweltpolitischen Schutzniveaus), ohne jedoch zu deren Aktivitäten entsprechend beizutragen (Olson 1965).

Diese Unterschiede im Kräfteverhältnis gesellschaftlicher Interessen können als Faktor herangezogen werden, um die hohe Bedeutung negativer Integration auf europäischer Ebene zu erklären. So ist die Etablierung eines gemeinsamen Marktes ein zentrales Anliegen wirtschaftlicher Interessengruppen. Umgekehrt haben diese Gruppen wiederum ein geringes Interesse an umfassenden Maßnahmen der positiven Integration, insbesondere dann, wenn diese Maßnahmen die Wettbewerbsposition der europäischen Industrie auf dem Weltmarkt beeinträchtigen.

Angesichts der dominanten Position von Wirtschaftsinteressen auf europäischer Ebene versucht die Kommission insbesondere durch die finanzielle Unterstützung der Umweltverbände sowie durch die neo-korporatistische Einbindung der Gewerkschaften, welche mit dem Vertrag von Maastricht beschlossen wurde, deren strukturelle Unterlegenheit aufzufangen (Falkner 2000; Knill 2003). Die Dominanz wirtschaftlicher Interessen auf europäischer Ebene wird damit allerdings nur partiell vermindert.

2.1.2 (Re)distributive Politik

Verglichen mit nationalen politischen Systemen ist die Kapazität der EU zur Verteilung und Umverteilung finanzieller Ressourcen zwischen verschiedenen gesellschaftlichen Akteuren oder einzelnen Staaten begrenzt. Denn der finanzielle Handlungsspielraum der EU, durch Steuern oder öffentliche Zuweisungen aus dem EU-Haushalt solche Verteilungswirkungen zu erzeugen, ist stark eingeschränkt. Dennoch bedeuten europäische Umverteilungsmaßnahmen für diejenigen Akteure, die hiervon profitieren, wie etwa Bauern, Regionen oder einzelne Mitgliedstaaten, beträchtliche finanzielle Zugewinne.

Umverteilungspolitik durch staatliche Zuweisungen und Besteuerung gehören zum klassischen Kernbestand nationaler Regierungsaufgaben. So machen öffentliche Ausgaben einen beträchtlichen Anteil des Bruttoinlandsproduktes der Nationalstaaten aus, der in den letzten Jahrzehnten noch einmal deutlich zugenommen hat. Der größte Anteil der staatlichen Ausgaben betrifft dabei soziale Dienstleistungen, wie soziale Sicherung, Gesundheitsvorsorge sowie Bildung und Ausbildung.

Die wachsende Bedeutung staatlicher Umverteilungspolitik wird damit begründet, dass demokratische Mehrheitsentscheidungen in politischen Systemen zu einer Verschiebung finanzieller Ressourcen von der Minderheit auf die politische Mehrheit führten. Um ihre Wahlchancen zu verbessern, entwickeln politische Parteien Umverteilungsprogramme, welche ihre wichtigen Wählerschichten überproportional begünstigen. Darüber hinaus wird generell darauf abgehoben, dass politische Entscheidungen über Umverteilungsprogramme einfacher möglich sind, wenn damit gleichzeitig eine Ausweitung des Gesamtbudgets einhergeht.

Dies liegt daran, dass Umverteilungsentscheidungen leichter fallen, wenn jeder mehr bekommt, als wenn einer Gruppe zugunsten einer anderen Gruppe etwas weggenommen werden muss. Es besteht auf diese Weise ein impliziter Anreiz zur beständigen Erhöhung staatlicher Ausgaben. Eine solche Entwicklung kann jedoch durch bestimmte institutionelle Regeln beschränkt werden. So ermöglicht es etwa das Einstimmigkeitsprinzip bei der Beschlussfassung über den europäischen Haushalt, dass einzelne Regierungen für sie nachteilige Umverteilungen blockieren können. Aufgrund dieser Struktur hat jedes Mitgliedsland prinzipiell die Möglichkeit durchzusetzen, dass die von ihm in den Haushalt eingebrachten Leistungen durch entsprechende Zahlungen kompensiert werden (Hix 1999: 244).

Solche Regeln verhindern jedoch nicht ein weiteres Kennzeichen staatlicher Verteilungspolitik: die überproportionale Begünstigung leicht organisierbarer, konzentrierter Minderheiten zu Lasten schwerer organisierbarer, diffuser Mehrheitsinteressen (Olson 1965; Wilson 1980). So ist beispielsweise der Nutzen aus Agrarsubventionen für jeden einzelnen Bauern weitaus größer als die hieraus entstehenden Kosten für den Verbraucher oder Steuerzahler.

Die angesprochenen Zusammenhänge lassen sich auf europäischer Ebene insbesondere in zwei Feldern redistributiver Politik beobachten: der gemeinsamen Agrarpolitik sowie der Strukturpolitik. Die zentrale Rolle dieser Politikbereiche kommt nicht zuletzt darin zum Ausdruck, dass sie etwa 80% der Haushaltsausgaben der EU beanspruchen.

Gemeinsame Agrarpolitik

Die Agrarpolitik ist die wichtigste Politik im Bereich der verteilungspolitischen Maßnahmen auf europäischer Ebene. Ihre Grundzüge wurden bereits Anfang der sechziger Jahre beschlossen. Die rechtliche Grundlage hierfür ergab sich aus den Römischen Verträgen, welche die Agrarpolitik als zentrales Politikfeld der EU identifizieren. Konkret wurden in diesem Zusammenhang die folgenden Ziele definiert: Steigerung der Produktivität der Landwirtschaft, Sicherstellung eines angemessenen Lebensstandards für die Landwirte, Stabilisierung der Märkte, sowie Sicherstellung einer ausreichenden Versorgung der Verbraucher zu angemessen Preisen. Diese Vorgaben sollten durch drei zentrale Mechanismen zur Stützung der Agrarpreise erreicht werden:

- Schutz gegen zu niedrige interne Preise durch Aufkaufen von Überschüssen durch die EU
- Schutz gegen zu niedrige Importpreise durch die Erhebung von Schutzzöllen auf Agrarimporte aus Drittstaaten
- Subventionen zur Reduzierung von Exportpreisen, um die Wettbewerbsfähigkeit der europäischen Landwirtschaft auf dem Weltmarkt zu sichern, falls die Weltmarktpreise unter ein bestimmtes Niveau fallen

Das Ergebnis war ein System indirekter Einkommensgarantien für die europäischen Landwirte, welche vom europäischen Steuerzahler und den Verbrauchern (über entsprechend höhere Preise) finanziert wurden. Dieses ursprünglich vereinbarte System stellte die Gemeinschaft jedoch schnell vor Probleme:

- die Preisgarantien setzten Anreize zur Überproduktion
- Produktionsüberschüsse mussten aufgekauft und gelagert werden, was wiederum zu Lasten des EU-Haushalts ging
- Umweltprobleme durch intensive Landbewirtschaftung und die Verwendung von Düngemitteln traten in verstärktem Maße auf
- große Betriebe, die mehr verdienten, weil sie mehr produzierten, wurden durch das System einseitig begünstigt, während Kleinbetriebe vielfach auf staatliche Unterstützung angewiesen waren
- Zölle und Quoten auf importierte Agrarprodukte, die einerseits zur Sicherung des europäischen Marktes erforderlich waren, führten zu Handelsstreitigkeiten auf internationaler Ebene
- Subventionen zur Senkung der Exportpreise trieben die Preise auf dem Weltmarkt in den Keller, was zu Konflikten mit hierdurch benachteiligten Drittstaaten führte.

Die Probleme ergaben sich aus der Tatsache, dass mit steigender Produktivität und Marktstabilisierung die EU zu einem Nettoexporteur auf dem internationalen Agrarmarkt wurde, d. h. im Gegensatz zur Situation in den sechziger Jahren war die EU nicht nur in der Lage, die Versorgung innerhalb des gemeinsamen Marktes zu sichern, sondern exportierte gleichzeitig in wachsendem Umfang ihre Produkte in andere Staaten (Hix 1999: 250-252; Keeler 1996).

Aufgrund dieser Entwicklungen erschien die traditionelle Agrarpolitik im Laufe der achtziger Jahre weder weiterhin finanzierbar, noch war sie aufgrund der hohen Belastungen für kleine Betriebe, Steuerzahler und Verbraucher länger politisch legitimierbar. 1992 verständigten sich die Mitgliedstaaten auf eine Reform der gemeinsamen Agrarpolitik. Wesentliche Inhalte waren die schrittweise Reduktion der Garantiepreise in bestimmten Bereichen, direkte Einkommensunterstützung für Bauern sowie Stilllegungsprämien als Anreiz zur Vermeidung von Überproduktion. Mit der Agenda 2000 legte die Kommission weitere Vorschläge für die künftige Ausgestaltung der europäischen Agrarpolitik vor dem Hintergrund der Osterweiterung vor. Auf der Basis dieser Reformen soll die Preisbildung für landwirtschaftliche Produkte in der EU mehr und mehr dem freien Spiel der Marktkräfte überlassen werden. An die Stelle indirekter Subventionierung durch Preisgarantien (welche den Verbraucher belasten) soll eine direkte Unterstützung bedürftiger Landwirte (welche den allgemeinen Steuerzahler belastet) erfolgen. Auch sollen negative externe Effekte des Agrarmarktes durch Anreize für umweltfreundliche Produktionsformen reduziert werden.

Die tatsächliche Umsetzung dieser Reformen kann jedoch keineswegs als selbstverständlich vorausgesetzt werden. Erstens gilt für Entscheidungen über Reformen der gemeinsamen Agrarpolitik das Einstimmigkeitsprinzip, was eine Abkehr von suboptimalen Politikmustern erschwert (vgl. Scharpf 1985). Zweitens bestehen in den meisten Mitgliedstaaten sehr enge Beziehungen zwischen den jeweiligen Landwirtschaftsministern und den nationalen Bauernverbänden. Auch gehören letztere typischerweise politischen Parteien an, die in den Landwirten eine wichtige Wählerschicht haben. Drittens kam der zuständige EU-Kommissar für Landwirtschaft bisher stets aus einem Mitgliedstaat mit wichtigem Agrarsektor und gehört dabei traditionell einer politischen Partei an, die landwirtschaftlichen Interessen nahe steht. Auch die Verwaltung der zuständigen Generaldirektion ist primär mit Vertretern aus Mitgliedstaaten besetzt, die eine starke landwirtschaftliche Tradition haben. Viertens sind die landwirtschaftlichen Interessenverbände sowohl auf nationaler als auch europäischer Ebene sehr einflussreich und gut organisiert. Sie verfügen über enge Kontakte zu den jeweiligen Landwirtschaftsministerien und haben auf diese Weise großen Einfluss auf die Politikgestaltung. Diese Konstellation wird vielfach auch als eisernes Dreieck (iron triangle) von Mitgliedstaaten, Kommission und Agrarinteressen bezeichnet (Keeler 1996).

In den letzten Jahren ist diese dominante Position allerdings durch zwei Entwicklungen in Frage gestellt worden. Zum einen ist durch verschiedene wirtschaftliche, politische und soziale Entwicklungen in Europa die Machtposition landwirtschaftlicher Interessen geschwächt worden. Die wirtschaftliche Bedeutung des Agrarsektors in den nationalen Volkswirtschaften hat sich deutlich reduziert. Dies gilt sowohl für den Anteil der in der Landwirtschaft bereitgestellten Arbeitsplätze als auch den Anteil am Bruttoinlandsprodukt. Zum zweiten geht von externen Entwicklungen ein verstärkter Druck zur Reform der europäischen Agrarpolitik aus. Dieser ergibt sich nicht nur im Rahmen der intergouvernementalen Verhandlungen zur Liberalisierung des Welthandels auf der Ebene der Welthandelsorganisation (WTO), sondern auch aus der Osterweiterung der EU. Denn aufgrund der stark landwirtschaftlich strukturierten Beitrittsländern würde die Beibehaltung eines Systems der Garantiepreise den finanziellen Bankrott der EU bedeuten (Hix 1999: 253). Kurzfristig mögen zwar die landwirtschaftlichen Interessen noch in der Lage sein, entsprechende Innovationen zu verzögern oder abzuschwächen, langfristig werden diese Entwicklungen jedoch eine grundlegende Marktorientierung in der Agrarpolitik unausweichlich machen.

Europäische Strukturpolitik
Im EU-Vertrag wurde die Reduktion wirtschaftlicher und sozialer Ungleichheiten zwischen gesellschaftlichen Gruppen und Regionen innerhalb der Gemeinschaft als zentrales Ziel definiert. Entsprechend wird seitens der EU ein wachsendes Maß an Transferzahlungen an weniger entwickelte europäische Regionen geleistet. Die konkrete Ausgestaltung der europäischen Strukturpolitik basiert auf vier Strukturfonds: dem Europäischen Fonds für regionale Entwicklung, dem Europäischen Sozialfonds, dem landwirtschaftlichen Ausgleichs- und Garantiefonds und dem Finanzierungsinstrument für das Fischereiwesen. Die verschiedenen Fonds werden dabei nach den folgenden Grundsätzen verwaltet:

- Additionalität: Die Mitgliedstaaten können europäische Zahlungen nicht dazu verwenden, ihre eigenen Leistungen entsprechend zu reduzieren
- Partnerschaft: Die Vorbereitung, Umsetzung und Überwachung regionaler Entwicklungsprojekte erfolgt in enger Zusammenarbeit von Kommission, nationalen Regierungen und regionalen Behörden
- Programmierung: Die europäischen Zahlungen erfolgen auf der Basis mehrjähriger Entwicklungsprogramme
- Konzentration: Die Programme konzentrieren sich auf die Förderung bestimmter vorrangiger Ziele, wie die Entwicklung rückständiger Regionen, Hilfe für die wirtschaftliche Umstrukturierung in Gebieten mit industriellem Niedergang oder die Bekämpfung langfristiger Arbeitslosigkeit

Neben den vier Strukturfonds wurde mit dem Vertrag von Maastricht noch ein weiteres strukturpolitisches Programm etabliert, der sog. Kohäsionsfonds. Der Hintergrund für diesen Fonds sind die relativ strengen wirtschaftlichen und fiskalischen Konvergenzkriterien, welche die Mitgliedstaaten für den Beitritt zur Wirtschafts- und Währungsunion erfüllen müssen. Das Ziel des Kohäsionsfonds war die Steigerung des Wirtschaftswachstums in den (damals) vier ärmsten Mitgliedstaaten der EU, Griechenland, Irland, Portugal und Spanien.

Betrachtet man die europäische Strukturpolitik insgesamt, so zeigt sich, dass vor der Osterweiterung die zentralen Nutznießer dieser Politik insbesondere diese vier Staaten waren. Daneben profitierten die ostdeutschen Bundesländer, Süditalien, Nordirland, Schottland und Nordengland, sowie die ländlichen Regionen in Frankreich und Finnland. Die Bedingungen für eine Förderung sind so gestaltet, dass über die Hälfte der europäischen Bevölkerung in Regionen lebt, die im Rahmen der europäischen Strukturpolitik gefördert werden. Dies bedeutet faktisch, dass jeder Mitgliedstaat Ressourcen aus den europäischen Programmen erhält.

Diese breite Streuung ergibt sich aus dem spezifischen Design der europäischen Regionalpolitik. Sie ist nicht darauf ausgerichtet, Mittel zwischen Mitgliedstaaten umzuverteilen (was wir etwa in Deutschland im Rahmen des Finanzausgleichs zwischen den Ländern beobachten können – Prinzip des fiskalischen Föderalismus). Vielmehr zielt die europäische Strukturpolitik darauf ab, einen Ausgleich zwischen unterschiedlichen Regionen herbeizuführen. Angesichts der Komplexität regionaler Entwicklungsprozesse ist es empirisch jedoch schwierig, mögliche Effekte bei der Reduktion regionaler Disparitäten nachzuweisen (Hix 1999).

Ähnlich wie die Landwirtschaftspolitik ist auch die europäische Strukturpolitik mit einem zunehmenden Reformdruck konfrontiert. Hierfür ist vor allem die Osterweiterung verantwortlich, mit der die Aufnahme vieler sehr armer Regionen mit besonderen strukturellen Problemen verbunden ist. Reformerfordernisse ergeben sich auch aus der Tatsache, dass einige Länder wie Irland und Spanien deutliche ökonomische Fortschritte gemacht haben und nach bisherigen Maßstäben nicht mehr in gleichem Maße förderungswürdig wären.

Europäische Umverteilungspolitik aus theoretischer Perspektive

Beurteilt man insgesamt die redistributiven Politiken der EU, so stellt sich zunächst die Frage, warum der EU-Haushalt – verglichen mit den nationalen Budgets – relativ klein ist. Zweitens ist zu erklären, warum sich der Löwenanteil der europäischen Ausgaben auf zwei Politikfelder konzentriert (Landwirtschaft und Strukturpolitik). Schließlich muss die Frage beantwortet werden, warum einige Regionen und Staaten sich als Nettogewinner fühlen können, während andere letztlich als Nettozahler dastehen. Warum akzeptieren die Nettozahler eine solche Politik?

Ein erster Ansatz, auf dessen Basis diese Fragen beantwortet werden können, basiert auf der *Logik intergouvernementaler Verhandlungen.* Aus dieser Sicht wird das europäische Budget als Gleichgewichtslösung der Verhandlungen zwischen den nationalen Regierungen interpretiert. Die Annahme hierbei ist, dass jedes Mitgliedsland bereit ist, so viel zur Finanzierung des europäischen Budgets beizutragen, wie es von den nicht-fiskalischen Maßnahmen der EU (d. h. etwa dem Binnenmarktprogramm oder der Wirtschafts- und Währungsunion) profitiert. Im Ergebnis sind Änderungen, und insbesondere Ausweitungen in der europäischen Umverteilungspolitik und im EU-Haushalt daher nur dann zu erwarten, wenn Verlierer der europäischen Marktintegration und Regulierung eine fiskalische Kompensation verlangen (Carruba 1997; Pollack 1995; Moravcsik 1998).

So wurde etwa die gemeinsame Agrarpolitik primär etabliert, um französische Bauern für eventuelle Verluste zu kompensieren, welche sie durch die Öffnung des französischen Marktes für deutsche Agrarprodukte erleiden würden. In gleicher Weise erfolgte die Einrichtung des Kohäsionsfonds im Rahmen des Maastrichter Vertrages hauptsächlich als Konzession gegenüber Spanien, das damit bereit war, eventuelle Nachteile aus den relativ strengen Konvergenzkriterien für die Wirtschafts- und Währungsunion zu akzeptieren.

In der Konsequenz bewirkt diese Konstellation, dass für die Verhandlungen zur Umverteilung auf europäischer Ebene weniger die wirtschaftliche Wohlfahrt eines Landes entscheidend ist. Vielmehr kommt es darauf an, ob ein Land eher zu den potentiellen Gewinnern oder Verlierern der Marktliberalisierung und europäischen Regulierungsaktivitäten zählt. So wird erklärbar, warum exportorientierte Länder wie Deutschland, Großbritannien, Schweden, Österreich oder die Niederlande, die von der Marktliberalisierung und der Währungsunion eher Vorteile erwarteten, zu den Nettozahlern zählen. Auf der anderen Seite wird verständlich, warum die Nettoempfänger hauptsächlich solche Länder sind, deren Volkswirtschaften eher national ausgerichtet sind und deren Industrie durch die europäische Liberalisierung einem stärkeren Wettbewerbsdruck ausgesetzt wird (Hix 1999: 270).

Allerdings können hierbei verschiedene zusätzliche Bedingungen die Verhandlungsposition der Mitgliedstaaten beeinflussen. Erstens kann eine stark antieuropäische Haltung der Bevölkerung die Verhandlungsposition der nationalen

Regierung deutlich stärken. Denn für am kurzfristigen Wahlerfolg orientierte nationale Politiker ist es dann schwerer, eventuelle Nettozahlungen in den EU-Haushalt zu akzeptieren. Dieser Umstand erklärt beispielsweise, warum Dänemark trotz seiner starken Exportorientierung Nettoempfänger europäischer Umverteilungspolitik ist. Auch die britische Regierung unter Thatcher machte sich in den achtziger Jahren die negative Stimmung im Lande zunutze, um finanzielle Konzessionen auf europäischer Ebene zu erreichen. Zweitens zeigt die Betrachtung der Zahlungsbilanz, dass die Nutzen für die Nettogewinner verhältnismäßig höher sind als die Kosten für die Nettozahler. Diese Konzentration von Nutzen und die gleichzeitige Streuung von Kosten erleichtern die europäische Umverteilungspolitik (Carruba 1997).

Eine zweite theoretische Perspektive betont, dass die europäische Kommission über wichtige Ressourcen verfügt, um die europäische Umverteilungspolitik in ihrem Sinne zu beeinflussen. Dies wird zurückgeführt auf die Rolle der *Kommission als politischer Unternehmer* und die damit verbundene Möglichkeit, die politische Prioritätensetzung und die Agendagestaltung nachhaltig zu beeinflussen. Im Hinblick auf die redistributive Politik lassen sich hierbei insbesondere zwei Strategien der Kommission beobachten.

Im Bereich der Strukturpolitik ist die Kommission bestrebt, über die direkte Zusammenarbeit mit den Regionen die nationalen Regierungen zu umgehen und damit ihre Position gegenüber den Mitgliedstaaten zu stärken. So hat die Kommission bewusst Regionen und Kommunen in die Formulierung und Implementation der europäischen Regionalpolitik mit einbezogen, insbesondere bei der Verwaltung und Zuweisung finanzieller Mittel. Dabei haben Regionen und Kommission bewusst darauf gesetzt, die nationalen Regierungen zu umgehen, indem die Regionen finanzielle Mittel direkt verwalten und verwenden können, ohne dass diese nochmals durch die Hände des nationalen Finanzministers gehen (Marks/McAdam 1996; Hooghe 1996). Im Bereich der Landwirtschaftspolitik versucht die Kommission dagegen verstärkt, ihre Unabhängigkeit gegenüber den starken landwirtschaftlichen Interessengruppen zu erhöhen, indem sie andere Interessen (insbesondere Umwelt- und Verbraucherschutzverbände), die für eine Reform der Agrarpolitik eintreten, aktiv unterstützt (Pollack 1997; Knill 2003).

Eine dritte theoretische Perspektive zur Erklärung der Umverteilungspolitiken EU basiert auf dem *Einfluss institutioneller Entscheidungsregeln*. Hier geht es insbesondere um die Frage, ob die Beschlussfassung im Ministerrat mit qualifizierter Mehrheit oder einstimmig erfolgt. Einstimmige Beschlüsse sind im Wesentlichen bei der Festlegung der mehrjährigen Ausgabenplanung der EU erforderlich. Hier bewirkt das Einstimmigkeitsprinzip letztlich, dass lediglich Verteilung und keine Umverteilung stattfindet. So wird kein Mitgliedstaat freiwillig mehr geben als er bekommt, wenn er ein faktisches Vetorecht besitzt (Mueller 1989: 43-49).

Umverteilung zwischen Staaten und Regionen wird erst möglich, wenn es um die konkrete Umsetzung und Verwaltung der Programme im Rahmen des jeweils auf ein Jahr festgelegten Budgets geht (Welche Regionen werden gefördert? Für welche Agrarprodukte werden Stützungskäufe gemacht?) Hier wird grundsätzlich mit qualifizierter Mehrheit abgestimmt, was ermöglicht, dass die Mehrheit Ressourcentransfers zu Lasten der Minderheit (z. B. der Nettozahler) durchsetzt (Hix 1999: 273).

Aus einer vierten Perspektive schließlich stellt sich die europäische Umverteilungspolitik weniger als Resultat intergouvernementaler Verhandlungen dar, sondern wird auf der Basis *unterschiedlicher Macht und Ressourcen gesellschaftlicher Interessen* erklärt. So besagt die Theorie des kollektiven Handelns, dass Gruppen, welche konzentrierte und selektive Anreize für ihre Mitglieder bereitstellen können, wesentlich einfacher zu organisieren sind, als Gruppen mit eher diffusen Interessen. Auf dieser Basis wird erklärt, dass sich vor allem Bauernverbände, aber auch Regionen, welche unter die jeweiligen Förderungskriterien fallen, in besonderem Maße auf europäischer Ebene organisieren und damit in der Lage sind, sich ein größeres Stück aus dem Verteilungskuchen heraus zu schneiden, als dies für diffuse Interessen (Steuerzahler oder Verbraucher) der Fall ist. Das Ergebnis ist eine einseitige Begünstigung konzentrierter Interessen zu Lasten diffuser Interessen bei der europäischen Umverteilungspolitik (Keeler 1996; Laffan 1997).

Insgesamt verdeutlichen die Ausführungen zur Ausgestaltung verschiedener (regulativer und redistributiver) Politiken der EU, dass deren Entwicklung aus vier generellen theoretischen Perspektiven interpretiert werden kann: der Logik intergouvernementaler Verhandlungen zwischen den Mitgliedstaaten, der Rolle der Kommission, den zugrunde liegenden institutionellen Regeln sowie dem jeweiligen Kräfteverhältnis unterschiedlicher gesellschaftlicher Interessen. Deutlich wird dabei, dass keine Perspektive für sich allein ausreichend erscheint, eine umfassende Erklärung für die empirischen Entwicklungen zu bieten. Vielmehr sind die verschiedenen Konzepte als komplementäre Erklärungen zu begreifen.

2.2 Formen politischer Steuerung

Bislang haben wir uns mit der inhaltlichen Ausgestaltung wichtiger europäischer Politiken befasst. Hieraus sind allerdings nur in geringem Maße Rückschlüsse über die jeweiligen Muster politischer Steuerung möglich, auf deren Basis diese inhaltlichen Vorgaben erreicht werden sollen. Mit welchen Instrumenten sollen beispielsweise konkret die regulativen Vorgaben im Rahmen der negativen und positiven Integration realisiert werden? Welche spezifischen Steuerungsmuster lassen sich in der europäischen Politik beobachten?

Ein genauerer Blick auf die verschiedenen Politikbereiche verweist auf die hohe Bandbreite an Steuerungsmustern, die sich in diesem Zusammenhang beobachten lässt. Ungeachtet dieser Vielfalt lassen sich allerdings durchaus generelle Entwicklungslinien identifizieren, welche Verschiebungen in der politischen Gewichtung von Steuerungsmustern signalisieren (Héritier 2002; Holzinger/Knill/Schäfer 2003; Kohler-Koch/Eising 1999; Tömmel 2003). In Anbetracht dieser Entwicklungen geht es im Rahmen dieses Kapitels somit nicht nur um die Darstellung unterschiedlicher Steuerungsmuster in der europäischen Politik sowie deren Veränderungen im Zeitablauf, sondern auch um die Analyse der Ursachen und Hintergründe, die für einen solchen Steuerungswandel verantwortlich sind.

2.2.1 Idealtypische Unterscheidung von Steuerungsmustern

Das jeweils zugrunde liegende Steuerungskonzept hat wichtige Rückwirkungen auf die konkrete Ausgestaltung europäischer Policies. Hierbei stehen zwei Aspekte im Vordergrund. Zum einen geht es um die Frage der Beteiligungsstrukturen. Inwieweit sind öffentliche und private Akteure an der Formulierung und Implementation von Policy-Instrumenten beteiligt? Zum anderen wird nach dem Grad der rechtlichen Verbindlichkeit europäischer Vorgaben gefragt. Hieraus ergeben sich vier generelle Formen der Regulierung, die in der folgenden Darstellung zusammengefasst sind (vgl. Knill/Lehmkuhl 2002a; Mol/Lauber/Liefferink 2000):

Tabelle 4.1: Unterschiedliche Muster politischer Steuerung

| | | Beteiligung privater Akteure | |
		Niedrig	*Hoch*
Grad der rechtlichen Verbindlichkeit	*Freiwillig*	Private Selbststeuerung	Koregulierung, offene Koordinierung
	Verpflichtend	Interventionistische Steuerung	Regulierte Selbstregulierung

Quelle: Knill 2003: 65

Interventionistische Steuerung
Im Fall der interventionistischen Steuerung liegt die Verantwortung und Entscheidung über die inhaltliche Ausgestaltung von Policies letztlich bei staatlichen bzw. suprastaatlichen Akteuren. Die nationalen Regierungen sowie die suprastaatlichen Akteure der Gemeinschaft, insbesondere Kommission und EP, entscheiden über die Annahme und Verabschiedung europäischer Richtlinien oder Verordnungen. Ähnliches gilt für die Implementation dieser Maßnahmen, für welche die nationalen Regierungen gegenüber der Kommission verantwortlich sind.

Dies schließt die vorherige Konsultation und Einbeziehung gesellschaftlicher Interessen keineswegs aus (vgl. Eising/Kohler-Koch 1994; Greenwood 1997). Es gehört zum Alltag der europäischen Politikgestaltung, dass Interessenverbände und Lobbyisten versuchen, ihre Interessen gegenüber den Entscheidungsträgern auf europäischer Ebene zur Geltung zu bringen. Der Zugang privater Akteure zum Entscheidungsprozess unterliegt dabei jedoch nur wenigen formellen Regeln und ist nur in geringem Maße institutionalisiert. Vielmehr bestimmen die am Entscheidungsprozess beteiligten staatlichen und suprastaatlichen Akteure darüber, ob und inwieweit sie private Akteure in den Entscheidungsprozess mit einbeziehen und deren Vorstellungen berücksichtigen (Knill/Lehmkuhl 2002a; Lenschow 1999).

Diese Konstellation impliziert ein hierarchisches Verhältnis zwischen öffentlichen und privaten Akteuren. Typischerweise kommt dieser „command and control"-Ansatz in der Definition direkter und rechtlich bindender Handlungsverpflichtungen zum Ausdruck. Im Rahmen von Geboten, Verboten oder Auflagen werden verbindliche Vorgaben definiert, die von den jeweiligen Adressaten (z. B. Industriebetrieben) und den für die Umsetzung zuständigen nachgeordneten Behörden (z. B. nationale Gewerbeaufsichtsämter) beachtet und eingehalten werden müssen.

Hierarchische Strukturen bei der Formulierung und Implementation von Instrumenten sind in der europäischen Politik von zentraler Bedeutung. So basiert der größte Teil der im vorhergehenden Abschnitt vorgestellten Politiken auf rechtlich bindenden Vorgaben, die von nationalen Regierungen und suprastaatlichen Akteuren definiert und beschlossen wurden. In den letzten Jahren ist dieses dominante Muster jedoch um andere Formen der Steuerung ergänzt worden.

Regulierte Selbstregulierung

Von Bedeutung ist hierbei zunächst die Form der regulierten Selbstregulierung. Ähnlich wie die interventionistische Regulierung ist diese Form der Steuerung durch rechtlich-verbindliche Entscheidungen gekennzeichnet sowie durch die dominante Rolle öffentlicher Akteure bei der inhaltlichen Ausgestaltung dieser rechtlichen Vorgaben. Im Unterschied zur interventionistischen Regulierung erfolgt jedoch eine stärker formalisierte und institutionalisierte Einbeziehung privater Akteure in die Politikgestaltung, etwa durch die Delegation bestimmter Kompetenzen auf private Akteure (Knill/Lehmkuhl 2002a; Ronit/Schneider 1999).

Ungeachtet der unterschiedlichen Einbeziehung privater Akteure in die Politikgestaltung sind interventionistische Regulierung und regulierte Selbstregulierung durch die Verabschiedung bindender Vorgaben gekennzeichnet. Darüber hinaus spielen öffentliche Akteure eine dominante Rolle bei der Entscheidung über regulative Vorgaben. Diese beiden Voraussetzungen sind weder im Fall der Koregulierung noch bei privater Selbstregulierung erfüllt.

Koregulierung und die offene Methode der Koordinierung

Im Fall der Koregulierung erfolgt die Festlegung und Anwendung von Instrumenten nicht auf der Basis rechtlich bindender Entscheidungen, sondern im Wege von Verhandlungen und Vereinbarungen zwischen öffentlichen und privaten Akteuren. Entscheidungen werden nicht einseitig von Mitgliedstaaten, EP und Kommission getroffen und dann gegenüber privaten Akteuren durchgesetzt, sondern basieren auf Verhandlungen, in denen öffentliche und private Akteure gleichberechtigt an der Entscheidungsfindung beteiligt sind.

Anstelle hierarchischer Steuerung durch rechtlich-verbindliche Instrumente steht die Kooperation im Vordergrund, die einerseits darauf ausgerichtet ist, einen möglichst weiten Kreis unterschiedlicher öffentlicher und privater Akteure mit einzubeziehen. So sind etwa im Bereich der Umweltpolitik auf der Ebene der Kommission zu Beginn der neunziger Jahre verschiedene Netzwerke (Dialoggruppen und Konsultationsgremien) eingerichtet worden, die eine möglichst weite Einbeziehung nationaler und subnationaler Behörden, Industrieverbände, Verbraucher- und Umweltschutzverbände sowie Gewerkschaften bei der Formulierung umweltpolitischer Initiativen ermöglichen sollen. Auch in Bezug auf die Implementation europäischer Politik lassen sich solche Initiativen der Netzwerkbildung beobachten. Ein zweites Muster dieser kooperativen, nicht auf dem Erlass verbindlicher Vorschriften basierenden Form des „joint policy-making" (Mol/Lauber/Liefferink 2000) manifestiert sich in freiwilligen Vereinbarungen zwischen der Kommission und einzelnen Industriesektoren. Solche Vereinbarungen sind beispielsweise abgeschlossen worden im Hinblick auf eine effizientere Nutzung von Energie oder zur Reduktion von Kfz-Emissionen (Héritier 2002).

Eine spezifische Form politischer Steuerung, die sich ebenfalls durch Freiwilligkeit und die Einbeziehung einer Vielzahl öffentlicher und privater Akteure auszeichnet, ist die in den letzten Jahren auf europäischer Ebene verstärkt angewandte „offene Methode der Koordinierung". Dieses Steuerungskonzept kommt insbesondere im Bereich der europäischen Sozialpolitik (Beschäftigungspolitik) sowie bei der Abstimmung nationaler Finanz- und Wirtschaftspolitiken im Rahmen der Wirtschafts- und Währungsunion zur Anwendung. Im Kern dieses neuen europäischen Steuerungskonzeptes steht die Definition unverbindlicher Leitlinien und Zielvorgaben durch die nationalen Regierungen. Im Rahmen eines Peer Review-Prozesses müssen die Mitgliedstaaten in der Folgezeit Bericht erstatten, inwieweit und auf der Basis welcher Maßnahmen sie die Vereinbarungen erfüllt haben. Ziel ist es, auf diese Weise einen generellen Prozess der Diffusion, sog. Best Practice in Gang zu setzen. Der auf europäischer Ebene organisierte Prozess des Peer Review versucht, das wechselseitige Lernen zwischen den Mitgliedstaaten zu begünstigen und den Transfer von politischen Maßnahmen oder Reforminitiativen zu fördern, die sich in einzelnen Mitgliedstaaten als effektiv erwiesen haben (Eberlein/Kerwer 2002; de la Porte 2002).

Private Selbstregulierung
Von der Koregulierung zu unterscheiden sind Formen der Selbstregulierung, in denen die Ausgestaltung von Policy-Instrumenten allein durch private Akteure erfolgt. Beispiele hierfür sind etwa freiwillige Selbstverpflichtungen der Industrie,

ihre Schadstoffemissionen um eine gewisse Menge zu reduzieren. In der europäischen Politik sind solche Formen der Steuerung bislang allerdings von geringer Bedeutung.

Ungeachtet der Initiativen verstärkt auf Koregulierung und Selbstregulierung als Formen der politischen Steuerung zurückzugreifen, ist zu betonen, dass diese Formen vielfach in Gestalt von Hybriden auftreten. Sie sind entweder eng an bestehende Richtlinien oder Verordnungen gekoppelt bzw. kommen oft erst „im Schatten der Hierarchie" zustande. Private Akteure entscheiden sich erst dann für die freiwillige Kooperation, wenn eine für sie ungünstigere hierarchische Form der Steuerung auf die politische Agenda gesetzt wird (Knill/Lehmkuhl 1998; Mayntz/Scharpf 1995).

2.2.2 Transformation politischer Steuerung in der EU? Ursachen und Ausmaß des Steuerungswandels

Während politische Steuerung in der EU typischerweise dem Muster hierarchischer Intervention folgte, sind – wie oben ausgeführt – in den letzten Jahren verschiedene neue Formen und Konzepte entwickelt worden, mit dem Ziel, bestehende Steuerungsansätze zu ergänzen oder zu ersetzen. Was sind die Faktoren, die diesen Wandel begünstigt haben? In diesem Zusammenhang sind vier Aspekte von Bedeutung:

Erstens implizierte die detaillierte Definition inhaltlicher Vorgaben angesichts unterschiedlicher nationaler Bedingungen und Interessenkonstellationen vielfach langwierige Entscheidungsprozesse auf europäischer Ebene. Eine interventionistische Steuerung brachte somit Nachteile für die politische Entscheidungs- und Handlungsfähigkeit der EU mit sich (Knill 2003: 63). Ein zweites Problem, das mit einer Abkehr von interventionistischer Steuerung bewältigt werden sollte, betrifft das Implementationsdefizit europäischer Politik (vgl. Kapitel 3), das seit Beginn der neunziger Jahre an Bedeutung auf der politischen Agenda gewann. Mit der Entwicklung neuer Instrumente, die explizit auf die Berücksichtigung national unterschiedlicher Kontextbedingungen ausgerichtet sind, erhoffte sich die Kommission eine Verbesserung der Implementationseffektivität europäischer Politik. Diese Hoffnung hat sich allerdings – wie in Kapitel 3 ausgeführt – als weitgehend unbegründet erwiesen. Ein dritter Faktor ist im Subsidiaritätsprinzip zu sehen, das mit dem Vertrag von Maastricht als generelles Handlungsprinzip der EU verankert wurde. Dieses Prinzip hebt auf Steuerungsformen ab, die möglichst „autonomieschonend und gemeinschaftsverträglich" (Scharpf 1993) sind. Damit war ein Festhalten an interventionistischen Steuerungsmustern, welche stark in nationale Handlungsspielräume eingreifen, politisch schwerer legitimierbar. Insofern begünstigte das Subsidiaritätsprinzip die Entwicklung neuer Steuerungsmuster, bei denen den Mitgliedstaaten lediglich ein Zielrahmen vorgegeben wird, nicht jedoch die Mittel zur Erreichung dieser Ziele (Knill/Héritier 1996: 227). Die steuerungspolitischen Veränderungen in der europäischen Politik sind viertens vor dem Hintergrund einer globalen Reformwelle zu sehen, welche durch Schlagworte wie Privatisierung, Liberalisierung, Deregulierung, Rückzug des Staates und der Einführung neuer Steuerungsformen in der Verwaltung (New Public Management) charakterisiert ist (Kickert 1997; Wright 1994). Die sich aus dieser generellen Reformentwicklung ergebenden Zielvorstellungen im Hinblick auf die Entwicklung weniger bürokratischer, flexiblerer und effektiverer Steuerungskonzepte begünstigten und legitimierten die Herausbildung gleichläufiger Muster politischer Steuerung auf europäischer Ebene.

In den bisherigen Ausführungen wurde nicht nur deutlich, dass die Politiken der EU durch eine relativ große Bandbreite genereller Steuerungsansätze charakterisiert sind. Vielmehr zeigt sich im Zeitablauf eine gewisse Entwicklung und Neuakzentuierung von Steuerungsmustern (vgl. auch Tömmel 2003). Damit stellt sich die Frage nach dem quantitativen und qualitativen Ausmaß dieser Entwicklungen. Inwieweit manifestiert sich mit diesen Verschiebungen tatsächlich ein genereller Trend, lässt sich also von einer Transformation politischer Steuerung in der EU sprechen?

Nimmt man die politischen Stellungnahmen und Ankündigungen der EU-Kommission zum Ausgangspunkt, wie sie im 2001 veröffentlichten Weißbuch zur „Governance für die Europäische Union" zu finden sind, so drängt sich der Eindruck eines fundamentalen Wandels politischer Steuerung auf. Betrachtet man allerdings den Anteil neuer Steuerungskonzepte, so wird dieses Bild deutlich relativiert. So konstatiert etwa Hey (2000: 85) für den Bereich der Umweltpolitik, dass sich entgegen weit verbreiteter Vorstellungen in der EU in den neunziger Jahren keine generelle Abkehr von typischen Steuerungsinstrumenten beobachten lässt. Standards und technische Normen für Produkte und Anlagen spielen in der EU-Umweltpolitik nach wie vor eine große Rolle. Gleiches gilt für die Herausbildung rechtlich unverbindlicher Formen der Regulierung (Koregulierung, private Selbstregulierung), deren Bedeutung gegenüber klassischen Formen der interventionistischen Regulierung bislang minimal ist (Héritier 2002; Holzinger/Knill/Schäfer 2003). Angesichts dieser quantitativ eher geringen Verschiebungen ist schwer zu beurteilen, ob sich mit der beschriebenen Entwicklung tatsächlich eine weit reichende Umorientierung politischer Steuerung verbindet. Ungeachtet entsprechender politischer Rhetorik seitens der Kommission bleibt abzuwarten, ob die gegenwärtig zu beobachtenden Initiativen eine Trendwende signalisieren oder lediglich die Anreicherung des steuerungspolitischen Instrumentariums bedeuten.

Unabhängig von der quantitativen Relevanz stellt sich darüber hinaus die Frage, inwieweit diese neuen Entwicklungen zu einer Verbesserung politischer Steuerungskapazität geführt haben. So erfolgte die Herausbildung neuer Steuerungsformen nicht zuletzt vor dem Hintergrund einer geringen Entscheidungsfähigkeit und ineffektiven Implementation europäischer Politik. Auf diese Frage lässt sich angesichts der wenigen bisher vorliegenden empirischen Daten ebenfalls keine abschließende Antwort geben. Es deutet jedoch vieles darauf hin, dass die neuen steuerungspolitischen Entwicklungen die an sie geknüpften Erwartungen bislang nicht erfüllen konnten. So zeigt sich im Hinblick auf den Entscheidungsprozess, dass der Rückgriff auf freiwillige oder rein prozedurale Vereinbarungen keineswegs in einer Verfahrensbeschleunigung resultieren muss (Héritier/Knill/Mingers 1996; Wright 2000). Gleiches konstatieren Héritier (2002) und Hey (2000) für freiwillige Vereinbarungen, insbesondere im Hinblick auf die Konkretisierung von Zielvorgaben. Während die Industrie ihre Kooperationsbereitschaft von der Formulierung relativ offener und weicher Formulierungen abhängig macht, drängt die Kommission auf ambitionierte, klar definierte Vorgaben. Ein weiteres Problem ist darin zu sehen, dass freiwillige Vereinbarungen vielfach nur im „Schatten der Hierarchie" oder in Kombination mit interventionistischen Maßnahmen zustande kommen. Koregulierung und Selbstregulierung treten somit selten in Reinform auf, sondern als Hybride freiwilliger Kooperation und hierarchischer Intervention. Auch bezüglich der Implementation verweisen vergleichende Studien darauf, dass die Umsetzung neuer Steuerungskonzepte keineswegs zu besseren Ergebnissen führt als hierarchische Intervention (vgl. Kapitel 3).

3 Muster europäischer Politikgestaltung am Beispiel der Umweltpolitik

Eine zweite analytische Dimension, die in der Policy-Forschung neben der Betrachtung verschiedener Policy-Typen und Steuerungsmuster eine wichtige Rolle spielt, ist die Unterscheidung unterschiedlicher Policy-Phasen, wobei generell zwischen Problemdefinition und Agenda-Setting, Politikformulierung und Entscheidung, Implementation sowie Evaluation und Terminierung unterschieden wird (Windhoff-Héritier 1987). In den folgenden Ausführungen ist der analytische Fokus insbesondere auf den ersten zwei Phasen des europäischen Policy-Zyklus, die am Beispiel der Gestaltung europäischer Umweltpolitik näher untersucht werden[1].

3.1 Problemdefinition und Agenda-Setting

Ausgangspunkt jeder Policy ist die Wahrnehmung eines konkreten Problems (wie etwa der Klimaerwärmung) sowie der Wille der involvierten Akteure, dieses Problem tatsächlich zu behandeln und auf die politische Tagesordnung zu setzen (Agenda-Setting). Sowohl die Problemdefinition als auch das Agenda-Setting stellen das Ergebnis eines normativen Auswahlprozesses dar, der in starkem Maße davon geprägt wird, welche Akteure sich mit ihren Vorstellungen im politi-

---

[1] Für die Analyse der Implementationsphase vgl. die Ausführungen in Kapitel 3. Zur Evaluation siehe allgemein Wollmann 2003.

schen Prozess durchsetzen. Die Frage, ob und inwieweit die EU politisch aktiv wird, ist damit von zwei Voraussetzungen abhängig: der Wahrnehmung eines Problems (wie etwa der Klimaerwärmung) sowie dem Willen der involvierten Akteure, dieses Problem tatsächlich zu behandeln und dementsprechend auf die politische Tagesordnung zu setzen.

Die Problematik des Sauren Regens in den achtziger Jahren verdeutlicht in diesem Zusammenhang, dass in den Mitgliedstaaten sehr unterschiedliche Problemwahrnehmungen gegeben sein können. In Großbritannien, welches aufgrund seiner Insellage und günstiger Westwinde kaum mit den negativen Folgen seiner Schadstoffemissionen konfrontiert war, wurde das Problem kaum wahrgenommen. Folglich standen die Briten entsprechenden Aktivitäten seitens der EU kritisch gegenüber, da sie hieraus mögliche Wettbewerbsnachteile für ihre Industrie befürchteten, die zum damaligen Zeitpunkt in vergleichsweise geringem Maße mit strengen Emissionsregulierungen konfrontiert war. Ganz anders gestaltete sich die Situation in Staaten wie etwa Deutschland, die weitaus stärker von den negativen Auswirkungen grenzüberschreitender Luftverschmutzung betroffen waren. Insbesondere im Hinblick auf das Waldsterben kam es zu einer starken Politisierung der Probleme grenzüberschreitender Luftverschmutzung. Entsprechend bestand auf deutscher Seite ein starkes Interesse, das Thema auf die Tagesordnung der EU zu setzen. Dabei standen nicht nur ökologische, sondern auch ökonomische Interessen im Mittelpunkt: Um Wettbewerbsnachteile für die mit relativ strengen Grenzwerten konfrontierte deutsche Industrie zu vermeiden, bestand ein starkes Interesse daran, diese Standards qua europäischer Regulierung auch für die anderen Mitgliedstaaten verbindlich zu machen (Héritier/Knill/Mingers 1996).

Die Frage, welche Akteure sich mit ihren Vorstellungen bei der Definition eines politischen Problems und beim Agenda-Setting durchsetzen, ist von zentraler Bedeutung für den weiteren Entscheidungsprozess (Weale et al. 2000: 114). Auf EU-Ebene ist es insbesondere die Kommission, welche mit ihrem Initiativrecht über eine wichtige Handlungsressource verfügt, um die Ausrichtung und politische Prioritätensetzung in der europäischen Politik nachhaltig zu beeinflussen. Aufgrund ihrer formalen Monopolstellung im Hinblick auf die Initiierung gemeinschaftlicher Maßnahmen ist die Kommission grundsätzlich in der Lage, die Agenda gemäß ihrer eigenen Präferenzen und Prioritäten zu gestalten. Wenngleich die Kommission damit formal als Initiator von Gemeinschaftspolitik betrachtet werden kann, folgt daraus jedoch nicht zwangsläufig, dass alle Maßnahmen der EU auf ihre Aktivitäten zurückgeführt werden können. So gehen viele Vorschläge der Kommission auf Initiativen anderer Akteure zurück, die an die Kommission herantreten und sie auffordern, bestimmte Policies auszuarbeiten.

Neben dem Ministerrat und dem EP, die formell die Möglichkeit haben, die Kommission zur Ausarbeitung eines bestimmten Vorschlages aufzufordern, spielen insbesondere die informellen Aktivitäten der Mitgliedstaaten eine wichtige Rolle. Speziell im Bereich der Umweltpolitik zeigt sich, dass die Kommission häufig mehr damit beschäftigt ist, auf Initiativen einzelner Staaten zu reagieren, als selbst eine aktive Rolle zu spielen. Vielfach machen die Mitgliedstaaten dabei von der Möglichkeit Gebrauch, durch die Abordnung nationaler Beamter zur Kommission die Problemdefinition und die Agendagestaltung auf europäischer Ebene in ihrem Sinne zu beeinflussen.

Diese Responsivität der Kommission gegenüber Initiativen der Mitgliedstaaten ergibt sich aus mehreren Faktoren. Erstens ist die Kommission daran interessiert, Vorschläge und Strategien zu entwickeln, die generell mit den Interessen der Mitgliedstaaten im Einklang sind, da sich auf diese Weise die politischen Realisierungschancen ihrer Initiativen erhöhen (Weale et al. 2000: 114). Zweitens spielt die relativ knappe personelle Ausstattung der Kommission eine wichtige Rolle. Insbesondere die Abordnung nationaler Experten wird von der Kommission ausdrücklich begrüßt, da sie eine wichtige Informationsquelle darstellen (Knill 1995: 125).

Die Frage, ob und in welcher Weise die Kommission ihr Initiativrecht ausübt, wird jedoch nicht allein durch die Mitgliedstaaten beeinflusst. Vielfach sind es darüber hinaus gesellschaftliche Interessengruppen und Verbände, welche versuchen, die Initiativen und Vorschläge der Kommission durch das Bereitstellen von Information und Expertise in ihrem Sinne zu beeinflussen. Dabei besteht grundsätzlich eine strukturelle Überlegenheit von Wirtschaftsinteressen gegenüber Umweltverbänden. Diese wird durch eine entsprechende Unterstützung der Umweltverbände seitens der Kommission nur partiell ausgeglichen (Mazey/Richardson 1993: 18).

Darüber hinaus unterliegen umweltpolitische Initiativen der EU dem Einfluss externer Entwicklungen. In diesem Zusammenhang sind insbesondere von der EU unterzeichnete internationale Verträge und Abkommen zu erwähnen. So haben etwa viele Aktivitäten der EU im Bereich des Naturschutzes ihren Ursprung in entsprechenden internationalen Vereinbarungen. Ein weiterer Auslöser für umweltpolitische Aktivitäten kann sich aus externen Schockereignissen und Katastrophen (wie beispielsweise der Giftgaskatastrophe von Seveso) ergeben, die typischerweise durch eine starke Politisierung von Umweltproblemen charakterisiert sind.

Vor dem Hintergrund dieser Konstellation stellt sich die Frage nach dem tatsächlichen Einfluss der Kommission. Inwieweit ermöglicht es das formale Initiativrecht der Kommission, ungeachtet der Vielzahl der beteiligten Akteure in entscheidendem Maße auf die Problemdefinition und Agendagestaltung europäischer Politik einzuwirken? Auf den ersten Blick drängt sich der Eindruck auf, dass der Kommission hierbei ungeachtet ihrer formalen Ressourcen eine eher nachgeordnete Bedeutung zukommt. So wird darauf verwiesen, dass die Offenheit und Responsivität gegenüber externen Initiativen eine hohe Abhängigkeit der Kommission von nationalen und gesellschaftlichen Interessen bewirkt (Mazey/Richardson 1993: 5). Im Extremfall könne dies dazu führen, dass die Kommission von einflussreichen Interessen dominiert würde und damit ihre Rolle als unabhängiger Vermittler zwischen unterschiedlichen Interessen nicht mehr effektiv wahrzunehmen könnte (regulatory capture) (vgl. Hix 1999: 53; Weale et al. 2000: 116).

Wenngleich eine derartige Instrumentalisierung einzelner Generaldirektionen der Kommission durch Partikularinteressen nicht vollkommen ausgeschlossen werden kann, vermittelt dieses Bild eines von externer Expertise vollkommen abhängigen Akteurs einen stark verzerrten Eindruck des Einflusspotentials der Kommission. Vielmehr kann die Kommission als korporativer Akteur charakterisiert werden, der, weil ihm von den Mitgliedstaaten Rechte und Ressourcen übertragen wurden, über eigene Handlungskompetenzen verfügt. Im Gegensatz zu einem intergouvernementalen Akteur, dessen Interessen den aggregierten Individualinteressen entsprechen, verfolgt die Kommission neben gemeinschaftsweiten Zielen auch institutionelle Eigeninteressen, die den Vorstellungen einzelner Mitgliedsländer zuwiderlaufen können (Kenis/Schneider 1987).

Die zentrale Ressource, auf deren Basis die Kommission ihr Ziel der Kompetenzausweitung verfolgt, beruht auf der Möglichkeit, EU-Maßnahmen zu initiieren und dadurch gleichzeitig den Ablauf des Entscheidungsprozesses zu beeinflussen. Vor diesem Hintergrund wird die Kommission als „politischer Unternehmer" konzipiert (Cram 1997; Majone 1996; Pollack 1997), der durch geschicktes Taktieren und dem Ausnützen seines durch umfassende Konsultationen gewonnenen Informationsvorsprungs gegenüber anderen Akteuren in der Lage ist, die politische Agenda nach seinen Interessen zu gestalten (Fairbrass/Jordan 2001: 2). Dies gilt insbesondere dann, wenn Informationen zwischen Akteuren ungleich verteilt sind, die Präferenzen der beteiligten Akteure noch nicht hinreichend determiniert sind und der Zugang zum politischen Prozess relativ offen ist (mit entsprechenden Schwankungen in der Zahl der involvierten Akteure) (Kingdon 1984). Gerade im europäischen Kontext sind diese Bedingungen angesichts der hohen Komplexität und geringen Institutionalisierung von Politiknetzwerken häufig gegeben (vgl. Héritier 1993).

Wird ein bestimmtes Problem als solches definiert und auf die politische Tagesordnung gesetzt, so sind damit wichtige Grundlagen für die Verabschiedung gemeinschaftlicher Maßnahmen geschaffen. Allerdings kann daraus keineswegs geschlossen werden, dass es tatsächlich zur Beschlussfassung über entsprechende Policies kommt. Vielmehr setzt dies zwei weitere Schritte voraus: Es muss zunächst ein Programmvorschlag entwickelt werden. Dieser muss anschließend im Rahmen des europäischen Gesetzgebungsverfahrens als gemeinschaftlicher Rechtsakt (etwa in der Form einer Richtlinie oder Verordnung) verabschiedet werden.

3.2 Programmformulierung

In der Phase der Programmformulierung geht es um die Ausarbeitung von Regelungsentwürfen (Drafting), die als Grundlage für das Gesetzgebungsverfahren dienen. Im Hinblick auf die involvierten Akteure findet sich hier ein relativ ähnliches Bild wie in der Phase der Problemdefinition und des Agenda-Setting. So ergibt sich aus dem Initiativrecht der Kommission deren alleinige Zuständigkeit für die Entwicklung von Programmentwürfen (Weale et al. 2000: 117). Ungeachtet der Tatsache, dass die Entwicklung von Policy-Vorschlägen innerhalb der Kommission stattfindet, lässt sich auch in dieser Phase eine enge Zusammenarbeit mit nationalen Verwaltungen, Interessengruppen und Sachverständigen konstatieren.

Innerhalb der Kommission erfordert die Entwicklung von Programmen umfassende Prozesse der Koordination und Abstimmung zwischen unterschiedlichen Ebenen und betroffenen Generaldirektionen. Einerseits erfolgt eine Abstimmung des Regelungsentwurfs zwischen unterschiedlichen hierarchischen Ebenen der federführenden Generaldirektion (GD). Auf der anderen Seite wird der Vorschlag mit anderen Generaldirektionen abgestimmt, deren Zuständigkeitsbereiche durch die geplante Maßnahme möglicherweise tangiert werden. So impliziert der Querschnittscharakter des Umweltschutzes, dass die GD Umwelt bei der Ausarbeitung von Maßnahmen in starkem Maße auf die Zusammenarbeit mit anderen Generaldirektionen (wie etwa Landwirtschaft, Verkehr oder Wettbewerb) angewiesen ist (Nugent 1999).

Insbesondere die interne Abstimmung zwischen verschiedenen Generaldirektionen kann durch erhebliche Interessenkonflikte gekennzeichnet sein. Diese ergeben sich einerseits aus der starken Fragmentierung und Ausdifferenzierung der Kommissionsbürokratie. Zum anderen werden sie dadurch begünstigt, dass die einzelnen Generaldirektionen durch unterschiedliche Verwaltungskulturen charakterisiert sind. Diese manifestieren sich etwa anhand unterschiedlicher Formen der Einbeziehung von Interessenverbänden sowie divergierender Interessen und Wertvorstellungen, die zum Teil nur schwer miteinander vereinbar sind (Cini 1996; Cram 1997; Page 1997). Diese Interessenkonflikte, die in manchen Fällen bereits bei der Bestimmung der federführenden GD zutage treten, die mit der Ausarbeitung eines Vorschlages betraut ist, können vielfach nur durch entsprechende Interventionen von Seiten des Kommissionspräsidenten beigelegt werden (Weale et al. 2000: 118).

Die internen Prozesse der Abstimmung auf Kommissionsebene bei der Ausarbeitung von Regelungsentwürfen sind durch eine enge Kooperation mit nationalen Bürokratien gekennzeichnet. Diese vollzieht sich in den zahlreichen Arbeitsgruppen, die sich aus nationalen Beamten, Experten der Kommission, Vertretern von Interessengruppen sowie externen Sachverständigen zusammensetzen (Wessels 2001). Während diese Gruppen für die Kommission eine wichtige Informationsquelle darstellen, bieten sie den Mitgliedstaaten die Möglichkeit, die Politikformulierung durch eigene Experten zu beeinflussen.

Gleichwohl deutet einiges darauf hin, dass auf dieser informellen Ebene nicht „Bargaining", sondern „Problem-solving" (Scharpf 1985; 2000) die Beziehungen und Interaktionen innerhalb der Arbeitsgruppen charakterisiert. Damit ist gemeint, dass die Aktivitäten der Arbeitsgruppen weniger durch das Verteidigen nationaler Positionsinteressen gekennzeichnet sind, sondern durch ein kooperatives Zusammenwirken im Interesse einer gemeinsamen Problemlösung. Dies wird dadurch begünstigt, dass die Tätigkeit der Arbeitsgruppen nicht auf die Lösung politisch brisanter Fragen abzielt. Vielmehr sollen rechtliche und technische Schwierigkeiten ausgeräumt werden, die eine spätere Einigung im Ministerrat und die nachfolgende Implementation erschweren könnten (Weiler 1988: 35). Es herrscht daher eher eine kooperative Atmosphäre vor, die gemeinschaftliche Problemlösungen begünstigt; die Verteidigung nationaler Sonderinteressen tritt in dieser Phase in den Hintergrund. Die Arbeitsgruppen und Ausschüsse bilden somit Arenen, in denen durch Diffusion von Ideen, Annahmen und Erkenntnissen politisches Lernen möglich ist (Sabatier 1993). Dies kann wiederum zurückwirken auf nationale und supranationale Perzeptionen eines bestimmten Policy-Problems sowie auf die zur Lösung des Problems verwendeten Policy-Instrumente.

Die informelle Konsensbildung im Rahmen dieser Komitees ist geprägt durch eine relativ einflussreiche Position der Kommission. Diese beruht darauf, dass sie aus der Menge der vorgebrachten Argumente diejenigen selektieren kann, die mit ihren Vorstellungen konsistent sind. Die Diskussionen innerhalb der Arbeitsgruppen dienen der Kommission dem Sammeln von Argumenten, mit deren Hilfe sie später ihre eigene Position untermauern kann (Eichener 1996).

3.3 Der Entscheidungsprozess

Während sowohl Problemdefinition und Agenda-Setting als auch die Entwicklung von Policy-Vorschlägen durch eine relativ einflussreiche, wenngleich nicht notwendigerweise dominante Rolle der Kommission gekennzeichnet sind, ändert sich das Bild deutlich, sobald ein Regulierungsvorschlag die informelle Bühne der Arbeitsgruppen auf Kommissionsebene verlässt und als offizieller Entwurf an den Ministerrat und das EP weitergeleitet wird. Im Ministerrat, der ungeachtet der gestiegenen Kompetenzen des EP wichtigsten Institution im europäischen Gesetzgebungsprozess, bestimmen Interessengegensätze und Verteilungskonflikte zwischen nationalen Regierungen und weniger die Erarbeitung gemeinsamer Problemlösungen das Verhandlungsklima.

3.3.1 Verhandlungen im Ministerrat

Auf der Ebene des Ministerrates verhandeln nationale Vertreter miteinander, die auf die politischen Positionen ihrer jeweiligen Regierung verpflichtet sind. Es werden somit in erster Linie nationale und weniger gesellschaftliche Konflikte ausgetragen. Im Hinblick auf umweltpolitische Fragen geht es zwar auch hier letztlich um den Ausgleich zwischen ökologischen und ökonomischen Interessen, jedoch wird entlang der nationalen Positionen verhandelt und entschieden. Um zu einer Einigung zu kommen, müssen die Differenzen der Mitgliedstaaten überwunden werden.

Im Bereich der Umweltpolitik basiert die Beschlussfassung im Ministerrat heute in den meisten Fällen auf dem Prinzip der qualifizierten Mehrheit, während die Einstimmigkeitsregel in bestimmten Ausnahmebereichen zur Anwendung kommt. Der Übergang zu qualifizierten Mehrheitsentscheidungen hat allerdings wenig daran geändert, dass die Verhandlungen im Ministerrat durch eine stark verwurzelte Kultur der Konsensfindung gekennzeichnet sind. Dennoch hat allein die Möglichkeit, eventuell überstimmt zu werden („the shadow of the vote"), nachhaltige Auswirkungen auf den Verhandlungsprozess (Holzinger 1997).

Grundsätzlich lässt sich daher bei Entscheidungen mit qualifizierter Mehrheit eine dynamischere Entwicklung der europäischen Umweltpolitik erwarten. Dabei hängt es allerdings von der Zahl und dem Einfluss umweltpolitisch mehr oder weniger ambitionierter Mitgliedstaaten ab, ob und inwieweit hieraus positive Effekte für das umweltpolitische Schutzniveau in der EU resultieren. Denn während es bei einstimmigen Entscheidungen für umweltpolitisch ambitionierte Staaten möglich war, europäische Regelungen auf niedrigerem Niveau zu verhindern, können diese Staaten bei qualifizierter Mehrheit von einer Koalition von Staaten überstimmt werden, welche dem Umweltschutz eine geringere politische Priorität beimessen (vgl. Holzinger 1994; 1997). Insbesondere vor dem Hintergrund der Osterweiterung sind solche Szenarien keinesfalls auszuschließen.

Berücksichtigt man, dass die Entscheidungen des Ministerrates auch bei Anwendung der qualifizierten Mehrheitsregel grundsätzlich einvernehmlich getroffen werden, so stellt sich die Frage, welche Faktoren es ermöglichen, einen Ausgleich zwischen den unterschiedlichen nationalen Positionen herzustellen. Offenkundig ist hierfür nicht nur die „einigungsbegünstigende" Gefahr des Überstimmtwerdens verantwortlich. Denn auch unter Anwendung des Einstimmigkeitsprinzips wurde auf europäischer Ebene ein beachtliches Programm umweltpolitischer Maßnahmen verabschiedet.

Ein erster Aspekt, der in diesem Zusammenhang von Bedeutung ist, ist die Rolle der Präsidentschaft, welche im halbjährlichen Turnus zwischen den Mitgliedstaaten wechselt. Sie führt den Vorsitz bei den Verhandlungen und entscheidet über Zeitpunkt und Tagesordnung der einzelnen Sitzungen. Zwar kann eine nationale Regierung, welche die Präsidentschaft innehat, auf diese Weise versuchen, die Verhandlungen gemäß ihrer politischen Prioritäten zu beeinflussen (Wallace 2000). Diesen Möglichkeiten, den europäischen Entscheidungsprozess im Sinne nationaler Interessen zu beeinflussen, sind jedoch relativ enge Grenzen gesetzt. Letztere ergeben sich insbesondere aus der mit der Präsidentschaft einher gehenden Verpflichtung, neben nationalen auch gemeinschaftsweiten Interessen Rechnung zutragen. In der Präsidentschaft fallen somit nationale Eigeninteressen und gemeinschaftsweite Ziele (Konsensfindung im Ministerrat) zusammen. Verbindender Faktor zwischen beiden Elementen sind hierbei die politische Verantwortung und das politische Prestige, die für eine nationale Regierung bei der Gestaltung einer Präsidentschaft eine Rolle spielen (Hayes-Renshaw/Wallace 1997).

Wenngleich die Verhandlungen im Ministerrat in starkem Maße durch die nationalen Interessen dominiert werden, sind zweitens die Einflussmöglichkeiten der Kommission in dieser Phase nicht zu unterschätzen. Von Bedeutung ist hierbei zunächst das Vorschlagsrecht der Kommission, durch das die Tagesordnung und die inhaltliche Diskussion im Ministerrat weithin bestimmt werden. Mit dem Kommissionsentwurf wird ein grober Entscheidungsrahmen vorgegeben, den die Mitgliedstaaten nur komplett ändern können, wenn sie sich einig sind, was angesichts unterschiedlicher nationaler Interessen eher unwahrscheinlich ist. Auch kann die Kommission damit drohen, eine vorgeschlagene Alternative wieder zurückzuziehen. Der Ministerrat steht dann unter größerem Einigungsdruck, weil in einem solchen Fall der politische Entscheidungsprozess beendet wäre. Schließlich spielt die Kommission gemeinsam mit der Präsidentschaft in dieser Phase eine wichtige Rolle, indem sie zwischen einzelstaatlichen Interessen vermittelt. So findet zwischen Präsidentschaft im Ministerrat und Kommission eine enge Zusammenarbeit statt, wenn es um die Festlegung der Tagesordnungen und Policy-Vorschläge geht, mit denen sich der Ministerrat beschäftigt (Wallace 2000).

Ein dritter Faktor ist in den Besonderheiten des Entscheidungsumfelds zu sehen. So ist es häufig der Fall, dass sich der Ministerrat zur gleichen Zeit mit mehreren zur Entscheidung anstehenden Maßnahmen befasst. Da es für ein Mitgliedsland auf Dauer politisch kaum legitimierbar ist, zu allen Fragen „Nein" zu sagen, wird es seinen Widerstand auf diejenigen Maßnahmen konzentrieren, die mit seiner Interessenposition am wenigsten vereinbar sind und umgekehrt seiner Position weniger stark entgegenstehende Policies nicht mehr länger blockieren. Mit anderen Worten: Die Mitgliedstaaten wählen das „kleinere Übel" und stimmen auf diese Weise möglicherweise Maßnahmen zu, die sie unter anderen Umständen abgelehnt hätten.

Solche Überlegungen begünstigten beispielsweise die Zustimmung der britischen Regierung zu der 1985 verabschiedeten Richtlinie über Luftqualitätsstandards für NO_2. Großbritannien stand dem Richtlinienvorschlag anfangs sehr skeptisch gegenüber. Neben einer fehlenden Betroffenheit von Umweltbelastungen (was vor allem durch die geographische Lage begünstigt wurde), befürchteten die Briten umfassende Anpassungserfordernisse für ihre bestehende Regulierungspraxis, die bis dahin ohne rechtlich verbindliche Grenzwerte ausgekommen war. Ein wichtiger Faktor, der das britische Umdenken begünstigte, lag darin, dass zur selben Zeit auf europäischer Ebene zwei weitere Richtlinien diskutiert wurden, die den britischen Interessen in weitaus stärkerem Maße entgegen standen: die Rahmenrichtlinie zur Begrenzung von Emissionen aus Industrieanlagen sowie die Richtlinie zur Bekämpfung von Schadstoffemissionen aus Großfeuerungsanlagen. Beide Maßnahmen implizierten nicht nur weitergehende Kosten rechtlicher und institutioneller Anpassung für die Briten, sondern konfrontierten die britische Industrie mit hohen Kosten für die Installation entsprechender Kontrolltechnologien (vgl. Knill 1995: 137-140).

Viertens kann von (monetären) Kompensationszahlungen für die Kosten, die opponierenden Mitgliedstaaten durch die Implementation der geplanten Maßnahme entstehen, ein einigungsbegünstigender Effekt ausgehen (Scharpf 2000: 217). Die Möglichkeiten hierzu sind allerdings insofern eingeschränkt, als die EU über keine spezifischen Finanzmittel verfügt, aus denen solche Ausgleichszahlungen geleistet werden könnten. Allerdings kann der mit dem Vertrag von Maastricht eingerichtete Kohäsionsfonds, in dessen Rahmen besonderes Gewicht auf die Finanzierung von Umweltschutzmaßnahmen gelegt wird, zur Förderung der wirtschaftlichen Entwicklung in ärmeren Mitgliedstaaten in diesem Sinne interpretiert werden (vgl. Abschnitt 2.1 dieses Kapitels).

Eine der bedeutsamsten Strategien zur Überwindung von Verhandlungsblockaden im Ministerrat ist fünftens das Schnüren von Abstimmungspaketen, sog. Package Deals. Während der Beratungen werden verschiedene Entscheidungen miteinander verknüpft; Zugeständnisse einzelner Staaten in einem Bereich werden durch Zugeständnisse anderer Staaten in anderen Bereichen kompensiert. Dies kann innerhalb desselben Politikfelds im Ministerrat, aber auch zwischen verschiedenen Politikfeldern auf der Ebene des Europäischen Rates geschehen. Vielfach ist ein Kompromiss vor dem Hintergrund der gegebenen Interessenkonstellation nur auf diese Weise möglich (Holzinger 1994: 89). In der Praxis sind allerdings die Möglichkeiten für solche Koppelgeschäfte häufig eingeschränkt. So sind innerhalb eines Politikbereichs die Interessenkonstellationen für verschiedene Maßnahmen oft in gleicher Richtung asymmetrisch. So gibt es in der europäischen Umweltpolitik meist nur wenige Entscheidungen, bei denen „grüne" Mitgliedstaaten den „Bremsern" entgegenkommen können, damit letztere ihren Widerstand aufgeben. Es gibt also grundsätzlich nicht sehr viele Möglichkeiten für reziproke Paketlösungen innerhalb des Umweltbereiches. Eine bessere Chance zum Schnüren von Paketlösungen ergibt sich dann, wenn Probleme aus mehreren Politikbereichen mit komplementären Interessenasymmetrien miteinander verknüpft werden können. Dies setzt voraus, dass die Verhandlungen auf „Gipfelebene", d. h. der Ebene des Europäischen Rates, angesiedelt sind (Scharpf 2000: 219-220). Allerdings spielten Paketlösungen auf dieser Ebene in der Umweltpolitik bislang kaum eine Rolle. Holzinger (1994: 92) führt mehrere Faktoren an, die diesen Umstand erklären: die geringe Kopplungsmöglichkeit einer stark technisch administrativen Materie mit anderen Politikbereichen, die vergleichsweise schwache Politisierung von Umweltproblemen sowie der Mangel an öffentlichem Interesse und entsprechendem Druck auf die nationalen Regierungen.

Wenngleich diese Faktoren und Strategien eine Einigung im Ministerrat begünstigen können, darf nicht übersehen werden, dass die Berücksichtigung der divergierenden nationalen Interessen häufig zu einer weitgehenden „Verwässerung" und Abschwächung des ursprünglich von der Kommission entwickelten Regelungsentwurfes führt. Neben einer langen Verhandlungsdauer impliziert die Notwendigkeit, einen Kompromiss zu finden häufig typische Programmdefizite, wie etwa Normen mit geringem Verpflichtungsgrad, unbestimmte Rechtsbegriffe, lange Übergangs- und Anpassungsfristen sowie weit reichende Ausnahmeregelungen. Darüber hinaus stimmen die Mitgliedstaaten politischen Programmen auf europäischer Ebene in vielen Fällen nur deshalb zu, weil sie darauf hoffen, unerwünschte Auswirkungen der Maßnahme durch eine entsprechend laxe Umsetzung zu „korrigieren". Im Ministerrat nicht gelöste politische Konflikte zwischen den Mitgliedstaaten werden auf diese Weise in die Phase der Implementation verschoben, mit der Folge einer im Umweltbereich vergleichsweise geringen Implementationseffektivität (vgl. Knill/Lenschow 2000). Auch ist keineswegs gesichert, dass die Verhandlungen im Ministerrat in jedem Fall zum Erfolg führen. Mit dem Übergang zu Entscheidungen mit qualifizierter Mehrheit hat sich die Gefahr eines Scheiterns der Verhandlungen jedoch grundsätzlich verringert.

3.3.2 Nationale Konfliktlinien und Interaktionsmuster in der EU-Umweltpolitik

Zur Klassifikation unterschiedlicher Interaktionsmuster und Interessenkonstellationen zwischen den Mitgliedstaaten im Rahmen der Verhandlungen über umweltpolitische Entscheidungen sind nicht nur unterschiedliche Formen eines regulativen Wettbewerbs von Bedeutung, sondern auch Prozesse des transnationalen Policy-Lernens zwischen den Mitgliedstaaten.

Erstens wird die Interessenkonstellation der Mitgliedstaaten in Bezug auf die EU-Umweltpolitik in starkem Maße durch den zwischen ihnen bestehenden „Systemwettbewerb" innerhalb des europäischen Binnenmarktes definiert. Regulativer Wettbewerb beschreibt in diesem Zusammenhang die nationalen Reaktionen auf den internationalen bzw. europäischen Wettbewerb um mobile Produktionsfaktoren und mobile Steuerquellen. Aus dieser Konstellation ergeben sich wichtige Rückwirkungen für die Möglichkeiten und Grenzen umweltpolitischer Harmonisierung auf europäischer Ebene.

Aus dieser Perspektive bestehen im Bereich der Produktregulierung grundsätzlich günstigere Voraussetzungen für eine europäische Harmonisierung auf hohem Niveau als im Bereich der Produktionsregulierung. Dies ist auf zwei Faktoren zurückzuführen: Einerseits fördert die Harmonisierung von Produktstandards die Marktintegration und impliziert damit Vorteile für alle Mitgliedstaaten. So würden national unterschiedliche Produktanforderungen und Zulassungsverfahren die Industrie in allen Ländern behindern und dem Zweck des Gemeinsamen Marktes entgegenstehen. Wir sind also mit einer Konstellation konfrontiert, in denen alle Staaten einen Harmonisierungsvorteil und damit ein gemeinsames Interesse an einer europäischen Regelung haben (Holzinger 2002: 69; Scharpf 1996). Auf der anderen Seite sind diejenigen Staaten, welche für ein hohes Regulierungsniveau eintreten, in einer besseren Verhandlungsposition, da sie rechtlich in der Lage sind, hohe Standards unter bestimmten Bedingungen im Alleingang durchzusetzen. So ermöglicht Art. 30 (ex-Art. 36) EGV die Einführung von Handelsbeschränkungen für Produkte, die nicht dem nationalen Regulierungsniveau entsprechen. Überdies erlaubt Art. 95 (ex-Art. 100) EGV die Beibehaltung und Einführung strengerer nationaler Produktregelungen, auch wenn bereits eine europäische Harmonisierung erfolgt ist.

Beide Voraussetzungen sind im Bereich der Produktionsregulierung nicht gegeben. Vielmehr besteht hier ein grundlegender Interessenkonflikt zwischen armen und reichen Ländern bezüglich der Notwendigkeit und des Niveaus gemeinschaftlicher Regulierung. Dies bedeutet jedoch keineswegs, dass im Fall der Produktionsregulierung generell mit einem Scheitern der Verhandlungen bzw. suboptimalen Lösungen auf niedrigem Regulierungsniveau zu rechnen ist. Je nach wirtschaftlicher und ökologischer Betroffenheit der Mitgliedstaaten kann die Konstellation nationaler Interessen die europäischen Handlungsmöglichkeiten unterschiedlich beeinflussen. Darüber hinaus spielt die Frage, ob mit Einstimmigkeit oder qualifizierter Mehrheit beschlossen wird, eine wichtige Rolle für die Blockadeoptionen einzelner Staaten. Auch können sich Ausgleichszahlungen, Paketlösungen, Ausnahmeregelungen oder Übergangsfristen für arme Mitgliedsländer positiv auf deren Einigungsbereitschaft auswirken. Schließlich lassen sich viele umweltpolitische Maßnahmen der EU nur unzureichend mit den Kategorien Produkt- oder Produktionsregulierung erfassen. Dies bedeutet, dass der für Produktionsstandards angenommene Interessenkonflikt zwischen armen und reichen Ländern für eine Vielzahl umweltpolitischer Maßnahmen nicht in gleicher Weise relevant sein muss.

Darüber hinaus spielt in diesem Zusammenhang eine zweite Form des regulativen Wettbewerbs zwischen den Mitgliedstaaten eine wichtige Rolle, um das vergleichsweise hohe Niveau umweltpolitischer Produktionsregulierung in vielen Fällen zu erklären. Gemeint ist hier die Konkurrenz zwischen den Mitgliedstaaten, ihre Regulierungskonzepte soweit wie möglich in die europäische Politikgestaltung einzubringen. Auf diese Weise wollen sie mögliche Kosten institutioneller Anpassung vermeiden, die aus europäischen Vorgaben entstehen, die mit nationalen Regulierungs- und Verwaltungstraditionen nicht kompatibel sind.

Dabei steigen die Chancen, dieses Ziel zu erreichen, insbesondere für solche Mitgliedstaaten, die vom Vorteil des „ersten Schrittes" profitieren können. Umweltpolitische „Vorreiter" haben eine größere Chance, ihre Interessen und Konzepte erfolgreich auf europäischer Ebene einzubringen, als Staaten, die eine abwartende oder blockierende Haltung einnehmen. Dies gilt nicht zuletzt vor dem Hintergrund, dass mit der zunehmenden Bedeutung von Abstimmungen mit qualifizierter Mehrheit die Möglichkeiten der Entscheidungsblockade eingeschränkt worden sind (Andersen/Liefferink 1997; Héritier/Knill/Mingers 1996; Jänicke/Weidner 1997).

Diese Form des regulativen Wettbewerbs wirkt langfristig einem europäischen „Umweltdumping" entgegen. Denn die Initiativen der Mitgliedstaaten haben nur dann Aussicht auf Erfolg, wenn sie hinreichend innovativ und stringent sind, um von der Kommission berücksichtigt zu werden. Die auf diese Weise entstehende Dynamik stärkt grundsätzlich die Reichweite und Stringenz umweltpolitischer Kompetenzen auf der Ebene der EU (Héritier/Knill/Mingers 1996).

Drittens wird vielfach betont, dass die Interessenkonstellation zwischen den Mitgliedstaaten nicht in jedem Fall als statische Größe zu betrachten sei, welche die umweltpolitischen Handlungsmöglichkeiten der EU determiniere. Vielmehr kann eine umweltpolitische Dynamik auch dadurch begünstigt werden, dass es im Rahmen der institutionalisierten Zusammenarbeit auf europäischer Ebene unter bestimmten Bedingungen zu Prozessen der Deliberation kommt, welche eine Annäherung nationaler Problemwahrnehmungen und Lösungskonzepte begünstigen. Auf diese Weise können Verhandlungsblockaden vermieden bzw. überwunden werden. So betonen etwa Joerges und Neyer (1997b), dass intergouvernementales Bargaining keineswegs den einzigen Modus darstellen muss, der Entscheidungsprozesse auf europäischer Ebene dominiert. Vielmehr lassen sich durchaus Fälle beobachten, in denen die Interaktionsmuster der beteiligten Akteure weniger durch die Verteidigung und Durchsetzung nationaler Interessenpositionen als durch eine gemeinsame Problemlösungsorientierung charakterisiert sind. Dabei, so die empirische Beobachtung, entwickeln nationale Vertreter gemeinsame Wahrnehmungen und Lösungskonzepte für politische Probleme.

Allerdings kann die Herausbildung einer solchen Problemlösungsorientierung in den Verhandlungen auf europäischer Ebene keineswegs generell vorausgesetzt werden. Es lassen sich zwei Faktoren identifizieren, welche diese Entwicklung begünstigen können: Erstens erhöhen sich die Chancen für Problem-solving mit der Unsicherheit über mögliche Verteilungseffekte einer bestimmten Policy. In solchen Konstellationen sind nationale Interessen und Problemdefinitionen weniger in geringerem Maße vorstrukturiert und somit eher veränderbar. Zweitens verbessern über einen langen Zeitraum institutionalisierte Interaktionen zwischen nationalen Vertretern die Diffusion wissenschaftlicher Expertise zwischen den Mitgliedstaaten (Haas 1992).

Prozesse deliberativer Problemlösung können nicht nur dazu führen, dass es zu einer Konvergenz nationaler Interessenpositionen kommt und damit eine Einigung auf europäischer Ebene begünstigt wird. Darüber hinaus sind solche Muster der transnationalen Interaktion als wichtiger Mechanismus identifiziert worden, welcher unabhängig von der Verabschiedung europäischer Maßnahmen die internationale Diffusion von innovativen umweltpolitischen Konzepten begünstigen kann. So wird häufig eine Nachahmung und Übertragung von Steuerungsmustern und Instrumenten beobachtet, die sich in einem Land als besonders erfolgreich erwiesen haben (DiMaggio/Powell 1991; Kern 2000; Kern/Jörgens/Jänicke 2000). Die in diesem Zusammenhang häufig konstatierte Tendenz international konvergierender Strukturen und Regelungsmuster (Bennett 1991; Jänicke/Weidner 1997; Drezner 2001) kann wiederum dazu beitragen, dass nationale Interessengegensätze im Hinblick auf die Entscheidung über europäische Umweltmaßnahmen verringert werden.

4 Fazit

Die Zahl der Politikbereiche, in denen die EU Entscheidungskompetenzen besitzt, hat sich beständig ausgeweitet und ist durchaus mit der Bandbreite nationalstaatlicher Zuständigkeiten vergleichbar. Dennoch ergeben sich aus dem spezifischen Charakter der EU wichtige Besonderheiten im Vergleich zur Politikgestaltung auf nationaler Ebene. Diese manifestieren sich etwa in der Dominanz spezifischer Policy-Typen. So ist der größte Teil der auf europäischer Ebene entwickelten Policies regulativer Natur, während aufgrund des begrenzten Budgets der Spielraum für distributive und redistributive Maßnahmen relativ gering ist. Auch begünstigt die Konstellation nationaler Interessen grundsätzlich die Entwicklung marktschaffender Politiken negativer Integration; regulative Policies im Bereich der positiven Integration sind demgegenüber in geringerem Maße entwickelt. Diese Besonderheiten ergeben sich aus verschiedenen Faktoren. Neben der nationalen Interessenkonstellation im Ministerrat, relevanten institutionellen Regeln und Verfahren zählen hierzu auch die jeweiligen Einflussmöglichkeiten der Kommission sowie unterschiedlicher gesellschaftlicher Interessen.

Bezüglich der Steuerungsmuster, die den europäischen Policies zugrunde liegen, manifestieren sich ähnliche Tendenzen wie sie auch auf nationaler Ebene beobachtet werden können. So finden wir eine hohe Bandbreite von Steuerungskonzepten, wobei grundsätzlich eine Dominanz interventionistischer Muster auszumachen ist. Wie auch auf nationaler Ebene sind diese Ansätze allerdings in den letzten Jahren mit neueren Konzepten angereichert worden, die stärker auf private Selbstregulierung und kooperative Beziehungsmuster zwischen staatlichen und privaten Akteuren abheben. Mit der in den letzten Jahren verstärkt propagierten Methode der offenen Koordinierung orientiert sich die politische Steuerung innerhalb der EU darüber hinaus an Konzepten, die nicht nur auf nationaler Ebene (Niederlande, USA), sondern vor allem auf der Ebene der OECD angewandt worden sind.

Kapitel 5 Die Europäische Union in den internationalen Beziehungen

Dirk Peters und Wolfgang Wagner

1 Einleitung

Die Europäische Union greift nicht nur auf vielfache Weise in das Leben der auf ihrem Gebiet lebenden Bürgerinnen und Bürger ein (vgl. Kapitel 4 in diesem Band). Auch die Staaten und Gesellschaften von Nicht-Mitgliedern begegnen der EU auf vielfältige Weise: In den Verhandlungen der Welthandelsorganisation (WTO) wenden sich die USA oder die Entwicklungsländer mit ihren Anliegen ebenso direkt an die Kommission wie in den Verhandlungen über eine Reduzierung von „Treibhausgasen"; in den Auseinandersetzungen zwischen rivalisierenden Parteien im Westbalkan sind der „Hohe Vertreter" der EU und der Kommissar für Außenbeziehungen zu den entscheidenden Ansprechpartnern geworden, um politische Unterstützung zu erhalten.

In den integrationstheoretischen Debatten (vgl. Kapitel 1) haben die Außenbeziehungen stets eine untergeordnete Rolle gespielt. Nur wenige Vertreter des Supranationalismus haben sich um eine Auseinandersetzung mit der These des realistischen Intergouvernementalismus bemüht, die Mitgliedstaaten wären zu einer Integration der Außen-, Sicherheits- und Verteidigungspolitik nicht bereit. Ein Grund dafür liegt zweifellos darin, dass es in den Außenbeziehungen nur in Ausnahmefällen zu einer Integration gekommen ist, die jener im ökonomischen Bereich vergleichbar wäre. Wichtiger scheint jedoch, dass die vom Supranationalismus herausgearbeiteten Mechanismen – beispielsweise die Lobbying-Aktivitäten von Verbänden oder das Engagement supranationaler Institutionen – nicht ohne weiteres auf den Bereich der Außenbeziehungen übertragen werden können. Das Feld der europäischen Außenbeziehungen wurde daher weitgehend Forscherinnen und Forschern überlassen, die sich primär für die Substanz der Außenbeziehungen und nur am Rande für deren integrationstheoretische Bedeutung interessieren.

Auf die wenigen Ausnahmen, die sich um die integrationstheoretische Einordnung der Außenbeziehungen bemüht haben, werden wir im Laufe dieses Kapitels immer wieder eingehen. Im Zentrum dieses Kapitels wird jedoch nicht der Versuch stehen, die bislang ausgebliebene integrationstheoretische Debatte auf den Bereich der Außenbeziehungen auszudehnen oder womöglich gar selbst zu führen. Vielmehr stellen wir die Frage in den Mittelpunkt, welche typischen Charakteristika die EU-Außenbeziehungen auszeichnen und worauf sich diese zurückführen lassen.

Als roter Faden dient uns dabei die Überlegung, dass sich die europäischen Außenbeziehungen über eine „Innen-Außen-Analogie" erschließen, das heißt über die Annahme, dass nicht nur Staaten, sondern auch Staatenverbünde wie die EU „ihre internationale Umwelt nach denselben Werten und Prinzipien geordnet sehen wollen wie ihr eigenes politisches und gesellschaftliches System" (Kittel/Rittberger/Schimmelfennig 1995: 68). Diese Innen-Außen-Analogie steht in der Tradition der liberalen Außenpolitiktheorie, nach der Außenpolitik weniger durch Zwänge des internationalen Systems geprägt als vielmehr ein Ausdruck gesellschaftlicher Interessen und Werte ist.

Auf zumindest drei Wegen können aus dieser Sicht innergesellschaftliche Werte und Interessen Wirkung auf die Außenpolitik entfalten. Zum einen reflektieren Politikergebnisse aus dieser Perspektive ordnungspolitische Werteentscheidungen, die normative Werte und Prinzipien widerspiegeln. Von Entscheidungsträgern kann erwartet werden, dass sie sich auch gegenüber Dritten an den Normen und Prinzipien orientieren, deren Wert sie innergemeinschaftlich anerkennen. Zweitens ist es für die Außenpolitiker, die auf innergesellschaftliche Unterstützung angewiesen sind, nur rational, die innergesellschaftlich ausgehandelte Politik als Orientierungspunkt für Verhandlungen mit Dritten zu nehmen. Schließlich reflektiert die Innen-Außen-Analogie auch das Interesse von Regierungen, Anpassungskosten zu minimieren. Gelingt es, den innerstaatlich gültigen Normen und Prinzipien auch international Gültigkeit zu verleihen, erzielt ein Staat einen Vorteil gegenüber anderen, die sich auf die neuen und unbekannten Normen und Prinzipien erst noch umstellen müssen (vgl. Héritier 1997).

Der Einfluss von innergemeinschaftlich geteilten Prinzipien, Werten und Normen springt geradezu ins Auge, wenn man einen ersten Blick auf die Gesamtheit der EU-Außenbeziehungen wirft (vgl. auch Smith 2003: 17): In kriegerische Auseinandersetzungen war die EU als solche bislang nicht involviert und ihre Bilanz im militärischen Krisenmanagement war bislang eher negativ, insbesondere wenn man sich die europäische Politik gegenüber den jugoslawischen Bürgerkriegen ansieht. Stattdessen pflegt sie ein dichtes Netz von Beziehungen mit anderen Staaten, das sich durch Förderung der Handels- und Wirtschaftsbeziehungen sowie den Ausbau multilateraler Institutionen auszeichnet.

Bereits Anfang der siebziger Jahre, als die neun Mitgliedstaaten der damaligen Europäischen Gemeinschaft über ihre Rolle in der internationalen Politik reflektierten, hat die charakteristische Betonung diplomatischer und ökonomischer Mittel bei gleichzeitiger Vernachlässigung militärischer Kapazitäten dazu geführt, die EU als „Zivilmacht" zu bezeichnen. Ganz im Sinne einer Innen-Außen-Analogie hat François Duchêne, der Erfinder dieser Bezeichnung und ehemalige Mitarbeiter Jean Monnets, seine Sichtweise begründet:

> „Als eine zivile Ländergruppe mit weitreichender wirtschaftlicher und verhältnismäßig begrenzter militärischer Macht muß die Europäische Gemeinschaft daran interessiert sein, die zwischenstaatlichen Beziehungen – sowohl zwischen ihren eigenen Mitgliedern wie auch mit dritten Ländern – so weit wie möglich zu *domestizieren*. Es muss versucht werden, das Gefühl für gemeinsame Verantwortung und für vertragliches Vorgehen, das sich bisher ausschließlich auf die ‚heimischen' und nicht auf die

‚fremden' Angelegenheiten, auf die ‚Innen-' und nicht auf die ‚Außenpolitik' bezog, auch in den internationalen Bereich einzuführen. [...] Dies bedeutet, dass die Europäische Gemeinschaft nur dann ‚das Beste' aus ihren jetzigen Chancen machen wird, wenn sie ihrem eigentlichen Wesen treu bleibt. Dieses ist vor allem durch den zivilen Charakter von Mitteln und Zwecken und einen für sie konstitutiven Sinn für gemeinsames Vorgehen charakterisiert, worin wiederum, wenn auch noch so unvollkommen, soziale Werte wie Gleichheit, Gerechtigkeit und Achtung des anderen zum Ausdruck kommen." (Duchêne 1973: 34 f.)

Zwanzig Jahre später haben die Mitgliedstaaten im Maastrichter Vertrag, ganz im Sinne der Vorstellungen Duchênes, als Ziel ihrer Gemeinsamen Außen- und Sicherheitspolitik (GASP) „die Wahrung der gemeinsamen Werte" und „der grundlegenden Interessen" genannt, zu denen sie „die Wahrung des Friedens und die Stärkung der internationalen Sicherheit entsprechend den Grundsätzen der Charta der Vereinten Nationen sowie den Prinzipien der Schlussakte von Helsinki und den Zielen der Charta von Paris [...] die Förderung der internationalen Zusammenarbeit [und] die Entwicklung und Stärkung von Demokratie und Rechtsstaatlichkeit sowie die Achtung der Menschenrechte und Grundfreiheiten" (Art. J.1 EUV-M) zählen.

Noch deutlicher nimmt Artikel III-292 des Europäischen Verfassungsvertrags auf die Innen-Außen-Analogie Bezug: „Die Union lässt sich bei ihrem Handeln auf internationaler Ebene von den Grundsätzen leiten, welche für ihre eigene Entstehung, Entwicklung und Erweiterung maßgebend waren und denen sie auch weltweit zu stärkerer Geltung verhelfen will: Demokratie, Rechtsstaatlichkeit, die universelle Gültigkeit und Unteilbarkeit der Menschenrechte und Grundfreiheiten [...] sowie die Achtung der Grundsätze der Charta der Vereinten Nationen und des Völkerrechts."

Die Innen-Außen-Analogie wird uns in der folgenden Diskussion der europäischen Außenbeziehungen als roter Faden dienen. Wir beginnen mit jenen Bereichen der Außenbeziehungen, die in Zusammenhang mit der ökonomischen Integration Westeuropas stehen. Dies ist zunächst die Außenhandelspolitik, die bereits in den Gründungsverträgen vorgesehen war und den am weitesten ‚vergemeinschafteten' Bereich der Außenbeziehungen darstellt. Die Entwicklungspolitik ist zwar ebenfalls von Beginn an Teil der europäischen Integration gewesen, dabei aber weit stärker in den Händen der Mitgliedstaaten geblieben. Auch in der internationalen Umweltpolitik ist die EU im Laufe der Jahre zu einem wichtigen Akteur geworden. Während in der Handels-, Entwicklungs- und Umweltpolitik ökonomische Erwägungen eine zentrale Rolle spielen, stehen sicherheitspolitische Aspekte im Zentrum derjenigen Politikbereiche, denen wir uns im Anschluss zuwenden. Den größten Raum nimmt dabei die Zusammenarbeit im Bereich der Außen- und Sicherheitspolitik ein. Daran anschließend stellen wir mit der Europäischen Sicherheits- und Verteidigungspolitik die Bemühungen der EU vor, eine Fähigkeit zum Management gewaltsamer Konflikte aufzubauen.

Wie wir im Laufe dieses Kapitels sehen werden, lassen sich Außenhandel, Entwicklungspolitik und Diplomatie mit Hilfe des Zivilmacht-Konzeptes weitgehend analysieren. Die Europäische Sicherheits- und Verteidigungspolitik werden wir hingegen unter der Fragestellung diskutieren, inwiefern sie den zivilen Charakter der EU in Frage stellen könnte.

Die Innen-Außen-Analogie ist besonders hilfreich, um die Substanz bzw. die Inhalte europäischer Außenbeziehungen zu analysieren. Wir werden allerdings sehen, dass die europäischen Außenbeziehungen so vielfältig und komplex sind, dass sie mit einem einzigen Instrument nicht angemessen analysiert werden können. An geeigneter Stelle werden wir daher jeweils exemplarisch weitere theoretische Zugriffe auf die europäischen Außenbeziehungen vorstellen, die in der Forschung eine prominente Rolle spielen und die für die Analyse der Gesamtheit der EU-Außenbeziehungen unverzichtbar sind.

2 Die EU in den internationalen Wirtschaftsbeziehungen

Die wichtigsten und am klarsten erkennbaren Erfolge der europäischen Integration sind sicherlich auf dem ökonomischen Feld zu verzeichnen. Die Gemeinschaft bildet heute den größten Binnenmarkt der Welt und zusammengenommen verfügen die 25 EU-Mitglieder über eine Wirtschaftskraft, die nur noch von den USA übertroffen wird. In den internationalen Wirtschaftsbeziehungen ist die Gemeinschaft daher schon früh als wichtige Größe in Erscheinung getreten. Dies gilt besonders für ihre Rolle im internationalen Handel, die wir im Folgenden ausführlich betrachten werden. Danach wenden wir uns in diesem Kapitel zwei weiteren Feldern zu, die in hohem Maße ebenfalls ökonomische Implikationen haben, der Entwicklungs- und der internationalen Umweltpolitik.

2.1 Außenhandel

Der Außenhandel war das erste Feld der internationalen Beziehungen, auf dem die Gemeinschaft eigene Kompetenzen erhielt. Schon in den Römischen Verträgen vereinbarten die Mitgliedstaaten, eine „Gemeinsame Handelspolitik" zu verfolgen. Dies war schon alleine deshalb notwendig, weil die in der EWG verwirklichte Zollunion über einen gemeinsamen Außenzoll verfügen musste und die Festlegung von Zöllen ein zentrales Instrument der Außenhandelspolitik darstellt. Die Gemeinschaft bekam von den Mitgliedstaaten aber nicht nur in Zollfragen, sondern auch einigen anderen Aspekten der Außenhandelspolitik Kompetenzen übertragen, um ein einheitliches Auftreten in der internationalen Handelspolitik zu ermöglichen. Im Folgenden soll zunächst das Entscheidungssystem für den Bereich des Außenhandels näher analysiert werden. Dazu werden wir die Kompetenzverteilung zwischen Mitgliedstaaten und Gemeinschaft sowie die Entscheidungsverfahren auf Gemeinschaftsebene näher betrachten und mit dem Prinzipal-Agent-Modell einen Ansatz einführen, der dabei helfen soll, die

Besonderheiten des Entscheidungssystems und dessen innere Spannungen zu analysieren. Anschließend wenden wir uns den Zielen und Politikinhalten der EU-Außenhandelspolitik zu und werden dabei sehen, dass diese in ihren Grundlinien gut mit Hilfe der Innen-Außen-Analogie abgebildet werden können, dass es aber auch Ausnahmen hiervon gibt, die es nahe legen, die EU-Außenhandelspolitik als rationalistisches Mehrebenenspiel zu analysieren.

2.1.1 Kompetenzen und Entscheidungsverfahren

Kompetenzverteilung
Auch wenn der Außenhandel gemeinhin als *das* Feld gemeinsamen Handelns in den EU-Außenbeziehungen gilt, gibt es selbst hier Bereiche, in denen die Mitgliedstaaten Kompetenzen behalten und nicht an die Gemeinschaft abgetreten haben. So weisen die Verträge zwar in der Tat der Gemeinschaft die ausschließliche Kompetenz für einen großen Bereich des Außenhandels zu. In dieser „Gemeinsamen Handelspolitik", die in Artikel 131 bis 134 des EG-Vertrags näher bestimmt ist, tritt die EU nach außen hin als einheitlicher Akteur auf und wird dabei in aller Regel durch die Kommission vertreten. Daneben gibt es aber nach wie vor einige Felder des Außenhandels, die nicht in der Gemeinsamen Handelspolitik enthalten sind. In diesen Bereichen sind die Kompetenzen zwischen der Gemeinschaft und den Mitgliedstaaten geteilt. Hier können die Mitgliedstaaten also parallel oder konkurrierend zur Gemeinschaft tätig werden (vgl. ausführlich Oppermann 1999: Rz. 1741-43).

Welche Handelsfragen welchem Kompetenzbereich zuzurechnen sind, ist aus den Verträgen nicht immer klar ersichtlich. Der Kernbereich der Gemeinsamen Handelspolitik ist im Artikel 133 des EG-Vertrags (bis zum Vertrag von Maastricht: Artikel 113) festgeschrieben. Bereits in den Römischen Verträgen vereinbarten die Mitgliedstaaten hier, eine gemeinsame Handelspolitik „insbesondere" in fünf Bereichen zu verfolgen: bei der Änderung von Zollsätzen, beim Abschluss von Zoll- und Handelsabkommen, bei der Vereinheitlichung der Liberalisierungsmaßnahmen, bei der Ausfuhrpolitik und bei handelspolitischen Schutzmaßnahmen, zum Beispiel im Fall von Dumping und Subventionen (Art. 113 (1) EWGV). Die Grenzen der Gemeinsamen Handelspolitik waren damit eher vage formuliert. Fragen des Warenverkehrs und der Regulierung von Zöllen, von Dumping und von Subventionen waren allerdings ohne jeden Zweifel enthalten. Da dies Ende der fünfziger Jahre die zentralen Fragen der internationalen Handelsordnung waren, kamen de facto der Gemeinschaft nach damaligem Stand die Kompetenzen für den gesamten Bereich des Außenhandels zu.

Einerseits stimmten damit die Außenkompetenzen der Gemeinschaft in den späten fünfziger und sechziger Jahren weitgehend mit ihren Binnenkompetenzen (Zollunion) überein. Andererseits war die Außenkompetenz gleichzeitig weitgehend deckungsgleich mit den zentralen Fragen des Welthandels, so dass die Gemeinschaft in Fragen des internationalen Handels weitestgehend als einheitlicher Akteur auftreten konnte. In den folgenden Jahren änderte sich aber sowohl die

Gestalt der Gemeinschaft als auch die des Welthandels; Artikel 113/133 jedoch blieb unverändert. Dadurch geriet die doppelte Kongruenz zwischen Binnen- und Außenkompetenz einerseits und zwischen Außenkompetenz und internationalen Handelsfragen andererseits zunehmend in Frage, was mehr und mehr Reibungen und Unklarheiten in der Kompetenzverteilung erzeugte.

Für die innere Entwicklung der Gemeinschaft war insbesondere die Schaffung des Binnenmarktes von Bedeutung. Im Rahmen des Binnenmarktes gingen innerhalb der EG in zahlreichen Handelsbereichen jenseits von Zöllen und Subventionen Kompetenzen von den Mitgliedstaaten auf die Gemeinschaft über. Dadurch geriet die Deckungsgleichheit mit den Außenhandelskompetenzen der Gemeinschaft potenziell in Gefahr. Abhilfe schuf hier allerdings die Rechtsprechung des Europäischen Gerichtshofes (EuGH). Dieser entwickelte in zahlreichen Urteilen die Doktrin, dass der Gemeinschaft in all jenen Bereichen, in denen sie Regelungskompetenzen im Innern besitzt, die Kompetenz auch für die Außenvertretung zukomme.

Ein ähnliches Problem entstand auch durch die Weiterentwicklung der internationalen Handelsordnung. International gewannen neben dem Waren- und Güteraustausch allmählich andere Handelsbeziehungen an Bedeutung, zum Beispiel der Handel in Dienstleistungen. Nicht zuletzt als Reaktion auf diese Veränderungen wurden die Regeln der internationalen Handelsordnung auf immer weitere Bereiche ausgedehnt. So beschäftigten sich die frühen Welthandelsrunden (Dillon-Runde, 1960-61; Kennedy-Runde, 1964-67) noch fast ausschließlich mit Zollsenkungen und mit Fragen des Dumpings. In den nachfolgenden Runden traten dann aber auch Themen wie technische Handelshemmnisse und das öffentliche Beschaffungswesen auf die Tagesordnung (Tokio-Runde, 1973-79) sowie schließlich der Handel mit Dienstleistungen, Handelsaspekte des geistigen Eigentums und Investitionsregeln (Uruguay-Runde, 1986-93) (Woolcock 2000: 376 f., Young 2000: 98-101).

Während die Gemeinschaft in der Dillon- und Kennedy-Runde noch als einheitlicher Verhandlungspartner auftreten konnte, weil die verhandelten Themen fast durchweg in die ausschließliche Gemeinschaftskompetenz fielen, standen bei der Tokio- und insbesondere bei der Uruguay-Runde zahlreiche Themen auf der Tagesordnung, die nicht mehr in die exklusive Gemeinschaftskompetenz fielen und für die dementsprechend die Mitgliedstaaten zuständig waren. Dies erschwerte die Verhandlungsführung ungemein, zumal im Rahmen der Verhandlungen vorwiegend an Paketlösungen gearbeitet wurde, die keine Rücksicht auf die Kompetenzverteilung innerhalb der Gemeinschaft nahmen. Die Kommission drängte angesichts dieser Probleme auf eine Änderung des Artikel 133 und eine Erweiterung der Gemeinschaftskompetenzen, scheiterte damit aber am Widerstand der Mitgliedstaaten, die den Artikel bei den Regierungskonferenzen von Maastricht und Amsterdam nur jeweils leicht veränderten.[1] Die Kommission rief außerdem den

---

[1] Im Maastrichter Vertrag sind nur leichte textliche Veränderungen enthalten. Im Amsterdamer Vertrag wurde lediglich die Möglichkeit geschaffen, den Artikel 133 des EG-Vertrags auch au-

EuGH an, der allerdings die Position der Mitgliedstaaten stützte. Er entschied in seinem viel beachteten Gutachten 1/94[2] im Wesentlichen, dass der Gemeinschaft exklusive Kompetenz nur in jenen Bereichen zukommt, die in Artikel 133 des EG-Vertrags benannt sind oder in denen sie bereits über die Kompetenzen im Binnenbereich verfügt (Oppermann 1999: Rz. 1738). Für die übrigen Bereiche stellte er lediglich eine Pflicht zur Zusammenarbeit zwischen Mitgliedstaaten und Gemeinschaft fest, die er aus der „Notwendigkeit einer geschlossenen völkerrechtlichen Vertretung der Gemeinschaft" ableitete (nach Krenzler/Pitschas 2001: 447). Das setzte den Gemeinschaftskompetenzen in den für die Uruguay-Runde wichtigen Bereichen Dienstleistungen und geistiges Eigentum enge Grenzen.

Das Auseinanderklaffen der im Rahmen des Welthandelsregimes verregelten Materien und der Gemeinsamen Handelspolitik der EU blieb so zunächst bestehen. Erst im Vertrag von Nizza konnten sich die Mitgliedstaaten dazu durchringen, die Kompetenz der Gemeinschaft vorsichtig zu erweitern. Sie bezogen den Handel in Dienstleistungen und die Handelsaspekte des geistigen Eigentums grundsätzlich in die Gemeinsame Handelspolitik mit ein, versahen dies aber mit einigen Einschränkungen (Art. 133 (5) EGV-N).[3] Die Kommission hatte sich dafür eingesetzt, auch die Regelung von ausländischen Direktinvestitionen zu einem Gegenstand der Gemeinsamen Handelspolitik zu machen, konnte sich damit aber nicht durchsetzen (Krenzler/Pitschas 2001: 444). Erst der Verfassungskonvent erweiterte den Gegenstandsbereich der Gemeinsamen Handelspolitik auch um diesen Punkt (Art. III-217).

Alles in allem ist also über die Jahre allenfalls eine schleppende Ausweitung der Gemeinschaftskompetenzen im Bereich des Außenhandels festzustellen. Während mögliche Inkongruenzen zwischen Binnen- und Außenkompetenz in Handelsfragen durch die Rechtsprechung des EuGH ausgeräumt wurden, waren die Mitgliedstaaten nicht bereit, die Handelskompetenzen der EG der Entwicklung der internationalen Agenda zügig anzupassen. Wenn auch durch Nizza einige wichtige internationale Handelsthemen wenigstens im Grundsatz in die Gemeinsame Handelspolitik überführt wurden, so ist doch der Widerwille der Mitgliedstaaten gegen diese Ausweitung bemerkenswert. Obwohl schon seit den achtziger Jahren Veränderungen im äußeren Umfeld eine Ausweitung der Gemeinschaftskompetenzen nahe gelegt, wenn nicht gar funktional notwendig gemacht hätten, wurde Artikel 133 des EG-Vertrags erst Ende der neunziger Jahre substanziell geändert und selbst dies nur vorsichtig.

ßerhalb einer Regierungskonferenz zu erweitern. Ein neuer Absatz in diesem Artikel sah vor, dass Fragen des Handels in Dienstleistungen und Handelsaspekte des geistigen Eigentums durch einstimmigen Ratsbeschluss zum Gegenstand der Gemeinsamen Handelspolitik gemacht werden konnten (Art. 133 (5) EGV-A). Von dieser Möglichkeit wurde später aber kein Gebrauch gemacht.

2 EuGHE 1994: I-5267 ff.

3 Für eine ausführliche Würdigung von Artikel 133 EGV-N siehe Krenzler/Pitschas (2001: 448-461).

Entscheidungsverfahren

Eine ähnliche Zurückhaltung der Mitgliedstaaten gegenüber der Gemeinschaftsebene, wie sie in der nur widerwilligen Erweiterung der Gemeinschaftskompetenzen zum Ausdruck kommt, ist auch bei der Gestaltung der Entscheidungsverfahren im Bereich der Gemeinsamen Handelspolitik festzustellen. Wenngleich
der Kommission für die Vertretung der Gemeinschaft nach außen die zentrale
Rolle zukommt, sind die Entscheidungsverfahren im Bereich der Gemeinsamen
Handelspolitik alles in allem auf ein enges Zusammenspiel von Kommission und
den Mitgliedstaaten im Rat hin ausgelegt.[4] Da die Gemeinsame Handelspolitik
vor allem in Verhandlungen zur Gestaltung von Handelsregeln verwirklicht
wird, lassen sich für die Darstellung – orientiert am allgemeinen Policy-Zyklus
(vgl. Kapitel 4 in diesem Band) – fünf Phasen der Politikformulierung und -um-
setzung unterscheiden: Problemdefinition und Agenda-Setting; Entscheidung
über das Verhandlungsmandat; Verhandlungsführung; Verabschiedung der Verhandlungsergebnisse; Umsetzung der Verhandlungsergebnisse. In diesen Phasen
kommen den Gemeinschaftsorganen je unterschiedliche Rollen zu:

Die formale Kompetenz dafür, Fragen der Gemeinsamen Handelspolitik zu
formulieren und Vorschläge zur Lösung zu unterbreiten, liegt bei der Kommission. Allerdings wird das *Agenda-Setting* in der Handelspolitik z. T. auch von internationalen Prozessen bestimmt, geschieht also nicht autonom im Rahmen der
EU. Womit sich die EU in ihrer Gemeinsamen Handelspolitik befasst, wird beispielsweise ganz entscheidend davon bestimmt, welche Gegenstände bei den
Welthandelsrunden verhandelt werden sollen.[5] Die Kommission formuliert zu
den verhandelten Themen Vorschläge für eine Gemeinschaftsposition. Der Rat
entscheidet auf dieser Basis *über die Verhandlungsposition* der Gemeinschaft mit
qualifizierter Mehrheit. Die *Verhandlungsführung* für die Gemeinschaft liegt
dann bei der Kommission. Allerdings ist die Kommission dabei gleich mehrfach
an den Rat zurückgebunden. Erstens muss sie sich in ihrer Verhandlungsführung
immer im Rahmen des Mandats bewegen, das ihr der Rat gegeben hat. Zweitens
ist der Kommission ein Ausschuss des Rates „zur Unterstützung" (Art. 133 (3)
EGV) an die Seite gestellt. Drittens schließlich kann der Rat jederzeit das Verhandlungsmandat durch weitere Richtlinien ergänzen.

Der Ausschuss „Artikel 133" (früher: Ausschuss „Artikel 113") ist dabei das
zentrale Instrument, mit dem der Rat sicherstellt, dass die Kommission bei ihrer
Verhandlungsführung den Boden des Verhandlungsmandats nicht verlässt. Er ist
aus Vertretern der Mitgliedstaaten zusammengesetzt und verfügt über einige Un-
terausschüsse, die sich mit spezifischen Handelsthemen befassen (vgl. Elsig 2002:
34 f., Murphy 2000). Der Ausschuss insgesamt befasst sich mit allen Handelsfra-

---

[4] Für eine ausführliche Darstellung und Diskussion der Entscheidungsverfahren siehe Woolcock
     (2000).

[5] Die Festlegung der Verhandlungsgegenstände geschieht ihrerseits in Verhandlungsrunden, die
     den Welthandelsrunden selbst vorgelagert sind. Auch an diesen vorgelagerten Verhandlungen
     beteiligt sich die EU gemäß den hier beschriebenen Entscheidungsverfahren.

gen und ist bereits in die Formulierung des Verhandlungsmandats eingebunden. Zur Begleitung internationaler Verhandlungen kommunizieren Kommission und Ausschuss intensiv. Wenn in einer Frage keine gemeinsame Einschätzung herbeigeführt werden kann, kann der Rat sein Verhandlungsmandat klären bzw. ergänzende Richtlinien dazu verabschieden, die für die Kommission bindend sind. Durch diese Mechanismen befinden sich Kommission und – vermittelt über Rat und 133er-Ausschuss – die Mitgliedstaaten in einem ständigen Diskussions- und Austauschprozess, der sicherstellt, dass die Kommission sich im Laufe des Verhandlungsprozesses nicht zu weit von den Vorstellungen des Rates entfernt. Dadurch können einerseits Auffassungsunterschiede zwischen den Gemeinschaftsorganen, die später die Ratifikation der Verhandlungsergebnisse gefährden könnten, frühzeitig erkannt werden. Andererseits verliert der Entscheidungsprozess durch diese enge und vertrauliche Kommunikation allerdings auch erheblich an Transparenz. Das Verfahren gilt gemeinhin als effektiv. Gleichwohl gab es gerade während der Uruguay-Runde einige Fälle, in denen die Kommission nach Ansicht einiger Mitgliedstaaten ihr Verhandlungsmandat deutlich überdehnte (Woolcock/Hodges 1996).

Gehen die Verhandlungen erfolgreich zu Ende, so liegt die Unterzeichnung des Verhandlungsergebnisses bei der Kommission. Die *Ratifikation* der Ergebnisse hingegen erfolgt durch den Rat. In der Regel sind hier Entscheidungen mit qualifizierter Mehrheit möglich, in einigen Bereichen ist auch die Zustimmung durch das Europäische Parlament nötig.

Auf dem Papier existiert in der Gemeinsamen Handelspolitik also eine klare Aufgabenverteilung. Der Rat bestimmt die Inhalte der Politik, die Kommission fungiert als Agentin der Gemeinschaft und ist durch mehrere Feedback-Mechanismen an die Position des Rates zurückgebunden. De facto kompliziert wird die Situation aber durch das zunehmende Auseinanderklaffen von Gemeinschaftskompetenzen im Außenhandel einerseits und den Inhalten der Welthandelsrunden andererseits. Die Tatsache, dass bei den Welthandelsrunden nicht mehr nur Themen verhandelt werden, die in die Gemeinschaftskompetenz fallen, und dass diese Themen in der Regel zu Verhandlungspaketen zusammengeschnürt werden, stellt die Gemeinschaft und ihre Mitglieder vor das Problem, dass für einen Teil des jeweils verhandelten Pakets die Gemeinschaft selbst als Verhandlungspartner zuständig ist, für einen anderen Teil hingegen die Mitgliedstaaten. Dies ist nicht nur ein logistisch komplizierter Prozess, sondern schwächt tendenziell auch die Verhandlungsposition der Gemeinschaft. Während die Kommission angesichts dieser Situation dafür plädierte, die Gemeinschaftskompetenz auszuweiten, suchten die Mitgliedstaaten nach Möglichkeiten, ihre Kompetenzen zu behalten, gleichzeitig aber eine kohärente Verhandlungsführung in den Welthandelsrunden zu ermöglichen. Im Ergebnis einigte man sich für die Uruguay-Runde auf einen Verhaltenskodex, der vorsah, dass die Kommission unabhängig davon, wie die Ergebnisse am Ende zu ratifizieren waren, als alleiniger Unterhändler für die EG und ihre Mitgliedstaaten auftreten sollte, wenngleich die Mitgliedstaaten gewisse

Beobachterrechte hatten. Die Ratifikation der Verhandlungsergebnisse erfolgte einerseits durch eine einstimmige Ratsentscheidung. Da aufgrund der geteilten Kompetenz aber auch die Mitgliedstaaten die Abkommen unterzeichnen und Mitglieder der WTO sind, war außerdem die Ratifikation durch jeden einzelnen Mitgliedstaat entsprechend den nationalen Entscheidungsverfahren notwendig.

Die somit ohnehin schon komplexe Außenvertretung der Union in ökonomischen Fragen ist durch die Währungsunion weiter kompliziert worden. Seit Inkrafttreten der Währungsunion tritt in diesem Feld mit der Europäischen Zentralbank (EZB) ein weiterer Akteur für die Union auf (Horng 2004). Zwar ist die EZB in erster Linie dem Ziel der Preiswertstabilität innerhalb des Euro-Raumes verpflichtet. Allerdings wirken sich Zinssätze und Wechselkurse auch auf Handels- und Investitionsströme aus. Außerdem ergibt sich aus dem Ziel der Preiswertstabilität ein starkes Interesse der EZB an der Stabilität des internationalen Währungs- und Finanzsystems. Innerhalb des Europäischen Systems der Zentralbanken wurde daher ein Ausschuss für internationale Beziehungen eingerichtet, der sich mit der internationalen Finanz- und Währungspolitik beschäftigt (Deutsche Bundesbank 2001).

Hinsichtlich der Vertretung gemeinsamer Positionen in internationalen Institutionen wie dem Internationalen Währungsfonds (IWF) und der G7 konkurrieren nun die EZB, die Kommission und die Ratspräsidentschaft miteinander (vgl. Herrmann 2002). Eine weitere Komplikation entsteht dabei dadurch, dass die unter den Mitgliedstaaten rotierende Ratspräsidentschaft unter Umständen gar nicht Mitglied der Währungsunion ist. In diesem Fall soll die gemeinsame Position durch den Vorsitz der so genannten Euro-Gruppe vertreten werden, in der die Mitglieder der Währungsunion zusammengefasst sind.

2.1.2 Erklärungsangebote: Kompetenzen und Entscheidungsverfahren

Die Tatsache, dass die Außenhandelspolitik weitgehend vergemeinschaftet wurde, zeigt zunächst sehr deutlich die Rolle funktionaler Notwendigkeiten für den sektoralen Integrationsprozess. Die Ausstattung der Gemeinschaft mit Kompetenzen in diesem Bereich war zu einem erheblichen Teil von den Erfordernissen der Integration in anderen Bereichen bedingt: einerseits von der Notwendigkeit eines gemeinsamen Außenzolls im Rahmen der Zollunion, andererseits von der Entwicklung des Binnenmarkts, die eine gemeinsame Außenvertretung in den vom Binnenmarkt erfassten Bereichen wenn nicht funktional unausweichlich, so doch zumindest unter Effizienzgesichtspunkten notwendig gemacht hat. Gerade was den Zusammenhang von Binnenmarktentwicklung und Außenhandelskompetenz angeht, haben supranationale Akteure, insbesondere der EuGH, eine aktiv integrationsfördernde Rolle eingenommen, wie der *Neofunktionalismus* erwarten lässt. Allerdings werden in diesem Politikfeld auch die Grenzen einer funktionalistischen Betrachtungsweise deutlich. Der Integrationsprozess ist durchaus kein Selbstläufer und auch nach Jahrzehnten der Integration im Außenhandelsbereich versuchen die Mitgliedstaaten, wie vom *Intergouvernementalismus* hervorgehoben wird, den Prozess zu kontrollieren und Einflussmöglichkeiten zu behalten, wo sie dies in ihrem unmittelbaren Eigeninteresse sehen. Sie sind dafür auch bereit, Effizienzeinbußen hinzunehmen, wie sie beispielsweise dadurch entstehen, dass die Gemeinschaftskompetenzen in den neuen Handelsfragen nur zögerlich ausgeweitet wurden und die Kommission bei internationalen Verhandlungen immer eng an den Rat zurückgebunden bleibt.

Das Wechselspiel von Effizienzerwägungen einerseits und Vorbehalten gegen eine Delegierung von Kompetenzen andererseits lässt sich gut mit Hilfe des Prinzipal-Agent-Ansatzes abbilden. Prinzipal-Agent-Modelle sind in der Ökonomie entstanden (z. B. Pratt/Zeckhauser 1985; Sappington 1991) und haben in den letzten Jahren verstärkt Eingang in die Analyse der EU-Politik gefunden (grundlegend: Pollack 1997; 2003). Soweit sie auf die EU-Integration angewendet werden, messen sie, ähnlich dem Intergouvernementalismus, den Mitgliedstaaten eine große Bedeutung für den Integrationsprozess zu; ähnlich supranationalistischen Ansätzen fragen sie aber auch nach den eigenständigen Einflussmöglichkeiten supranationaler Akteure.

Grundsätzlich beschäftigen sich Prinzipal-Agent-Modelle mit einem grundlegenden Dilemma, das bei der Delegation von Aufgaben auftritt: Es gibt Situationen, in denen es für einen Akteur (Prinzipal) rational ist, bestimmte Aufgaben an einen anderen Akteur (Agent) zu delegieren, der diese in seinem Sinn wahrnehmen soll (z. B. im Fall einer Firma und ihrer Arbeitskräfte; eines Firmeneigentümers und der Geschäftsführung, etc.). Übernimmt nun der Agent die ihm zugewiesenen Kompetenzen, entsteht allerdings schnell ein Ungleichgewicht zwischen Agent und Prinzipal. Der Agent gewinnt einen Informationsvorsprung und hat die Möglichkeit, seine Handlungsfreiheiten zur Durchsetzung der eigenen Interessen zu nutzen, die Interessen des Prinzipals aber hintan zu stellen oder gar ihnen entgegen zu arbeiten. Will der Prinzipal dieser Gefahr nicht zum Opfer fallen, muss er von vornherein darauf achten, den Vertrag mit dem Agenten in einer geeigneten Weise zu gestalten und die Anreize für den Agenten so zu setzen, dass es für diesen am lohnendsten ist, den Interessen des Prinzipals entsprechend zu handeln. Prinzipal-Agent-Modelle verdeutlichen also zwei Aspekte der Beziehung zwischen einem Prinzipal und seinem Agenten: Erstens besteht immer die Möglichkeit, dass sich der Agent gewissermaßen verselbständigt und nicht mehr im Interesse des Prinzipals handelt. Zweitens kann der Prinzipal durch die gezielte Einrichtung von Aufsichtsinstrumenten und Anreizsystemen dieser Gefahr entgegenwirken.

In der Literatur zur europäischen Integration wird die Beziehung zwischen Rat und Kommission immer häufiger unter Rückgriff auf Prinzipal-Agent-Modelle analysiert.[6] Wie in jeder Beziehung zwischen Prinzipal und Agent existieren auch hier in der Beziehung zwischen Rat und Kommission gegenläufige Anreize, die sich auf die Gestaltung der Institutionen auswirken. Einerseits gibt es in jenen

---

6 Vgl. für den Außenhandel z. B. Kerremans (2004) und Pollack (2003: 265-281).

Bereichen, in denen den EU-Staaten eine einheitliche Außenvertretung in Handelsfragen wünschenswert erscheint, starke Anreize, Kompetenzen an die Kommission zu delegieren. Sie kann – quasi in einer Funktion als „Geschäftsführung" der Gemeinschaft – eine einheitliche Vertretung der Gemeinschaft garantieren. Im selben Maße, in dem sie mit Kompetenzen hierfür ausgestattet wird, steigt allerdings die Gefahr, dass die Kommission sich verselbständigt: Sie kann sich von der Position des Rates entfernen und im Verkehr mit der internationalen Umwelt eigenständig auftreten, Informationen monopolisieren und am Willen des Rates vorbei agieren. Der Rat muss daher nach Möglichkeiten suchen, die Kommission hieran zu hindern bzw. ihr Anreize zu bieten, auf solches Verhalten zu verzichten. Der Ausschuss „Artikel 133" ist ein Aufsichtsinstrument, das der Gefahr einer Verselbständigung der Kommission entgegenwirken soll. Er soll den Informationsfluss zwischen Prinzipal und Agent verbessern und den Informationsvorsprung, den die Kommission durch ihre Rolle als Agent erhält, ausgleichen. Gleichzeitig ist er ein Kontrollinstrument, mit dessen Hilfe der Prinzipal das Verhalten des Agenten unmittelbar überprüfen und durch das er notfalls steuernd eingreifen kann.

Solche Aufsichtsinstrumente sind allerdings nur begrenzt wirksam. Zum einen ist ihre Aufrechterhaltung mit Kosten für den Prinzipal verbunden. Neben die direkten finanziellen Kosten treten im Falle des 133er-Ausschusses beispielsweise die Verlangsamung internationaler Verhandlungsprozesse und gegebenenfalls die schwächere Durchsetzungsfähigkeit auf der internationalen Ebene. Zweitens kann der Agent, wenn der Prinzipal wie im Falle der EU aus mehreren einzelnen Akteuren zusammengesetzt ist, Konflikte zwischen diesen nutzen, um seinen eigenen Handlungsspielraum zu vergrößern (Pollack 1997: 112). In der Tat hat die Kommission bei Konflikten im Rat immer wieder dazu tendiert, ihr Verhandlungsmandat möglichst großzügig auszulegen, in der – meist berechtigten – Hoffnung, dass die Konflikte innerhalb des Rates eine Sanktionierung ihres Verhaltens verhindern. Dies galt zum Beispiel im Rahmen der Uruguay-Runde des GATT für das vor allem Agrarfragen betreffende Blair-House-Abkommen (das den Widerspruch Frankreichs hervorrief) und für die Vereinbarungen zu Textilien und Kleidung (Young 2000: 101).

Angesichts solcher Streitigkeiten ist es allerdings nicht verwunderlich, dass einige Mitgliedstaaten nur noch wenig darauf vertrauen, dass die Kommission im Sinne des Rates agiert und nicht ihre eigenen Ziele verfolgt. Dies wiederum wirkt zurück auf die Gestaltung der Entscheidungsverfahren und Kompetenzverteilung. Erstens tendieren die Mitgliedstaaten dazu, die Aufsichtsmechanismen in schwierigen Situationen noch weiter zu verstärken. Dies geschah beispielsweise während einiger Phasen der Uruguay-Runde, als die Kommission während der Verhandlungen vor Ort von Vertretern der Mitgliedstaaten beaufsichtigt wurde. Zweitens wurden die Kompetenzen der Kommission im Laufe der Jahre nur höchst zögerlich gestärkt, obwohl unter Effizienzgesichtspunkten eine schnellere Kompetenzerweiterung durchaus wünschenswert gewesen wäre. Für die

Kommission wiederum hat die Aussicht auf solche künftigen Schwierigkeiten bei der Kompetenzübertragung einen disziplinierenden Effekt. Sie wird sich in laufenden Verhandlungen wenigstens so weit an den Interessen der Mitgliedstaaten orientieren, dass die zukünftige Delegation von Kompetenzen durch die Mitgliedstaaten an die Kommission nicht in Gefahr gerät (vgl. Kerremans 2004: 370 ff.).

Wie deutlich wird, helfen Prinzipal-Agent-Modelle dabei, die grundlegenden Dilemmata sichtbar zu machen, denen die Entscheidungsträger bei der Frage der Aufgabendelegation ausgesetzt sind. Der Prinzipal muss einerseits sicherstellen, dass der Agent nicht seine eigenen Interessen über die des Prinzipals stellt. Andererseits muss er die Kosten für die Kontrollmechanismen begrenzen und diese so gestalten, dass eine effiziente und effektive Aufgabenerfüllung möglich bleibt. Die Institutionen der EU-Außenhandelspolitik und ihre Funktionsweise in der Praxis illustrieren diese Spannungen eindrücklich.

2.1.3 Ziele und Politikinhalte

Unabhängig von allen institutionellen Problemen ist die EU einer der bedeutendsten Akteure im internationalen Handel. Ihr Anteil am Welthandel betrug schon vor der Osterweiterung knapp 40 Prozent, 2003 war sie weltweit der größte Exporteur und der zweitgrößte Importeur von Waren.[7] Ihre Handelsbeziehungen haben dabei klar erkennbare Schwerpunkte. Der Handel mit den Industrieländern ist, wenig überraschend, am weitaus stärksten ausgeprägt. Etwa 50% des EU-Außenhandels gehen in die übrigen 11 OECD-Staaten. Die USA sind dabei der mit Abstand wichtigste Handelspartner der EU. Sie erhalten etwa 25% der EU-Exporte und liefern knapp 17% der EU-Importe.[8] Die Entwicklungsländer halten dagegen nur einen verschwindend geringen Anteil am weltweiten Handel mit der EU. Die 42 am wenigsten entwickelten Länder machen zusammen gerade einmal etwas über ein Prozent dieses Handels aus, was gleichwohl ihren Anteil am Welthandel insgesamt etwas übersteigt.[9]

Alleine schon durch ihren Anteil am weltweiten Handel kommt der EU somit eine gewichtige Rolle in der internationalen Ökonomie zu. In den vergangenen Jahren hat die EU ihr Gewicht zudem noch durch die Währungsunion und die Einführung des Euro als Währung in zwölf Mitgliedstaaten (vgl. Kapitel 1 in diesem Band) weiter vergrößern können. Für Regierungen, Zentralbanken und internationale Finanzmärkte ist zwar der Dollar die unbestrittene internationale Leitwährung geblieben (vgl. Cohen 2003). Wie sich jedoch unter anderem an den

---

[7] WTO 2004: International Trade Statistics 2004: 20, 37, <http://www.wto.org/english/res_e/statis_e/its2004_e/its2004_e.pdf> [09.02.2005].

[8] Jeweils ohne Intra-EU-Handel. Eurostat 2005: External and intra-European Union trade, Monthly statistics, No 1/2005: 44 f., <http://epp.eurostat.cec.eu.int/> [09.02.05].

[9] European Commission, DG Trade, <http://trade-info.cec.eu.int/doclib/html/113484.htm> [09.02.2005].

Währungsreserven zeigt, die andere Staaten halten, hat sich der Euro bereits als zweitwichtigste Währung etabliert – wenn auch in deutlichem Abstand zum Dollar.

Die EU hat sich zum Ziel gesetzt, ihr Gewicht in der internationalen Handelspolitik vor allem für eine weitgehende Öffnung der Märkte einzusetzen. Schon in der Präambel des EG-Vertrags formulieren die Mitgliedstaaten den „Wunsch, durch eine gemeinsame Handelspolitik zur fortschreitenden Beseitigung der Beschränkungen im zwischenstaatlichen Wirtschaftsverkehr beizutragen". Im Artikel 131 des EG-Vertrags wird für die Gemeinsame Handelspolitik konkreter ausgeführt, dass diese zum schrittweisen Abbau der Handelsbeschränkungen und zum Abbau der Zollschranken, aber auch zur harmonischen Entwicklung des Welthandels beitragen soll. Die Gemeinschaft hat sich damit für ihre Außenhandelspolitik eine liberale Leitlinie gegeben. Diese schreibt allerdings keine uneingeschränkte Liberalisierungspolitik vor. Sie ist so offen formuliert, dass sie in ihrer konkreten Umsetzung noch der näheren politischen Ausgestaltung bedarf und durchaus mit einzelnen Schutzmaßnahmen vereinbar ist (Nicolaysen 1996: 477 f.).

Die tatsächliche Außenhandelspolitik der EU folgt dieser Liberalisierungsleitlinie im Großen und Ganzen. Dies gilt sowohl für die zahlreichen bilateralen und inter-regionalen Handelsabkommen, die die Gemeinschaft inzwischen abgeschlossen hat, als auch für die Politik der EU innerhalb des Welthandelsregimes. Allerdings gibt es auch einige systematische Ausnahmen von dieser Generallinie der Liberalisierungspolitik, denen wir uns weiter unten zuwenden werden.

Dass die Gemeinschaft ihren Handelspartnern gegenüber im Grundsatz eine Politik der Liberalisierung verfolgt, wird schon in ihrem unmittelbaren regionalen Umfeld deutlich. Besonders klar ersichtlich ist dies im Europäischen Wirtschaftsraum (EWR), den die Gemeinschaft zusammen mit den EFTA-Staaten eingerichtet hat (vgl. Reinisch 1993; Nelsen 2000). Durch den EWR sind die EFTA-Staaten Island, Liechtenstein und Norwegen nahezu vollständig in den Binnenmarkt der EG integriert.[10] Zwischen diesen Staaten und der EG gibt es demnach nicht nur einen freien Warenverkehr, sondern es gelten auch die übrigen Freiheiten des Binnenmarkts für Dienstleistungen, Kapital und Personen. In gewissem Maße verfügen diese Staaten sogar über Mitentscheidungsrechte bei der Gestaltung des Binnenmarkts (Piening 1997: 52-54). Auch gegenüber den Staaten Mittel- und Osteuropas bestand die erste Annäherung der EG nach dem Ende des Ost-West-Konflikts in einer Liberalisierung des Handels. In der ersten Generation von Handels- und Kooperationsabkommen wurden schon Ende der achtziger Jahre die Handelsbeschränkungen zwischen den mittel- und osteuropäischen Staaten und der EU weitgehend abgebaut. In der zweiten Generation von

---

[10] Das Abkommen wurde 1992 mit allen EFTA-Staaten abgeschlossen und trat am 1. Januar 1994 in Kraft. Österreich, Finnland und Schweden sind aber inzwischen EU-Mitglieder geworden, in der Schweiz wurde der EWR-Beitritt durch Volksentscheid abgelehnt.

bilateralen Vereinbarungen zwischen den mittel- und osteuropäischen Staaten und der EU, den so genannten Europa-Abkommen, wurde im Kern die mittelfristige Schaffung einer Freihandelszone zwischen der EU und diesen Staaten vereinbart, wobei die Union in Vorleistung trat und ihre Handelsschranken schneller als die Partnerstaaten abbaute. Die Abkommen enthielten außerdem eine Beitrittsperspektive für die Partnerstaaten, so dass der Handelsliberalisierung schließlich die vollständige Integration folgen konnte (Preston 1997: 198 f.). Die Gemeinschaft unterhält außerdem eine große Zahl weiterer Handelsabkommen, die auf die Liberalisierung des Handels mit den jeweiligen Partnern gerichtet sind. Diese Abkommen sind entweder bilateral oder inter-regional, d. h. mit anderen regionalen Organisationen wie z. B. ASEAN (Dreis-Lampen 1998). Einige dieser Abkommen dienen auch als Instrumente der Entwicklungspolitik der EU, die wir in Abschnitt 2.2 betrachten werden.

Auch bei der Weiterentwicklung der internationalen Handelsregeln ist die grundlegende Ausrichtung der Politik auf einen Abbau von Handelsbeschränkungen unverkennbar. So hat sich die Gemeinschaft an allen Welthandelsrunden beteiligt und dabei mit zu dem beachtlichen Abbau der Handelsbeschränkungen beigetragen, der bei diesen erreicht wurde. Allerdings stehen bei den Analysen der EU-Politik in den Welthandelsrunden naturgemäß vor allem jene Bereiche im Vordergrund, über die es international zu Konflikten kam, und bei diesen nimmt die Gemeinschaft oftmals gerade keine liberalisierungsfreundliche Position ein. Denn obwohl die Grundlinie der EU-Außenhandelspolitik unverkennbar auf eine Liberalisierung des internationalen Handels zielt, gibt es sowohl bei der Fortentwicklung des Welthandelsregimes als auch bei den individuellen Handelsabkommen einige bedeutende systematische Ausnahmen von dieser Regel.

Am deutlichsten sichtbar sind diese Ausnahmen im Bereich des Agrarhandels. Insbesondere mit den USA kommt es in diesem Bereich immer wieder zu Konflikten (Erdmann-Keefer 1991). Diese haben ihren Kern in der Gemeinsamen Agrarpolitik der EG, die einen besonderen Schutz des Agrarsektors verlangt. Die Agrarsubventionen stellen im internationalen Vergleich eine Wettbewerbsverzerrung dar, durch die sich sowohl die USA als größter Agrarexporteur als auch zahlreiche Entwicklungsländer benachteiligt sehen. Die Konflikte entzünden sich einerseits am Marktzugang für bestimmte Produkte, andererseits an der Frage der Agrarsubventionen insgesamt. Im Rahmen des GATT bildete der Streit um die Agrarsubventionen der EG beispielsweise das Haupthindernis für den Abschluss der Uruguay-Runde. Vor allem Frankreich, Deutschland, Irland, Spanien und Griechenland widersetzten sich lange Zeit einer substanziellen Absenkung der Subventionen und sorgten dafür, dass die Kommission in dieser Frage nur mit einem sehr starren Verhandlungsmandat ausgestattet wurde. Erst als der geplante Abschluss der Runde Ende 1990 scheiterte und damit klar wurde, dass die USA nicht bereit waren, die Runde ohne substanzielle Fortschritte in der Agrarfrage abzuschließen, änderte sich zunächst die Politik Deutschlands und schließlich auch der EG insgesamt, so dass eine Einigung möglich wurde (Woolcock/Hodges 1996: 307-321). Auch in den bilateralen und inter-regionalen Handelsvereinbarungen der EU bleibt der Agrarhandel in aller Regel von der Liberalisierung ausgenommen. Dies galt sowohl für die Handelsvereinbarungen der ersten Generation mit den mittel- und osteuropäischen Staaten als auch für die Europa-Abkommen und behindert beispielsweise auch die Verhandlungen mit dem Mercosur (Diedrichs 2003; Faust 2004).

Doch der Agrarhandel, der auf Grund der Gemeinsamen Agrarpolitik einen besonderen Status genießt, stellt nicht die einzige systematische Ausnahme von der liberalisierungsfreundlichen Leitlinie der EU-Außenhandelspolitik dar. Auch bei Textilien und Bekleidung tendierte die EU lange Zeit zu einer eher protektionistischen Haltung. So war die EU maßgeblich mit daran beteiligt, das außerhalb des GATT stehende Multi-Faser-Abkommen für den Textilhandel zu einem Schutzinstrument der Industrieländer gegen Billigeinfuhren aus Entwicklungsländern umzubauen (Schöppenthau 1999: 49 f.). Den Umbau des Textilregimes und Vereinbarungen über das langsame Auslaufen der Schutzmöglichkeiten blockierte die EG im Rahmen der Uruguay-Runde zwar nicht, drängte aber auf eine langsame Rückführung des Schutzniveaus und forderte weitreichende Zugeständnisse der Hauptexportländer (Devuyst 1995: 459; Schöppenthau 1999: 299 ff.). Auch im Rahmen ihrer bilateralen Handelsvereinbarungen hat die EG den Textil- und Bekleidungssektor besonders geschützt, so zum Beispiel in den Vereinbarungen mit den MOES (Laursen 1999: 218). Schließlich gehören auch Kohle und Stahl zu den Sektoren, in denen die EU vor substanziellen Liberalisierungsschritten eher zurückschreckt. Dazu kommen zahlreiche Einzelfälle von Handelspraktiken in unterschiedlichen Sektoren, die – meist von den USA – als Verzerrung des internationalen Handels angegriffen werden (Smith 1999: 283).

So lässt sich insgesamt zwar eine Tendenz der EU feststellen, mit ihrer Außenhandelspolitik zum Abbau internationaler Handelsschranken beizutragen. Dennoch fallen vor allem mit dem Agrar- und Textilsektor systematische Ausnahmen auf, die bei einer Analyse der Außenhandelspolitik berücksichtigt werden müssen.

2.1.4 Erklärungsangebote: Ziele und Politikinhalte

Versucht man das Muster der EU-Außenhandelspolitik zu erklären, leistet die *Innen-Außen-Analogie* zunächst gute Dienste. Nach ihr wäre zu erwarten, dass die Gemeinschaft bestrebt ist, die in ihrem Inneren in Bezug auf den Handel verwirklichten Werte und Prinzipien auch in ihren Außenbeziehungen umzusetzen. Die grundlegenden Liberalisierungsbemühungen der EU in Bezug auf den internationalen Handel spiegeln also einen im Inneren erzielten und in der Binnenmarktordnung verwirklichten Konsens über die Wünschbarkeit von Freihandel wider. In einzelnen Fällen wird dies sogar explizit so postuliert. So ist es beispielsweise primäre Funktion des EWR, den *acquis communautaire* in das unmittelbare Umfeld der EU zu projizieren (Laursen 1999: 219). Aber auch das grundlegende Freihandelsbekenntnis, das in der Politik der EU innerhalb des GATT und der WTO zum Ausdruck kommt, lässt sich auf den intern verwirklichten freihändlerischen Konsens zurückführen.

Die Freihandelsordnung ist im Inneren aber nicht umfassend verwirklicht, sondern kennt Ausnahmen. Herausragende Ausnahme ist dabei der Agrarbereich, der in der Gemeinsamen Agrarpolitik verregelt ist und intern somit nicht dem freien Spiel der Marktkräfte überlassen wird. Darum ist es aus Sicht der Innen-Außen-Analogie auch nicht verwunderlich, dass die EU sich auch in ihren Außenbeziehungen dafür einsetzt, den Agrarsektor nicht dem Freihandel zu unterwerfen. Protektionistische Tendenzen der EU-Außenhandelspolitik in jenen Bereichen, denen auch im Inneren besonderer Schutz zugebilligt wird – neben dem Agrarsektor gilt dies seit der Montanunion auch für Kohle und Stahl – sind so ebenfalls erklärlich. Erstens können die Ausnahmen als Ausdruck für einen Wertekonsens im Inneren verstanden werden, dass diese Bereiche besonders schutzwürdig sind, was nicht nur EU-intern, sondern eben auch für den internationalen Handel gelten muss. Zweitens werden jene Interessengruppen, deren Interessen im Inneren besonderen Schutz erfahren, diesen Schutz auch nach außen hin einfordern und das Abrücken der EU von ihrer liberalisierungsfreundlichen Leitlinie in diesen Feldern aktiv unterstützen. Zusammengenommen sind somit die zentralen Ausnahmen von der Liberalisierungspolitik der EU gut zu erklären.

Dies gilt aber nicht für alle Ausnahmen. Verwunderlich muss für die Innen-Außen-Analogie die lange Zeit ablehnende Haltung der Gemeinschaft gegenüber einer Liberalisierung des Textil- und Bekleidungssektors bleiben. Dieser Sektor genießt auf dem Binnenmarkt keinen besonderen Schutz. International hat sich die EU im Rahmen des Multi-Faser-Abkommens aber gegen eine Öffnung dieses Sektors und im Rahmen der Uruguay-Runde für eine nur sehr langsame und schonende Liberalisierung ausgesprochen. Hier klaffen demnach Politik nach innen und nach außen auseinander, weshalb nach einer anderen Erklärungsmöglichkeit gesucht werden muss.

Als gut geeignet erweist sich dabei eine Analyse der EU-Außenhandelspolitik als Mehrebenenspiel (vgl. Kapitel 2, Abschnitt 4.1.2). Das Modell des Zweiebenenspiels wurde von Robert Putnam (1988) in die Theoriediskussion eingeführt. Es ist eng verwandt mit liberalen Theorieansätzen wie dem liberalen Intergouvernementalismus, da es innerstaatlichen Interessen einerseits und der Interessenkonstellation auf der internationalen Ebene andererseits zentrale Bedeutung beimisst. Laut Putnam wird der Handlungsspielraum von Staaten in internationalen Verhandlungen von zwei Seiten beeinflusst. Zum einen von den innerstaatlichen Akteuren, die für die Umsetzung eines Verhandlungsergebnisses benötigt werden; zum anderen von den Interessen der internationalen Verhandlungspartner. Zwischen beiden Ebenen kann es Interaktionen geben, d. h. die Handlungsspielräume auf beiden Ebenen können sich wechselseitig beeinflussen. So kann beispielsweise ein enger nationaler Handlungsspielraum die Durchsetzungsfähigkeit auf der internationalen Ebene erhöhen, weil er dem Verhandlungsführer gegenüber seinen internationalen Verhandlungspartnern das Argument an die Hand gibt, ein anderes als das gewünschte Ergebnis sei „zu Hause" nicht durchsetzbar. Andererseits kann der Verhandlungsführer die internationale Ebene als Basis für das Neuschmieden innerstaatlicher Koalitionen benutzen, mit dem parallelen Argument, dass international nur bestimmte Positionen durchsetzbar seien.

Im Fall der EU muss das Spiel allerdings noch um mindestens eine weitere Ebene erweitert werden. Hier gibt es zum einen innerhalb der Mitgliedstaaten Interessenkoalitionen, die von den mitgliedstaatlichen Regierungen auf europäischer Ebene zu vertreten sind. In einem ersten Zweiebenenprozess entsteht so eine europäische Position. Gleichzeitig hat die Kommission den Auftrag, die so ausgehandelten Positionen in einem weiteren Zweiebenenspiel international zu vertreten.

Die aus Sicht der Innen-Außen-Analogie zunächst verwunderliche Politik der Gemeinschaft im Bereich des Textilhandels lässt sich nun als ein solches *Mehrebenenspiel* abbilden (vgl. Schöppenthau 1999). Die Haltung der einzelnen Mitgliedstaaten wird aus dieser Sicht primär von deren innerstaatlichen Interessenkoalitionen bestimmt. Jene Staaten, in denen eine international nicht wettbewerbsfähige Textilindustrie große Durchsetzungskraft besitzt, werden sich gegen eine Liberalisierung des internationalen Handels einsetzen, weil die betroffenen Industrien einen Verlust der heimischen Absatzmärkte an die überlegene Konkurrenz aus dem Ausland befürchten. Dem werden sich jene Staaten widersetzen, in denen innergesellschaftliche Gruppen dominieren, die von einer Liberalisierung profitieren würden. Die mehrheitsfähige Position auf europäischer Ebene schließlich wird von der Kommission international vertreten. Sie ist einerseits Agentin der im Rat ausgehandelten Position. Andererseits kann sie aber angesichts von internationalem Druck auch auf die Willensbildungsprozesse innerhalb der Gemeinschaft Einfluss nehmen und die Herausbildung neuer Koalitionen betreiben.

Im Fall des Multi-Faser-Abkommens gab es innerhalb der Gemeinschaft eine ausgeprägte Nord-Süd-Konfliktlinie. Einige südliche Mitgliedstaaten wurden von ihrer international nicht wettbewerbsfähigen Textilindustrie dazu gedrängt, auf eine Abschottung des europäischen Marktes hinzuwirken. Diese Position war in der EG zunächst auch durchsetzungsfähig. Eine liberalisierungsfreundlichere Haltung entwickelte die Gemeinschaft erst, als aufgrund internationaler Entwicklungen die damit verbundenen Kosten stark zu steigen drohten und die nicht besonders am Schutz der Textilindustrie interessierten Nord-Staaten gemeinsam mit der Kommission auf eine Änderung der Position drängten. Dies geschah beispielsweise als die Entwicklungsländer die Aufnahme neuer Handelsthemen, wie die Handelsaspekte des geistigen Eigentums und den Handel mit Dienstleistungen, in die Uruguay-Runde von der Einbeziehung und Liberalisierung des Textilsektors abhängig machten. Auch im weiteren Verlauf der Verhandlungen gelang es den Entwicklungsländern teilweise einen Zusammenhang zwischen Fortschritten im Textilsektor und anderen Bereichen der Runde herzustellen. Dies erhöhte gemeinschaftsintern den Druck auf die Süd-Länder von Seiten jener Länder, die aufgrund ihrer Wirtschaftsstruktur primär an einem Erfolg der Uruguay-Runde insgesamt und weniger an einem Schutz des Textilsektors interessiert waren. Die endgültige Zustimmung zu den neuen, auf eine allmähliche Liberalisierung hinauslaufenden Regeln für den Textilhandel mussten diese Länder schließlich von Portugal, für das der Textilsektor von besonderer Bedeutung ist, mit einer Zusicherung über Ausgleichszahlungen erkaufen (Devuyst 1995: 459).

Die Analyse verweist also zur Erklärung der EU-Außenhandelspolitik auf die Bedeutung von Koalitionsbildungsprozessen auf europäischer Ebene. Diese Koalitionen werden einerseits von innerstaatlich verankerten Interessen bestimmt, andererseits von der internationalen Umwelt, die die Herausbildung bestimmter Koalitionen und damit die Durchsetzung bestimmter Interessen begünstigt oder erschwert. Die Kommission hat als Bindeglied zwischen den Ebenen unter anderem mit ihrem Vorschlagsrecht eine besondere Bedeutung für diese Prozesse. Eine solche Analyse lässt sich auch auf jene Bereiche des Außenhandels ausdehnen, die von der Innen-Außen-Analogie gut abgebildet werden. In diesen Bereichen, zum Beispiel beim Agrarhandel, sind allerdings die Interessenkonstellationen, die die gemeinschaftsinterne Politik prägen, weitgehend dieselben, die auch die Außenhandelspolitik bestimmen. Mehrebenenmodelle wurden daher auch erfolgreich angewendet, um beispielsweise die Agrarhandelspolitik der Gemeinschaft zu erklären (Deutsch 1999: 188-309).

2.2 Entwicklungspolitik

2.2.1 Ziele und Politikinhalte

Über die Handelspolitik hinaus tritt die EU auch in der Entwicklungspolitik als bedeutsamer internationaler Akteur in Erscheinung: Die EU selbst ist nach Japan, den USA und der Bundesrepublik Deutschland der viertgrößte Geber von Entwicklungshilfe (Dearden 2003: 105); zählt man die Entwicklungshilfe der Mitgliedstaaten hinzu, zeichnen die Europäer für mehr als die Hälfte aller Hilfen verantwortlich.[11] Im Gegensatz zur Handelspolitik besitzt die EU in der Entwicklungspolitik keine ausschließlichen Kompetenzen. Vielmehr soll sie die mitgliedstaatlichen Maßnahmen koordinieren und ergänzen. Tatsächlich wickeln die EU-Staaten einen zunehmenden Teil ihrer Hilfen über die EU ab; Ende der neunziger Jahre waren es 17% (Santiso 2002: 405). So erklärt sich zwar der wachsende europäische Haushalt für Hilfsprogramme, allerdings hat das Gesamtvolumen europäischer Hilfeleistungen, das von Mitgliedstaaten und EU aufgebracht wird, abgenommen.

---

[11] Die Angaben beziehen sich auf die öffentlichen Entwicklungshilfezahlungen der OECD-Staaten. OECD Development Assistance Committee (DAC) 2005: Final ODA Data for 2003, <http://www.oecd.org/dataoecd/19/52/34352584.pdf> [11.02.2005].

Für die Entwicklungspolitik der Europäischen Union war die Differenzierung zwischen zwei Gruppen von Entwicklungsländern lange Zeit von grundlegender Bedeutung: Privilegierte Beziehungen unterhielt die EU zu den so genannten afrikanischen, karibischen und pazifischen ("AKP-") Staaten. Dabei handelte es sich zunächst vor allem um die ehemaligen französischen Kolonien im frankophonen Afrika, mit dem EG-Beitritt Großbritanniens kamen außerdem Staaten des Commonwealth hinzu. Wichtige ehemals britische Kolonien in Asien wie Indien und Pakistan wurden jedoch nicht Teil der AKP-Gruppe. Zusammen mit weiteren Entwicklungsländern, insbesondere in Lateinamerika und Asien, zu denen die Gründungsmitglieder keine kolonialen Bindungen hatten, bildeten diese eine zweite Gruppe, die von den Privilegien der AKP-Staaten ausgeschlossen waren.

Kernstück der Beziehungen zu den AKP-Staaten sind eine Reihe von Konventionen, die jeweils für einen mehrjährigen Zeitraum abgeschlossen und nach ihren Unterzeichnungsorten benannt wurden: Yaoundé (I und II, 1963-1975), Lomé (I bis IV, 1976-2000) und Cotonou (2000-2020). Von den Entwicklungspolitiken anderer Akteure unterscheidet sich die Politik der EU nicht zuletzt durch den hohen Grad an Institutionalisierung der Beziehungen zu den Empfängerländern: So existieren im Rahmen der Vereinbarungen mit den AKP-Staaten ein jährlich zusammentretender Ministerrat, dessen Vorsitz zwischen den EG- und AKP-Staaten wechselt und der mit der Umsetzung und Evaluation der Konventionen betraut ist, ein aus Botschaftern bestehender Ausschuss, der häufiger zusammentritt und die Ministertreffen vorbereitet, sowie eine gemeinsame parlamentarische Versammlung aus Mitgliedern des Europäischen Parlaments und Vertretern der AKP-Staaten, die alle zwei Jahre zusammenkommen.

Aus einer Reihe von Gründen ist die Bedeutung der AKP-Staaten in der europäischen Entwicklungspolitik stetig zurückgegangen: Für die Volkswirtschaften der Mitgliedstaaten wurde der Handel mit anderen Industrieländern immer bedeutsamer, während der Import an Rohstoffen immer stärker an Bedeutung verlor (Stevens 2000: 404). Dieser Trend wurde durch die Süderweiterung noch verstärkt. Darüber hinaus lenkte die Transformation in Mittel- und Osteuropa nicht nur die Aufmerksamkeit, sondern auch einen Großteil an Hilfsgeldern aus dem Süden zu den Staaten des ehemaligen Ostblocks um. Zusammengenommen übertrifft das Volumen der wichtigsten Hilfsprogramme für Mittel- und Osteuropa (PHARE), für die Staaten der ehemaligen Sowjetunion (TACIS), für die Staaten des westlichen Balkans (CARDS) und für die Staaten des Mittelmeerraumes (MEDA) die Hilfsleistungen im Rahmen des Europäischen Entwicklungsfonds, aus dem die Mittel für die AKP-Staaten geleistet werden, bei weitem. Denn im Gegensatz zu PHARE, TACIS, CARDS oder MEDA, die aus den Mitteln des EU-Haushalts finanziert werden, müssen die Mittel des Europäischen Entwicklungsfonds von den Mitgliedstaaten eigens zur Verfügung gestellt werden. Wichtigste Faktoren für die Höhe der Beiträge sind dabei einerseits die Wirtschaftskraft eines Landes, andererseits seine eventuelle koloniale Vergangenheit. Das

Europäische Parlament hat vergebens gefordert, den Europäischen Entwicklungsfonds in den EU-Haushalt zu integrieren, was seine Mitbestimmungsmöglichkeiten deutlich erweitern würde.

Die europäische Politik gegenüber den AKP-Staaten kam seit den neunziger Jahren außerdem durch weitere Liberalisierungen des Welthandels unter zusätzlichen Druck. Die Behauptung der Europäer, die Privilegierung der AKP-Staaten sei mit dem GATT vereinbar, war von Anfang an umstritten gewesen. Seit den neunziger Jahren ließ jedoch die Bereitschaft der Nicht-Mitglieder der Lomé-Abkommen stark nach, die diskriminierenden Effekte zu tolerieren. Zusätzlich bot die seit 1995 bestehende WTO effektivere Streitschlichtungsverfahren. Symptomatisch hierfür wurde der Streit um die europäische Bananenmarktordnung, die die Produkte aus AKP-Staaten gegenüber so genannten Dollar-Bananen aus Lateinamerika privilegierte. Die WTO gab jedoch Klägern aus Lateinamerika (unterstützt von den USA) recht, dass diese Diskriminierung gegen das GATT verstößt.

Auch substanziell hat sich die Politik gegenüber den AKP-Staaten gewandelt. In den sechziger und siebziger Jahren hatte die EG die gleichberechtigte Partnerschaft zwischen Geber- und Nehmerländern betont und Förderprojekte im Dialog mit den Regierungen der Nehmerländer vereinbart. Um Vorwürfe eines „Neokolonialismus" zu entkräften, wurde von einer Konditionalisierung der Hilfen abgesehen. Im Kontext der damaligen Diskussion um eine Neue Weltwirtschaftsordnung setzte die EG damit eigene Akzente, die bei zahlreichen Entwicklungsländern und Entwicklungspolitikern als wegweisend galten (Arts/Dickson 2004: 1). Seit den frühen achtziger Jahren orientiert sich die europäische Entwicklungszusammenarbeit jedoch zunehmend an der Politik von Weltbank und Internationalem Währungsfonds (vgl. Brown 2004). Insbesondere knüpften auch die Europäer seit den neunziger Jahren die Vergabe von Entwicklungshilfe zunehmend an die Einhaltung von Menschenrechten und Standards guten Regierens. Darüber hinaus wurde Armutsbekämpfung als vorrangiges entwicklungspolitisches Ziel betont. Gegen die Widerstände der AKP-Staaten haben diese neuen Akzente Eingang in das Abkommen von Cotonou gefunden, dessen Aushandlung im Jahr 2000 abgeschlossen wurde.

In der Betonung der Konditionalität zeigt sich auch eine zunehmende Instrumentalisierung der Entwicklungshilfe für die allgemeineren Zielsetzungen der Außen- und Sicherheitspolitik (vgl. Abschnitt 3 unten). Eine Unterordnung der Entwicklungspolitik unter die Außen- und Sicherheitspolitik zeigt sich beispielsweise in der Verteilung der Hilfsgelder. Während die entwicklungspolitisch bedürftigen AKP-Staaten zunehmend weniger Hilfsgelder erhalten, hat die EU umfangreiche Programme für ihre unmittelbare Nachbarschaft aufgelegt. Europäische Hilfsgelder fließen damit vor allem in die Staaten, deren Stabilität oder Instabilität sich unmittelbar auf die EU auswirkt. Institutionell zeigt sich die wachsende Bedeutung der Außen- und Sicherheitspolitik darin, dass die Entwicklungsminister seit der Reform des Rates 2002 nicht mehr als eigenständige

Ratsformation, sondern nur noch im Rahmen des Rates für Allgemeine Angelegenheiten und Außenbeziehungen tagen. Auch die 2001 neu eingerichtete Agentur zur Abwicklung europäischer Hilfsgelder („EuropeAid") ist in erster Linie nicht dem Kommissar für Entwicklungszusammenarbeit, sondern seinem Kollegen für Außenbeziehungen verantwortlich.

2.2.2 Erklärungsangebote

Zu ihrem überwiegenden Teil ist die Literatur zur europäischen Entwicklungspolitik problemorientiert. Sofern sie überhaupt theoretische Fragen behandelt, macht sie vor allem Anleihen im Entwicklungsdiskurs, kaum aber in der Integrationstheorie. Für Martin Holland (2002: 234-244) liefert die europäische Entwicklungspolitik zahlreiche Beispiele für die vom *Intergouvernementalismus* erwartete Dominanz der Mitgliedstaaten im Entscheidungsprozess. So lässt sich die Hierarchisierung unterschiedlicher Staaten (-gruppen) und deren Wandel durch die Interessen mächtiger Mitgliedstaaten erklären, die ihre Unterstützung für ihre meist postkolonialen „Klienten" auf diese Weise europäisieren, was finanziell eine willkommene Entlastung mit sich bringt (für die herausragende Rolle Frankreichs in dieser Hinsicht vgl. Claeys 2004).

Aus *supranationalistischer* Perspektive kann auf die sachlogischen Verknüpfungen verwiesen werden, die die Entwicklungspolitik zur Handelspolitik einerseits und zur Außen- und Sicherheitspolitik andererseits hat. Schon mit der Zollunion war den Entwicklungspolitiken der Mitgliedstaaten das wichtige Instrument des Marktzugangs aus den nationalen Händen genommen worden, weil über den Zugang zum Gemeinsamen Markt natürlich nur gemeinsam entschieden werden kann. Aus dieser sachlogischen Verknüpfung ergaben sich früh Anreize zu einer Europäisierung der Entwicklungspolitik. Seit dem Ende des Kalten Krieges und der erhöhten Aufmerksamkeit auf schlecht regierte Staaten und gescheiterte Staatsbildungsprozesse als neue Sicherheitsrisiken sind die sachlogischen Verknüpfungen zur Gemeinsamen Außen- und Sicherheitspolitik in den Vordergrund gerückt.

Schließlich kann auch eine *konstruktivistische* Perspektive vor allem zur Erklärung der Inhalte der Entwicklungspolitik beitragen: Obwohl die EU, wie gesehen, gerade gegenüber den AKP-Staaten ein unverwechselbares europäisches Profil entwickelt hat, folgt auch ihre Entwicklungspolitik im Großen und Ganzen den jeweiligen Trends des entwicklungspolitischen Diskurses. Die damit zusammenhängenden Überzeugungen haben ihren Ursprung in der Regel in den Expertenkreisen der Vereinten Nationen (und ihrem Entwicklungsprogramm UNEP), der Organisation für wirtschaftliche Zusammenarbeit und Entwicklung (OECD) und den Weltfinanzinstitutionen Weltbank und IWF. Ohne diese „Wissensgemeinschaft" und den von ihr unterhaltenen entwicklungspolitischen Diskurs sind die Hinwendung zu „good governance" und Konditionalität ebenso wenig zu verstehen wie die neuerliche Betonung von Armutsbekämpfung. Mit dem Verweis auf diesen internationalen ideellen Kontext trägt die konstruktivistische Perspektive einen wichtigen Teil zur Erklärung bei. Im Unterschied zu den Bereichen der ökonomischen Integration, bei denen der konstruktivistische Supranationalismus die Sozialisation durch europäische Institutionen betont, handelt es sich bei der Entwicklungspolitik um eine Sozialisation der europäischen Entwicklungspolitiker durch die globalen Entwicklungsinstitutionen.

Als Erklärungsangebot für Entwicklungspolitiken hat sich die Innen-Außen-Analogie bereits bewährt. Alain Noël und Jean-Philippe Thérien (1995) zufolge entspringt Entwicklungshilfe denselben Normen und Prinzipien wie die innerstaatliche Sozialpolitik. Durch staatliche Interventionen sollen dabei Ungleichheiten, die sich aus der marktwirtschaftlichen Ökonomie ergeben, abgemildert werden. Mit Hilfe der Orientierung der Regierungen an den innerstaatlich gültigen Normen und Prinzipien lassen sich aus dieser Perspektive insbesondere die Unterschiede in den Entwicklungspolitiken der Industrieländer erklären. So geben etwa die skandinavischen Staaten, deren Sozialstaat auf Prinzipien sozialer Rechte beruht, deutlich mehr Entwicklungshilfe als beispielsweise Großbritannien, dessen Sozialpolitik stärker von liberalen Prinzipien der Eigenverantwortung geprägt ist.[12] Aus der Perspektive dieser Innen-Außen-Analogie erklärt sich die große Bedeutung der EU in der Entwicklungspolitik zunächst aus der großen Bedeutung, die der Sozialpolitik in Westeuropa trotz verschiedener wohlfahrtsstaatlicher Traditionen beigemessen wird. Darüber hinaus sind wohlfahrtsstaatliche Normen auch auf europäischer Ebene verankert. So basieren die Strukturpolitiken der EU auf dem Prinzip, die negativen sozialen Folgen von Marktöffnung durch aktive Ausgleichsmaßnahmen abzufedern. Die europäische Entwicklungspolitik entspricht somit einer Externalisierung innereuropäisch gültiger wohlfahrtsstaatlicher Normen.

2.3 Umweltaußenpolitik

2.3.1 Kompetenzen und Entscheidungsverfahren

Seit den siebziger Jahren ist die Europäische Union auch in Umweltfragen international aktiv. Dabei gab es bis zur Einheitlichen Europäischen Akte weder für die interne noch für die externe Umweltpolitik eine explizite vertragliche Grundlage. Dafür, dass die EG sich dennoch schon deutlich früher Kompetenzen im Bereich der Umweltaußenpolitik erwarb, waren vor allem zwei Faktoren ausschlaggebend: Erstens die zunehmende ökonomische Bedeutung des Umweltschutzes und zweitens die Rechtsprechung des EuGH (vgl. Sbragia 1998: 286 f.). Bereits Ende der sechziger Jahre machte die Kommission darauf aufmerksam, dass unterschiedliche mitgliedstaatliche Regelungen zum Umweltschutz Handelshemmnisse darstellten und die Schaffung des Binnenmarktes gefährden

---

[12] Zu den unterschiedlichen Typen „liberaler", „konservativer" und „sozialdemokratischer" Sozialstaaten, auf die Noël/Thérien Bezug nehmen, vgl. Esping-Andersen (1990).

könnten. Das Ziel, einen gemeinsamen Markt herzustellen, bildete so den Anlass für eine zunehmend stärkere regulierende Rolle der EG im Bereich der Umweltpolitik (zu den Details vgl. Kapitel 4 in diesem Band). Diese umweltpolitische Rolle der EG erhielt schon mit dem ersten Umweltaktionsprogramm eine internationale Dimension. Denn auch unterschiedliche internationale Verpflichtungen im Umweltbereich bargen die Gefahr, zu marktverzerrenden uneinheitlichen Umweltstandards zwischen den Mitgliedstaaten zu führen. Die Gemeinschaft setzte sich daher in ihrem ersten Umweltaktionsprogramm auch die Zusammenarbeit der Mitgliedstaaten in der internationalen Umweltpolitik zum Ziel (Haigh 1991: 168).

Der eigentliche Türöffner für internationale Aktivitäten der EG in der Umweltpolitik war allerdings die Rechtsprechung des EuGH. Auch hier war wieder die schon für den Außenhandel erwähnte Doktrin von Bedeutung, die der Gemeinschaft Außenkompetenzen in jenen Bereichen zuschrieb, in denen sie diese Kompetenzen auch nach innen hin besaß. So erhielt die EG durch die allmähliche Erweiterung ihrer Kompetenzen in der Umweltpolitik in den siebziger Jahren auch die entsprechenden Kompetenzen für die Umweltaußenpolitik.

Explizit vertraglich festgeschrieben wurde diese Kompetenz allerdings erst durch die Einheitliche Europäische Akte, deren Regelungen in diesem Bereich durch den Maastrichter Vertrag in den EG-Vertrag aufgenommen und seitdem nur leicht verändert wurden (seit Amsterdam: Titel XIX EGV). Dort wird auch explizit auf die internationale Dimension des Umweltschutzes hingewiesen. So sollen im Bereich der Umwelt „die Gemeinschaft und die Mitgliedstaaten im Rahmen ihrer jeweiligen Befugnisse mit dritten Ländern und den zuständigen internationalen Organisationen" zusammenarbeiten (Art. 174 EGV-N).

Die Gemeinschaft besitzt also originär eigene Kompetenzen im Bereich der Umweltaußenpolitik und ist daher generell auch befugt, innerhalb dieses Kompetenzbereiches internationale Vereinbarungen abzuschließen, wie sie das auch im Außenhandel tut. Bis Ende 2004 hatte die EG nicht weniger als 32 multilaterale Vereinbarungen zum Schutz der Umwelt unterzeichnet, von der Barcelona-Konvention zum Schutz des Mittelmeeres (1976) bis zur Stockholm-Konvention über organische Dauergifte (2001).[13]

Die genauen Grenzen des Kompetenzbereichs der EG in der internationalen Umweltpolitik sind allerdings alles andere als klar bestimmt. In der Praxis kommt es immer wieder zu Problemen in der Abgrenzung der Kompetenzbereiche von Gemeinschaft und Mitgliedstaaten. Dies gilt selbst in Fällen, in denen die Kompetenzverteilung auf den ersten Blick relativ eindeutig erscheint. Als eindrückliches (und gerne zitiertes) Beispiel führen Macrory und Hession (1996: 132) das Beispiel der Konvention zum Schutz von Meeresfauna und -flora in der

---

[13] European Commission 2005: Multilateral environmental agreements to which the EC is a contracting party or a signatory. <http://www.europa.eu.int/comm/environment/international_is­sues/agreements_en.pdf> [11.02.2005].

Antarktis an. Dieses Abkommen zielt primär auf den Schutz der Fischvorkommen im Bereich der Antarktis und fällt somit eigentlich in den exklusiven Kompetenzbereich der Gemeinschaft für Fischerei. Allerdings beinhaltet das Abkommen auch den Schutz der weiteren Nahrungskette und somit auch von Pinguinen. Pinguine aber sind Vögel und für den Vogelschutz ist die Gemeinschaft nur innerhalb Europas zuständig. Daher beharrten die Mitgliedstaaten darauf, dass das Abkommen insgesamt nicht unter die exklusive Kompetenz der Gemeinschaft, sondern unter die gemeinsame Kompetenz von Gemeinschaft und Mitgliedstaaten einzuordnen sei.

De facto liegen nahezu alle multilateralen Umweltabkommen quer zu der Kompetenzabgrenzung zwischen Gemeinschaft und Mitgliedstaaten. Zum einen berühren solche Abkommen, wie eben gesehen, in der Regel mehrere Gegenstände der Umweltpolitik, von denen nicht alle in den Kompetenzbereich der Gemeinschaft fallen. Zum anderen tangieren sie oftmals neben der Umweltpolitik auch andere Politikfelder, für die die Gemeinschaft keine oder nur eingeschränkte Kompetenzen besitzt. So konnte die Gemeinschaft bei den Verhandlungen zum Schutz der Ozonschicht beispielsweise zwar über Produktionsbeschränkungen für ozonschichtschädigende Stoffe verhandeln; Ausgleichszahlungen an Entwicklungsländer, die unter dem Dach desselben Abkommens verhandelt wurden, fielen jedoch in die Kompetenz der Mitgliedstaaten (Haigh 1991: 173). Multilaterale Abkommen zum Schutz der Umwelt mit Beteiligung der EG sind daher in aller Regel gemischte Abkommen, die sowohl von der Gemeinschaft als auch von den Mitgliedstaaten unterzeichnet werden.

Entsprechend schwierig gestaltet sich die Repräsentation bei den Verhandlungen. Dort wo vertraglich vereinbarte exklusive Kompetenzen der Gemeinschaft vorliegen, verhandelt die Kommission auf der Basis eines Mandats des Rates. In jenen Bereichen, in denen die Außenkompetenz der Gemeinschaft auf ihrer Kompetenz im Inneren beruht, wird die Außenvertretung entweder von der Kommission oder von der Präsidentschaft übernommen. In jenen Bereichen schließlich, die in die Kompetenz der Mitgliedstaaten fallen, besteht für die Mitgliedstaaten die Möglichkeit, sich durch die Präsidentschaft vertreten zu lassen oder aber alleine zu agieren.

2.3.2 *Ziele und Politikinhalte*

Allgemeine Ziele der Umwelt- und der Umweltaußenpolitik der Union wurden in der Einheitlichen Europäischen Akte formuliert und durch den Maastrichter Vertrag auch in den EG-Vertrag übernommen. Demnach ist die Umweltpolitik der Gemeinschaft der Erhaltung, dem Schutz und der Qualitätsverbesserung der Umwelt sowie dem Schutz der menschlichen Gesundheit verpflichtet. Sie soll die umsichtige und rationelle Verwendung der natürlichen Ressourcen fördern, ein hohes Schutzniveau anstreben und die internationale Zusammenarbeit zur Bearbeitung regionaler und globaler Umweltprobleme fördern (vgl. Art. 174 EGV).

Würde die Gemeinschaft diesen Zielsetzungen, die durch die regelmäßig aufgelegten, mehrjährigen Umweltaktionsprogramme der Gemeinschaft konkretisiert werden, konsequent folgen, dann würde sie ohne Zweifel eine herausragende Vorreiterrolle in der internationalen Umweltpolitik einnehmen. Tatsächlich sind Ansätze zu einer solchen Vorreiterrolle aber erst in jüngerer Zeit zu beobachten. Die ersten Jahre der EG-Umweltaußenpolitik waren vor allem von dem Bemühen um internationale Anerkennung als Verhandlungs- und Vertragspartner gekennzeichnet. Insbesondere die USA und die Sowjetunion widersetzten sich in den siebziger und frühen achtziger Jahren der Anerkennung der EG als Vertragspartner bei Umweltabkommen. Dies war u. a. auch auf die unklare Kompetenzverteilung zwischen Gemeinschaft und Mitgliedstaaten zurückzuführen. Angesichts der unklaren Zuständigkeiten war für die potenziellen Vertragspartner der EG oftmals auch nicht klar erkennbar, wer für die Einhaltung der Verpflichtungen, die die Gemeinschaft eingegangen war, zuständig sein würde. Dies machte die EG als Vertragspartner höchst unattraktiv (Sbragia 1998: 297). Nach einigen Auseinandersetzungen um die Anerkennung der EG als Vertragspartei im Rahmen der Regime über grenzüberschreitende Luftverschmutzung, Artenschutz und beim Regime zum Schutz der Ozonschicht (Sbragia 1998: 295-297), setzte sich schließlich als Lösung durch, eine neue Kategorie von Akteuren – *Regional Economic Integration Organizations* – als Vertragsparteien zuzulassen. Diese Ende der siebziger Jahre erstmals im Regime über grenzüberschreitende Luftverschmutzung praktizierte Lösung ist seit den Verhandlungen über das Regime zum Schutz der Ozonschicht anerkannte Praxis (Vogler 1999: 32-34). Bis heute ist die EG der einzige Akteur dieser Kategorie.

Mit ihren substanziellen Beiträgen zu den Verhandlungen tat sich die Gemeinschaft in dieser Zeit oftmals als Bremser in der Verregelung internationaler Umweltprobleme hervor. Dies galt beispielsweise in den achtziger Jahren beim Regime zum Schutz der Nordsee, als die EG vor allem darauf drängte, Maßnahmen gegen bestimmte Umweltgifte entweder zu verwässern oder ganz zu verhindern (Haas 1993: 140 f.). Sicherlich am besten untersucht ist die bremsende Rolle, die die Gemeinschaft in dieser Zeit bei den Verhandlungen zum Regime über den Schutz der Ozonschicht gespielt hat. Insbesondere bei den Verhandlungen zur Wiener Rahmenkonvention, aber auch bei der Aushandlung des Montrealer Protokolls zeichnete sich die Gemeinschaft durch ihren hartnäckigen Widerstand gegen durchgreifende Maßnahmen zu Verbrauchsreduktionen bei ozonschichtzerstörenden Stoffen aus (Jachtenfuchs 1990; Oberthür 1999: 647-649).

Die Politik der Gemeinschaft wandelte sich allerdings in den neunziger Jahren. Besonders gut erkennbar ist dies am Ozonregime, da dessen Regeln bis weit in die neunziger Jahre hinein immer wieder modifiziert wurden. Hier entwickelte die Gemeinschaft allmählich eine aktivere Rolle und übernahm sogar die Führung beim endgültigen Verbot einzelner Stoffe, zum Beispiel beim Verbot von FCKW als Treibmittel (Oberthür 1999: 649-651). Auch beim Klimaschutz strebte die Gemeinschaft international eine Führungsrolle an, mit der sie sich letztenlich zwar nur eingeschränkt durchsetzen konnte, durch die sie sich aber vor allem bei den Verhandlungen zum Kyoto-Protokoll erkennbar hervortat. Sucht man nach einer Grundlinie in der Entwicklung der Umweltaußenpolitik der EG, so kann man daher sagen, dass sie sich vom „Nachzügler in Wien" zum „Vorreiter in Kyoto" gemausert hat (Sbragia/Damro 1999: 53).

2.3.3 Erklärungsangebote

Wie lässt sich dieses Muster in der Umweltaußenpolitik der EG erklären? Die *Innen-Außen-Analogie* bietet erneut einen guten Ansatzpunkt zur Erklärung. Sie verweist darauf, dass im Inneren der EG ein Wandel der umweltpolitischen Ordnungsvorstellungen stattgefunden hat, der sich auch in ihrem äußeren Verhalten widerspiegelt. Die ersten Schritte der EG in der Umweltpolitik waren noch rein ökonomisch motiviert. Ziel war nicht Umweltschutz per se, sondern die Vereinheitlichung von Umweltstandards in den Mitgliedstaaten, um Verzerrungen im Binnenmarkt auszuschließen. Erst mit der Einheitlichen Europäischen Akte wurden auch Politiken möglich, die nicht einer Vereinheitlichung von Standards, sondern einer Erhöhung des Schutzniveaus dienten. Damit erst wurde der Schutz der Umwelt zu einem Ziel der Gemeinschaftspolitik (vgl. Kapitel 4). Dieses Ziel schlug sich einerseits in einer stärkeren Regulierungstätigkeit der Gemeinschaft nach innen hin nieder, andererseits aber auch in einem aktiveren Verhalten der EG in der Umweltaußenpolitik.

Wie schon bei der Außenhandelspolitik können wir also auch hier einen engen Zusammenhang zwischen der im Inneren verwirklichten und der nach außen hin verfolgten Politik beobachten. Anders als im Außenhandel ist im Umweltbereich dabei ein Politikwandel erkennbar. Dieser geht zurück auf institutionelle Veränderungen, die sich zunächst auf die Inhalte der Umweltpolitik im Inneren und vermittelt dann auch auf die Umweltaußenpolitik der Gemeinschaft ausgewirkt haben. Um die Ursachen dieses Wandels besser sichtbar machen zu können, soll daher an dieser Stelle ein weiteres Analysekonzept eingeführt werden, das für die Untersuchung der EU-Außenbeziehungen insgesamt hilfreich ist und sich im Umweltbereich besonders gut illustrieren lässt.

Institutionalistische Ansätze, z. B. der *akteurzentrierte Institutionalismus*, wie er von Renate Mayntz und Fritz Scharpf entwickelt wurde (Mayntz/Scharpf 1995; Scharpf 2000), sind gut geeignet, um den Politikwandel in der internen und daraus folgend auch externen Umweltpolitik der EU zu analysieren. Der akteurzentrierte Institutionalismus geht von der Annahme aus, dass Politikinhalte im Wesentlichen auf die Interaktion intentional handelnder Akteure in institutionellen Kontexten zurückgeführt werden können. Akteure handeln demnach einerseits Kosten-Nutzen-kalkulierend und zielorientiert. Sie agieren aber in einem institutionellen Kontext, der ihr Handeln auf unterschiedliche Weise prägt. Zum einen schaffen Institutionen bestimmte Handlungsmöglichkeiten, zum anderen schränken sie Handlungsmöglichkeiten ein. Außerdem können Institutionen die Akteurskonstellationen verändern, indem sie die Perzeptionen und Präferenzen von

Akteuren prägen und damit nicht nur die Wege, die Akteure in ihrem Handeln einschlagen, sondern auch die Ziele, die sie verfolgen.

Von besonderer Bedeutung für den Wandel der Umweltpolitik waren demnach die institutionellen Veränderungen in diesem Politikfeld, die seit der Einheitlichen Europäischen Akte stattgefunden haben, insbesondere die Veränderungen in den Entscheidungsverfahren, die mit dem Maastrichter und Amsterdamer Vertrag in Kraft getreten sind. Durch die Einführung des Mitentscheidungsverfahrens für die meisten Bereiche der Umweltpolitik und damit auch von Abstimmungen mit qualifizierter Mehrheit im Rat wurde, selbst bei unveränderter Akteurskonstellation, eine inhaltliche Veränderung der Umweltpolitik in der Gemeinschaft möglich. Mehrheitsabstimmungen ermöglichen Einigungen jenseits des kleinsten gemeinsamen Nenners, und dies bedeutet in Fragen der Umweltpolitik, dass Entscheidungen im Sinne eines höheren Schutzniveaus wahrscheinlicher werden (Jupille 1999). Neben der Veränderung der Entscheidungsregeln hatten die Vertragsrevisionen aber auch Veränderungen in den Akteurskonstellationen zur Folge, die ebenfalls in Richtung einer strengeren Umweltpolitik wirkten. Zum einen wirken sich die neuen Zielformulierungen für die Umweltpolitik auf Problemwahrnehmung und Zielformulierung der Mitgliedstaaten aus. Zum anderen gewann durch die Einführung des Mitentscheidungsverfahrens mit dem Europäischen Parlament ein zusätzlicher Akteur an Bedeutung, der sich tendenziell ebenfalls eher für strengere Umweltgesetzgebung einsetzt. Insgesamt ist es somit nicht verwunderlich, dass sich ab Ende der achtziger Jahre innerhalb der EG zunehmend jene Positionen durchsetzten, die zu strengeren Regeln in der Umweltpolitik tendierten.

Diese Veränderungen sind zunächst auf die interne Umweltpolitik der Gemeinschaft gerichtet. Eine institutionalistische Sichtweise warnt nun einerseits vor einer allzu schnellen Gleichsetzung von interner und externer Umweltpolitik. Die (ebenfalls institutionelle) Tatsache, dass internationale Umweltvereinbarungen stets gemischte Abkommen sind, dämpft für die Umweltaußenpolitik die Bedeutung von Mehrheitsentscheidungen, da jene Staaten, die die Mehrheitsposition nicht teilen, auf internationalem Parkett gegebenenfalls in der Lage sind, die (mehrheitlich beschlossene) Gemeinschaftsposition wieder zu torpedieren. International ist der Einfluss der Gemeinschaft daher nach wie vor stärker, wenn im Vorfeld ein Konsens unter den Mitgliedstaaten herbeigeführt werden konnte, so dass in der Umweltaußenpolitik die Anreize zu einer Konsensbildung und damit zu einer Politik des kleinsten gemeinsamen Nenners nach wie vor vorhanden sind. Die Positionen der einzelnen Mitgliedstaaten spielen folglich für die Umweltaußenpolitik der Gemeinschaft weiterhin eine wichtige Rolle (Kraack 2000).

Dennoch bleiben die Gemeinschaftsinstitutionen, wenn auch weniger deutlich sichtbar, auch für die Umweltaußenpolitik wirksam und sorgen so dafür, dass der Politikwandel im Inneren sich auch nach außen hin auswirkt. Erstens wirken sich die veränderten Interessendefinitionen der Mitgliedstaaten auch auf deren Präferenzen in der Umweltaußenpolitik aus. Zweitens bieten die strengeren Umweltregeln im Inneren einen Anreiz, diese auch in die internationale Arena zu projizieren, um beispielsweise international für einheitliche Wettbewerbsbedingungen zu sorgen. Drittens schließlich bieten die Gemeinschaftsinstitutionen – seit es eine explizite Gemeinschaftskompetenz im Umweltbereich gibt – eine Möglichkeit, die Belastungen, die aus internationalen Umweltvereinbarungen herrühren können, neu unter den Mitgliedstaaten zu verteilen. Dadurch können Staaten, die sich für strengere Regeln stark machen, Lasten von eher skeptischen Staaten übernehmen und diese so auf der internationalen Ebene ebenfalls zum Eintreten für strengere Regeln motivieren.

Ein offensichtliches Beispiel für diese Art von Beeinflussung ist der Verhandlungsprozess zum Kyoto-Protokoll. Hier konnte die Gemeinschaft durchsetzen, dass im Protokoll ein gemeinsames Reduktionsziel für die Treibhausgasemissionen der Mitgliedstaaten festgeschrieben wurde. Die Aufteilung dieses Gemeinschaftsziels (8% Reduktion der Treibhausgasemissionen gegenüber 1990 bis 2010) auf die einzelnen Mitgliedstaaten konnte EG-intern ausgehandelt werden ("Bubble-Konzept"). Dies ermöglichte es auch Staaten, die eher wenig reduktionswillig waren, im Kyoto-Prozess auf internationaler Ebene die Forderung nach stärkeren Reduktionen zu unterstützen, in dem Wissen, dass ihre eigenen Verpflichtungen auf die reduktionswilligeren Staaten innerhalb der Gemeinschaft umgelegt werden konnten. So konnte z. B. Spanien erreichen, dass es seine Treibhausgasemissionen im betroffenen Zeitraum um 15% steigern durfte, weil andere EG-Staaten – z. B. Deutschland – bereit waren, die überschüssigen Emissionen Spaniens durch überproportionale eigene Reduktionen (für Deutschland: -21%) wettzumachen. Spanien konnte so, obwohl es selbst zu Reduktionen gar nicht bereit war, international das Eintreten der Gemeinschaft für deutliche Emissionsreduktionen nachdrücklich unterstützen.

Die Gemeinschaftsinstitutionen werden aber selbst dort wirksam, wo die Mitgliedstaaten auf den ersten Blick die wesentlichen Akteure zu sein scheinen. Insbesondere die Koordinationsprozesse, die bei internationalen Verhandlungen zum Umweltschutz während des gesamten Verhandlungsprozesses ablaufen, bleiben nicht ohne Wirkung. Vor den Verhandlungen werden Versuche unternommen, die Positionen abzustimmen, während der Verhandlungen bemüht sich meist die Präsidentschaft um eine Koordination zwischen den Mitgliedstaaten und nach den Verhandlungen besteht, wie gesehen, u. U. für die EU-Staaten die Möglichkeit, gemeinschaftlich eingegangene Verpflichtungen intern aufzuteilen. Der institutionelle Kontext, den die Gemeinschaft für die Mitgliedstaaten bietet, beeinflusst so ohne Zweifel auch informell erheblich die mitgliedstaatlichen Positionen auf der internationalen Ebene. "Membership in the EU does matter for a member state's negotiating position, its general outlook on the issues being negotiated and the strategies which it uses to pursue its own interests when these diverge from the common EU position" (Sbragia/Damro 1999: 62).

Nicht immer, wenn die Mitgliedstaaten in der internationalen Umweltpolitik unter Umgehung der Gemeinschaftsebene agieren, kann dies daher als Indiz dafür gewertet werden, dass die Gemeinschaftsinstitutionen bedeutungslos sind. So kann beispielsweise die Tatsache, dass es einzelne Mitgliedstaaten waren und nicht die Kommission oder die Präsidentschaft, die in der entscheidenden Phase des Kyoto-Prozesses bei der US-Administration vorsprachen und um eine Änderung der US-Position warben, nicht als Indiz für die Bedeutungslosigkeit der Gemeinschaft gewertet werden. Vielmehr geschah die Lobbyarbeit der Mitgliedstaaten vor dem Hintergrund des Aushandlungsprozesses, der zuvor in der Gemeinschaft stattgefunden hatte, und war somit von der Gemeinschaftsposition geprägt. Wenngleich der Einfluss der EG in solchen Fällen nicht direkt nachweisbar oder offensichtlich ist, so gilt zumindest das kontrafaktische Argument, dass ohne die Existenz der EG-Institutionen die Verhandlungen einen anderen Verlauf genommen hätten (vgl. auch Sbragia 1998: 299).

Die Gemeinschaftsinstitutionen sind also in der Umweltaußenpolitik auf vielfache Weise wirksam. Inhaltlich haben sie zunehmend ein Eintreten für strengere Regeln im internationalen Umweltschutz zur Folge. Zurückzuführen ist dies auf zwei entscheidende institutionelle Veränderungen: zum einen auf die gefestigte Rolle der Gemeinschaft als Akteur in der internationalen Umweltpolitik, die ihr international größere Gestaltungsmöglichkeiten eröffnet; zum anderen auf die interne auch rechtliche Verankerung der Gemeinschaftszuständigkeiten und die Einführung des Mitentscheidungsverfahrens in der Umweltpolitik.

Die Berücksichtigung der komplexen institutionellen Balance zwischen Mitgliedstaaten und Gemeinschaft im Bereich der externen Umweltpolitik (Sbragia 1998) gibt somit den Blick dafür frei, dass eine Analyse, die die EG-Umweltaußenpolitik auf die Präferenzen der Mitgliedstaaten reduziert, für die Umweltaußenpolitik der Gemeinschaft zu kurz greift. Die institutionalistische Analyse zeigt vielmehr, warum es in der internen Umweltpolitik der Gemeinschaft zu einem Wandel kommen konnte und wie sich dieser in der Umweltaußenpolitik der Gemeinschaft fortsetzte. Selbst wenn die Mitgliedstaaten in der internationalen Umweltpolitik weiterhin eine gegenüber der Gemeinschaftsebene privilegierte Stellung einnehmen, so bleiben sie von den Gemeinschaftsinstitutionen in ihrer Politik bei weitem nicht unberührt. Diesem Phänomen werden wir auch in anderen Feldern der Außenbeziehungen wieder begegnen, zum Beispiel bei der Gemeinsamen Außen- und Sicherheitspolitik der Union.

3 Die EU in der internationalen Politik

Da die EG bis zum Maastrichter Vertrag in erster Linie eine Wirtschaftsgemeinschaft war, wurden auch Entwicklungs- und Umweltpolitik vor allem unter ökonomischen Gesichtspunkten behandelt. Mit der Gründung der EU durch den Maastrichter Vertrag wurden der Europäischen (Wirtschafts-) Gemeinschaft mit der Gemeinsamen Außen- und Sicherheitspolitik (GASP) und der innen- und justizpolitischen Zusammenarbeit eine zweite und dritte politische Säule an die

Seite gestellt. Damit gewann die EU nicht nur in der internationalen Wirtschaft, sondern auch in der internationalen Politik zunehmend an Gewicht. Im Folgenden stellen wir die EU zunächst als Zivilmacht auf dem diplomatischen Parkett vor. Daran anschließend diskutieren wir, inwiefern die Bemühungen um eine auch militärische Handlungsfähigkeit als Konsequenz oder Abwendung vom Konzept der Zivilmacht zu verstehen sind.

3.1 Die Diplomatie einer Zivilmacht: Die Gemeinsame Außen- und Sicherheitspolitik

3.1.1 Ziele und Entscheidungsverfahren

Die grundlegenden Dokumente zur außenpolitischen Zusammenarbeit[14] verweisen stets auf eine doppelte Zielsetzung: Zum einen soll dem Gewicht der westeuropäischen Staaten dadurch besser Geltung verschafft werden, dass ihre diplomatischen Bemühungen effektiver koordiniert und gebündelt werden. Zum anderen verfolgt die gemeinsame Außenpolitik substanzielle Ziele, die der Vertrag von Maastricht zunächst ganz abstrakt bezeichnet als „Wahrung des Friedens und die Stärkung der internationalen Sicherheit [...] die Förderung der internationalen Zusammenarbeit [und] die Entwicklung und Stärkung von Demokratie und Rechtsstaatlichkeit sowie die Achtung der Menschenrechte und Grundfreiheiten" (Art. 11 EUV-A). Hinter dieser doppelten Zielsetzung steht die Überlegung, dass jeder Mitgliedstaat in aller Regel nicht mächtig genug ist, um seine außenpolitischen Interessen unilateral, also ohne die Unterstützung von und Zusammenarbeit mit anderen Staaten effektiv verfolgen zu können, und dass die EU-Staaten außerdem in der internationalen Politik zahlreiche gemeinsame Interessen besitzen.

Um die prozedurale Zielsetzung zu verwirklichen, außenpolitische Interessen effektiv zu bündeln, sieht die GASP zunächst eine Pflicht zur gegenseitigen Konsultation vor. Dafür wurde bereits in den siebziger Jahren ein eigenes Kommunikationsnetz zwischen den Außenministerien, das sogenannte COREU (Correspondance européenne), eingerichtet. Die über dieses vertrauliche Netz ausgetauschten Nachrichten sind von ca. 2000 Anfang der siebziger Jahre auf ca. 9000 Ende der achtziger Jahre angestiegen (Forster/Wallace 2000: 466). Dieser Konsultationsmechanismus ermöglicht es den EU-Staaten, auf die Präferenzbildung in den Partnerstaaten Einfluss zu nehmen, bevor diese sich auf eine Position festgelegt haben. Darüber hinaus fördert der Austausch von Informationen über COREU die Ausbildung gemeinsamer Einschätzungen und Beurteilungen (vgl. de la Serre 1989).

Die Entscheidungsverfahren in der GASP unterscheiden sich deutlich von denen im Bereich der Außenhandelspolitik, denn eine Reihe von Mitgliedstaaten ist

---

[14] Eine Sammlung der wichtigsten Dokumente findet sich in der Dokumentation des Auswärtigen Amtes (1998).

nur zu geringfügigen Einschränkungen der außenpolitischen Handlungsfreiheit bereit. In den ersten eineinhalb Jahrzehnten ihres Bestehens fand die außenpolitische Zusammenarbeit sogar ohne jegliche vertragliche Grundlage statt. Die in Maastricht beschlossene Konstruktion einer Europäischen Union mit drei unterschiedlichen „Pfeilern" geht vor allem auf den Wunsch einiger integrationsskeptischer Staaten zurück, eine deutliche Trennung zwischen dem Binnenmarkt und der außenpolitischen Zusammenarbeit beizubehalten. Das intergouvernementale Entscheidungsverfahren im zweiten, der außenpolitischen Zusammenarbeit gewidmeten Pfeiler, unterscheidet sich von den supranationalen Entscheidungsverfahren im ersten, dem Binnenmarkt gewidmeten Pfeiler durch die Dominanz des Einstimmigkeitsprinzips einerseits und die eingeschränkte Rolle der supranationalen Organe andererseits.

Das Einstimmigkeitsprinzip und das damit verbundene Vetorecht reflektiert den Wunsch einiger Mitgliedstaaten, ihre außenpolitische Souveränität zu bewahren. Weil dadurch jedoch gerade in einem Bereich, in dem eine schnelle Reaktion häufig wichtig ist, Entscheidungen schwerfälliger werden, haben die an einer effektiveren gemeinsamen Außenpolitik interessierten Mitgliedstaaten Entscheidungen mit qualifizierter Mehrheit in einigen eng eingegrenzten Bereichen durchsetzen können. So kann der Rat einstimmig darüber beschließen, welche Durchführungsentscheidungen im Rahmen einer gemeinsamen Aktion mit qualifizierter Mehrheit gefällt werden sollen. Seit 1999 kann sogar auf der Grundlage einer einstimmig beschlossenen „gemeinsamen Strategie" mit qualifizierter Mehrheit über gemeinsame Aktionen beschlossen werden. Seit 2003 werden außerdem der Hohe Repräsentant sowie Sonderbeauftragte mit qualifizierter Mehrheit ernannt. Außerdem können Mitgliedstaaten erklären, dass sie sich ihrer Stimme enthalten („konstruktive Enthaltung"). Allerdings spielt die informelle Norm, Mehrheitsabstimmungen zu vermeiden und eine Einigung im Konsens zu finden, in der außenpolitischen Zusammenarbeit eine noch größere Rolle als im Bereich des Binnenmarktes. So hat es bislang noch keinen Fall gegeben, in dem ein Mitgliedstaat überstimmt worden wäre.

Die Europäische Kommission kann zwar die Initiative zu einer außenpolitischen Aktion ergreifen, besitzt aber anders als im Binnenmarkt kein Initiativmonopol und hat auch von ihrem bestehenden Initiativrecht kaum Gebrauch gemacht. Auch die Überwachung der Einhaltung der Verträge ist ihr zwar für den Binnenmarkt, nicht aber für die Außenpolitik aufgegeben. Ein Vertragsverletzungsverfahren, wie es bei der Verletzung oder mangelnden Umsetzung von Gemeinschaftsrecht durch die Kommission eingeleitet werden kann, gibt es in der GASP ohnehin nicht. In die Vertretung der außenpolitischen Interessen gegenüber Drittstaaten ist die Kommission lediglich im Rahmen der „Troika" vertreten, die sich aus der Ratspräsidentschaft, dem vom Rat ernannten Hohen Repräsentanten für die GASP und der Kommission zusammensetzt. Bedeutung erlangt die Kommission vor allem dann, wenn sie mit der Verwaltung umfangreicher Hilfsprogramme betraut ist, beispielsweise für die mittel- und osteuropäischen

Staaten (PHARE), die Nachfolgestaaten der Sowjetunion (TACIS) oder die Mittelmeeranrainer (MEDA).

Das Europäische Parlament wird in außenpolitischen Fragen nur unterrichtet bzw. gehört. Auf die Inhalte europäischer Außenpolitik hat es nur indirekt Einfluss, weil es im Rahmen des Haushaltsverfahrens dem Budget für die verschiedenen Ausgabenposten zustimmen muss.

Bis zu Beginn der neunziger Jahre bestand die außenpolitische Zusammenarbeit vor allem aus diplomatischen Erklärungen, die die jeweils für sechs Monate amtierende Präsidentschaft im Namen der Mitgliedstaaten abgab. In der Regel reagierte die EU damit auf aktuelle Krisen und Entwicklungen. Aufgrund von Divergenzen zwischen den Mitgliedstaaten kamen Erklärungen jedoch nicht immer oder nur auf dem kleinsten gemeinsamen Nenner zustande. Über diese deklaratorische Politik hinaus etablierte die EU früh ein dichtes Netz von institutionalisierten Dialogen mit zahlreichen Drittstaaten.

Erst mit dem Maastrichter Vertrag, der die außenpolitische Zusammenarbeit auf eine neue Grundlage stellte, wurde das Instrument der „gemeinsamen Aktion" eingeführt, um der GASP eine operative Dimension zu geben. Durch dieses neue Instrument wurden nun nicht nur diplomatische Initiativen, beispielsweise zur Verlängerung des Atomwaffensperrvertrages ergriffen. Darüber hinaus wurden nun beispielsweise auch Wahlbeobachter entsandt.

3.1.2 Die GASP in der Praxis

Der Schwerpunkt europäischer Außenpolitik lag stets in der unmittelbaren Nachbarschaft der EU, insbesondere in Mittel-, Ost- und Südosteuropa, seit Mitte der neunziger Jahre aber verstärkt auch im Mittelmeerraum. Eines der ersten Betätigungsfelder überhaupt war die Koordination der Verhandlungsstrategien in der Konferenz über Sicherheit und Zusammenarbeit in Europa (KSZE), die 1975 mit der Schlussakte von Helsinki erfolgreich endete. Dieses Herzstück der Entspannungspolitik versuchten die Europäer auch während der Verschlechterung der amerikanisch-sowjetischen Beziehungen am Leben zu halten. Nach dem Ende des Ost-West-Konflikts blieb nicht nur das Ziel, Demokratie, Menschenrechte und Marktwirtschaft zu befördern, bestehen. Auch hinsichtlich der Instrumente knüpfte die Gemeinschaft an die Entspannungspolitik an. 1993 ergriff die EU die Initiative zu einem Stabilitätspakt für Mittel- und Osteuropa (vgl. Ueta 1997). Dieser bildete einen multilateralen Rahmen für eine Reihe von Verträgen über Minderheitenschutz und gut nachbarschaftliche Beziehungen zwischen den Staaten Mittel- und Osteuropas. Die EU unterstützte den Abschluss derartiger Verträge und gab ihnen auf einer Abschlusskonferenz einen gemeinsamen, feierlichen Rahmen.

Die KSZE diente auch als Vorbild für die Mittelmeerpolitik. Um die Sicherheit an der südlichen Peripherie zu verbessern, setzte die EU auf die Institutionalisierung eines Dialogs zu Sicherheitsfragen, auf die Stärkung der demokratischen und zivilgesellschaftlichen Kräfte in den meist autokratisch regierten, südlichen Mittelmeeranrainern und auf die Einrichtung einer Freihandelszone. Die 1995 feierlich begründete Euro-Mediterrane Partnerschaft geriet jedoch bald in den Sog der sich verschlechternden israelisch-palästinensischen Beziehungen. Die aufgrund unterschiedlicher Sicherheitskulturen ohnehin schwierigen Verhandlungen über eine „Mittelmeer-Charta für Frieden und Stabilität" wurden dadurch weiter erschwert (Attinà 2003: 193). Gleichzeitig bleibt es ein Verdienst der EMP, als einzige regionale Institution Israel und die arabischen Staaten an einem Tisch zu versammeln (Philippart 2003: 216). Auch bei der Förderung von Demokratie und Menschenrechten können allenfalls geringe Erfolge verzeichnet werden.

Auch über die unmittelbaren Nachbarregionen hinaus setzten die Europäer bevorzugt auf den „politischen Dialog" als Mittel ihrer Diplomatie. Während beispielsweise die USA auf die Energiekrise der siebziger Jahre mit der Einrichtung einer schlagkräftigen Konsumenten-Institution reagierten, etablierten die Europäer den „europäisch-arabischen Dialog". Mittlerweile hat die EU mit einer Vielzahl von Staaten und Staatengruppen einen regelmäßigen Dialog vereinbart. 2002 beispielsweise sprachen die Europäer unter anderem mit ihren Kollegen aus den USA, Russland, Japan, China, Israel, der palästinensischen Autonomiebehörde, beiden koreanischen Staaten sowie dem Golf-Kooperationsrat, dem Mercosur, der Andengemeinschaft oder der Organisation Islamischer Staaten.[15]

In deutlichem Gegensatz zu den USA setzte die EG auch gegenüber jenen Staaten auf Dialog, die von der Clinton-Administration als „Schurkenstaaten" bezeichnet und von der zweiten Bush-Administration zur „Achse des Bösen" gerechnet wurden. Während die USA somit eine Politik der Ausgrenzung und Stigmatisierung betrieben, hielten die Europäer am Instrumentarium der Entspannungspolitik fest, wonach auch mit autokratischen Regimen eine friedliche Koexistenz und durch Dialog und Handel sogar ein „Wandel durch Annäherung" erreicht werden kann (Smith 2003: 16). Während beispielsweise die USA gegenüber dem Iran Wirtschaftssanktionen verhängten, unterhielten die Europäer zwischen 1992 und 1997 einen „kritischen Dialog" und begannen 2002 sogar Verhandlungen über ein Handels- und Kooperationsabkommen (die allerdings angesichts iranischer Verstöße gegen den Atomwaffensperrvertrag 2003 wieder ausgesetzt wurden; vgl. Reissner 2004).

Einen weiteren Schwerpunkt europäischer Diplomatie bildet der Einsatz für die Weiterentwicklung des Völkerrechts und für multilaterale Kooperation. In einer der ersten Gemeinsamen Aktionen setzten sich die EU-Staaten Mitte der neunziger Jahre für eine unbegrenzte Verlängerung des Atomwaffensperrvertrages ein, dessen ursprüngliche Laufzeit nach 25 Jahren 1995 endete. Mit ihrer dip-

---

[15] Vgl. für eine vollständige Auflistung den Jahresbericht des Rates an das Europäische Parlament über die Hauptaspekte und grundlegenden Optionen der GASP einschließlich der finanziellen Auswirkungen für den Gesamthaushaltsplan der Europäischen Gemeinschaften – 2002 (Ratsdokument 7038/03), S. 60 f. sowie 84-90.

lomatischen Kampagne trugen die EU-Staaten wesentlich zum Erfolg der Verlängerungskonferenz bei (vgl. Müller 2003: 23; Grand 2000: 12).

Ähnliche Anstrengungen unternahmen die EU-Staaten in der zweiten Hälfte der neunziger Jahre hinsichtlich der Einrichtung eines Internationalen Strafgerichtshofes, der für Verbrechen gegen die Menschlichkeit und schwere Kriegsverbrechen zuständig ist (vgl. Groenleer/van Schaik 2004). In den Verhandlungen über ein Statut für einen Internationalen Strafgerichtshof, die 1998 in Rom zum Abschluss kamen, traten die EU-Staaten weitgehend geschlossen auf. In der Folgezeit trugen sie durch zügige Ratifikation zum Inkrafttreten des Statuts bei. Außerdem nutzten sie das weit verzweigte Netz politischer Dialoge, um bei möglichst vielen Staaten auf eine Unterzeichnung des Statuts und eine Unterstützung der Arbeit des Gerichtshofes hinzuwirken, obwohl die US-Regierung dem Strafgerichtshof zunehmend ablehnend gegenüber trat. Versuche der USA, sich durch bilaterale Abkommen mit einzelnen EU-Staaten der Jurisdiktion des Strafgerichtshofes zu entziehen, scheiterten ebenfalls.

Um ihren außenpolitischen Zielen Wirkung zu verschaffen, verknüpfte die EU ihre politischen Forderungen in zunehmender Weise mit den ihr zur Verfügung stehenden ökonomischen Mitteln. Dabei bevorzugte sie positive Anreize wie Finanzhilfen oder Assoziierungsverträge. Seit den neunziger Jahren enthalten Assoziierungsabkommen zwar eine Klausel, die die Aussetzung im Falle schwerer Menschenrechtsverletzungen oder Verstöße gegen die Demokratie ermöglicht, doch hat die EU von dieser Möglichkeit nur in wenigen Fällen Gebrauch gemacht.

Als wirksamster Anreiz stellte sich im Laufe der neunziger Jahre allerdings das Angebot einer Mitgliedschaft in der EU heraus. 1993 entschied die EU, das Angebot von Beitrittsverhandlungen an eine funktionierende und dem europäischen Wettbewerb gewachsene Marktwirtschaft, an eine stabile Demokratie sowie an die Einhaltung der Menschenrechte zu binden (so genannte „Kopenhagener Kriterien"). Die Aussicht, nicht nur Zugang zum Binnenmarkt, sondern darüber hinaus politischen Einfluss innerhalb der EU-Organe zu erhalten sowie das Gütesiegel einer stabilen Demokratie und Marktwirtschaft zu erhalten, vermehrte in den Bewerberstaaten die Bereitschaft zu Reformen erheblich. Über die Beitrittsverhandlungen bzw. bereits die Aussicht darauf erhielt die EU daher erheblichen Einfluss auf ihre Nachbarschaft. Nach dem Kosovo-Krieg 1999 setzte die EU dieses Mittel daher gegenüber den Staaten des westlichen Balkans sehr bewusst als außenpolitisches, friedensstiftendes Instrument ein. Der Balkan-Stabilitätspakt, der im Sommer 1999 verabschiedet wurde, gibt den Staaten des westlichen Balkans ausdrücklich die Perspektive, bei Erfüllung der Kopenhagener Kriterien der EU beitreten zu können. Unter außenpolitischen Gesichtspunkten ist außerdem die Beitrittsperspektive an die Türkei ein äußerst wirksames Instrument, um Menschenrechte, Demokratie und Rechtstaatlichkeit in einem Land zu fördern, das nicht nur eine strategische Bedeutung, sondern dessen Anbindung an die EU darüber hinaus einen hohen symbolischen Wert für das Abwenden eines „Kampfes der Kulturen" besitzt.

Obwohl die Beitrittsperspektive ein wirksames außenpolitisches Instrument darstellt, haben die Bedenken zugenommen, die außenpolitisch attraktiven Beitritte würden die Aufnahmefähigkeit der EU überdehnen, weil sie die Effektivität des Entscheidungsprozesses reduzieren und die Verteilungskämpfe um knappe Fördermittel verstärken würden. Die Außenpolitiker in der EU denken daher verstärkt über Möglichkeiten einer starken Anbindung der an die erweiterte EU angrenzenden Staaten unterhalb der Vollmitgliedschaft nach (vgl. Batt et al. 2003).

Die Beispiele machen deutlich, dass die EU sich generell darum bemüht, ihr internationales Umfeld nach ihrem eigenen Bild zu formen, indem sie auf die Ausweitung von Interdependenz, Demokratie und Multilateralismus setzt. Während die EU beispielsweise mit dem Stabilitätspakt für Mittel- und Osteuropa, mit der Verlängerung des Nichtverbreitungsvertrages für Nuklearwaffen oder mit der Einrichtung des Internationalen Strafgerichtshofs beachtliche diplomatische Erfolge vorweisen kann, stehen sowohl die Kriege im ehemaligen Jugoslawien als auch der israelisch-palästinensische Konflikt für die Grenzen europäischer Einflussnahme.

Auf die Gewalt im zerfallenden Jugoslawien hatte die EU mit Verurteilungen und Vermittlungsbemühungen reagiert, ohne einen erkennbaren Einfluss auf die Beteiligten auszuüben. Während der Bemühungen Sloweniens und Kroatiens um internationale Anerkennung als eigenständige Staaten 1991 wurde die europäische Position außerdem durch Differenzen unter den EU-Staaten geschwächt. Während der Großteil der Mitgliedstaaten den Zerfall Jugoslawiens verhindern und die Anerkennung der Teilrepubliken nur bei Einhaltung bestimmter Standards im Minderheitenschutz aussprechen wollte, stand die Bundesrepublik unter starkem innenpolitischen Druck, Slowenien und Kroatien so bald wie möglich und ohne Vorbedingungen anzuerkennen (vgl. Crawford 1996). Nachdem die Bundesregierung dann die Anerkennung bis Ende 1991 zugesagt hatte, waren die Bemühungen der EU, die Anerkennung als Hebel für Zugeständnisse beim Minderheitenschutz zu nutzen, zur Wirkungslosigkeit verurteilt. Die Erfolglosigkeit der EU setzte sich während des Bosnien-Krieges fort, der erst durch das militärische Eingreifen der USA mit dem Dayton-Abkommen 1995 beendet werden konnte.

Auch im israelisch-palästinensischen Konflikt besaßen die Mitgliedstaaten traditionell unterschiedliche Positionen. Dennoch konnten sich die Mitgliedstaaten auf eine gemeinsame Linie gegenüber den Konfliktparteien verständigen. Zur Umsetzung ihrer Positionen vertraute die EU auf positive Anreize und wurde nach dem Abkommen von Oslo zum wichtigsten Geldgeber im Friedensprozess (Aoun 2003: 294). Sanktionen, beispielsweise die Aussetzung der mit beiden Konfliktparteien geschlossenen Abkommen, wurden von der EU hingegen stets vermieden. Trotz ihrer Bedeutung in der Umsetzung des Friedensprozesses wurde die EU von wichtigen Verhandlungen wie dem Gipfel von Camp David im Sommer 2000 ausgeschlossen und hatte auf den scheiternden Friedensprozess kaum Einfluss.

Die Misserfolge in der Jugoslawien- und in der Nahost-Politik haben die Diskussion wiederbelebt, ob die europäische Außenpolitik ohne einen „militärischen Arm" zur Wirkungslosigkeit verurteilt sei. Auf diese Debatte darüber, ob die Zivilmacht EU durch eine Sicherheits- und Verteidigungspolitik eher gestärkt oder geschwächt würde, werden wir im nächsten Abschnitt noch ausführlicher eingehen.

Aus den verschiedenen Erfolgen und Misserfolgen europäischer Außenpolitik lässt sich darüber hinaus auf zwei weitere Voraussetzungen für diplomatischen Erfolg schließen: Zum einen spielt die Politik der USA immer eine wichtige Rolle. Wie die Beendigung des Bosnien-Krieges und der daran anschließende Friedensprozess zeigt, können sich die USA und die EU in ihren Fähigkeiten gut ergänzen und gemeinsam zu einer erfolgreichen Politik beitragen. Betreiben die USA jedoch aktiv eine Politik, die von der europäischen abweicht, nehmen die Möglichkeiten der EU, einen Konflikt zu beeinflussen, drastisch ab. Dies führt der Nahostkonflikt vor Augen, bei dem die EU zwar ein willkommener Unterstützer des Friedensprozesses sein kann, in politischen Fragen jedoch deutlich im Schatten der USA bleibt.

Zum anderen setzt die für die EU charakteristische Politik multilateraler Diplomatie und positiver Anreize voraus, dass die Adressaten dieser Politik ein Mindestmaß an Kooperationsbereitschaft besitzen. Je mehr die Beteiligten auf konfrontative Strategien setzen und je größer das Misstrauen zwischen den Beteiligten ist, desto geringer werden die Möglichkeiten der EU, durch Vermittlungsangebote und positive Anreize auf den Konflikt einzuwirken.

3.1.3 Erklärungsangebote

Innen-Außen-Analogie
Um zu erklären, weshalb die EU in ihrer Außenpolitik mit Vorliebe auf Kooperation, Dialog, Handel und Hilfsprogramme zurückgreift, ist die eingangs erläuterte Innen-Außen-Analogie hilfreich. Im Gegensatz zur Außenhandelspolitik gibt es in der GASP bedeutend weniger Lobbying-Aktivitäten einflussreicher Interessengruppen (Dembinski 2005). Dass sich die EU in ihren Außenbeziehungen an den Prinzipien und Normen orientiert, die innerhalb der EU Gültigkeit besitzen, kann daher nicht damit erklärt werden, dass die Außenpolitiker den selben Lobbying-Aktivitäten ausgesetzt sind. Für den Bereich der Außen- und Sicherheitspolitik ist daher die konstruktivistische Variante der Innen-Außen-Analogie bedeutsamer, die die Wertbindung außenpolitischen Handelns betont. Aus dieser Perspektive erscheint den EU-Staaten das Instrumentarium einer Zivilmacht deshalb besonders angemessen, weil es sich in den Beziehungen innerhalb der EU bereits bewährt hat. Kooperation, Multilateralismus, Handel und Hilfsprogramme haben dazu beigetragen, die durch Misstrauen und Konkurrenz geprägten Beziehungen zwischen den ehemaligen Gegnern im Zweiten Weltkrieg in kooperative Beziehungen zu wechselseitigem Nutzen zu transformieren. Die Probleme in

Mittel-, Ost- und Südosteuropa, auf der Koreanischen Halbinsel oder im Nahen und Mittleren Osten scheinen vor dem Hintergrund dieser Erfahrungen durchaus Parallelen zu Westeuropa aufzuweisen. Aus dieser Perspektive geht es jeweils darum, vor allem durch eine Liberalisierung des Handels vermehrte Kontakte zwischen den Gesellschaften herzustellen, die zu gemeinsamen Interessen und einem besseren wechselseitigem Verständnis führen. Durch die Institutionalisierung multilateraler Kooperation sollen nicht nur die Kontakte zwischen Regierungen erhöht werden, sondern darüber hinaus auch kooperative Beziehungen gefördert und auf Dauer gestellt werden. Die europäische Politik der Demokratisierung schließlich ergibt sich nicht nur aus der zunehmenden Bedeutung der Demokratie für die Identität der EU selbst, sondern auch aus der Auffassung, dass demokratische Staaten bessere Voraussetzungen mitbringen, um dauerhafte friedliche Beziehungen zu unterhalten. Zusammengenommen orientiert sich die EU in ihrer Außenpolitik an den klassischen drei liberalen Friedensstrategien „Demokratie", „Interdependenz" und „internationale Institutionen" (vgl. Russett/Oneal 2001). Da alle drei Prinzipien für die europäische Integration von zentraler Bedeutung sind, kann mit Hilfe der Innen-Außen-Analogie erklärt werden, weshalb sie auch in den Außenbeziehungen eine so prominente Rolle spielen.

Die Substanz der Gemeinsamen Außen- und Sicherheitspolitik lässt sich mit Hilfe der Innen-Außen-Analogie gut erklären. Um jedoch die Frage zu beantworten, warum die Mitgliedstaaten sich überhaupt entschlossen haben, gemeinsam auf dem diplomatischen Parkett aufzutreten, wenden wir uns den im Kapitel 1 dieses Bandes dargestellten Integrationstheorien zu.[16]

Intergouvernementalismus

Weil nur wenige Verbände oder Nichtregierungsorganisationen im Bereich der GASP aktiv sind, liegen die realistische und die liberale Variante des Intergouvernementalismus mit Blick auf die außenpolitische Zusammenarbeit nicht so weit auseinander wie mit Blick auf den Binnenmarkt: Beide Varianten schreiben Regierungen die Fähigkeit zu, ihre außenpolitischen Ziele unabhängig vom Druck gesellschaftlicher Interessen zu formulieren. Außerdem vertreten beide Varianten die These, dass die Regierungen die GASP als Instrument zur besseren Verfolgung ihrer außenpolitischen Interessen nutzen und dass supranationale Institutionen dabei nur einen eng begrenzten Einfluss auf die Formulierung und Umsetzung der gemeinsamen Außenpolitik haben.

Für beide Varianten stellen die Einschränkungen der unilateralen Handlungsspielräume gerade im Bereich der Außen- und Sicherheitspolitik als staatlicher Kernfunktion Kosten dar, die der Kooperation enge Grenzen setzen. Vertreter des Intergouvernementalismus können daher das geringe Maß vertikaler Integration, das die intergouvernementale Zusammenarbeit in der Außenpolitik auszeichnet, als Beleg für ihre Kernthese anführen.

---

[16] Die folgende Darstellung orientiert sich an Wagner/Hellmann (2003).

Dass es trotz der Autonomie-Kosten zu einer außenpolitischen Zusammenarbeit gekommen ist, erklären Vertreter einer intergouvernementalen Integrationstheorie mit dem Nutzen, den die GASP für die Mitgliedstaaten mit sich bringt. Als bedeutendste Funktion der GASP werden die Skaleneffekte gemeinsamen Handelns angesehen (vgl. Ginsberg 1989; Gordon 1997). Danach ist die Zusammenlegung ihrer Ressourcen für die EU-Staaten mit einem Maß an Einfluss verbunden, das die Summe der einzelstaatlichen Einflussmöglichkeiten deutlich übersteigt. Nur gemeinsam, so das Argument, könne „Europa" eine Rolle in der internationalen Politik spielen und gemeinsame Ziele wie die Stabilisierung angrenzender Regionen erreichen. Von diesen Skaleneffekten profitieren insbesondere die kleineren, weniger mächtigen Mitgliedstaaten. Die GASP eröffnet ihnen den Zugang zu Informationen, die ihnen aufgrund eines kleineren Netzes an Botschaften sonst fehlen würden, und bietet ihnen vor allem während der sechsmonatigen Präsidentschaft Möglichkeiten der internationalen Präsenz, die ihnen aufgrund ihrer geringen internationalen Bedeutung sonst verschlossen blieben (vgl. Tonra 1997). Staaten mit großem unilateralem Handlungsspielraum wie Frankreich und Großbritannien hingegen profitieren von den Skaleneffekten gemeinsamen Handelns weniger und stehen einer Übertragung außenpolitischer Kompetenzen daher skeptischer gegenüber (Moravcsik 1998: 428).[17] Indem die außenpolitische Zusammenarbeit institutionalisiert wird, werden die Transaktionskosten der Kooperation gesenkt und die Erwartungsverlässlichkeit erhöht. Die GASP bildet aus der Perspektive der rationalistischen Kooperationstheorie somit einen Rahmen, der zwar keine Gemeinsamkeit der Interessen schaffen kann, in dem aber vorhandene gemeinsame Interessen erkannt und effektiver verfolgt werden können.

Einen weiteren wichtigen Beitrag zur GASP-Forschung leistet die intergouvernementalistische Integrationstheorie dadurch, dass sie die Verteilung der Kooperationsgewinne als Kooperationshindernis ernst nimmt. Aus intergouvernementalistischer Perspektive bleiben die EU-Staaten gerade im Bereich der Außen- und Sicherheitspolitik in erster Linien Konkurrenten um internationale Macht und Einfluss. Daher sind die Spielräume für eine erfolgreiche gemeinsame Außenpolitik von vornherein beschränkt.

Für die realistische Variante des Intergouvernementalismus ergeben sich allerdings insbesondere seit dem Ende des Ost-West-Konflikts zusätzliche Kooperationsanreize aus dem Kontext der globalen Machtstrukturen, innerhalb derer sich die Westeuropäer behaupten müssen. Während des Ost-West-Konflikts waren die EU-Staaten als ‚Konsumenten von Sicherheit' von den USA abhängig (Waltz 1979: 70). Diese Abhängigkeit hatte zwar die wirtschaftliche Zusammenarbeit erst ermöglicht, gleichzeitig aber eine sicherheitspolitische Kooperation ausgeschlossen (van Staden 1994: 147). Mit dem Ende des Ost-West-Konflikts und der sicherheitspolitischen Abhängigkeit der Europäer wäre dann mit einer Zunahme

---

[17] Für eine kritische Diskussion dieser These vgl. Wagner (2002a: 107-161).

der amerikanisch-europäischen Konkurrenz zu rechnen, weshalb Realisten die EU in ihrer Gesamtheit als Kandidat einer künftigen Supermacht handeln (Waltz 2000: 30; vgl. auch Waltz 1993: 69-70; Pijpers 1990; Falke 2000).

Supranationalismus

Für supranationalistische Erklärungen ist die GASP ein schwieriger Fall, weil die außenpolitische Zusammenarbeit im Vergleich zu den Gemeinschaftspolitiken in einem nur schwach institutionalisierten und von gesellschaftlichen Interessen(gruppen) vergleichsweise unberührtem Umfeld stattfindet. Den von Ernst Haas und anderen beschriebenen, für Integrationsfortschritte verantwortlichen Mechanismen des politischen und des institutionellen spill-overs fehlen daher wichtige Voraussetzungen (zur Unterscheidung vgl. Kapitel 1 in diesem Band). Aus supranationalistischer Perspektive könnte lediglich *ex negativo* argumentiert werden, dass das geringe Maß an vertikaler Integration sowie das Fehlen einer effektiven globalen Außenpolitik auf das Fehlen starker supranationaler Institutionen und interessierter gesellschaftlicher Gruppen zurückzuführen ist. Darüber hinaus kann der Supranationalismus auf die „sachlogischen Verknüpfungen", insbesondere zwischen Außenhandelspolitik und Diplomatie verweisen, die die außenpolitische Zusammenarbeit bestärkt haben. Angesichts bestehender sicherheitspolitischer Institutionen wie den Vereinten Nationen (UNO), der Nordatlantischen Vertragsorganisation (NATO), der Westeuropäischen Union (WEU) und der KSZE/OSZE wäre ohne sachlogische Verknüpfungen kaum zu erklären, weshalb gerade die Mitglieder der EU eine gemeinsame Außenpolitik anstreben sollten. Mit seiner Externalisierungshypothese hat Phillippe Schmitter (1969: 105) eine weitere Variante des spill-overs identifiziert, die gerade für den Bereich der außenpolitischen Zusammenarbeit zusätzliche Kooperationsanreize schafft: Unter den EU-Mitgliedern vereinbarte Maßnahmen, beispielsweise der Marktliberalisierung, wirken sich auch auf Nicht-Mitglieder aus, die die EU daher mit Forderungen konfrontieren werden. Um ihre intern vereinbarten Ziele zu realisieren, sehen sich die Mitgliedstaaten so zu gemeinsamen Positionen gegenüber Nicht-Mitgliedern gezwungen.

In seiner konstruktivistischen Variante betont der Supranationalismus zunächst die anhaltende Bedeutung nationaler Identitäten und Diskurse, die bestehende Unterschiede in den nationalen Außenpolitiken und den Positionen zur GASP verfestigen (vgl. die Diskussion in Kapitel 1). Trotz dieser nationalen Beharrungskräfte lässt sich auch in der GASP eine Sozialisation der mitgliedstaatlichen Außenpolitiker in europäische Institutionen beobachten. Wegen des intergouvernementalen Charakters der GASP erfolgt dieser Sozialisationsprozess jedoch langsamer als in den vergemeinschafteten Politikfeldern der EU. Weil die supranationalen Institutionen in der GASP eine nur untergeordnete Rolle spielen, bleibt auch ihre sozialisierende Wirkung begrenzt. Stattdessen entstehen gemeinsame Wahrnehmungen und Identitäten aus einer gemeinsamen Praxis bzw. aus den normgeleiteten Interaktionen zwischen den beteiligten Akteuren. Angesichts dieser seit dreißig Jahren zunehmenden Interaktionen, insbesondere zwischen den Außenministerien der Mitgliedstaaten, erscheint die Herausbildung von gemeinsamen Wahrnehmungen und Identitäten im Bereich der GASP wahrscheinlich. Auf allen Ebenen hat die Zahl der Treffen und Kontakte erheblich zugenommen (Jørgensen 1999) und übertrifft mittlerweile die Zahl der Kontakte mit Kabinettskollegen bzw. anderen nationalen Bürokratien (Forster/Wallace 2000: 466). Wie bereits angeführt, stieg die Anzahl der über das vertrauliche COREU-Netz ausgetauschten Nachrichten zwischen Anfang der 1970er und Ende der 1980er Jahre von ca. 2000 auf 9000 an (ebd.).

Bei der Analyse der Wirkungen dieser gestiegenen Interaktionsdichte können sozialkonstruktivistische Untersuchungen an den Selbsteinschätzungen der Beteiligten anknüpfen, denen zufolge der regelmäßige Austausch nicht nur zu verbessertem gegenseitigem Verständnis, sondern auch zu einem „esprit de corps" bzw. einer gemeinsamen Identität geführt hat (Tonra 1997: 186). Wichtigster Ausdruck dieses Gemeinschaftsgefühls ist der sogenannte „Koordinierungsreflex":

> „Notably, the co-ordination triggered by the reflex is *habitual*. It hence refers to a permanent inclination of diplomacies that is not captured by the utilitarian counting of benefits controlling negotiation processes within realist and intergovernmentalist theory. In other words, within EPC, coordination is not a deliberately chosen means of pursuing preferences; it is, rather, a naturally ‚done thing'." (Glarbo 1999: 644; vgl. auch Regelsberger 1989: 32)

Mit dem Koordinationsreflex sind Interaktionsformen verbunden, die sich auf die gemeinsame Problemlösung konzentrieren (vgl. für die Osteuropapolitik der EU K. Smith 1999). Dabei erweisen sich die mitgliedstaatlichen Präferenzen nicht als exogen vorgegeben und fixiert. Vielmehr nähern sie sich im Kommunikationsprozess regelmäßig aneinander an.[18] Integrationstheoretisch sind diese konstruktivistischen Untersuchungen gerade auch deshalb von Bedeutung, weil sie den Blick auf Europäisierungsprozesse freigeben, die außerhalb supranationaler Institutionen stattfinden (Ohrgaard 1997). Das führt allerdings auch dazu, dass sich die Europäisierungsprozesse aus konstruktivistischer Sicht nicht notwendig an den EU-Institutionen ausrichten. David Allen hat daher für die zunehmende Interaktionsdichte zwischen Außen- und Sicherheitspolitikern der Mitgliedstaaten, die sich nicht mehr auf den EU-Rahmen beschränkt, sondern darüber hinaus auch im NATO- und WEU-Rahmen stattfindet, den Begriff „Brusselisation" (Allen 1998: 42) vorgeschlagen.

---

[18] Michael Smith (2000) nennt als Beispiele für den Einfluss der GASP auf die Außenpolitiken von Mitgliedstaaten die britische Annäherung an eine härtere Sanktionspolitik gegenüber Südafrika sowie die dänische und deutsche Annäherung an eine israelkritischere Nahostpolitik. Für eine Diskussion des Europäisierungskonzepts vgl. außerdem Kohler-Koch (2000).

3.2 Vollendung oder Ende der Zivilmacht Europa? Die Europäische Sicherheits- und Verteidigungspolitik

3.2.1 Entstehung und Ziele

Im Rahmen ihrer Gemeinsamen Außen- und Sicherheitspolitik hat sich die Europäische Union früh auch der Frage des so genannten „Krisenmanagements" zugewandt: Wie sollte die Union regionalen Konflikten in ihrem Umfeld begegnen, die zu eskalieren drohten oder bereits gewaltsam ausgetragen wurden? Sollte sie sich die Fähigkeit aneignen, gegebenenfalls auch militärisch in solche Krisen zu intervenieren? Regionales Krisenmanagement wurde mit dem Ende des Ost-West-Konflikts zum zentralen Problem der europäischen Sicherheitspolitik. Die EU-Mitgliedstaaten reagierten auf diese Herausforderung, indem sie im Rahmen der GASP die Gemeinsame Europäische Sicherheits- und Verteidigungspolitik (ESVP) aus der Taufe hoben, die der Union eigene militärische und zivile Mittel zum Krisenmanagement zur Verfügung stellt.

Insbesondere was ihre militärische Komponente angeht, stellt die ESVP eine bedeutende Veränderung für die Außenbeziehungen der Union dar. Zum ersten Mal werden hier nicht-zivile Elemente in die europäische Integration eingeführt. Dies stellte eine grundlegende Neuerung dar, die gerade anfangs auch von der jahrzehntelang rein zivil geprägten EU-Bürokratie spürbare Anpassungen erforderte. Das Auftauchen von Uniformträgern auf den Korridoren des Ratssekretariats, aber auch die Einführung von Geheimhaltungsmaßnahmen, wie die Klassifizierung von Dokumenten, die in deutlichem Widerspruch zum sonst postulierten Transparenzgebot steht, führten zumindest anfangs zu teils erheblichen Irritationen. Bedeutsam war die Schaffung der ESVP aber auch, weil die (West-)Europäer damit erstmals seit dem Ende des Zweiten Weltkriegs eigenständige gemeinsame militärische Fähigkeiten außerhalb der NATO anstreben. Beide Aspekte, Einführung militärischer Elemente in die EU und die militärische Autonomie gegenüber der NATO, waren politisch höchst brisant. Die Gründung der ESVP stand daher auch erst am Ende eines längeren, teilweise schwierigen Prozesses.

So wurden unmittelbar nach dem Ende des Ost-West-Konflikts zunächst institutionelle Varianten diskutiert, die ein Krisenmanagement durch die Europäer ermöglichen sollten, die aber die Fähigkeit zur militärischen Krisenintervention außerhalb der EU und in großer Nähe zur NATO ansiedelten. Statt der EU sollte die Westeuropäische Union (WEU), die während des Ost-West-Konflikts sämtliche operative Aufgaben an die NATO delegiert hatte, zur Organisation europäischen Krisenmanagements ausgebaut werden.[19] Auf dem Petersberg bei Bonn vereinbarten ihre Mitglieder 1992, dass die WEU künftig neben Verteidigungs-

---

[19] Zur Geschichte der WEU und ihrer besonders engen Beziehung zur NATO vgl. Brandstetter (1999).

aufgaben auch humanitäre Aufgaben, Rettungseinsätze, friedenserhaltende Aufgaben sowie Kampfeinsätze bei der Krisenbewältigung einschließlich friedensschaffender Maßnahmen übernehmen sollte (die so genannten Petersberg-Aufgaben). Zur Erfüllung dieser Aufgaben wurde sie mit etwas erweiterten Fähigkeiten ausgestattet; sie sollte aber weiterhin, wie schon während des Ost-West-Konflikts, vor allem auf die Fähigkeiten der NATO zurückgreifen.

Ungeachtet dessen gab es innerhalb der EU schon während der Maastrichter Regierungskonferenz, vor allem mit Frankreich und Deutschland, Befürworter einer eigenständigen verteidigungspolitischen Rolle für die Union. Diese hatten aber anfangs keine Chance sich durchzusetzen. Seit in den fünfziger Jahren die Pläne für eine Europäische Verteidigungsgemeinschaft, die verteidigungspolitisch einen ähnlich hohen Integrationsgrad aufgewiesen hätte wie die Montanunion, gescheitert waren (Fursdon 1980; Woyke 1989), erschien der Mehrheit der Mitgliedstaaten eine Neuauflage verteidigungspolitischer Bemühungen im Rahmen der europäischen Integration wenig attraktiv. Insbesondere für das neutrale Irland wäre die Einführung einer verteidigungspolitischen Dimension höchst problematisch gewesen. Im Maastrichter Vertrag einigten sich die Mitgliedstaaten daher auch nur darauf, dass die EU für alle verteidigungspolitischen Aspekte der GASP auf die WEU zurückgreifen sollte. Damit war sichergestellt, dass militärische Instrumente aus der europäischen Integration ausgeklammert und dass europäische Militäraktionen eng an die NATO angebunden blieben.

Auch nach Inkrafttreten des Maastrichter Vertrags verstummten aber die Stimmen innerhalb der EU nicht, die die WEU-Lösung ablehnten, eine eigenständige Krisenmanagementfähigkeit der EU forderten und für eine Überführung der WEU in die EU plädierten. Doch diese Forderungen stießen zunächst weiter auf den Widerstand insbesondere der neutralen Staaten und Großbritanniens. Mit der Schlusserklärung des britisch-französischen Gipfels von St. Malo 1998 gab Großbritannien seine ablehnende Haltung jedoch auf und forderte gemeinsam mit Frankreich, die EU mit autonomen militärischen Fähigkeiten zur Erfüllung der Petersberg-Aufgaben auszustatten. Damit machte es den Weg sowohl für eine militärische Rolle als auch für militärische Autonomie der EU gegenüber der NATO im Bereich des Krisenmanagements frei. Auf diese Initiative hin beschlossen die Staats- und Regierungschefs auf dem Europäischen Rat in Köln (Juni 1999) die Übernahme zentraler Elemente der WEU in die EU und die Schaffung der ESVP, d. h. die Schaffung von militärischen und zivilen Fähigkeiten, die der EU die autonome Erfüllung der Petersberg-Aufgaben ermöglichen sollten.[20]

3.2.2 Fähigkeiten und Institutionen

In der Ausgestaltung der ESVP drückt sich das Streben danach aus, die EU im Krisenmanagement autonom handlungsfähig zu machen. Zum einen wurden für

---

[20] Zur Entstehung und Frühphase der ESVP vgl. Howorth (2000).

die ESVP geeignete zivile und militärische *Fähigkeiten* geschaffen, zum anderen *Institutionen*, um über den Einsatz dieser Fähigkeiten beschließen zu können.

Der Aufbau der *militärischen Fähigkeiten* orientierte sich erkennbar an dem Ziel auch in größere Krisen eigenständig intervenieren zu können. Nach einem kurz nach Einrichtung der ESVP verabschiedeten Planziel („Helsinki Headline Goal") sollte die Union innerhalb von vier Jahren in die Lage versetzt werden, etwa 60.000 Personen binnen 60 Tagen in eine Krisenregion zu verlegen, um dort mindestens ein Jahr lang im Einsatz zu bleiben und das gesamte Spektrum der Petersberg-Aufgaben zu erfüllen. Außerdem leiteten die Mitgliedstaaten einen Prozess der Fähigkeitsverbesserung ein, durch den sie ihre militärischen Fähigkeiten in jenen Bereichen ausbauen wollten, die für eine autonome Interventionsfähigkeit entscheidend sind (z. B. Lufttransport, Aufklärung, Führungsfähigkeit etc.). Wenngleich die EU das Helsinki-Ziel mittlerweile offiziell als weitgehend erreicht betrachtet, blieben Schwierigkeiten bei der tatsächlichen Umsetzung der Fähigkeitsziele unverkennbar. Außerdem fasste die Union, angeregt durch die im Juni 2003 vorgestellte EU-Sicherheitsstrategie, eine zusätzliche Ausweitung der Einsatzaufgaben über die ursprünglichen Petersberg-Aufgaben hinaus ins Auge. Angesichts dieser Entwicklungen aktualisierte die EU im Juni 2004 ihre Zielsetzung noch einmal und nahm sich nun vor, bis 2010 über Fähigkeiten für das gesamte Spektrum der erweiterten Petersberg-Aufgaben zu verfügen („Headline Goal 2010") (vgl. auch Cameron/Quille 2004).

Neben den militärischen baute die EU außerdem auch *zivile Fähigkeiten* auf, die einem eigenständigen Krisenmanagement dienen sollten (vgl. Rummel 2004). Ähnlich dem Helsinki Headline Goal für militärische Fähigkeiten wurden Zielvorgaben für die zivilen Fähigkeiten in vier Schwerpunktbereichen formuliert: Polizei, Rechtsstaatlichkeit, Zivilverwaltung und Katastrophenschutz. In jedem dieser Bereiche verpflichteten sich die Mitgliedstaaten, für den Einsatz in Krisenregionen bestimmte Kontingente an Fachpersonal zur Verfügung zu stellen.

Schließlich nahm die Union auch institutionelle Veränderungen vor und richtete *Institutionen* ein, die sie in die Lage versetzen sollten, von den neuen Fähigkeiten auch Gebrauch zu machen. Neu geschaffen wurde dafür ein Ausschuss des Rates, das Politische und Sicherheitspolitische Komitee (PSK), das den Rat in seinen politischen Entscheidungen unterstützt und im Krisenfall die politische Führung eines Einsatzes übernimmt. Das PSK wurde gegenüber seinem Vorgängergremium, dem Politischen Komitee, das zuvor mit den GASP-Aufgaben betraut gewesen war und keinerlei militärische Bezüge hatte, deutlich aufgewertet. Es tagt auf Botschafterebene und ist als ständiger Ausschuss angelegt, d. h. die PSK-Botschafter sind ständig vor Ort in Brüssel. Im Politischen Komitee waren dagegen die Politischen Direktoren aus den Außenministerien etwa vier Mal pro Jahr zusammengetroffen. Für die militärische Beratung wurden zwei militärische, d. h. aus Mitgliedern der Streitkräfte zusammengesetzte, Gremien eingerichtet: der EU-Militärausschuss, der auf der Ebene der Stabschefs bzw. ihrer Vertreter tagt und für die militärische Beratung des PSK zuständig ist; sowie der EU-Militärstab, der für die militärische Zuarbeit zuständig ist (vgl. auch Algieri 2004).

Prinzipiell hat sich die EU so in die Lage versetzt, eigenständig nicht nur ziviles, sondern auch militärisches Krisenmanagement zu betreiben. Damit hat sie sich eine Aufgabe angeeignet, die, gerade was die militärischen Aspekte betrifft, zuvor die NATO nahezu exklusiv für sich in Anspruch genommen hatte. Sie musste daher auch ihre Beziehung zur NATO klären. Die Union hat dabei einerseits darauf geachtet, die Autonomie ihrer Krisenmanagementfähigkeiten zu gewährleisten. Andererseits hat sie aber auch versucht, für solche Operationen, die sie (noch) nicht aus eigenen Ressourcen bestreiten kann, Zugriff auf NATO-Ressourcen zu erhalten und alles in allem Beziehungen zur NATO zu etablieren, die von Transparenz und Kooperation geprägt sind. Zwischen EU und NATO hat sich so inzwischen ein dichtes Netz formeller und informeller Beziehungen entwickelt. Dank dem erfolgreichen Abschluss entsprechender Vereinbarungen mit der NATO („Berlin-Plus-Vereinbarungen"), besitzt die EU inzwischen einen gesicherten Zugriff auf die Planungsressourcen der NATO und kann außerdem davon ausgehen, dass ihr für Petersberg-Einsätze, die sie nicht alleine aus eigenen Ressourcen bestreiten kann oder will, Ressourcen der NATO zur Verfügung gestellt werden. Die EU sichert ihrerseits der NATO zu, dass sie nicht in Krisen interveniert, in denen diese sich engagieren will.

Die EU hat sich so in die Lage versetzt, zumindest Aufgaben im unteren Bereich der Petersberg-Aufgaben wahrzunehmen. Seit Januar 2003 ist sie in diesem Bereich auch operativ tätig. Sie übernahm im zivilen Bereich zunächst die Polizeimission der Vereinten Nationen in Bosnien-Herzegowina. Ihre erste militärische Operation war die Ablösung der NATO-Militärpräsenz in Mazedonien, zunächst durch eine Militäroperation unter Rückgriff auf NATO-Ressourcen (Operation Concordia) und schließlich durch eine zivile Polizei-Mission (Proxima). Zu einer zweifachen Premiere schließlich wurde die EU-Militäroperation Artemis in der Demokratischen Republik Kongo. Sie war die erste autonome Militäroperation der EU ohne Rückgriff auf NATO-Ressourcen und gleichzeitig der erste Petersberg-Einsatz außerhalb Europas. Die Operation wurde von den Vereinten Nationen abgelöst. Im Dezember 2004 schließlich übernahm die EU von der NATO die Verantwortung für die Friedensmission in Bosnien (Operation Althea, ehemals IFOR/SFOR), die mit etwa 7.000 Soldaten die bislang umfangreichste Mission darstellt (Missiroli 2004, Ojanen 2005).

3.2.3 Erklärungsangebote

Durch die Schaffung der ESVP hat sich das Profil der EU in der internationalen Politik deutlich verändert. Zumindest dem Anspruch nach ist die EU dadurch zu einem Akteur geworden, der über das gesamte Spektrum außenpolitischer Instrumente – ziviler wie militärischer – verfügt. Dadurch ergeben sich allerdings auch einige Dopplungen im Vergleich zu anderen Organisationen, die es nötig machen, das Verhältnis zu diesen Organisationen zu klären. Während die Dopplungen im zivilen Bereich (vor allem gegenüber der OSZE) wenig problematisch sind, haben vor allem die im militärischen Bereich (gegenüber der NATO) zu teils erheblichen Spannungen geführt. Teilweise wurde die Schaffung der ESVP als gezielter Versuch angesehen, die NATO und damit die USA in Europa überflüssig zu machen. Dementsprechend schwierig stellte sich die Gestaltung der EU-NATO-Beziehungen dar, wenngleich sie sich inzwischen, zumindest in der Alltagsarbeit, gut eingespielt haben. Auch nach innen hin birgt die Ausweitung der europäischen Integration auf den militärischen Bereich aber einiges Spannungspotenzial. Dies gilt insbesondere für die Frage, wie weit die militärische Zusammenarbeit gehen soll. Dänemark verzichtet bereits vollständig auf die Zusammenarbeit mit den anderen EU-Staaten im militärischen Bereich und im Verfassungskonvent kam es zu erheblichen Konflikten im Hinblick auf die Frage, ob die militärische Dimension über den Bereich der Petersberg-Aufgaben hinweg ausgebaut, eine Beistandsklausel in den Verfassungsvertrag aufgenommen werden oder gegebenenfalls einer kleineren Gruppe von Staaten die Möglichkeit zu einer intensivierten militärischen Kooperation gegeben werden sollte.

Angesichts dieser Kontroversen um die ESVP ist die Frage umso interessanter, warum sich die Mitgliedstaaten zu dem politisch durchaus brisanten Schritt entschlossen, die ESVP zu schaffen, und welche Faktoren den Einsatz dieses neuen Instrumentariums bestimmen.

Aus der Sicht der *Innen-Außen-Analogie* liegt die Ursache für diese Erweiterung des Aufgabenspektrums und Instrumentariums der EU im Bestreben der Union und ihrer Mitgliedstaaten, ihre Umwelt nach denselben Grundsätzen zu ordnen, nach denen sie auch im Inneren geordnet sind. Schon bei der Analyse der GASP haben wir gesehen, dass die Außen- und Sicherheitspolitik der Union zumindest deklaratorisch durchaus genau den im Inneren verwirklichten Werten (Demokratie, Rechtstaatlichkeit, Menschenrechtsschutz, etc.) verpflichtet ist. Die Schaffung neuer außen- und sicherheitspolitischer Instrumente müsste dann auf die Überzeugung zurückzuführen sein, dass diese Werte nur effektiv durchgesetzt werden können, wenn ein erweitertes Instrumentarium zur Verfügung steht, das neben zivilen auch militärische Mittel umfasst.

Einige Aspekte der ESVP können durch diesen Ansatz plausibel erklärt werden. Dies gilt für die Entstehung der ESVP, für ihre Zielsetzungen und für die bisher durchgeführten Einsätze. Die Entwicklung hin zur ESVP ist nicht kontinuierlich, sondern gewissermaßen schubweise verlaufen. Große Fortschritte wurden immer in Zeiten erzielt, in denen die EU und ihre Mitgliedstaaten die Erfahrung machen mussten, dass eine Umsetzung der GASP-Ziele alleine unter Rückgriff auf zivile Mittel nicht möglich schien. Dies galt insbesondere für die Erfahrung mit den Kriegen in Folge des Auseinanderbrechens Jugoslawiens. Hier konnten die westlichen Demokratien erst wirksam eingreifen, als sie selbst bereit waren, zur Durchsetzung ihrer Ziele notfalls auf militärische Gewalt zurückzugreifen. Daraus wurde von vielen die Konsequenz abgeleitet, dass Krisenmanagement ohne die Möglichkeit, gegebenenfalls auch militärische Mittel einzusetzen, nicht wirksam sein kann. In der Tat ist die Bedeutung der Jugoslawien-Erfahrung und der Erfahrung europäischer Unfähigkeit, die eigenen Werte nach außen hin durchzusetzen, immer wieder als ein wichtiger Beweggrund für die Schaffung der ESVP angeführt worden.

Auch die Zielsetzungen der ESVP entsprechen dem, was aus Sicht der Innen-Außen-Analogie zu erwarten ist. Die Anwendung der in der ESVP geschaffenen Instrumente ist stets an den Katalog der Petersberg-Aufgaben gebunden. Damit ist die Orientierung an den zu Grunde liegenden Zielen des Menschenrechts-schutzes und der Demokratisierung und somit am Ziel der Verbreitung der im Inneren verwirklichten Ordnung immer gegeben. Auch die konkreten Operationen, die bisher im Rahmen der ESVP durchgeführt wurden, waren diesen Zielen verpflichtet: dem Schutz der Menschenrechte (Demokratische Republik Kongo) bzw. der Unterstützung der Demokratisierung (Bosnien-Herzegowina, Mazedonien). Androhung und Einsatz militärischer Gewalt durch die EU waren außerdem stets – und auch dies ganz im Einklang mit der Innen-Außen-Analogie – an die Einhaltung des Rechts gebunden. Alle Operationen standen im Einklang mit dem geltenden Völkerrecht und basierten auf Resolutionen des VN-Sicherheitsrates.

Demnach spricht einiges dafür, Entstehung und Umsetzung der ESVP unter Rückgriff auf die Innen-Außen-Analogie zu erklären. Die EU hat sich demnach ein breiteres Spektrum von Instrumenten in den Außenbeziehungen angeeignet, um die Wertorientierung ihrer Außen- und Sicherheitspolitik effektiv verwirklichen zu können. Die ESVP wäre demnach eine notwendige Konsequenz aus dem Zivilmachtskonzept, da nur ein integriertes Instrumentarium die Erreichung der Werte einer Zivilmacht tatsächlich ermöglicht (Stavridis 2001).

Allerdings kann eine Erklärung auf Basis der Innen-Außen-Analogie nicht alle Aspekte der ESVP zufriedenstellend abbilden. Zum einen deutet sich inzwischen eine allmähliche Ausweitung der ESVP-Aufgaben auch über das Petersberg-Spektrum hinaus an, die aus Sicht der Innen-Außen-Analogie nicht ohne weiteres erklärbar ist. Kaum war die EU zu Operationen im unteren und mittleren Spektrum der Petersberg-Aufgaben bereit, wurde beispielsweise im Konvent schon die Möglichkeit diskutiert, auch eine Form der kollektiven Verteidigung in die Verfassung aufzunehmen. Auch die im Dezember 2003 verabschiedete EU-Sicherheitsstrategie erweitert den Einzugsbereich der EU-Sicherheitspolitik tendenziell über die ursprünglichen Petersberg-Aufgaben hinaus und weitet somit auch das Spektrum der Einsatzmöglichkeiten für die sicherheitspolitischen Instrumente der EU aus. Allerdings lässt sich hier immer noch der Wertebezug in der Anwendung militärischer Mittel herstellen. Auch wenn zunehmend der Schutz der Werte nach innen anstelle der Ordnung der äußeren Umwelt in den Vordergrund tritt, ist eine Anwendung der Innen-Außen-Analogie auf diese Entwicklungen nicht ausgeschlossen.

Letztlich ohne Antwort muss aber aus Sicht dieses Ansatzes die Frage bleiben, warum sich die EU zur Erreichung ihrer Ziele autonome Fähigkeiten aneignet, anstatt sich, wie in Maastricht und Amsterdam noch angelegt, ganz auf die WEU als Ausführungsorgan und auf den Rückgriff auf NATO-Ressourcen zu verlassen. Immerhin gelten in der NATO dieselben grundlegenden Werte als verwirklicht wie in der EU (Risse-Kappen 1996). Aus Sicht der Innen-Außen-Analogie müsste das gemeinsame Auftreten der beiden Organisationen in der Schaffung einer angemessenen internationalen Ordnung demnach unproblematisch sein. Stattdessen hat sich die EU hingegen entschlossen, sich zumindest im Bereich der Petersberg-Aufgaben von der NATO unabhängig zu machen, autonome Fähigkeiten aufzubauen und damit in bestimmten Bereichen auch eine (mit Kosten verbundene) Duplizierung der Fähigkeiten in Kauf zu nehmen.

Dort wo die Innen-Außen-Analogie und jene Ansätze, die primär auf die Wertegebundenheit der ESVP verweisen, an ihre Grenzen stoßen, erweist sich die Nützlichkeit von Ansätzen, die die Bedeutung von Machtkalkülen für das Verhalten von Staaten im internationalen System hervorheben. Solche Ansätze, die in der Tradition der realistischen und *neorealistischen* Denkschulen der Internationalen Beziehungen stehen, sind bei der Analyse der europäischen Integration deutlich unterrepräsentiert. Dies hat seine Ursache vor allem darin, dass (neo-) realistische Ansätze das internationale System als anarchisches Selbsthilfesystem betrachten, in dem dauerhafte Integration äußerst unwahrscheinlich und nur punktuelle Kooperation zwischen Staaten möglich ist.

Für die Analyse der sicherheits- und verteidigungspolitischen Kooperation innerhalb der Europäischen Union hält die neorealistische Denkschule dennoch einige wichtige Hinweise bereit. Im anarchischen internationalen System gibt es aus neorealistischer Sicht starke Anreize für die Staaten, auf der Suche nach dauerhafter Sicherheit Selbsthilfestrategien zu verfolgen. Finden Veränderungen in der internationalen Machtverteilung statt, werden Staaten daher tendenziell versuchen, ihren eigenen Machtverlust auszugleichen, da sie nur so davon ausgehen können, dass sie sich auch in Zukunft nötigenfalls erfolgreich selbst verteidigen können. Außerdem gibt es für sie starke Anreize, ihre Autonomie zu steigern, um nicht durch die Abhängigkeit von anderen Staaten verwundbar zu werden (Waltz 1979).

Das Ende des Ost-West-Konflikts bedeutete eine deutliche Verschiebung der internationalen Machtverteilung zu Gunsten der USA. Gleichzeitig ergab sich nach 1990 für die westeuropäischen Staaten erstmals seit dem Ende des Zweiten Weltkriegs überhaupt die Chance, ihre Abhängigkeit von den USA zu reduzieren, da sie nun nicht mehr auf den Schutz der USA vor der Sowjetunion und deren Verbündeten angewiesen waren. Insgesamt gab es daher aus Sicht des Neorealismus nach dem Ende des Ost-West-Konflikts starke Anreize für die europäischen Staaten, ihre Machtmittel im Vergleich zu den USA zu vergrößern und ihre sicherheitspolitische Autonomie gegenüber den USA auszubauen. Die ESVP erscheint aus Sicht dieses Erklärungsansatzes als die folgerichtige Konsequenz dieser Anreize. Die verstärkte sicherheits- und verteidigungspolitische Kooperation der EU-Staaten innerhalb der EU wäre demnach als eine Form des „balancing" zu erklären, d. h. als ein Versuch, sich im neuen unipolaren System aus der sicherheitspolitischen Abhängigkeit von den USA zu befreien und mit Partnern zusammenzuarbeiten, die nicht in der gleichen Weise übermächtig sind (Posen 2004).

Obwohl, wie wir noch sehen werden, auch diese Sichtweise die ESVP nicht vollständig erklären kann, hilft sie doch, einige Aspekte der ESVP zu verstehen, die aus Sicht der Innen-Außen-Analogie verwunderlich erscheinen müssen. Im Hinblick auf die Entstehung der ESVP erklärt sie nicht nur, warum die EU-Staaten sich überhaupt gemeinsame militärische Fähigkeiten aneignen wollen. Sie macht auch plausibel, warum sie so großen Wert darauf legen, sich innerhalb der EU autonome Fähigkeiten anzueignen. Mit der WEU-Lösung von Maastricht und Amsterdam erweiterte die EU zwar ihr Handlungsspektrum, sie blieb aber letztlich in der Abhängigkeit von Ressourcen der US-dominierten NATO. Erst durch die Aufgabe der WEU, die teilweise Duplizierung von NATO-Strukturen und die Stärkung der originär europäischen Fähigkeiten konnte und kann diese Abhängigkeit reduziert werden.

Aus neorealistischer Sicht erscheint demnach auch die enge Verbindung zwischen der ESVP-Entstehung und den Erfahrungen der EU-Mitglieder mit dem Auseinanderbrechen Jugoslawiens in einem neuen Licht. Nicht nur die Erfahrung der Unfähigkeit, die eigenen Ziele gegenüber kriegführenden oder kriegsbereiten Staaten ohne militärische Unterstützung durchzusetzen, hat die EU-Staaten aus dieser Sicht zum Aufbau eines militärischen Instrumentariums bewogen. Darüber hinaus muss vielmehr die Erfahrung, dass das militärische Eingreifen erst möglich wurde, als die USA sich dazu bereit erklärten, und nur gemeinsam mit den USA umgesetzt werden konnte, zu dem Entschluss beigetragen haben, *autonome* militärische Fähigkeiten auf- und auszubauen. So führte die Kosovo-Krise, in deren unmittelbarem Kontext der endgültige Durchbruch zur Schaffung der ESVP gelang, den Europäern deutlicher als je zuvor die Überlegenheit der USA und die Abhängigkeit der Europäer von den USA für die Durchführung einer derartigen Operation vor Augen.

Aber nicht nur die Entstehung der ESVP, auch die allmähliche Ausweitung der sicherheitspolitischen Agenda innerhalb der EU ist aus neorealistischer Sicht leicht zu erklären. Zwar wurden die ersten Anstrengungen zur Verminderung der Abhängigkeit in jenen Bereichen unternommen, in denen diese Abhängigkeit am deutlichsten erfahrbar wurde. Es kann aus Sicht dieser Denkschule aber nur eine Frage der Zeit sein, bis auch Abhängigkeiten in anderen sicherheitspolitischen Feldern in den Blick genommen werden. Dies betrifft letztlich auch den Bereich der kollektiven Verteidigung. Dass hier bisher aber allenfalls eine erste Tendenz zu eigenständigen europäischen Wegen erkennbar ist und auch im Bereich des Krisenmanagements weiter enge Beziehungen zur NATO unterhalten werden, ist aus neorealistischer Sicht nur dadurch zu erklären, dass die Europäer derzeit weder technologisch noch ökonomisch in der Lage sind, sich tatsächlich sicherheitspolitisch vollständig unabhängig zu machen. Das hindert sie aber nicht daran, in einem ersten Schritt zumindest ihre Abhängigkeit zu reduzieren.

Auch die Gestaltung der ESVP-Institutionen, insbesondere die Beibehaltung des Einstimmigkeitsprinzips, ist aus neorealistischer Sicht wenig überraschend. Denn aus dieser Perspektive kann es wirkliche Integration, insbesondere in einem Bereich, der so unmittelbar die staatliche Souveränität berührt, angesichts der unüberwindbaren Unsicherheit im internationalen System nicht geben. Vielmehr ist allenfalls zwischenstaatliche Zusammenarbeit denkbar (vgl. Waltz 2000: 31). Ganz in Übereinstimmung hiermit hat bisher noch kein Mitgliedstaat den Übergang zu Mehrheitsentscheidungen im Bereich der ESVP gefordert.

Eine neorealistische Analyse hebt also vor allem die Bedeutung des Faktors Autonomie für die ESVP hervor und ordnet die Autonomiebestrebungen der EU-Staaten jener Dynamik der Macht- und Gegenmachtbildung zu, die schon seit Jahrhunderten im internationalen System zu beobachten ist. Aus dieser Sicht stellt die ESVP somit ein Element traditioneller Machtpolitik dar und damit eine Abkehr vom Konzept der Zivilmacht Europa (vgl. auch K. Smith 2000). Eine solche Analyse bleibt allerdings weitgehend blind für die substanziellen Ziele, die die EU-Mitgliedstaaten mit ihren zunehmend eigenständigeren Fähigkeiten verfolgen. Es wird schwer fallen, die Militäreinsätze in Mazedonien, Bosnien-Herzegowina und der Demokratischen Republik Kongo als Versuche der EU-Mitglieder zu interpretieren, ihre Machtposition auszubauen oder zu festigen. Auch die Bedeutung, die einer Autorisierung durch die Vereinten Nationen für sämtliche ESVP-Operationen zugemessen wurde, muss aus neorealistischer Sicht verwundern. Und warum die EU neben den militärischen Fähigkeiten im Rahmen der ESVP auch zivile Fähigkeiten aufgebaut und Wert darauf gelegt hat, ihren Militäroperationen stets zivile Missionen folgen zu lassen, ist ebenfalls aus neorealistischer Sicht nur schwer zu erklären. Unverkennbar bleibt jedoch, dass die EU durch die Einsätze ihre wachsende militärische Handlungsfähigkeit demonstriert hat. Es ist nicht undenkbar, dass diese vorsichtigen Anfänge auf längere Sicht in eine Entwicklung münden, an deren Ende die EU diese Handlungsfähigkeit auch zur Erreichung eigener strategischer Ziele und gegebenenfalls außerhalb des Rahmens der Vereinten Nationen einsetzt.

Insgesamt gibt die Analyse so den Blick dafür frei, warum es sich bei der ESVP um den politisch brisantesten Aspekt der EU-Außenbeziehungen handelt. Einerseits ist hier wie auch in den anderen Politikfeldern eine klare Wertebindung erkennbar. Andererseits lassen sich einige Aspekte der ESVP aber auch als eine Neuauflage des machtpolitischen Spiels von Macht- und Gegenmachtbildung verstehen, das für Europa nicht zuletzt durch die europäische Integration teils schon für überwunden gehalten wurde. So vereint die ESVP wie in einem Kippbild einerseits Aspekte, die sie zum letzten Baustein der Zivilmacht EU machen, und andererseits Aspekte, die eine Abkehr vom Zivilmachtskonzept und eine Rückkehr zur traditionellen Machtpolitik bedeuten. Entsprechend ambivalent fällt auch die Reaktion der anderen Akteure im internationalen System, insbesondere der USA, aus. Einerseits wird die Anstrengung der EU unterstützt, für die Durchsetzung zentraler Werte nach außen ihr Instrumentarium zu erweitern und zusätzliche Ressourcen zu mobilisieren. Andererseits werden – naheliegender-weise gerade von den USA – die machtpolitischen Konsequenzen der ESVP mit Misstrauen quittiert.

3.3 Die neue Sicherheitsagenda: Migration, Asyl und innere Sicherheit

Die zunehmende Interdependenz und Denationalisierung haben die Grenzen zwischen Innen- und Außenpolitik durchlässig und traditionell innenpolitische Themen zu außenpolitischen gemacht. Auch und gerade die EU tritt daher als internationaler Akteur in Bereichen auf, die traditionell eher der Innenpolitik zuge-ordnet werden. Im Bereich der ökonomischen Außenbeziehungen haben wir dies bereits am Beispiel der Umweltaußenpolitik gesehen. Im Bereich der Außen- und Sicherheitspolitik haben Interdependenz und Denationalisierung dazu geführt, dass Migration, Asyl und innere Sicherheit zu wichtigen sicherheitspolitischen Themen geworden sind. Da die EG-Staaten seit dem Maastrichter Vertrag auch in der Innen- und Justizpolitik enger zusammenarbeiten, fällt diese neue Sicher-heitsagenda zu großen Teilen in die Kompetenz der EU (Monar 2004).

Mit der Öffnung der Grenzen zu den mittel- und osteuropäischen Staaten und den damit einhergehenden Migrationsbewegungen geriet das traditionell liberale Asylrecht vieler EU-Staaten unter zunehmenden Druck. Um sich weitest mög-lich von der Verpflichtung zu befreien, die Anträge aller Asylbewerber zu prü-fen, die über die nun offeneren Grenzen zu den Nachbarstaaten eingereist waren, erklärten die EU-Staaten ihre Nachbarn zu „sicheren Drittstaaten", in die die Asylbewerber zurückgeschickt wurden. Da Drittstaaten jedoch nur zur Aufnah-me ihrer eigenen Staatsbürger verpflichtet sind, bedurfte es ausgehandelter Ver-träge zur Rücknahme von Flüchtlingen und Asylbewerbern. Diese Rücknah-meübereinkommen erhielten zusammen mit einer Reihe weiterer, mit den angrenzenden Staaten auszuhandelnden Maßnahmen in den neunziger Jahren ei-nen prominenten Platz auf der außenpolitischen Agenda der EU.

Sandra Lavenex (2001) hat auf die Widersprüche hingewiesen, die sich in der europäischen Politik gegenüber den angrenzenden Staaten ergeben haben, nach-dem die Begrenzung von Migration zu einem außenpolitischen Ziel erhoben wurde. So wurden insbesondere die Beitrittskandidaten zu einer restriktiveren Einreisepolitik und zu verstärkten Kontrollen ihrer Ostgrenzen aufgefordert, um Flüchtlinge fernzuhalten. Kulturell und ökonomisch zusammenhängende Gebie-te wurden dadurch auseinander gerissen; die Bewegungsfreiheit der Bewohner der Grenzregionen wurde erheblich eingeschränkt. Die Ausweitung eines durch Interdependenz und Kooperation geprägten Raumes nach Osten war daher mit neuen Grenzziehungen gegenüber neuen Nachbarstaaten verbunden, denen ein Beitritt zur EU nicht angeboten worden ist.

War die innen- und justizpolitische Agenda in den frühen neunziger Jahren vor allem von migrationspolitischen Fragen geprägt, rückten seit den späten neunziger Jahren Fragen der Kriminalitätsbekämpfung zunehmend auf die Agenda. Die Ereignisse des 11. Septembers 2001 verliehen der Bekämpfung des Terrorismus dann über Nacht höchste Priorität. Schon ein Jahr zuvor war Europol vom Rat ermächtigt worden, mit verschiedenen Drittstaaten Abkommen über den Austausch personenbezogener Daten zur Kriminalitätsbekämpfung abzuschließen. Nicht zuletzt für die USA ist die EU in der Terrorismusbekämpfung ein wichtiger Partner geworden (vgl. Mitsilegas 2003).

Die von Lavenex für den Bereich der Migrationspolitik festgestellten Spannungen und Widersprüche zeigten sich im Bereich der Terrorismusbekämpfung ebenfalls, wenn auch unter anderen Vorzeichen: In Bezug auf Rechtshilfeabkommen und polizeiliche Kooperation besitzen die Außenpolitiker ein starkes Interesse daran, die innen- und justizpolitische Zusammenarbeit zur Unterstützung wichtiger Partner, insbesondere der USA, einzusetzen. Dabei stoßen sie aber auf die Widerstände der Justizpolitiker, die die internationale Rechtshilfe in Strafsachen oder den Austausch personenbezogener Daten stets an die Einhaltung verschiedener Mindeststandards im Bereich der Menschenrechte und des Datenschutzes geknüpft haben. So erwies sich das Aushandeln eines Auslieferungsübereinkommens mit den Vereinigten Staaten aufgrund der Todesstrafe und der nach dem 11. September eingerichteten Militärtribunale als außerordentlich schwierig.

4 Die Analyse der europäischen Außenbeziehungen

4.1 Fragmentierung als Merkmal der europäischen Außenbeziehungen …

Dem Umfang nach steht das Spektrum der EU-Außenbeziehungen denen eines Staates heute kaum noch nach. Anfangs hatten die Außenbeziehungen der Europäischen Gemeinschaften noch ausschließlich ökonomischen Charakter. Selbst als die EG neben dem Außenhandel noch in weiteren Politikfeldern aktiv wurde, geschah dies zunächst unter primär ökonomischen Vorzeichen, wie in der Entwicklungs- und der Umweltpolitik. Im Laufe der Zeit löste sich die EG in diesen Politikfeldern aber allmählich von der Fixierung auf die ökonomischen Aspekte und gab entwicklungs- und umweltpolitischen Zielen stärkeres Eigengewicht. Dazu kam schließlich eine Ausdehnung der EG/EU-Außenbeziehungen auch auf den außen- und sicherheitspolitischen Bereich. Vorsichtige Ansätze hierzu gab es zwar schon in den siebziger Jahren. Als deutlich wahrnehmbares Politikfeld der Außenbeziehungen konstituierte sich die Außen- und Sicherheitspolitik aber erst mit der Gründung der Europäischen Union. Gleichwohl sind diese rein politischen Aspekte der Außenbeziehungen kaum vergemeinschaftet und zu einer gemeinsamen Verteidigungspolitik gibt es, abgesehen von den Anfängen eines gemeinsamen Krisenmanagements, bisher allenfalls Vorüberlegungen. Hier bleibt das außenpolitische Instrumentarium der Union also weiterhin erkennbar hinter dem klassischer Staaten zurück.

Die sukzessive Einbeziehung neuer Politikfelder in die Außenbeziehungen hatte allerdings eine erhebliche institutionelle Komplexität und Fragmentierung zur Folge, die ihrerseits Kohärenz- und Effizienzprobleme für die Außenbeziehungen der Union hervorruft. Diese institutionelle Komplexität und Fragmentierung äußert sich erstens darin, dass je nach Sektor der Außenbeziehungen sowohl für die Politikentscheidungen als auch für die Außenvertretung unterschiedliche Kompetenzverteilungen und unterschiedliche Entscheidungsverfahren gelten. Zweitens sind über die verschiedenen Sektoren hinweg auch nicht alle Mitgliedstaaten in gleichem Maße an der Gestaltung der Außenbeziehungen beteiligt, weil manche Staaten sich aus der Teilnahme an bestimmten Aspekten der Integration ausgenommen haben. Nicht alle Mitgliedstaaten, die über die gemeinsame Handelspolitik beschließen, bestimmen auch die Außenaspekte des Euroraumes, und nur ein Teil der Mitgliedstaaten, die die Gemeinsame Außen- und Sicherheitspolitik tragen, beteiligt sich auch an deren militärischem Arm. Mit der Osterweiterung hat diese Besonderheit unterschiedlicher Mitgliedschaften noch zugenommen.

Diese institutionelle Zersplitterung birgt die Gefahr einer auch inhaltlichen Fragmentierung. Die Europäische Union zeichnet sich ohnehin dadurch aus, die Politikgestaltung funktionalen Netzwerken zu überantworten. Im Bereich der Außenbeziehungen ist die damit verknüpfte Gefahr, dass die Zielsetzungen und Politiken der einzelnen Felder auseinanderdriften und in Widerspruch zueinander geraten, noch dadurch potenziert, dass sich die Kompetenzen für die Außenbeziehungen auf die unterschiedlichen „Pfeiler" bzw. „Säulen" der EU verteilen. Im EU-Jargon hat sich für dieses Problem der Begriff der „Versäulung" („pillarization") eingebürgert, der die Fragmentierung der Politik in die seit Maastricht bestehenden „Säulen" bezeichnet. Ein zentrales Problem für die Außenbeziehungen der EU besteht angesichts dieser Situation darin, für ausreichende *Kohärenz* zwischen den verschiedenen Politikfeldern zu sorgen (vgl. Schmalz 1997). Dies gilt zum einen für die Bestimmung der außenpolitischen *Ziele*, die die Union verfolgt, zum anderen für die *Durchführung* der Außenpolitik. Die Sicherstellung von Kohärenz erfordert ihrerseits institutionelle Koordinationsmechanismen, die die verschiedenen Politikfelder miteinander verbinden.

Zwar haben die verschiedenen, an den europäischen Außenbeziehungen beteiligten Akteure auch gelernt, mit dem Problem der „Versäulung" pragmatisch umzugehen. So gelang es nach den Terroranschlägen vom 11. September innerhalb weniger Wochen, ein umfangreiches Maßnahmenpaket zur Terrorismusbekämpfung auf den Weg zu bringen, das vom Einfrieren von Guthaben über die gezielte außenpolitische Unterstützung von Drittstaaten bis zu einer gemeinsamen Definition von Terrorismus reichte und damit Maßnahmen aus allen drei Pfeilern der Europäischen Union einschloss. Diesen „first truly 'cross-pillar' test" hat die EU somit bestanden (den Boer/Monar 2002: 11). Selbst wenn in diesem konkreten Fall unter dem Eindruck der Ereignisse des 11. September relativ zügig und koordiniert agiert werden konnte, wird durch die Notwendigkeit der Koordination zur Sicherstellung von Kohärenz die institutionelle Komplexität in den EU-Außenbeziehungen aber noch weiter gesteigert. Dadurch entsteht, neben der Gefahr der inhaltlichen Fragmentierung, noch ein zweites Problem, das Problem mangelnder *Effizienz*. Neben der Vielzahl an Rechtsgrundlagen, Entscheidungsverfahren und Instrumenten in den Außenbeziehungen steht einer effizienten Politikgestaltung auch das Problem im Weg, dass konkrete Probleme als Präzedenzfälle in verfassungspolitischen Streitfragen über die Kompetenz- und Machtverteilung in oder über die Finalität der Union wahrgenommen werden. Die Wahl einer Rechtsgrundlage oder die Delegation von Entscheidungskompetenzen in einem konkreten Problemfall berühren immer auch die generelle Machtverteilung zwischen Mitgliedstaaten und supranationalen Organen sowie die grundsätzliche Frage nach der Beschaffenheit der EU. Daher spiegeln konkrete Politikergebnisse häufig verfassungspolitische Kompromisse wider, die einer effizienten Regelung des vorliegenden Problems eher weniger dienlich sind. Zu beobachten ist dieses Problem beispielsweise am Widerstand der Mitgliedstaaten gegen die grundsätzliche Delegierung der Verhandlungsführung an die Kommission bei einzelnen Verhandlungen zu internationalen Handelsregeln oder bei einzelnen Vereinbarungen zum internationalen Umweltschutz. Ebenso erklären sich so beispielsweise die zunächst komplizierten und wenig effektiven Regelungen zur Finanzierung gemeinsamer Aktionen der GASP aus dem Insistieren einiger Mitgliedstaaten auf dem intergouvernementalen Charakter der GASP, der mit einer Finanzierung außenpolitischer Aktionen aus dem Gemeinschaftshaushalt und einer damit einhergehenden Mitsprache des Europäischen Parlaments nicht vereinbar sei (vgl. Monar 1997; Schmalz 1997).

Die Außenbeziehungen der EU besitzen somit eine institutionelle Komplexität, die wir in derselben Weise bei klassisch staatlicher Außenpolitik nicht vorfinden. Allerdings wird man den EU-Außenbeziehungen ohnehin kaum gerecht, wenn man sie mit der Außenpolitik von Staaten gleichzusetzen versucht. Die Forschung setzt sich immer wieder mit der Frage auseinander, inwiefern die EU als ein „Akteur" in der internationalen Politik verstanden und inwiefern ihre Außenpolitik damit der klassischer Akteure der internationalen Politik, also vor allem der Außenpolitik von Staaten, vergleichbar ist. Das Ergebnis ist dabei sehr gemischt. Insbesondere wenn man Autonomie gegenüber den Mitgliedstaaten, also den legitimen und effektiven Anspruch, bestimmte Politiken im internationalen System exklusiv zu vertreten, zu einem Akteurskriterium macht (z. B. Jupille/Caporaso 1998: 217 f.), fällt die Gesamtbilanz für die EU eher negativ aus. Es gibt zwar gerade im ökonomischen Bereich einige Fälle, in denen die Gemeinschaft international anstelle ihrer Mitglieder geschlossen mit einer Stimme spricht und insofern unzweifelhaft Akteurscharakter hat. Aber selbst im Außenhandel, dem immer noch am weitesten integrierten Bereich, gibt es Felder, in denen dies nicht der Fall ist und die Mitgliedstaaten weiterhin parallel zur Gemeinschaft in Erscheinung treten; in den übrigen Politikfeldern ist dies sogar gang und gäbe.

Die Tatsache, dass die EU nur selten als geschlossener Akteur in der internationalen Politik auftritt und insofern ihre Außenbeziehungen mit denen eines Staates nur schwer vergleichbar sind, bedeutet aber nicht, dass die EU international wirkungslos wäre oder dass sie vollständig auf die Mitgliedstaaten reduziert werden könnte. Im Gegenteil – die EU-Institutionen wirken, wie oben im Einzelnen gezeigt, auf vielfältige Weise auf die Politiken der Mitgliedstaaten und von Drittstaaten und internationalen Organisationen ein. Schon alleine die in vielen Politikfeldern vertraglich verankerte, in anderen habitualisierte Koordination zwischen den Mitgliedstaaten, die Vorgabe von Zielformulierungen, die Möglichkeit, Lasten aus Politiken zwischen den Mitgliedern neu zu verteilen usw. sind Mechanismen, die selbst in jenen Feldern, in denen die EU nicht als eigenständiger Akteur in Erscheinung treten kann, dafür sorgen, dass die EU dennoch auf die internationale Politik einwirkt und insofern eine effektive Außendimension besitzt. Auch in ihren Außenbeziehungen stellt die EU so ein Wesen „sui generis" dar, das von Politikfeld zu Politikfeld, gelegentlich selbst von Sachfrage zu Sachfrage zwischen Akteur und Institution changiert oder Aspekte von beidem in sich vereint.

4.2 … und der Erklärungsangebote

Das Angebot an Erklärungen ist so vielfältig und fragmentiert wie die Außenbeziehungen selbst. Die Innen-Außen-Analogie ist hilfreich, um die europäischen Außenbeziehungen in ihrer Substanz zu verstehen. Zur Erklärung der sektoralen Ausweitung der Integration auf eine zunehmende Zahl an Politikfeldern sowie der schrittweisen Vertiefung der Zusammenarbeit in einzelnen Sektoren der Außenbeziehungen kann die Innen-Außen-Analogie hingegen nur wenig beitragen. Zur Beantwortung dieser klassischen integrationstheoretischen Fragestellungen nach der Dynamik des Integrationsprozesses ist vielmehr der Rückgriff auf die klassischen integrationstheoretischen Erklärungsangebote zielführender. Dabei kann keine der im ersten Kapitel vorgestellten Integrationstheorien für sich beanspruchen, die gesamte Dynamik der außenpolitischen Integration zu erklären. In den vorangegangenen Abschnitten ist dies daran deutlich geworden, dass sich verschiedene theoretische Zugriffe meist auf bestimmte Ausschnitte der europäischen Außenbeziehungen konzentrieren, während sie andere Ausschnitte unberücksichtigt lassen. So kann der realistische Intergouvernementalismus insbesondere erklären helfen, weshalb die Westeuropäer seit dem Ende des Ost-West-Konflikts im Bereich der Sicherheits- und Verteidigungspolitik verstärkte Integrationsanstrengungen unternehmen. Die liberale Variante des Intergouvernementalismus erweist sich hingegen beispielsweise für die europäische Entwicklungspolitik als hilfreich. Die mit dem liberalen Intergouvernementalismus eng verwandte Prinzipal-Agent-Analyse kann darüber hinaus das Zusammenspiel von Europäischer Kommission und Rat in der Außenhandelspolitik erklären helfen. Die Stärke des rationalistischen Supranationalismus liegt vor allem darin, die schrittweise Integration von außenpolitischen Politikfeldern mit Hilfe des „spill-over"-Konzeptes erklären zu können. Denn aus der Vergemeinschaftung der Außenhandelspolitik ergaben sich ebenso starke Anreize für eine Integration der Entwicklungspolitik wie die bestehende außenpolitische Kooperation eine sicherheits- und verteidigungspolitische Zusammenarbeit sinnvoll erscheinen lassen musste. Die Bedeutung des konstruktivistischen Supranationalismus lässt sich hingegen insbesondere im Bereich der außenpolitischen Zusammenarbeit, bei der sich die Wahrnehmungen und Politiken der Mitgliedstaaten angenähert haben, plausibilisieren. Auf welchen integrationstheoretischen Ansatz im Rahmen einer Arbeit zurückgegriffen werden sollte, wird daher immer davon abhängen, welchem Ausschnitt der europäischen Außenbeziehungen das Hauptinteresse gilt.

4.3 Die Innen-Außen-Analogie: Europäische Außenpolitik als Export des europäischen Modells

Was die Substanz der EU-Außenbeziehungen angeht, hat sich in den vorangegangenen Abschnitten gezeigt, dass die Innen-Außen-Analogie ein gutes Instrument darstellt, um Grundmuster in den Politiken der Union zu entdecken. Demnach leiten die Ordnungsvorstellungen, die im Inneren der Union verwirklicht sind, auch ihre Außenbeziehungen an. Ökonomische Liberalisierung, Verrechtlichung und Rechtstaatlichkeit, Demokratie, Menschenrechte sowie in jüngster Zeit auch der Schutz der Umwelt geben somit auch für die Außenbeziehungen der EU Zielvorstellungen vor.

François Duchênes Charakterisierung der Gemeinschaft als „Zivilmacht" bleibt daher weiter aktuell. Nicht aus dem Blick geraten sollten dabei allerdings wichtige Ausnahmen von dieser Charakterisierung, die es zweifelhaft erscheinen lassen, die Gesamtheit der EU-Außenbeziehungen als die einer Zivilmacht zu beschreiben, und die zum Teil auch systematischen Charakter haben. Insbesondere sind dies erstens die Privilegierung von ökonomischen Gewinnen über andere Ziele und zweitens die neue militärische Dimension der Außenpolitik, die in keinem eindeutigen Verhältnis zum Zivilmachtskonzept steht.

Bei einem genaueren Blick auf die EU-Außenbeziehungen wird deutlich, dass die Aussicht darauf, ökonomische Gewinne für die Union und ihre Mitgliedstaaten zu realisieren, immer wieder Anlass dafür ist, vom Ziel der äußeren Verwirklichung der im Inneren umgesetzten Werte und Prinzipien abzurücken. Ökonomische Vorteile für Gemeinschaft, Mitgliedstaaten oder Interessengruppen führen immer wieder dazu, dass die oben benannten Grundprinzipien bei der Politikgestaltung in den Hintergrund treten. Die deutlichsten Beispiele hierfür finden sich in der Gemeinsamen Handelspolitik, wo das generelle Ziel der Handelsliberalisierung hintan gestellt wird, wenn durch die Liberalisierung einzelne Sektoren unter Druck geraten können. Dies gilt nicht nur für den Agrarsektor, der ja auch innerhalb der Gemeinschaft von der Liberalisierung ausgenommen ist. Beispiele für die Privilegierung ökonomischer Interessen gegenüber anderen Zielen der Außenbeziehungen finden sich aber auch in anderen Politikfeldern, zum Beispiel im langjährigen Widerstand gegen eine deutliche Reduktion bei der Produktion ozonschichtzerstörender Stoffe, die die betroffene europäische Industrie gegenüber ihrer besser ausgerüsteten US-amerikanischen Konkurrenz in erhebliche Bedrängnis gebracht hätte; oder in der Verlagerung von Mitteln der Entwicklungszusammenarbeit von den AKP- auf die mittel- und osteuropäischen Staaten, die im direkten Vergleich als Handelspartner und potenzielle zukünftige Mitglieder weitaus größere ökonomische Bedeutung haben.

Immer dann also, wenn ökonomisch kalkulierbare und gut mobilisierbare Interessen auf dem Spiel stehen, greift die Analyse mit Hilfe der Innen-Außen-Analogie tendenziell zu kurz. In diesen Fällen lassen sich die EU-Außenbeziehungen besonders gut mit rationalistischen Erklärungsansätzen analysieren, die auf die Wichtigkeit egoistischer Kosten-Nutzen-Kalküle von politischen und gesellschaftlichen Akteuren verweisen. Auch die Charakterisierung der EU als „Zivilmacht" kann diese Aspekte der EU-Außenbeziehungen nicht angemessen erfassen. Angelehnt an das von Rosecrance entwickelte Konzept des Handelsstaates könnte man hier eher von der EU als „Handelsmacht" sprechen, deren Politik von dem Ziel angeleitet ist, international ein handelsfreundliches Umfeld zu schaffen, das geeignet ist, die Wohlfahrtsgewinne für Gemeinschaft bzw. Mitgliedstaaten zu maximieren. Das ökonomische Grundanliegen, das die Integration seit Gründung der EWG angetrieben hatte, lebt damit auch in den Außenbeziehungen der Union fort.

Die zweite wichtige Einschränkung des Zivilmachtskonzepts ergibt sich aus der Einführung einer militärischen Dimension in die Gemeinsame Außen- und Sicherheitspolitik der Union. Die militärische Seite der ESVP ist im Hinblick auf den Charakter der EU als Zivilmacht zwiespältig zu bewerten. Einerseits kann sie als logische Konsequenz aus dem Konzept verstanden werden, weil damit die Möglichkeit geschaffen wurde, die Werte einer Zivilmacht auch unter schwierigen Bedingungen durchzusetzen. Ganz im Sinne der Zivilisierung der internationalen Beziehungen ist dabei auch die Tatsache, dass die Union den Einsatz militärischer Gewalt an das Vorliegen bestimmter völkerrechtlicher Voraussetzungen gebunden und sich bisher ganz dem Gewaltmonopol der Vereinten Nationen untergeordnet hat. Damit wird am Grundprinzip der Einhegung von Gewalt durch das Recht, einem Grundpfeiler der inneren Werteordnung der Union, nicht gerüttelt.

Andererseits stellt die Schaffung der militärischen Komponente in der ESVP das Konzept der Zivilmacht aber auch in Frage, weil damit eben nicht-zivile Mittel des Konfliktaustrags in die Außenbeziehungen der Union eingeführt werden, die für die Beziehungen im Inneren längst ausgeschlossen sind. Zudem weisen einige Aspekte der Einführung der ESVP darauf hin, dass die militärischen Mittel geschaffen wurden, um sich von den USA unabhängiger zu machen. Dies kann, wie oben gezeigt wurde, auch als ein in realistischen bzw. neorealistischen Kategorien interpretierbarer Rückfall in traditionelle Machtpolitik verstanden werden, die auf die Schaffung sicherheitspolitischer Autonomie gegenüber überlegenen Mächten gerichtet ist und die einer Zivilisierung der internationalen Beziehungen gerade entgegengesetzt wäre.

Insgesamt ist so die Wertebindung der EU in ihren Außenbeziehungen zwar unverkennbar, dennoch bleiben wichtige Ausnahmen, die eine einfache Übernahme des Zivilmachtskonzeptes bzw. eine einfache Reduzierung der Analyse auf die Innen-Außen-Analogie unmöglich machen. Die Analyse der Außenbeziehungen verlangt vielmehr ein Ineinandergreifen einerseits von Ansätzen, die die verhaltensleitende Wirkung einer gemeinsamen Wertebasis erfassen, und andererseits von Ansätzen, die egoistische Nutzenkalküle ökonomischer Akteure und Machtkalküle politischer Akteure abbilden können.

Literaturverzeichnis

Abromeit, Heidrun 1992. Der verkappte Einheitsstaat. Opladen: Leske + Budrich.

Abromeit, Heidrun 1995. Volkssouveränität, Parlamentssouveränität, Verfassungssouveränität: Drei Realmodelle der Legitimation staatlichen Handelns. Politische Vierteljahresschrift 1: 49-66.

Abromeit, Heidrun 1998. Democracy in Europe: Legitimising Politics in a Non-State Polity. New York und Oxford: Berghahn Books.

Abromeit, Heidrun 2000. Kompatibilität und Akzeptanz – Anforderungen an eine „integrierte Politik". In: Edgar Grande und Markus Jachtenfuchs (Hrsg.), Wie problemlösungsfähig ist die EU? Baden-Baden: Nomos, 59-76.

Aggestam, Lisbeth 1999. Role Conceptions and the Politics of Identity in Foreign Policy. Oslo: ARENA Working Papers Nr. 8, <http://www.arena.uio.no/publications/wp99_8.htm>.

Algieri, Franco 2004. Die Außen-, Sicherheits- und Verteidigungspolitik der EU. In: Werner Weidenfeld (Hrsg.), Europa-Handbuch, Band 1: Die Europäische Union: Politisches System und Politikbereiche, 3., akt. und überarb. Aufl. Gütersloh: Bertelsmann, 420-439.

Allen, David 1998. Who Speaks for Europe? The Search for an Effective and Coherent External Policy. In: John Peterson und Helen Sjursen (Hrsg.), A Common Foreign Policy for Europe? Competing Visions on CFSP. London: Taylor & Francis, 41-58.

Alter, Karen 1998. Who are the Masters of the Treaty? European Governments and the European Court of Justice. International Organization 52: 121-148.

Alter, Karen J. und Meunier-Aitsahalia, Sophie 1994. Judicial Politics in the European Community. European Integration and the Pathbreaking Cassis de Dijon Decision. Comparative Political Studies 26: 535–61.

Andersen, Mikael S. und Liefferink, Duncan 1997. European Environmental Policy: The Pioneers. Manchester: Manchester University Press.

Aoun, Elena 2003. European Foreign Policy and the Arab-Israeli Dispute: Much Ado About Nothing? European Foreign Affairs Review 8: 289-312.

Armstrong, Kenneth A. und Bulmer, Simon J. 1998. The Governance of the Single Market. Manchester: Manchester University Press.

Arts, Karin und Dickson, Anna 2004. EU Development Cooperation: From Model to Symbol? In: Karin Arts und Anna Dickson (Hrsg), EU Development Cooperation: From Model to Symbol. Manchester: Manchester UP, 1-16.

Attinà, Fulvio 2003: The Euro-Mediterranean Partnership Assessed: The Realist and Liberal Views. European Foreign Affairs Review 8: 181-199.

Auswärtiges Amt 1998. Gemeinsame Außen- und Sicherheitspolitik der Europäischen Union, 11. Auflage. Bonn: Auswärtiges Amt.

Baier, V. Eaton, March, James. G. und Sætren, Harald 1990. Implementierung und Ungewissheit. In: James G. March (Hrsg.), Entwicklung und Organisation. Kritische und konstruktive Beiträge, Entwicklungen und Perspektiven. Wiesbaden: Gabler, 170-184.

Bailer, Stefanie und Schneider, Gerald 2000. The Power of Legislative Hot Air: Informal Rules and the Enlargement Debate in the European Parliament. Journal of Legislative Studies 6: 19-44.

Banzhaf, John F. 1965. Weighted Voting Doesn't Work: A Mathematical Analysis. Rutgers Law Review 19: 317-343.

Batt, Judy, Lynch, Dov, Missiroli, Antonio, Ortega, Martin und Triantaphyllou, Dimitros 2003. Partners and Neighbours: A CFSP for a Wider Europe. Paris: Institute for Security Studies. Chaillot Paper No. 64.

Battistelli, Fabrizio und Isernia, Pierangelo 1993. Europa und die Integrationstheorien. Obsoleszenz oder Wachstumskrise? In: Armin von Bogdandy (Hrsg.), Die Europäische Option. Eine interdisziplinäre Analyse über Herkunft, Stand und Perspektiven der europäischen Integration. Baden-Baden: Nomos, 171-198.

Bennett, Colin 1991. What Is Policy Convergence and What Causes It? British Journal of Political Science 21: 215-233.

Benz, Arthur 1994. Kooperative Verwaltung. Funktionen, Voraussetzungen und Folgen. Baden-Baden: Nomos.

Benz, Arthur 1998. Politikverflechtung ohne Politikverflechtungsfalle – Koordination und Strukturdynamik im europäischen Mehrebenensystem. Politische Vierteljahresschrift 39: 558-589.

Benz, Arthur 1999a. Verwaltungskooperation im Mehrebenesystem der Europäischen Union – Das Beispiel der regionalen Strukturpolitik. In: Eberhard Schmidt-Assmann und Wolfgang Hoffmann-Riem (Hrsg.), Strukturen des Europäischen Verwaltungsrechts. Baden-Baden: Nomos, 45-69.

Benz, Arthur 1999b. Der deutsche Föderalismus. In: Thomas Ellwein und Everhard Holtmann (Hrsg.), 50 Jahre Bundesrepublik Deutschland. Rahmenbedingungen – Entwicklungen – Perspektiven. Politische Vierteljahresschrift. Special Issue 30. Opladen: Westdeutscher Verlag, 135-153.

Benz, Arthur 2000. Entflechtung als Folge von Verflechtung: Theoretische Überlegungen zur Entwicklung des europäischen Mehrebenensystems. In: Edgar Grande und Markus Jachtenfuchs (Hrsg.), Wie problemlösungsfähig ist die EU? Regieren im europäischen Mehrebenensystem. Baden-Baden: Nomos, 141-163.

Benz, Arthur, Scharpf, Fritz W. und Zintl, Reinhard 1992. Horizontale Politikverflechtung: Zur Theorie von Verhandlungssystemen. Frankfurt-New York: Campus.

Berg, Sven, Maeland, Reinert, Stenlund, Hans und Lane, Jan-Erik 1993. Politics, Economics and the Measurement of Power. Scandinavian Political Studies 16: 251-268.

Berman, Paul 1980. Thinking About Programmed and Adaptive Implementation. Matching Strategies to Situations. In: Helen Ingram und Dean Mann (Hrsg.), Why Policies Succeed or Fail. London: Sage, 205-227.

Bertelsmann Forum International 1997. Das neue Europa. Strategien differenzierter Integration. Gütersloh: Bertelsmann Stiftung.

Boekle, Henning, Rittberger, Volker und Wagner, Wolfgang 2001. Constructivist Foreign Policy. In: Volker Rittberger (Hrsg.), German Foreign Policy Since Unification. Manchester: Manchester University Press, 105-140.

den Boer, Monica und Monar, Jörg 2002. Keynote Article: 11 September and the Challenge of Global Terrorism to the EU as a Security Actor. In: Geoffrey Edwards und Georg Wiessala (Hrsg.), The European Union Annual Review of Activities. Special Issue of the Journal of Common Market Studies: 11-28.

Bogdandy, Armin von 1993. Supranationale Union als neuer Herrschaftstypus: Entstaatlichung und Vergemeinschaftung in staatstheoretischer Perspektive. Integration 16: 210-224.

Bogdanor, Vernon 1986. The Future of the European Community: Two Models of Democracy. Government and Opposition 21: 161-176.

Borrmann, Christine 1991. Verhandlungsspiele und EG-Entscheidungen. Hamburger Jahrbuch für Wirtschafts- und Gesellschaftspolitik 36: 153-153.

Börzel, Tanja A. 2000. Improving Compliance Through Domestic Mobilisation? New Instruments and the Effectiveness of Implementation in Spain. In: Christoph Knill und Andrea Lenschow (Hrsg.), Implementing EU Environmental Policy: New Directions and Old Problems. Manchester: Manchester University Press, 222-250.

Börzel, Tanja A. 2001. Non-compliance in the European Union. Pathology or Statistical Artefact. Journal of European Public Policy 8: 803-824.

Börzel, Tanja und Risse, Thomas 2003. Conceptualizing the Domestic Impact of Europe. In: Keath Featherstone und Claudio Radaelli (Hrsg.), The Politics of Europeanization. Oxford: Oxford University Press, 55-78.

Bouma, Jan J. 2000. Environmental Management Systems and Audits as Alternative Environmental Policy Instruments. In: Christoph Knill und Andrea Lenschow (Hrsg.), Implementing EU Environmental Policy: New Directions and Old Problems. Manchester: Manchester University Press, 116-133.

Brams, Steven J. und Affuso, Paul J. 1976. Power and Size: A New Paradox. Theory and Decision 7: 29-56.

Brandstetter, Gerfried 1999. Die Westeuropäische Union: Einführung und Dokumente. Wien: Nomos.

Bräuninger, Thomas, Cornelius, Tanja, König, Thomas und Schuster, Thomas 2001. The Dynamics of European Integration: A Constitutional Analysis of the Amsterdam Treaty. In: Gerald Schneider und Mark Aspinwall (Hrsg.), The Rules of Integration. Institutionalist Approaches to the Study of Europe. Manchester: Manchester University Press, 46-68.

Brown, William 2004. From Uniqueness to Uniformity? An Assessment of EU Development Aid Policies. In: Karin Arts, und Anna Dickson (Hrsg.), EU Development Cooperation: From Model to Symbol. Manchester: Manchester University Press, 17-41.

Buchanan, James M. 1965. An Economic Theory of Clubs. Economica 32: 1-14.

Burley, Anne-Marie und Mattli, Walter 1993a. Beyond Intergovernmentalism: The Quest for a Comprehensive Framework for the Study of Integration. Cooperation and Conflict 28: 181-208.

Burley, Anne-Marie und Mattli, Walter 1993b. Europe before the Court: A Political Theory of Legal Integration. International Organization 47: 41-76.

Cameron, Fraser und Quille, Gerrard 2004. ESDP: The State of Play. EPC Working Paper No. 11. Brüssel: EPC.

Caporaso, James A. 1998. Regional Integration Theory: Understanding Our Past and Anticipating Our Future. In: Wayne Sandholtz und Alec Stone Sweet (Hrsg.), European Integration and Supranational Governance. Oxford: Oxford University Press, 334-351.

Caporaso, James A., Green Cowles, Maria und Risse, Thomas (Hrsg.) 2001. Transforming Europe. Europeanization and Domestic Change. Ithaca, New York: Cornell University Press.

Caporaso, James A. und Keeler, John T. S. 1995. The European Union and Regional Integration Theory. In: Carolyn Rhodes und Sonia Mazey (Hrsg.), The State of the European Union. Vol. 3: Building a European Polity? Boulder: Lynne Rienner, 29-62.

Carrubba, Clifford 1997. Net Financial Transfers in the European Union: Who gets What and Why? The Journal of Politics 59: 469-496.

Cederman, Lars-Erik 2001. Nationalism and Bounded Integration. What it Would Take to Construct a European Demos. European Journal of International Relations 7: 139-174.

Centre for Economic Policy Research (Hrsg.) 1995. Flexible Integration. Towards a More Effective and Democratic Europe. London.

Cerych, Ladislav und Sabatier, Paul 1986. Great Expectations and Mixed Preferences: The Implementation of European Higher Education Reforms. Stoke on Trent, UK: Trentham Books.

Checkel, Jeffrey T. 2001a. The Europeanization of Citizenship? In: James A. Caporaso, Maria Green Cowles und Thomas Risse (Hrsg.), Transforming Europe. Europeanization and Domestic Change. Ithaca, NY: Cornell University Press, 180-197.

Checkel, Jeffrey T. 2001b. Why Comply? Social Learning and European Identity Change. International Organization 55: 553-588.

Christiansen, Thomas, Joergensen, Knud E. und Wiener, Antje 2001. The Social Construction of Europe. London: Sage.

Cini, Michelle 1996. The European Commission. Leadership, Organization and Culture in the EU Administration. Manchester: Manchester University Press.

Claeys, Anne-Sophie 2004. Sense and Sensibility: The Role of France and French Interests in European Development Policy since 1957. In: Karin Arts und Anna Dickson (Hrsg.), EU Development Cooperation: From Model to Symbol. Manchester: Manchester University Press, 113-132.

Club von Florenz (Hrsg.) 1996. Europa: Der unmögliche Status quo. Baden-Baden: Nomos.

Cohen, Benjamin 2003. Global Currency Rivalry: Can the Euro Ever Challenge the Dollar? Journal of Common Market Studies 41: 575-595.

Collins, Ken und Earnshaw, David 1992. The Implementation and Enforcement of European Community Environment Legislation. Environmental Politics 1: 213-249.

Corbett, Richard 1998. The European Parliament's Role in Closer EU Integration. Basingstoke: Palgrave.

Cornes, Richard und Sandler, Todd 1986. The Theory of Externalities, Public Goods and Club Goods. New York: Cambridge University Press.

Cram, Laura 1997. Policy-Making and the European Union: Conceptual Lenses and the Integration Process. London: Routledge.

Crawford, Beverly 1996. Explaining Defection from International Cooperation: Germany's Unilateral Recognition of Croatia. World Politics 48: 482-521.

Crombez, Christophe 2003. The Democratic Deficit in the European Union. Much Ado about Nothing? European Union Politics 4: 101-120.

Dahl, Robert A. 1994. A Democratic Dilemma: System Effectiveness versus Citizen Participation. Political Science Quarterly 109: 23-34.

Dahrendorf, Ralf 1979. A Third Europe? Third Jean Monnet Lecture, Florenz, 26.11.1979.

Dearden, Stephen 2003. The Future Role of the European Union in Europe's Development Assistance. Cambridge Review of International Affairs 16: 105-117.

Decker, Frank 2002a. Institutionelle Entwicklungspfade im europäischen Integrationsprozess. Eine Antwort auf Katharina Holzinger und Christoph Knill. Zeitschrift für Politikwissenschaft 12: 611-636.

Decker, Frank 2002b. Governance Beyond the Nation-state. Reflections on the Democratic Deficit of the European Union. Journal of European Public Policy 9: 256-272.

Decker, Frank 2003. Parlamentarisch, präsidentiell oder semi-präsidentiell? Der Verfassungskonvent ringt um die künftige institutionelle Gestalt Europas. Aus Politik und Zeitgeschichte 51-52: 16-23.

Deegan, John und Packel, Edward 1979. A New Index of Power for Simple n-Person Games. International Journal of Game Theory 7: 113-123.

Dembinski, Matthias 2005. Netzwerke in der europäischen Außenpolitik. Unveröffentlichtes Manuskript.

Deubner, Christian 1995. Deutsche Europapolitik: Von Maastricht nach Kerneuropa? Baden-Baden: Nomos.

Deutsch, Klaus Günter 1999. The Politics of Freer Trade in Europe: Three-Level Games in the Common Commercial Policy of the EU 1985-1997. Münster: Lit.

Deutsche Bundesbank 2001. Neuere institutionelle Entwicklungen in der wirtschafts- und währungspolitischen Kooperation. Monatsberichte 53,1: 15-34.

Devuyst, Youri 1995. The European Community and the Conclusion of the Uruguay Round. In: Carolyn Rhodes und Sonia Mazey (Hrsg.), The State of the European Union, Vol. 3. Building a European Polity? Boulder, CO: Lynne Rienner Publishers, 449-467.

Diedrichs, Udo 2003. Die Politik der Europäischen Union gegenüber dem Mercosur: Die EU als internationaler Akteur. Opladen: Leske + Budrich.

DiMaggio, Paul J. und Powell, Walter W. 1991. The Iron Cage Revisited. Institutionalised Isomorphism and Collective Rationality in Organizational Fields. In: Walter W. Powell und Paul J. DiMaggio (Hrsg.), The New Institutionalism in Organizational Analysis. Chicago: Chicago University Press, 63-82.

Dimitrova, Antonaeta und Steunenberg, Bernard 2000. The Search for Convergence of National Policies in the European Union. An Impossible Quest? European Union Politics 1: 201-226.

Donahue, John D. und Pollack, Mark A. 2001. Centralization and Its Discontents: The Rythms of Federalism in the United States and the European Union. In: Kalypso Nicolaidis und Robert Howse (Hsg.), The Federal Vision. Legitimacy and Levels of Governance in the United States and the European Union, Oxford: Oxford University Press.

Dreis-Lampen, Barbara 1998. ASEAN und die Europäische Union: Bestandsaufnahme und Neubewertung der interregionalen Beziehungen. Hamburg: Institut für Asienkunde.

Drezner, Daniel W. 2001. Globalization and Policy Convergence. The International Studies Review 3: 53-78.

Dubey, Pradeep und Shapley, Lloyd S. 1979. Mathematical Properties of the Banzhaf Power Index. Mathematics of Operations Research 4: 99-131.

Duchêne, François 1973. Die Rolle Europas im Weltsystem. Von der regionalen zur planetarischen Interdependenz. In: Max Kohnstamm und Wolfgang Hager (Hrsg.), Zivilmacht Europa – Supermacht oder Partner? Frankfurt a.M.: Suhrkamp, 11-35.

Duina, Francesco 1997. Explaining Legal Implementation in the European Union. International Journal of the Sociology of Law 25: 155-179.

Eberlein, Burkhard und Kerwer, Dieter 2002. Theorising the New Model of European Governance. European Integration Online Papers (EIoP) 6 (5). <http://eiop.or.at/eiop/texte/2002-005a.htm>.

Eder, Klaus 2003. Öffentlichkeit und Demokratie. In: Markus Jachtenfuchs und Beate Kohler-Koch (Hrsg.), Europäische Integration. Opladen: Leske + Budrich, 85-120.

Egeberg, Morten 1999. Transcending Intergovernmentalism? Identity and Role Perceptions of National Officials. Journal of European Public Policy 6: 456-474.

Eichenberger, Reiner 1996. Eine «fünfte Freiheit» für Europa: Stärkung des politischen Wettbewerbs durch «FOCJ». Zeitschrift für Wirtschaftspolitik 45: 110-130.

Eichener, Volker 1996. Die Rückwirkungen der europäischen Integration auf nationale Politikmuster. In: Markus Jachtenfuchs und Beate Kohler-Koch (Hrsg.), Europäische Integration. Opladen: Leske & Budrich, 249-280.

Eising, Rainer und Kohler-Koch, Beate 1994. Inflation und Zerfaserung: Trends der Interessenvermittlung in der Europäischen Gemeinschaft. In: Wolfgang Streeck (Hrsg.), Staat und Verbände. PVS Sonderheft 25/1994. Opladen: Westdeutscher Verlag, 175-206.

Elsig, Manfred 2002. The EU's Common Commercial Policy: Institutions, Interests and Ideas. Aldershot: Ashgate.

Erdmann-Keefer, Vera 1991. Agrarhandelskonflikte EG-USA. Analyse eines Dauerproblems. Kehl: N.P. Engel.

Esping-Andersen, Gøsta 1990. The Three Worlds of Welfare Capitalism. Princeton, NJ: Princeton University Press.

Faibrass, J. und Jordan, Andrew 2001. European Union, Environmental Policy and the UK Government. A Passive Observer or a Strategic Manager. Environmental Politics 10: 1-21.

Falke, Andreas 2000. The EU-US Conflict over Sanctions Policy: Confronting the Hegemon. European Foreign Affairs Review 5: 139-164.

Falkner, Gerda 2000. Problemlösungsfähigkeit im europäischen Mehrebenensystem: Die soziale Dimension. In: Edgar Grande und Markus Jachtenfuchs (Hrsg.), Wie problemlösungsfähig ist die EU? Regieren im europäischen Mehrebenensystem. Baden-Baden: Nomos, 283-311.

Farrell, Henry und Héritier, Adrienne 2003. Formal and Informal Institutions und Codecision: Continous Constitution-Building und Europe. Governance 16: 577-600.

Faust, Jörg 2004. Blueprint for an interregional future? The European Union and the Southern Cone. In: Vinod Aggarwal und Edward Fogerty (Hrsg.), EU Trade Strategies Between Regionalism and Globalism, London: Palgrave Macmillan, 41-63.

Feld, Lars P. und Kirchgässner, Gebhard 1998. Fiskalischer Föderalismus. WiSt 27: 65-70.

Fierke, Karin and Wiener, Antje 1999. Constructing Institutional Interests: EU and NATO Enlargement. Journal of European Public Policy 6: 721-742.

Fligstein, Neil und Stone Sweet, Alec 2001. Institutionalizing the Treaty of Rome. In: Alec Stone Sweet, Wayne Sandholtz und Neil Fligstein (Hrsg.), The Institutionalization of Europe. Oxford: Oxford University Press, 29-55.

Fligstein, Neil und Stone Sweet, Alec 2002. Constructing Polities and Markets: An Institutionalist Account of European Integration. American Journal of Sociology 5107: 1206-1243.

Forster, Anthony und Wallace, William 2000. Common Foreign and Security Policy. From Shadow to Substance? In: Helen Wallace und William Wallace (Hrsg.), Policy-making in the European Union. Oxford: Oxford University Press, 461-491.

Fraenkel, Ernst 1976. Das amerikanische Regierungssystem. Opladen: Westdeutscher Verlag.

Frey, Bruno S. 1996. A Directly Democratic and Federal Europe. Constitutional Political Economy 7: 267-279.

Frey, Bruno S. 1997. Ein neuer Föderalismus für Europa: Die Idee der FOCJ. Tübingen: Mohr Siebeck.

Frey, Bruno S. und Eichenberger, Reiner 1996. FOCJ: Competitive Governments for Europe. International Review of Law and Economics 16: 315-327.

Friis, Lykke 1998a. ... And Then They Were 15: The EU's EFTA-Enlargement Negotiations. Cooperation and Conflict 33: 81-107.

Friis, Lykke 1998b. „The End of the Beginning" of Eastern Enlargement – Luxembourg Summit and Agenda-setting. European Integration Online Papers (EIoP) 2 (7). <http://eiop.or.at/eiop/texte/1998-007a.htm>.

Fuchs, Dieter und Klingemann, Hans-Dieter 2002. Eastward Enlargement of the European Union and the Identity of Europe. West European Politics 25: 19-54.

Fursdon, Edward 1980. The European Defence Community. A History. Basingstoke/London: Macmillan.

Ganghof, Steffen 2003. Promises and Pitfalls of Veto Player Analysis. Swiss Political Science Review 9: 1-25.

Garrett, Geoffrey 1992. International Cooperation and Institutional Choice: The European Community´s Internal Market. International Organization 46: 533-560.

Garrett, Geoffrey 1995. The Politics of Legal Integration in the European Union. International Organization 49: 181-191.

Garrett, Geoffrey, Keleman, Daniel R. und Schulz, Heiner 1998. The European Court of Justice, National Governments, and Legal Integration in the European Union. International Organization 52: 149-176.

Garrett, Geoffrey und Tsebelis, George 1996. An Institutional Critique of Intergovernmentalism. International Organization 50: 149-176.

Garrett, Geoffrey und Tsebelis, George 1997. More on the Codecision Endgame. Journal of Legislative Studies 3: 139-143.

Garrett, Geoffrey und Tsebelis, George 2001. Understanding Better the EU Legislative Process. European Union Politics 2: 353-361.

Garrett, Geoffrey und Weingast, Barry 1993. Ideas, Interests, and Institutions: Constructing the European Community's Internal Market. In: Judith Goldstein und Robert O. Keohane (Hrsg.), Ideas and Foreign Policy. Ithaca: Cornell University Press.

Genschel, Philipp 2002. Steuerharmonisierung und Steuerwettbewerb in der Europäischen Union. Frankfurt a.M.: Campus.

Giering, Claus 1997. Vertiefung durch Differenzierung – Flexibilisierungskonzepte in der aktuellen Reformdebatte. Integration 20: 72-83.

Giering, Claus 2001. Die institutionellen Reformen von Nizza – Anforderungen, Ergebnisse, Konsequenzen, in: Werner Weidenfeld (Hrsg.): Nizza in der Analyse. Strategien für Europa. Gütersloh: Verlag Bertelsmann Stiftung, 51-144.

Ginsberg, Roy 1989. Foreign Policy Actions of the European Community: The Politics of Scale. Boulder, Col.: Lynne Rienner.

Glarbo, Kenneth 1999. Wide-awake Diplomacy: Reconstructing the Common Foreign and Security Policy of the European Union. Journal of European Public Policy 6: 634-651.

Golub, Jonathan 1999. In the Shadow of the Vote? Decision-making in the European Community. International Organization 53: 737-768.

Gordon, Philip H. 1997. Europe's Uncommon Foreign Policy. International Security 22: 74-100.

Grabitz, Eberhard (Hrsg.) 1984. Abgestufte Integration. Eine Alternative zum herkömmlichen Integrationskonzept. Kehl: Engel.

Grand, Camille 2000. The European Union and the Non-Proliferation of Nuclear Weapons. Paris: Institute for Security Studies. Chaillot Paper No. 37.

Grande, Edgar 1996. Demokratische Legitimation und europäische Integration. Leviathan 24: 339-360.

Grande, Edgar 2000. Post-National Democracy in Europe. In: Michael Th. Greven und Louis W. Pauly (Hrsg.), Democracy beyond the State? The European Dilemma and the Emerging Global Order. Lanham: Rowman & Littlefield, 115-138.

Grande, Edgar und Jachtenfuchs, Markus (Hrsg.), 2000. Wie problemlösungsfähig ist die EU? Regieren im europäischen Mehrebenensystem. Baden-Baden: Nomos.

Green Cowles, Maria und Risse, Thomas 2001. Transforming Europe: Conclusions. In: James A. Caporaso, Maria Green Cowles, und Thomas Risse (Hrsg.), Transforming Europe. Europeanization and Domestic Change. Ithaca, NY: Cornell University Press, 217-238.

Greenwood, Justin 1997. Representing Interests in the European Union. Houndsmills: Macmillan.

Greven, Michael Th. 2000. Can the European Union Finally Become a Democracy? In: Michael Th. Greven und Louis W. Pauly (Hrsg.), Democracy beyond the State? The European Dilemma and the Emerging Global Order. Lanham: Rowman & Littlefield, 35-62.

Grieco, Joseph 1995. The Maastricht Treaty, Economic and Monetary Union and the Neo-Realist Research Programme. Review of International Studies 21: 21-40.

Grieco, Joseph 1996. State Interests and Institutional Rule Trajectories: A Neorealist Interpretation of the Maastricht Treaty and European Economic and Monetary Union. Security Studies 5: 261-306.

Groenleer, Martijn und van Schaik, Louise 2004. The EU as an International Actor: The Case of the International Criminal Court. CFSP Forum 2: 4-7.

Gstöhl, Sieglinde 2002a. Reluctant Europeans. Norway, Sweden and Switzerland in the Process of European Integration. Boulder: Lynne Rienner.

Gstöhl, Sieglinde 2002b. Scandinavia and Switzerland: Small, Successful and Stubborn towards the EU. Journal of European Public Policy 9: 529-549.

Haas, Ernst B. 1961. International Integration: The European and the Universal Process. International Organization 3: 366-392.

Haas, Ernst B. 1968. The Uniting of Europe. Political, Social and Economic Forces 1950-1957. Stanford: Stanford University Press.

Haas, Ernst B. 2001. Does Constructivism Subsume Neo-functionalism? In: Thomas Christiansen, Knud Erik Joergensen und Antje Wiener (Hrsg.), The Social Construction of Europe. London: Sage, 22-31.

Haas, Peter 1992. Introduction: Epistemic Communities and International Policy Coordination. International Organization 46: 1-35.

Haas, Peter M. 1993. Protecting the Baltic and North Seas. In: Ernst B. Haas, Robert B. Keohane und Marc A. Levy (Hrsg.), Institutions for the Earth. Sources of Effective International Protection. Cambridge: MIT Press, 133-182.

Haigh, Nigel 1991. The European Community and International Environmental Policy. International Environmental Affairs 3: 163-186.

Hall, Peter A. und Taylor, Rosemarie C. R. 1996. Political Science and the Three New Institutionalisms. Köln: Max-Planck-Institut für Gesellschaftsforschung. MPIFG Discussion Paper 96/6.

Hayes-Renshaw, Fiona und Wallace, Helen 1997. The Council of Ministers. London: Macmillan.

Heinemann, Friedrich 1996. Die ökonomische Föderalismustheorie und ihre Botschaft für die Kompetenzaufteilung im Mehrebenensystem der Europäischen Union. In: Thomas

König, Elmar Rieger und Hermann Schmitt (Hrsg.), Das Europäische Mehrebenensystem. Frankfurt a.M.: Campus, 117-132.

Héritier, Adrienne 1993. Policy-Netzwerkanalyse als Untersuchungsinstrument im europäischen Kontext. In: Adrienne Héritier (Hrsg.), Policy-Analyse. Kritik und Neuorientierung. PVS Sonderheft 24, Opladen: Westdeutscher Verlag, 432-450.

Héritier, Adrienne 1997. Die Koordination von Interessenvielfalt im europäischen Entscheidungsprozess und deren Ergebnis: Regulative Politik als "Patchwork". In: Arthur Benz und Wolfgang Seibel (Hrsg.), Theorieentwicklung in der Politikwissenschaft – eine Zwischenbilanz. Baden-Baden: Nomos, 261-279.

Héritier, Adrienne 2002. New Modes of Governance in Europe: Policy Making Without Legislating? In: Adrienne Héritier (Hrsg.), The Provision of Common Goods: Governance across Multiple Arenas. Boulder: Rowman and Littlefield, 185-206.

Héritier, Adrienne und Knill, Christoph 2001. Differential Responses to European Policies: A Comparison. In: Adrienne Héritier, Dieter Kerwer, Christoph Knill, Dirk Lehmkuhl, Michael Teutsch und Anne-Cecile Douillet (Hrsg.), Differential Europe. New Opportunities and Restrictions for Member-State Policies. Lanham: Rowman and Littlefield, 257-294.

Héritier, Adrienne, Knill, Christoph und Mingers, Susanne 1996. Ringing the Changes in Europe. Regulatory Competition and the Transformation of the State. Berlin: de Gruyter.

Héritier, Adrienne, Mingers, Susanne, Knill, Christoph und Becka, Martina 1994. Die Veränderung von Staatlichkeit in Europa: Ein regulativer Wettbewerb. Deutschland, Großbritannien, Frankreich. Opladen: Leske und Budrich.

Herne, Kaisa und Nurmi, Hannu 1993. The Distribution of A Priori Voting Power in the EC Council of Ministers and the European Parliament. Scandinavian Political Studies 16: 269-284.

Herrmann, Christoph 2002. Monetary Sovereignty over the Euro and External Relations of the Euro Area. Competences, procedures and practice. European Foreign Affairs Review 7: 1-24.

Hey, Christian 2000. Zukunftsfähigkeit und Komplexität – Institutionelle Innovation in der Europäischen Union. In: Volker von Prittwitz (Hrsg.), Institutionelle Arrangements in der Umweltpolitik, Zukunftsfähigkeit durch innovative Verfahrenskombination? Opladen: Leske und Budrich, 85-101.

Hill, Michael 1997. Implementation Theory. Policy and Politics 25: 375-385.

Hix, Simon 1998. Elections, Parties and Institutional Design. A Comparative Perspective on European Union Democracy. West European Politics 21: 19-52.

Hix, Simon 1999. The Political System of the European Union. Basingstoke: Macmillan.

Hix, Simon 2001. Legislative Behaviour and Party Competition in the European Parliament: An Application of Nominate to the EU. Journal of Common Market Studies 39: 663-688.

Hix, Simon 2002. Constitutional Agenda-Setting Through Discretion in Rule Interpretation: Why the European Parliament Won at Amsterdam. British Journal of Political Science 32: 259-280.

Hix, Simon 2003. Parteien, Wahlen und Demokratie in der EU. In: Markus Jachtenfuchs und Beate Kohler-Koch (Hrsg.), Europäische Integration. Opladen: Leske + Budrich, 151-180.

Hix, Simon 2005. The Political System of the European Union. 2. Auflage. Basingstoke: Palgrave.

Hoffmann, Stanley 1966. Obstinate or Obsolete? The Fate of the Nation-State and the Case of Western Europe. Daedalus 3: 862-915.

Hoffmann, Stanley 1982. Reflections on the Nation-State in Western Europe Today. Journal of Common Market Studies 21: 1-2, 21-37.

Hoffmann, Stanley 2000. Towards a Common European Foreign and Security Policy? Journal of Common Market Studies 2: 189-198.

Holland, Martin 2002. The European Union and the Third World. Basingstoke: Palgrave.

Holler, Manfred J. 1984. A Public Good Power Index. In: Manfred Holler (Hrsg.), Coalitions and Collective Action. Würzburg: Physika Verlag, 51-59.

Holler, Manfred J. 1998. Two Stories, One Power Index. Journal of Theoretical Politics 10: 179-190.

Holler, Manfred und Illing, Gerhard 2003. Einführung in die Spieltheorie. Berlin-Heidelberg-New York: Springer.

Holler, Manfred und Owen, Guillermo (Hrsg.) 2002. Power Measures, Volume II. Homo Oeconomicus 19.

Holzinger, Katharina 1994. Politik des kleinsten gemeinsamen Nenners? Umweltpolitische Entscheidungsprozesse in der EG am Beispiel des Katalysatorautos. Berlin: Edition Sigma.

Holzinger, Katharina 1997. The Influence of the New Member States on EU Environmental Policy-Making. A Game-Theoretic Approach. In: Mikael E. Skou Andersen und Duncan Liefferink (Hrsg.), The Innovation of European Environmental Policy. Kopenhagen: Scandinavian University Press, 59-82.

Holzinger, Katharina 2002. The Provision of Transnational Common Goods: Regulatory Competition for Environmental Standards. In: Adrienne Héritier (Hrsg.), Commons Goods: Re-inventing European and International Governance. Lanham: Rowman and Littlefield, 57-79.

Holzinger, Katharina 2003. Common Goods, Matrix Games and Institutional Response. European Journal of International Relations 9: 173-212.

Holzinger, Katharina und Knill, Christoph 2002. Path Dependencies in European Integration. A Constructive Response to Joschka Fischer. Public Administration 80: 125-152.

Holzinger, Katharina und Knill, Christoph 2005. Causes and Conditions of Cross-national Convergence. Journal of European Public Policy 12 (5) (im Erscheinen).

Holzinger, Katharina, Knill, Christoph und Schäfer, Ansgar 2003. Steuerungswandel in der europäischen Umweltpolitik? In: Katharina Holzinger, Christoph Knill und Dirk Lehmkuhl (Hrsg.), Politische Steuerung im Wandel. Der Einfluss von Ideen und Problemstrukturen. Opladen: Leske und Budrich, 103-132.

Holzinger, Katharina und Knoepfel, Peter (Hrsg.) 2000. Environmental Policy in a European Union of Variable Geometry? The Challenge of the Next Enlargement. Basel: Helbing und Lichtenhahn.

Hooghe, Liesbet (Hrsg.) 1996. Cohesion Policy and European Integration: Building Multi-Level Governance. Oxford: Oxford University Press.

Höreth, Marcus 1999. No Way out for the Beast? The Unsolved Legitimacy Problem of European Governance. Journal of European Public Policy 6: 249-268.

Horng, Der-Chin 2004. The European Central Bank's External Relations with Third Countries and the IMF. European Foreign Affairs Review 9: 323-346.

Hörnlein, Frank 2000. Leitbilder im Zielsystem der europäischen Integration. Berlin: Verlag Dr. Köster.

Hosli, Madeleine O. 2002. Preferences and Power in the European Union. Homo Oeono-
micus 19: 311-326.

Howorth, Jolyon 2000. European Integration and Defence: The Ultimate Challenge? Paris:
Institute for Security Studies, Western European Union. Chaillot Paper No. 43.

Ingebritsen, Christine 1997. Pulling in Different Directions: The Europeanization of Scandinavian Political Economies. In: Peter J. Katzenstein (Hrsg.), Tamed Power. Germany
in Europe. Ithaca: Cornell University Press, 167-194.

Ingebritsen, Christine 1998. The Nordic States and European Unity. Ithaca: Cornell University Press.

Ingram, Helen und Schneider, Anne 1990. Improving Implementation Through Framing
Smarter Statutes. Journal of Public Policy 10: 67-88.

Jachtenfuchs, Markus 1990. The European Community and the Protection of the Ozone
Layer. Journal of Common Market Studies 28: 261-277.

Jachtenfuchs, Markus 2002. Die Konstruktion Europas. Verfassungsideen und institutionelle Entwicklung. Baden-Baden: Nomos.

Jachtenfuchs, Markus und Kohler-Koch, Beate (Hrsg.) 1996. Europäische Integration.
Opladen: Leske + Budrich.

Jachtenfuchs, Markus und Kohler-Koch, Beate (Hrsg.) 2003. Europäische Integration. 2.
Auflage. Opladen: Leske + Budrich.

Jachtenfuchs, Markus, Diez, Thomas und Jung, Sabine 1998. Which Europe? Conflicting
Models of a Legitimate European Political Order. European Journal of International Relations 4: 409-445.

Jänicke, Martin und Weidner, Helmut (Hrsg.) 1997. National Environmental Policies. A
Comparative Study of Capacity-Building. Berlin: Springer.

Janning, Josef 1994. Europa braucht verschiedene Geschwindigkeiten. Europa-Archiv 18:
527-536.

Joerges, Christian und Neyer, Jürgen 1997a. From Intergovernmental Bargaining to Deliberative Political Process: The Constitutionalisation of Comitology. European Law
Journal 3: 273-299.

Joerges, Christian und Neyer, Jürgen 1997b. Transforming Strategic Interaction into Deliberative Problem-solving. European Comitology in the Foodstuffs Sector. Journal of
European Public Policy 4: 609-625.

Johnston, Alastair Iain 2001. Treating International Institutions as Social Environments. International Studies Quarterly 45: 487-515.

Johnston, Ron J. 1977. Voting Power in the E.E.C.'s Council of Ministers. Geoforum 8: 1-9.

Jordan, Andrew 1999. The Implementation of EU Environmental Policy: A Problem Without
a Political Solution? Environment and Planning C: Government and Policy 17: 69-90.

Jørgensen, Knud Erik 1999. Modern European Diplomacy: A Research Agenda. Journal of
International Relations and Development 2: 78-96.

Jupille, Joseph 1999. The European Union and International Outcomes. International Organization 53: 409-425.

Jupille, Joseph und Caporaso, James A. 1998. States, Agency, and Rules: The European
Union in Global Environmental Politics. In: Carolyn Rhodes (Hrsg.), The European
Union in the World Community. Boulder: Lynne Rienner, 213-229.

Kaelble, Hartmut 2003. Gibt es eine europäische Zivilgesellschaft? In: Dieter Gosewinkel,
Dieter Rucht, Wolfgang van den Daele und Jürgen Kocka (Hrsg.), Zivilgesellschaft – national und transnational. WZB-Jahrbuch 2003. Berlin: edition sigma, 267-284.

Katz, Richard S. 2001. Models of Democracy. Elite Attitudes and the Democratic Deficit in the European Union. European Union Politics 2: 53-79.

Keeler, John T.S. .1996. Agricultural Power in the European Community: Explaining the Fate of CAP and GATT Negotiations. Comparative Politics 28: 127-149.

Kenis, Patrick und Schneider, Volker 1987. The EC as an International Corporate Actor: Two Case Studies in Economic Diplomacy. European Journal of Political Research 15: 437-459.

Keohane, Robert O. 1984. After Hegemony. Cooperation and Discord in the World Political Economy. Princeton: Princeton University Press.

Keohane, Robert O. und Hoffmann, Stanley 1991. Institutional Change in Europe in the 1980s. In: R. O. Keohane und Stanley Hoffmann (Hrsg.), The New European Community. Decision-Making and Institutional Chance. Boulder: Westview, 1-39.

Keohane, Robert O. und Nye, Joseph S. 1977. Power and Interdependence. World Politics in Transition. Boston: Little Brown.

Kerber, Wolfgang 1998. Zum Problem einer Wettbewerbsordnung für den Systemwettbewerb. Jahrbuch für Neue Politische Ökonomie 17: 199-230.

Kern, Kristine 2000. Die Diffusion von Politikinnovationen. Umweltpolitische Innovationen im Mehrebenensystem der USA. Opladen: Leske & Budrich.

Kern, Kristine, Jörgens, Helge und Jänicke, Martin 2000. Die Diffusion umweltpolitischer Innovationen. Ein Beitrag zur Globalisierung von Umweltpolitik. Zeitschrift für Umweltpolitik und Umweltrecht 23: 507-546.

Kerremans, Bart 2004. What Went Wrong in Cancun? A Principal-Agent-View on the EU's Rationale Towards the Doha Development Round. European Foreign Affairs Review 9: 363-393.

Kerwer, Dieter 2001. Going through the Motions: The Modest Impact of Europe on Italian Transport Policy. In: Adrienne Héritier, Dieter Kerwer, Christoph Knill, Dirk Lehmkuhl, Michael Teutsch und Anne-Cecile Douillet (Hrsg.), Differential Europe. New Opportunities and Restrictions for Member-State Policies. Lanham: Rowman and Littlefield, 173-216.

Kerwer, Dieter und Teutsch, Michael 2001. The Dynamics of the EC's Common Transport Policy. In: Adrienne Héritier, Dieter Kerwer, Christoph Knill, Dirk Lehmkuhl, Michael Teutsch und Anne-Cecile Douillet (Hrsg.), Differential Europe. New Opportunities and Restrictions for Member-State Policies. Lanham: Rowman and Littlefield, 23-56.

Kickert, Walter J.M. (Hrsg.) 1997. Public Management and Administrative Reform in Western Europe. Cheltenham: Edward Elgar.

Kielmansegg, Peter Graf 2003. Integration und Demokratie. In: Markus Jachtenfuchs und Beate Kohler-Koch (Hrsg.), Europäische Integration. Opladen: Leske + Budrich, 49-83.

Kimber, Cliona 2000. Implementing European Environmental Policy and the Directive on Access to Environmental Information. In: Christoph Knill und Andrea Lenschow (Hrsg.), Implementing EU Environmental Policy: New Directions and Old Problems. Manchester: Manchester University Press, 168-196.

Kingdon, John W. 1984. Agendas, Alternatives and Public Policies. Boston: Little, Brown.

Kittel, Gabriele, Rittberger, Volker und Schimmelfennig, Frank 1995. Staatenmerkmale und Außenpolitik: Untersuchungsdesign und Hypothesen. In: Volker Rittberger (Hrsg.), Anpassung oder Austritt: Industriestaaten in der UNESCO-Krise. Ein Beitrag zur vergleichenden Außenpolitikforschung. Berlin: edition sigma, 53-82.

Knill, Christoph 1995. Staatlichkeit im Wandel. Großbritannien im Spannungsfeld innenpolitischer Reformen und europäischer Integration. Opladen: Deutscher Universitätsverlag.

Knill, Christoph 2001. The Europenization of National Administrations: Patterns of Institutional Change and Persistence. Cambridge: Cambridge University Press.

Knill, Christoph 2003. Europäische Umweltpolitik. Steuerungsprobleme und Regulierungsmuster im Mehrebenensystem. Opladen: Leske und Budrich.

Knill, Christoph und Héritier, Adrienne 1996. Neue Instrumente in der europäischen Umweltpolitik: Strategien für eine effektivere Implementation. In: Gertrude Lübbe-Wolff (Hrsg.), Der Vollzug des europäischen Umweltrechts. Berlin: Erich Schmidt Verlag, 209-234.

Knill, Christoph und Lehmkuhl, Dirk 1998. Integration by Globalization: The European Interest Representation of the Consumer Electronics Industry. Current Politics and Economics in Europe 8: 131-153.

Knill, Christoph und Lehmkuhl, Dirk 2002a. Private Actors and State: Internationalization and Changing Patterns of Governance. Governance 15: .41-63.

Knill, Christoph and Lehmkuhl, Dirk 2002b. The National Impact of European Union Regulatory Policy: Three Europeanization Mechanisms. European Journal of Political Research 41: 255-280.

Knill, Christoph und Lenschow, Andrea 1998. Coping with Europe: The Implementation of EU Environmental Policy and Administrative Traditions in Britain and Germany. Journal of European Public Policy 5: 595-614.

Knill, Christoph und Lenschow, Andrea 1999. Neue Konzepte – alte Probleme? Die institutionellen Grenzen effektiver Implementation. Politische Vierteljahresschrift 40: 591-617.

Knill, Christoph und Lenschow, Andrea (Hrsg.) 2000. Implementing EU Environmental Policy: New Directions and Old Problems. Manchester: Manchester University Press.

Kohler-Koch, Beate 1999. The Evolution and Transformation of European Governance. In: Beate Kohler-Koch und Rainer Eising (Hrsg.), The Transformation of Governance in the European Union. London: Routledge, 14-35.

Kohler-Koch, Beate 2000. Europäisierung: Plädoyer für eine Horizonterweiterung. In: Michele Knodt und Beate Kohler-Koch (Hrsg.), Deutschland zwischen Europäisierung und Selbstbehauptung. Frankfurt/New York: Campus, 11-31.

Kohler-Koch, Beate und Eising, Rainer (Hrsg.) 1999. The Transformation of Governance in the European Union. London: Routledge.

Kohler-Koch, Beate, Jouve, Bernard und Negrier, Emmanuel 1998. Interaktive Politik in Europa. Regionen im Netzwerk der Integration. Opladen: Leske und Budrich.

König, Thomas und Bräuninger, Thomas 1998. The Inclusiveness of European Decision Rules. Journal of Theoretical Politics 10: 125-141.

König, Thomas und Bräuninger, Thomas 2000. Decisiveness and Inclusiveness: Two Aspects of the Intergovernmental Choice of European Voting Rules. Homo Oeconomicus 17: 107-123.

König, Thomas und Bräuninger, Thomas 2004. Accession and Reform of the European Union. A Game Theoretical Analysis of Eastern Enlargement and the Constitutional Reform. European Union Politics 5:419-439.

König, Thomas, Rieger, Elmar und Schmitt, Hermann (Hrsg.) 1996. Das europäische Mehrebenensystem. Frankfurt a. M.: Campus.

Koremenos, Barbara, Lipson, Charles und Snidal, Duncan 2001. The Rational Design of International Institutions. International Organization 55: 761-800.

Kraack, Michael 2000. Rio, Kyoto und Cartanega: Die Europäische Union als Akteur der globalen Umweltpolitik. In: Klaus Schubert und Gisela Müller-Brandeck-Bocquet (Hrsg.), Die Europäische Union als Akteur in der Weltpolitik. Opladen: Leske + Budrich, 219-234.

Krämer, Ludwig 1996. Defizite im Vollzug des EG-Umweltrechts und ihre Ursachen. In: Gertrude Lübbe-Wolff (Hrsg.), Der Vollzug des europäischen Umweltrechts. Berlin: Erich Schmidt Verlag, 7-36.

Krämer, Ludwig 2000. EC Environmental Law. Fourth Edition. London: Sweet and Maxwell.

Krasner, Stephen D. 1988. Sovereignty. An Institutional Perspective. Comparative Political Studies 21: 66-94.

Krenzler, Horst Günter und Pitschas, Christian 2001. Fortschritt oder Stagnation? Die gemeinsame Handelspolitik nach Nizza. Europarecht 3: 442-461.

Krislov, Samuel, Ehlermann, Claus-Dieter und Weiler, Joseph 1986. The Political Organs and the Decision-making Process in the United States and the European Community. In: Mauro Cappelletti, Monica Seccombe und Joseph Weiler (Hrsg.), Integration through Law, Methods, Tolls and Institutions. Political Organs, Integration Techniques and Judical Process. Berlin: de Gruyter, 3-112.

Laffan, Brigid 1997. The Finances of the European Union. London: Macmillan.

Landfried, Christine 2005. Das politische Europa. Differenz als Potential der Europäischen Union. 2.Auflage. Baden-Baden: Nomos.

Lane, Jan-Erik 1995. The Public Sector. Concepts, Models and Approaches. London: Sage.

Laursen, Finn 1999. Trade and Aid: The European Union in the Global System. In: Laura Cram, Desmond Dinan und Neill Nugent (Hrsg.), Developments in the European Union. Basingstoke: Macmillan, 211-229.

Lavenex, Sandra 1999. The Europeanization of Refugee Policy: Between Human Rights and Internal Security. Florence: European University Institute.

Lavenex, Sandra 2001. Migration and the EU's New Eastern Border: Between Realism and Liberalism. Journal of European Public Policy 8: 24-42.

Laver, Michael 1997. Government Formation in the European Parliament. Aussenwirtschaft 52: 223-228.

Lehmbruch, Gerhard 1998. Parteienwettbewerb im Bundesstaat. Regelsysteme und Spannungslagen im Institutionengefüge der Bundesrepublik Deutschland. Opladen: Leske + Budrich.

Lehmkuhl, Dirk 1999. The Importance of Small Differences. The Impact of European Integration On Road Haulage Associations in Germany and the Netherlands. The Hague: Thela Thesis.

Leibfried, Stephan und Pierson, Paul 1995. Semi-sovereign Welfare States: Social Policy in a Multi-tiered Europe. In: Stephan Leibfried und Paul Pierson (Hrsg.), European Social Policy. Washington: The Brookings Institution, 43-77.

Lenschow, Andrea 1999. Transformation in European Environmental Governance. In: Beate Kohler-Koch und Rainer Eising (Hrsg.), The Transformation of Governance in the European Union. London: Routledge, 39-60.

Lepsius, Rainer M. 1991. Nationalstaat oder Nationalitätenstaat als Modell für die Weiterentwicklung der Europäischen Gemeinschaft? In: Rudolf Wildenmann (Hrsg.), Staatswerdung Europas? Optionen für eine Europäische Union. Baden-Baden: Nomos, S. 19-40.

Lewis, Jeffrey 2003. Institutional Environments and Everyday EU Decision-Making. Comparative Political Studies 36: 97-124.

Lieshout, Robert, Segers, Mathieu und van der Vleuten, Anna 2004. De Gaulle, Moravcsik and The Choice for Europe. Journal of Cold War Studies 6: 89-139.

Lijphart, Arend 1984. Democracies. Patterns of Majoritarian and Consensus Government in Twenty-One Countries. New Haven: Yale University Press.

Lijphart, Arend 1994. Electoral Systems and Party Systems. A Study of Twenty-Seven Democracies, 1945-1990. Oxford: Oxford University Press.

Lijphart, Arend 1999. Patterns of Democracy: Government Forms and Performance in Thirty-Six Countries. New Haven: Yale University Press.

Lindberg, Leon N. 1963. The Politics of European Economic Integration. Stanford: Stanford University Press.

Lindberg, Leon N. und Scheingold, Stuart A. 1970. Europe's World Be-Polity: Patterns of Change in the European Community. Englewood Cliffs: Prentice Hall.

Linder, Stephen und Peters, B. Guy 1989. Instruments of Government. Perceptions and Contexts. Journal of Public Policy 9: 35-58.

Lindner, Johannes 2003. Institutional Stability and Change: Two Sides of the Same Coin. Journal of European Public Policy 10: 912-935.

Lindner, Johannes und Rittberger Berthold 2003. The Creation, Interpretation and Contestation of Institutions – Revisiting Historical Institutionalism. Journal of Common Market Studies 41: 445-473.

Lipsky Michael 1980. Street-Level Bureaucracy. New York: Russell Sage.

Lowi, Theodore J. 1964. American Business, Public Policy, Case Studies and Political Theory. World Politics 16: 677-715.

Lübbe-Wolff, Gertrude 1996. Stand und Instrumente der Implementation des Umweltrechts in Deutschland. In: Gertrude Lübbe-Wolff (Hrsg.), Der Vollzug des europäischen Umweltrechts. Berlin: Erich Schmidt Verlag, 77-106.

Macrory, Richard 1992. The Enforcement of Community Environmental Laws. Critical issues. Common Market Law Review 29: 347-369.

Macrory, Richard und Hession, Martin 1996. The European Community and Climate Change: The Role of Law and Legal Competence. In: Tim O'Riordan und Jill Jäger (Hrsg.), Politics of Climate Change: A European Perspective. London: Routledge, 106-154.

Majone, Giandomenico (Hrsg.) 1996. Regulating Europe. London: Routledge.

Manners, Ian und Whitman, Richard 2000. The Foreign Policies of European Union Member States. Manchester: Manchester University Press.

March, James G. und Olsen, Johan P. 1989. Rediscovering Institutions. New York: Free Press.

Marks, Gary, McAdam, Doug 1996. Social Movements and the Changing Structure of Political Opportunity in the European Union. In: Gary Marks, Fritz W. Scharpf, Schmitter, Philippe C. und Streeck, Wolfgang (Hrsg.), Governance in the European Union. London: Sage, 95-120.

Marks, Gary, Hooghe, Liesbet und Blank, Kermit 1996. European Integration from the 1980s: State-centric v. Multi-level Governance. Journal of Common Market Studies 34: 341-378.

Mattli, Walter 1999. The Logic of Regional Integration. Europe and Beyond. Cambridge: Cambridge University Press.

Mayntz, Renate 1983. Implementation von regulativer Politik. In: Mayntz, Renate (Hrsg.), Implementation politischer Programme II. Opladen: Westdeutscher Verlag, 50-74.

Mayntz, Renate und Scharpf, Fritz W. 1995. Der Ansatz des akteurzentrierten Institutionalismus. In: Renate Mayntz, und Fritz W. Scharpf (Hrsg.), Gesellschaftliche Selbstregelung und politische Steuerung. Frankfurt a.M.: Campus, 39-72.

Mazey, Sonia und Richardson, Jeremy 1993. Lobbying in the European Community. Oxford: Oxford University Press.

McNamara, Kathleen R. 1998. The Currency of Ideas. Monetary Politics in the European Union. Ithaca: Cornell University Press.

McNamara, Kathleen R. 1999. Consensus and Constraint: Ideas and Capital Mobility in European Monetary Integration. Journal of Common Market Studies 37: 455-476.

McNamara, Kathleen R. 2002. Managing the Euro – the European Central Bank. In: John Peterson und Michael Shackleton (Hrsg.), The Institutions of the European Union. Oxford: Oxford University Press.

Mendrinou, Maria 1996. Non-compliance and the Commission´s Role in Integration. Journal of European Public Policy 3: 1-22.

Milward, Alan S. 1984. The Reconstruction of Western Europe, 1945-51. London: Methuen.

Milward, Alan S. 1994. The European Rescue of the Nation State. London: Routledge.

Missiroli, Antonio 2004. ESDP in Action. <http://www.weltpolitik.net/Sachgebiete/Internationale%20Sicherheitspolitik/GASP/Analysen/ESDP%20in%20action.html> [11.02.2005].

Mitsilegas, Valsamis 2003. The New EU-USA Cooperation on Extradition, Mutual Legal Assistance and the Exchange of Police Data. European Foreign Affairs Review 8: 515-536.

Mol, Arthur P., Lauber, V. und Liefferink, D. (Hrsg.) 2000. The Voluntary Approach to Environmental Policy. Oxford: Oxford University Press.

Monar, Jörg 1997. The Finances of the Union's Intergovernmental Pillars: Tortuous Experiments with the Community Budget. in: Journal of Common Market Studies 35: 57-78.

Monar, Jörg 2004. The EU as an International Actor in the Domain of Justice and Home Affairs. European Foreign Affairs Reveiw 9: 395-416.

Moravcsik, Andrew 1991. Negotiating the Single European Act: National Interests and Conventional Statecraft in the European Community. International Organization 45: 19-56.

Moravcsik, Andrew 1993. Preferences and Power in the European Community. A Liberal Intergouvernmentalist Approach. Journal of Common Market Studies 31: 473-524.

Moravcsik, Andrew 1994. Why the European Community Strengthens the State: Domestic Politics and International Cooperation. Paper presented at the Annual Convention of the American Political Science Association, 1-4 September, New York.

Moravcsik, Andrew 1995. Liberal Intergovernmentalism and Integration: A Rejonder. Journal of Common Market Studies 33: 611-628.

Moravcsik, Andrew 1997. Warum die Europäische Union die Exekutive stärkt: Innenpolitik und internationale Kooperation. In: Klaus Dieter Wolf (Hrsg.), Projekt Europa im Übergang? Probleme, Modelle und Strategien des Regierens in der Europäischen Union. Baden-Baden: Nomos, 211-269.

Moravcsik, Andrew 1998. The Choice for Europe: Social Purpose and State Power from Messina to Maastricht. Ithaca: Cornell University Press.

Moravcsik, Andrew und Kalypso Nicolaïdis 1999. Explaining the Treaty of Amsterdam: Interests, Influence, Institutions. Journal of Common Market Studies 37: 59-85.

Moravcsik, Andrew und Vachudova, Milada Anna 2003. National Interests, State Power, EU Enlargement. East European Politics and Societies 17: 42-57.

Mueller, Dennis C. 1989. Public Choice II. Cambridge: Cambridge University Press.

Mueller, Dennis 1997. Should the European Parliament be Given Power to Elect the Commission? Comment to Michael Laver. Aussenwirtschaft 52: 249-253.

Müller, Harald 2003. Nukleare Krisen und transatlantischer Dissens. Amerikanische und europäische Antworten auf aktuelle Probleme der Weiterverbreitung von Kernwaffen. Hessische Stiftung für Friedens- und Konfliktforschung. Frankfurt a.M. HSFK-Report No. 9.

Murphy, A. 2000. In the Maelstrom of Change: The Article 113 Committee in the Governance of External Economic Policy. In: Thomas Christiansen und Emil Kirchner (Hrsg.), Committee Governance in the European Union. Manchester: Manchester University Press, 98-114.

Nelsen, Brent F. 2000. European Economic Area (EEA). In: Desmond Dinan (Hrsg.), Encyclopedia of the European Union. London: Macmillan, 197-200.

Nicolaysen, Gert 1996. Europarecht II. Das Wirtschaftsrecht im Binnenmarkt. Baden-Baden: Nomos.

Noël, Alain und Thérien, Jean-Philippe 1995. From Domestic to International Justice: The Welfare State and Foreign Aid. International Organization 49: 523-553.

Nugent, Neill 1999. The Government and Politics of the European Union. Houndsmill: MacMillan.

Nugent, Neill 2003. The Government and Politics of the European Union. 5. Auflage. London: Macmillan.

Nye, Joseph S. 1971. Comparing Common Markets: A Revised Neo-Functionalist Model. In: Leon N. Lindberg und Stuart A. Scheingold (Hrsg.), Regional Integration: Theory and Research. Cambridge: Harvard University Press, 192-231.

Oates, Wallace 1972. Fiscal Federalism. New York: Harcourt Brace Jovanovich.

Oates, Wallace E. und Schwab, Robert M. 1988. Economic Competition Among Jurisdictions: Efficiency Enhancing or Distortion Inducing? Journal of Public Economics 35: 333-354.

Oberthür, Sebastian 1999. The EU as an International Actor: The Protection of the Ozone Layer. Journal of Common Market Studies 37: 641-659.

Ohrgaard, Jakob 1997. Less Than Supranational, More than Intergovernmental: European Political Cooperation and the Dynamics of Intergovernmental Integration. Millenium 26: 1-29.

Ojanen, Hanna 2005. Operation Althea: Healing, Testing or Testing the Healing? CFSP Forum 3: 11-13.

Olsen, Johan P. 1995. Europeanization and Nation State Dynamics. Oslo: ARENA. Working Papers Nr. 9.

Olson, Mancur 1965. The Logic of Collective Action: Public Goods and the Theory of Groups. Cambridge, MA: Harvard University Press.

Olson, Mancur 1969. The Principle of «Fiscal Equivalence»: The Division of Responsibilities Among Different Levels of Government. American Economic Review 59: 479-487.

Oneal, John und Russett, Bruce 2001. Triangulating Peace. Democracy, Interdependence and International Organizations. W.W. Norton Company: New York-London.

Oppermann, Thomas 1999. Europarecht. Ein Studienbuch. 2. vollst. überarb. Aufl. München: C. H. Beck.

Page, Edward 1997. People Who Run Europe. Oxford: Clarendon.

Peters, B. Guy 1993. Alternative Modelle des Policy-Prozesses. Die Sicht "von unten" und die Sicht "von oben". In: Adrienne Héritier (Hrsg.), Policy-Analyse. Kritik und Neurorientierung. PVS Sonderheft 24: 289-306.

Pfetsch, Frank R. 1997. Die Europäische Union. Eine Einführung. München: Fink.

Philippart, Eric 2003. The Euro-Mediterranean Partnership: A Critical Evaluation of an Ambitious Scheme. European Foreign Affairs Review 8: 201-220.

Piening, Christopher 1997. Global Europe. The European Union in World Affairs. Boulder: Lynne Rienner.

Pierson, Paul 1996. The Path to European Integration. A Historical Institutionalist Analysis. Comparative Political Studies 29: 123-63.

Pierson, Paul 1998. The Path to European Integration: A Historical-Institutionalist Analysis. In: Wayne Sandholtz und Alec Stone Sweet (Hrsg.), European Integration and Supranational Governance. Oxford/New York: Oxford University Press, 27-58.

Pierson, Paul 2000. The Limits of Design: Explaining Institutional Origins and Change. Governance 13: 475-499.

Pijpers, Alfred 1990. The Vicissitudes of European Political Cooperation: Towards a Realist Interpretation of the EC's Collective Diplomacy. Leiden: Doctoral Thesis.

Pollack, Mark A. 1995. Creeping Competence: The Expanding Agenda of the European Community. Journal of Public Policy 14: 97-143.

Pollack, Mark A. 1997. Delegation, Agency and Agenda Setting in the European Union Community. International Organization 51: 99-134.

Pollack, Mark A. 2003. The Engines of Integration? Delegation, Agency and Agenda Setting in the European Union. Oxford: Oxford University Press.

de la Porte, Caroline 2002. Is the Method of Coordination Appropriate for Organising Activities at European Level in Sensitive Policy Areas? European Law Journal 8: 38-58.

Posen, Barry R. 2004. ESDP and the Structure of World Power. The International Spectator 39: 5-17.

Powell, Walter W. und DiMaggio, Paul J. 1991. The New Institutionalism in Organizational Analysis. Chicago: University of Chicago Press.

Pratt, John W. und Zeckhauser, Richard J. (Hrsg.) 1985. Principals and Agents: The Structure of Business. Boston: Harvard Business School Press.

Pressman, Jeffrey und Wildavsky, Aaron 1973. Implementation. Berkeley: University of California Press.

Preston, Christopher 1997. Enlargement and Integration in the European Union. London: Routledge.

Putnam, Robert D. 1988. Diplomacy and Domestic Politics: The Logic of Two-level Games. International Organization 42: 427-460.

Radaelli, Claudio M. 2000. Policy Transfer in the European Union. Governance 13: 25-43.

Regelsberger, Elfriede 1989. Die EPZ in den achtziger Jahren: Ein qualitativer Sprung? In: Alfred Pijpers, Elfriede Regelsberger und Wolfgang Wessels (Hrsg.), Die Europäische Politische Zusammenarbeit in den achtziger Jahren. Eine gemeinsame Außenpolitik für Westeuropa? Bonn: Europa Union Verlag, 21-70.

Reinisch, August 1993. The European Economic Area. Journal of Social, Political and Economic Studies 15: 279-309.

Reissner, Johannes 2004. Europas Beziehungen zum Iran. Aus Politik und Zeitgeschichte B9: 48-54.

Risse, Thomas 2000. „Let's Argue!" Communicative Action in World Politics. International Organization 54: 1-39.

Risse, Thomas 2003. The Euro Between National and European Identity. Journal of European Public Policy 10: 487-505.

Risse, Thomas, Engelmann-Martin, Daniela, Knopf, Hans-Joachim und Roscher, Klaus 1999. To Euro or Not to Euro? The EMU and Identity Politics in the European Union. European Journal of International Relations 5: 147-187.

Risse-Kappen, Thomas 1996. Collective Identity in a Democratic Community: The Case of NATO. In: Peter J. Katzenstein. (Hrsg.), The Culture of National Security. Norms and Identity in World Politics. New York: Columbia University Press, 357-399.

Rittberger, Berthold 2000. Impatient Legislators and New Issue Dimensions: A Critique of the Garrett-Tsebelis 'Standard Version' of Legislative Politics. Journal of European Public Policy 7: 554-75.

Rittberger, Berthold 2001. Which Institutions for Post-war Europe? Explaining the Institutional Design of Europe's First Community. Journal of European Public Policy 8: 673-708.

Rittberger, Berthold 2003. The Creation and Empowerment of the European Parliament. Journal of Common Market Studies 41: 203-225.

Rittberger, Berthold 2005. Building Europe's Parliament. Democratic Representation beyond the Nation-State. Oxford: Oxford University Press.

Ronit, Karsten und Schneider, Volker 1999. Global Governance through Private Organisations. Governance 12: 243-266.

Rummel, Reinhardt 2004. Soft Power EU – Interventionspolitik mit zivilen Mitteln. In: Hans-Georg Ehrhart und Burkard Schmitt (Hrsg.), Die Sicherheitspolitik der EU im Werden. Baden-Baden: Nomos, 259-279.

Sabatier, Paul A. 1986. Top-Down and Bottom-Up Approaches to Implementation Research. Journal of Public Policy 6: 21-48.

Sabatier, Paul A. 1993. Advocacy-Koalitionen, Policy-Wandel und Policy-Lernen: Eine Alternative zur Phasenheuristik. In: Adrienne Héritier (Hrsg.), Policy-Analyse. Kritik und Neuorientierung. PVS Sonderheft 24, Opladen: Westdeutscher Verlag, 116-148.

Sabatier, Paul A. 1998. The Advocacy Coalition Framework. Revisions and Relevance for Europe. Journal of European Public Policy 5: 98-130.

Sandholtz, Wayne 1993. Choosing Union: Monetary Politics and Maastricht. International Organization 47: 1-39.

Sandholtz, Wayne 1996. Membership Matters: Limits of the Functional Approach to European Institutions. Journal of Common Market Studies 34: 403-429.

Santiso, Carlos 2002. Reforming European Foreign Aid: Developing Cooperation as an Element of Foreign Policy. European Foreign Affairs Review 7: 401-422.

Sappington, David Edvard Michael 1991. Incentives in Principal Agent Relationships. Journal of Economic Perspectives 5: 45-66.

Sbragia, Alberta 1998: Institution-Building from below and above: The European Community in Global Environmental Politics. In: Wayne Sandholtz und Alec Stone Sweet (Hrsg.), European Integration and Supranational Governance. Oxford/New York: Oxford University Press, 283-303.

Sbragia, Alberta M. 2000. Environmental Policy. In: Helen Wallace und William Wallace (Hrsg.), Policy-Making in the European Union. Fourth Edition. Oxford: Oxford University Press, 293-316.

Sbragia, A.M. und Damro, C. 1999. The Changing Role of the European Union in International Environmental Politics: Institution Building and the Politics of Climate Change. Environment and Planning C: Government and Policy 17: 53-68.

Scharpf, Fritz W. 1985. Die Politikverflechtungs-Falle. Europäische Integration und deutscher Föderalismus im Vergleich. Politische Vierteljahresschrift 26: 323-356.

Scharpf, Fritz W. 1993. Autonomieschonend und gemeinschaftsverträglich. Zur Logik der europäischen Mehrebenenpolitik. Köln: Max Planck-Institut für Gesellschaftsforschung. MPIFG Discussion Paper 93/9.

Scharpf, Fritz W. 1994a. Optionen des Föderalismus in Deutschland und Europa. Campus: Frankfurt/New York.

Scharpf, Fritz W. 1994b. Mehrebenenpolitik im vollendeten Binnenmarkt. Staatswissenschaften und Staatspraxis 5: 475-501.

Scharpf, Fritz W. 1996. Politische Optionen im vollendeten Binnenmarkt. In: Markus Jachtenfuchs und Beate Kohler-Koch (Hrsg.), Europäische Integration. Opladen: Leske und Budrich, 109-140.

Scharpf, Fritz W. 1997. Economic Integration, Democracy and the Welfare State. Journal of European Public Policy 4: 18-36.

Scharpf, Fritz W. 1998. Globalisierung als Beschränkung der Handlungsmöglichkeiten nationalstaatlicher Politik. Jahrbuch für Neue Politische Ökonomie 17: 41-66.

Scharpf, Fritz W. 1999a. Governing in Europe. Effective and Democratic. Oxford: Oxford University Press.

Scharpf, Fritz W. 1999b. Regieren in Europa. Effektiv und demokratisch? Frankfurt und New York: Campus.

Scharpf, Fritz W. 2000. Interaktionsformen: Akteurzentrierter Institutionalismus in der Politikforschung. Opladen: Leske und Budrich.

Scharpf, Fritz W., Reissert, Bernd und Schnabel, Fritz 1976. Politikverflechtung. Theorie und Empirie des kooperativen Föderalismus in der Bundesrepublik. Kronberg/Ts.

Schimmelfennig, Frank 2001. The Community Trap: Liberal Norms, Rhetorical Action, and the Eastern Enlargement of the European Union. International Organization 55: 47-80.

Schimmelfennig, Frank 2002. Liberal Community and Enlargement. An Event-History Analysis. Journal of European Public Policy 9: 598-626.

Schimmelfennig, Frank 2003a. The EU, NATO and the Integration of Europe. Rules and Rhetoric. Cambridge: Cambridge University Press.

Schimmelfennig, Frank 2003b. Internationale Sozialisation: Von einem „erschöpften" zu einem produktiven Forschungsprogramm? In: Gunther Hellmann, Klaus Dieter Wolf, und Michael Zürn (Hrsg.), Die neuen Internationalen Beziehungen. Forschungsstand und Perspektiven in Deutschland. Baden-Baden: Nomos, 401-427.

Schimmelfennig, Frank 2003c. Osterweiterung: Strategisches Handeln und kollektive Ideen. In: Markus Jachtenfuchs und Beate Kohler-Koch (Hrsg.), Europäische Integration. Opladen: Leske + Budrich, 541-568.

Schimmelfennig, Frank 2004. Liberal Intergovernmentalism. In: Antje Wiener und Thomas Diez (Hrsg.), European Integration Theory. Oxford: Oxford University Press, 75-94.

Schimmelfennig, Frank und Sedelmeier, Ulrich 2002. Theorizing EU Enlargement: Research Focus, Hypotheses and the State of Research. Journal of European Public Policy 9: 500-528.

Schlesinger, Philip 1999. Changing Spaces of Political Communication: The Case of the European Union. Political Communication 16: 263-279.

Schmalz, Uwe 1997. Kohärenz der EU-Außenbeziehungen? Der Dualismus von Gemeinschaft und Gemeinsamer Außen- und Sicherheitspolitik in der Praxis. Bonn: Konrad-Adenauer Stiftung.

Schmitter, Philippe C. 1969. Three Neo-Functional Hypotheses about International Integration. International Organization 23: 161-166.

Schneider, Gerald und Cederman, Lars-Erik 1994. The Change of Tide in Political Cooperation: A Limited Information Model of European Integration. International Organization 48: 633-662.

Schneider, Volker 2001. Institutional Reform in Telecommunications: The European Union in Transnational Policy Diffusion. In: James A. Caporaso, Maria Green Cowles und Thomas Risse (Hrsg.), Transforming Europe. Europeanization and Domestic Change. Ithaca, NY: Cornell University Press, 60-78.

Schnorpfeil, Willi 1996. Sozialpolitische Entscheidungen der Europäischen Union. Modellierung und empirische Analyse kollektiver Entscheidungen des europäischen Verhandlungssystems. Berlin: Duncker & Humblot.

Schöppenthau, Philip von 1999. Die Europäische Union als Akteur der internationalen Handelspolitik. Die Textilverhandlungen der GATT-Uruguay-Runde. Wiesbaden: Deutscher Universitätsverlag.

Schultze, Rainer-Olaf 1993. Statt Subsidiarität und Entscheidungsautonomie – Politikverflechtung und kein Ende: Der deutsche Föderalismus nach der Vereinigung. Staatswissenschaften und Staatspraxis 4: 225-255.

Schulz, Heiner und König, Thomas 2000. Institutional Reform and Decision-Making Efficiency in the European Union. American Journal of Political Science 44: 653-666.

Schwarze, Jürgen 1996. Deutscher Landesbericht. In: Jürgen Schwarze (Hrsg.), Administrative Law under European Influence. Baden-Baden: Nomos, 123-227.

Sedelmeier, Ulrich 2000. Eastern Enlargement: Risk, Rationality, and Role-Compliance. In: Maria Green Cowles und Michael Smith (Hrsg.), Risks, Reforms, Resistance and Revival. Oxford: Oxford University Press, 164-185.

Seliger, Bernhard 1998. Grundzüge einer Theorie des Systemwettbewerbs. WiSt 27: 263-266.

de la Serre, Françoise 1989. Das Ausmaß nationaler Anpassung an die EPZ. In: Alfred Pijpers, Elfriede Regelsberger und Wolfgang Wessels (Hrsg.), Die EPZ in den achtziger Jahren. Eine gemeinsame Außenpolitik für Westeuropa? Bonn: Europa Union Verlag, 237-256.

Shapley, Lloyd S. und Shubik, Martin 1998 [1954]. A Method for Evaluating the Distribution of Power in a Committee System. In: Alvin E. Roth (Hrsg.), The Shapley Value. Essays in Honor of Lloyd S. Shapley. Cambridge-New York: Cambridge University Press, 41-48.

Siedentopf, Heinrich und Ziller, Jacques (Hrsg.) 1988. Making European Policies Work. L'Europe des Administrations? Vol. 2. National Reports, Rapports Nationaux. London: Sage.

Sinn, Hans-Werner 1993. How much Europe? Subsidiarity, Centralization and Fiscal Competition. Center for Economic Studies: Universität München. CES Working Paper No. 39.

Sinn, Hans-Werner 1996. The Subsidiarity Principle and Market Failure in Systems Competition. Center for Economic Studies: Universität München. CES Working Paper No. 103.

Sjursen, Helene 2002. Why Expand? The Question of Legitimacy and Justification in the EU's Enlargement Policy. Journal of Common Market Studies 40: 491-513.

Skålnes, Lars S. 2005. Geopolitics and the Eastern Enlargement of the European Union. In: Frank Schimmelpfennig und Ulrich Sedelmeier (Hrsg.), The Politics of European Union Enlargement. Theoretical Approaches. London: Routledge. (im Druck)

Smith, Karen E. 1999. The Making of EU Foreign Policy: The Case of Eastern Europe. Basingstoke: Macmillan.

Smith, Karen E. 2000: The End of Civilian Power EU: A Welcome Demise or Cause for Concern. The International Spectator 35: 11-28.

Smith, Karen E. 2003. European Union Foreign Policy in a Changing World. Cambridge: Polity.

Smith, Michael E. 1998. Rules, Transgovernmentalism, and the Expansion of European Political Cooperation. In: Wayne Sandholtz und Alec Stone Sweet (Hrsg.), European Integration and Supranational Governance. Oxford: Oxford University Press.

Smith, Michael 1999. The European Union. In: Brian Hocking und Steve McGuire (Hrsg.), Trade Politics: International, Domestic and Regional Perspectives. London: Routledge, 275-289.

Smith, Michael E. 2000. Conforming to Europe. The Domestic Impact of EU Foreign Policy Cooperation. Journal of European Public Policy 7: 613-631.

Snyder, Francis 1993. The Effectiveness of European Community Law. Institutions, Processes, Tools and Techniques. Modern Law Review 56: 19-54.

Stacey, Jeffrey und Rittberger, Berthold 2003. Dynamics of Formal and Informal Institutional Change in the EU. Journal of European Public Policy 10: 858-883.

van Staden, Alfred 1994. After Maastricht: Explaining the Movement towards a Common European Defence Policy. In: Walter Carlsnaes und Steve Smith (Hrsg.), European Foreign Policy. EC and Changing Perspectives in Europe. London: Sage, 138-155.

Stavridis, Stelios 2001. Militarising the EU: the Concept of Civilian Power Europe Revisted. The International Spectator 36: 43-50.

Steffani, Winfried 1981. Präsidentielles und parlamentarisches Regierungssystem. Opladen: Westdeutscher Verlag.

Stein, Eric 1981. Lawyers, Judges and the Making of a Transnational Constitution. American Journal of International Law 75: 1-27.

Steunenberg, Bernard und Dimitrova, Antoaneta 1999. Interests, Legitimacy and Constitutional Choice: The Extension of the Codecision Procedure in Amsterdam. Network on Enlargement and New Membership of the European Union 2: 1999.

Stevens, Christopher 2000. Trade with Developing Countries. In: Helen Wallace und William Wallace (Hrsg), Policy-Making in the European Union. Fourth Edition. Oxford: Oxford University Press, 401-426.

Stone Sweet, Alec 2000. Governing with Judges. Constitutional Politics in Europe. Oxford: Oxford University Press.

Stone Sweet, Alec 2003. European Integration and the Legal System. In: Tanja Börzel und Rachel Cichowski (Hrsg.), The State of the European Union, 6 – Law, Politics and Society. Oxford: Oxford University Press.

Stone Sweet, Alec und Brunell, Thomas 1998. Constructing a Supranational Constitution: Dispute Resolution and Governance in the European Community. American Political Science Review 92: 63-81.

Stone Sweet, Alec und Sandholtz, Wayne 1997. European Integration and Supranational Governance. Journal of European Public Policy 4: 297-317.

Stone Sweet, Alec und Sandholtz, Wayne 1998. Integration, Supranational Governance, and the Institutionalization of the European Polity. In: Wayne Sandholtz und Alec Stone Sweet (Hrsg.), European Integration and Supranational Governance, Oxford: Oxford University Press.

Straubhaar, Thomas 1995. Ein Europa des funktionalen Föderalismus: Mehr als ein Denkmodell? ORDO – Jahrbuch für die Ordnung von Wirtschaft und Gesellschaft 46: 185-202.

Streeck, Wolfgang 1995. Neo-voluntarism: A New European Social Policy Regime? European Law Journal 1: 31-59.

Stubb, Alexander C. 1996. A Categorization of Differentiated Integration. Journal of Common Market Studies 34: 283-295.

Sun, Jeanne-Mey und Pelkmans, J. 1995. Regulatory Competition and the Single Market. Journal of Common Market Studies 33: 67-98.

Tallberg, Jonas 1999. Making States Comply. The European Commission, the European Court of Justice and the Enforcement of the Internal Market. Lund: Studentliteratur.

Taylor, Paul 1983. The Limits of European Integration. London: Croom Helm.

Thelen, Kathrin und Steinmo, Sven 1992. Historical Institutionalism in Comparative Politics. In: Kathrin Thelen, Sven Steinmo und Frank Longstreth (Hrsg.), Structuring Politics. Historical Institutionalism in Comparative Analysis. Cambridge: Cambridge University Press, 1-32.

Tiebout, Charles M. 1956. A Pure Theory of Local Expenditures. Journal of Political Economy 64: 416-424.

Tinbergen, Jan 1965. International Economic Integration. 2. Auflage. Amsterdam: Elsevier.

Tömmel, Ingeborg 2003. Das politische System der EU. München-Wien: Oldenbourg.

Tonra, Ben 1997. The Impact of Political Cooperation. In: Knud Erik Jorgensen (Hrsg.), Reflective Approaches to European Governance. London: Macmillan, 181-198.

Tonra, Ben 2003. Constructing the Common Foreign and Security Policy: The Utility of a Cognitive Approach. Journal of Common Market Studies 41: 731-756.

Toonen, Theo A. J. 1992. Europe of the Administrations. The Challenges of 1992 (and Beyond). Public Administration Review 52: 108-115.

Toulemon, Robert 1995. Kerneuropa – Deutsch-französische Aktionsgemeinschaft in Sicht? Integration 18: 61-67.

Tranholm-Mikkelsen, Jeppe 1991. Neo-functionalism: Obstinate or Obsolete? A Reappraisal in the Light of the New Dynamism of the EC. Millenium 20: 1-22.

Tsebelis, George 1994. The Power of the European Parliament as a Conditional Agenda-Setter. American Political Science Review 88: 128-142.

Tsebelis, George 1995a. Conditional Agenda-Setting and Decisionmaking Inside the European Parliament. Journal of Legislative Studies 1: 65-93.

Tsebelis, George 1995b. Decision Making in Political Systems: Veto Players in Presidentialism, Parliamentarism, Multicameralism and Multipartyism. British Journal of Political Science 25: 289-325.

Tsebelis, George 1997. Maastricht and the Democratic Deficit. Aussenwirtschaft 52: 29-56.

Tsebelis, George 1999. Veto Players and Law Production in Parliamentary Democracies: An Empirical Analysis. American Political Science Review 93: 591-608.

Tsebelis, George 2000. Veto Players and Institutional Analysis. Governance 13: 441-474.

Tsebelis, George 2002. Veto Players. How Political Institutions Work. Princeton: Princeton University Press.

Tsebelis, George und Garrett, Geoffrey 2000. Legislative Politics in the European Union. European Union Politics 1: 9-36.

Tsebelis, George und Kreppel, Amie 1998. The History of Conditional Agenda-Setting in European Institutions. European Journal of Political Research 33: 41-71.

Ueta, Takako 1997. The Stability Pact: From the Balladur Initiative to the EU Joint Action. In: Martin Holland (Hrsg.), Common Foreign and Security Policy. The Record and Reforms. London: Pinter, 92-104.

Vanberg, Viktor 1999. Standortwettbewerb und Demokratie. Freiburger Institut für allgemeine Wirtschaftsforschung: Universität Freiburg. Diskussionspapiere zur Ordnungsökonomik 99/1.

Vogel, David 1995. Trading Up. Consumer and Environmental Regulation in the Global Economy. Cambridge: Harvard University Press.

Vogler, John 1999. The European Union an an Actor in International Environmental Politics. Environmental Politics 8: 24-48.

Wagner, Wolfgang 1999. Interessen und Ideen in der europäischen Verfassungspolitik. Rationalistische und konstruktivistische Erklärungen mitgliedstaatlicher Präferenzen. Politische Vierteljahresschrift 40: 415-441.

Wagner, Wolfgang 2002a. Die Konstruktion einer europäischen Außenpolitik. Deutsche, französische und britische Ansätze im Vergleich. Frankfurt a.M.: Campus.

Wagner, Wolfgang 2002b. The Subnational Foundations of the European Parliament. Journal of International Relations and Development 5: 24-36.

Wagner, Wolfgang und Hellmann, Gunther 2003. Zivile Weltmacht? Die Außen-, Sicherheits- und Verteidigungspolitik der Europäischen Union. In: Markus Jachtenfuchs und Beate Kohler-Koch (Hrsg.), Europäische Integration. 2. überarbeitete Auflage. Opladen: Leske + Budrich, 569-596.

Wallace, Helen 2000. The Institutional Setting. In: Helen Wallace und William Wallace (Hrsg.), Policy-Making in the European Union. Fourth Edition. Oxford: Oxford University Press, 3-38.

Waltz, Kenneth N. 1979. Theory of International Politics. New York: Random House.

Waltz, Kenneth N. 1993. The Emerging Structure of International Politics. In: International Security 18: 44-79.

Waltz, Kenneth 2000. Structural Realism after the Cold War. International Security 25: 5-41.

Wassenberg, Arthur F.P. 1982. Neo-Corporalism and the Quest for Control: The Cuckoo Game. In: Gerhard Lehmbruch und Philippe Schmitter (Hrsg.), Patterns of Corporalist Policy-Making. Beverly Hills, Californien, 83-108.

Weale, Albert, Pridham, Geoffrey, Cini, Michelle, Konstadakopulos, Dimitrios, Porter, Martin und Flynn, Bren 2000. Environmental Governance in Europe. An Ever Closer Ecological Union? Oxford: Oxford University Press.

Weidenfeld, Werner 1996. Europa 96 – Unterwegs wohin? Die Europäische Union vor der Regierungskonferenz. Aus Politik und Zeitgeschichte B1-2: 3-10.

Weiersmüller, Rudolf 1971. Zur Machtverteilung in den Gremien der EWG. Schweizerische Zeitschrift für Volkswirtschaft und Statistik 107: 463-469.

Weiler, Joseph H. H. 1988. The White Paper and the Application of Community Law. In: Roland Bieber, Renaud Dehousse, John Pinder und Joseph H. H. Weiler (Hrsg.), One European Market? Baden-Baden: Nomos, 337-358.

Weiler, Joseph H. H. 1995. European Democracy and its Critique. West European Politics 18: 4-40.

Weiler, Joseph H. H. 1999. The Constitution of Europe: „Do the New Clothes Have an Emperor?" Cambridge: Cambridge University Press.

Welz, Christian und Engel, Christian 1993. Traditionsbestände politikwissenschaftlicher Integrationstheorien: Die Europäische Gemeinschaft im Spannungsfeld von Integration und Kooperation. In: Armin von Bogdandy (Hrsg.), Die Europäische Option. Eine interdisziplinäre Analyse über Herkunft, Stand und Perspektiven der europäischen Integration. Baden-Baden: Nomos Verlag, 129-169.

Wessels, Wolfgang 2001. Nice Results. The Millenium IGC in the EU´s Evolution. Journal of Common Market Studies 39: 197- 219.

Westlake, Martin 1998. The European Parliaments Emerging Powers of Appointment. Journal of Common Market Studies 36: 431-444.

Wilson, James Q. 1980. The Politics of Regulation. New York: Basic Books.

Windhoff-Héritier, Adrienne 1987. Policy-Analyse. Eine Einführung. Frankfurt: Campus.

Wolf, Klaus Dieter 2000. Die Neue Staatsräson – Zwischenstaatliche Kooperation als Demokratieproblem in der Weltgesellschaft. Baden-Baden: Nomos.

Woolcock, Stephen 2000. European Trade Policy: Global Pressures and Domestic Constraints. In: Helen Wallace und William Wallace (Hrsg.), Policy-Making in the European Union. 4. Auflage. Oxford: Oxford University Press, 373-399.

Woolcock, Stephen und Hodges, Michael 1996. EU Policy in the Uruguay Round. In: Helen Wallace und William Wallace (Hrsg.), Policy-Making in the European Union. 3. Auflage. Oxford: Oxford University Press, 302-324.

Woyke, Wichard 1989. Die EVG – Modell einer europäischen Sicherheitspolitik? In: Reimund Seidelmann (Hrsg.), Auf dem Weg zu einer westeuropäischen Sicherheitspolitik. Baden-Baden: Nomos, 169-180.

Wright, Robert 2000. Implementing Voluntary Policy Instruments. The experience of the EU Ecolabel Award Scheme. In: Christoph Knill und Andrea Lenschow (Hrsg.), Implementing EU Environmental Policy. New Directions and Old Problems. Manchester: Manchester University Press, 87-115.

Wright, Vincent 1994. Reshaping the State. The Implications for Public Administration. West European Politics 17: 102-137.

Young, Alasdair R. 2000. The Adaptation of European Foreign Economic Policy: From Rome to Seattle. Journal of Common Market Studies 38: 93-116.

Zangl, Bernhard 1999. Interessen auf zwei Ebenen. Internationale Regime in der Agrarhandels-, Währungs- und Walfangpolitik. Baden-Baden: Nomos.

Zbinden, Martin 1999. Die Institutionen und die Entscheidungsverfahren der Europäischen Union nach Amsterdam. Bern: Stämpfli Verlag.

Zintl, Reinhard 1999. Politikverflechtung und Machtverteilung in Deutschland. In: Thomas Ellwein und Everhard Holtmann (Hrsg.), 50 Jahre Bundesrepublik Deutschland. Politische Vierteljahresschrift. Sonderheft 30, Wiesbaden: Westdeutscher Verlag, 471-481.

Zürn, Michael 1996. Über den Staat und die Demokratie im europäischen Mehrebenensystem. Politische Vierteljahresschrift 37: 27-55.

Zürn, Michael 2000. Democratic Government beyond the Nation-State. In: Michael Th. Greven und Louis W. Pauly (Hrsg.), Democracy beyond the State? The European Dilemma and the Emerging Global Order. Lanham: Rowman & Littlefield, 91-114.

Die Autoren

Katharina Holzinger, seit 2004 Professorin für Politikwissenschaft an der Universität Hamburg. Sie war am Wissenschaftszentrum Berlin und beim Max-Planck-Institut zur Erforschung von Kollektivgütern in Bonn tätig. Zahlreiche Aufsätze zu europäischen Themen. Bücher: *Politik des kleinsten gemeinsamen Nenners? Umweltpolitische Entscheidungsprozesse in der EG am Beispiel der Einführung des Katalysatorautos* (1994); *Environmental Policy in a European Union of Variable Geometry? The Challenge of the Next Enlargement* (2000, hg. mit Peter Knoepfel).

Christoph Knill, Professor für Politik- und Verwaltungswissenschaft an der Universität Konstanz. Zahlreiche Artikel in internationalen Fachzeitschriften. Mehrere Bücher zur Europäischen Union, u. a.: *The Europeanisation of National Administrations. Patterns of Institutional Change and Persistence* (2001); *Implementing EU Environmental Policy* (2000 hg. mit Andrea Lenschow), *Ringing the Changes in Europe* (1996, mit Adrienne Héritier und Susanne Mingers).

Dirk Peters, seit Ende 2000 wissenschaftlicher Mitarbeiter am Institut für Politikwissenschaft der Universität Mainz. Wichtige Veröffentlichungen: *The Debate about a New German Foreign Policy*, in: V. Rittberger (Hg.): *German Foreign Policy Since Unification: Theories and Case Studies* (2001); *The Deployment of Multinational Military Formations: Taking Political Institutions into Account*, CEPS Policy Brief, 36, June 2003 (mit Marc Houben); *Ansätze und Methoden der Außenpolitikanalyse*, in: G. Hellmann/S. Schmidt (Hg.): *Handbuch zur deutschen Außenpolitik* (2002).

Berthold Rittberger, seit 2005 Juniorprofessor für Politikwissenschaft an der TU Kaiserslautern. Davor Prize Research Fellow am Nuffield College, University of Oxford (2003-2004), wissenschaftlicher Mitarbeiter am Mannheimer Zentrum für Europäische Sozialforschung (2002-2003), Doktorand am Nuffield College (1999-2002). Wichtige Veröffentlichungen zu Europa: *Building Europes Parliament. Democratic Representation Beyond the Nation-State* (2005); *The Creation, Interpretation and Contestation of Institutions. Revisiting Historical Institutionalism*, Journal of Common Market Studies 41 (2003) (zusammen mit Johannes Lindner); *Which institutions for post-war Europe? Explaining the institutional design of Europe's first community*, Journal of European Public Policy 8 (2001).

Frank Schimmelfennig, seit 2005 Professor für Europäische Politik an der ETH Zürich, 2002-2005 Fellow am Mannheimer Zentrum für Europäische Sozialforschung. Zahlreiche Aufsätze zur Politik der EU. Bücher: *The EU, NATO and the Integration of Europe. Rules and Rhetoric* (2003, European Union Studies Association Book Prize 2003/2004); *The Europeanization of Central and Eastern Europe* (2005, mit Ulrich Sedelmeier); *The Politics of EU Enlargement* (2005).

Wolfgang Wagner, seit 2002 wissenschaftlicher Mitarbeiter an der Hessischen Stiftung für Friedens- und Konfliktforschung. Promotion 2001. Veröffentlichungen: *Die Konstruktion einer europäischen Außenpolitik. Deutsche, französische und britische Ansätze im*

Vergleich (2002); *Why the EU's Common Foreign and Security Policy Will Remain Intergovernmental: A Rationalist Institutional Choice Analysis of European Crisis Management Policy*, Journal of European Public Policy 10 (2003); *Building an Internal Security Community: The Democratic Peace and the Politics of Extradition in Western Europe*, Journal of Peace Research 40 (2003).

Register

Abromeit, Heidrun 91, 104, 137
Abstimmungsmacht 112, 113
Abstimmungsregeln _ Mehrheitsregeln
Acquis communautaire 144
Agenda 2000 191
Agenda-setter 121
Agenda-setting 202
AKP-Staaten 234, 235
Alter, Karen 56, 58
Anpassungsdruck, institutioneller 177
Artikel-133-Ausschuss 222, 223, 226
Asylpolitik 265, 266
Ausschuss der Regionen 139
Außengrenze der EU 102
Außenhandel 218-233

Benz, Arthur 139-142
Bevölkerungsanteil 111, 117, 118
Binnenmarkt 94, 220
Börzel, Tanja 171, 172
Bräuninger, Thomas 61, 113
Brunell, Thomas 59
Bundesbank 46
Bundesratsprinzip 85

Cassis de Dijon-Urteil 60
Cederman, Lars-Erik 91, 92, 105
Corbett, Richard 60
COREU 245, 255

Dahl, Robert 66
Dahrendorf, Ralf 145
Defizit, demokratisches 89, 90, 93, 102, 150
Delegation 55
Deliberation 213
Delors, Jacques 45
Demos, europäischer 90-93, 100, 101, 104, 151
Diffusion 213
Direktwirkung 58
Duchêne, François 216, 217, 270

Eder, Klaus 92, 102
EFTA-Erweiterung 68-71, 77
Eichenberger, Reiner 149
Einkammersystem 87
Einstimmigkeit _ Mehrheitsregeln
Entscheidungsverfahren 62, 64, 106, 151
Entwicklungspolitik 233-237, 271

EPZ _ Europäische Politische Zusammenarbeit
Erweiterung 67-78
ESVP _ Europäische Sicherheits- und Verteidigungspolitik
EuGH _ Europäischer Gerichtshof
EU-Institutionen 124, 135, 151
_ Europäische Kommission
_ Europäische Zentralbank
_ Europäischer Gerichtshof
_ Europäischer Rat
_ Europäisches Parlament
_ Ministerrat
Euro-Mediterrane Partnerschaft 248
Europa à la carte 145
Europa-Abkommen 228, 229, 230
Europäische Kommission 81, 220-227, 232, 233, 237, 239, 246, 247, 268
Europäische Politische Zusammenarbeit (EPZ) 50
Europäische Sicherheits- und Verteidigungspolitik (ESVP) 48, 50, 256-265, 271, 272
Europäische Strukturpolitik 192
Europäische Verträge _ Verträge
Europäische Zentralbank (EZB) 224
Europäischer Entwicklungsfond 234
Europäischer Gerichtshof (EuGH) 56-60, 140, 220, 221, 224, 238
Europäischer Rat 107
Europäischer Wirtschaftsraum (EWR) 228, 230
Europäisches Parlament 95, 99, 131, 223, 242, 247, 268
Europäisches Währungssystem (EWS) 43, 46
Europäisierung 153, 158, 159, 161, 163
EuropeAid 236
Europol 266
EWR _ Europäischer Wirtschaftsraum
EWS _ Europäisches Währungssystem
Externalitäten 146, 147
    negative externe Effekte 146
    positive externe Effekte 146
EZB _ Europäische Zentralbank

Falkner, Gerda 185, 189
Farrell, Henry 64
Fligstein, Neil 36, 59
FOCJ 149

Föderalismus 87, 88, 136, 137
  deutscher 138
  fiskalischer 143, 146
  funktionaler 146, 148, 149
  kompetitiver 146, 147
  Trennföderalismus 83
  US-amerikanischer 138
  Verbundföderalismus 83
  Wettbewerbsföderalismus 143
Fouchet-Pläne 49
Fraenkel, Ernst 84
Fraktionsdisziplin 86
Frey, Bruno 149
Friedenssicherung 92

Garrett, Geoffrey 56, 57, 186
GASP _ Gemeinsame Außen- und Sicher-
  heitspolitik
GATT 220, 223, 226, 229-232, 235
Gemeinsame Agrarpolitik 190, 231
Gemeinsame Außen- und Sicherheitspolitik
  (GASP) 48-54, 83, 118, 217, 245-256
Gemeinsame Handelspolitik 218-233, 270-272
Gemeinsamer Standpunkt 128
Gesetzgebungsverfahren 96, 106, 125, 126
Gewaltenteilung 86
Gewinnkoalition 111, 112, 120, 130, 132, 135
Golub, Jonathan 62
Goodness of fit 159
Grande, Edgar 104, 140-142
Grieco, Joseph 42-44
Großbritannien, Beitritt 68, 69
Grundwerte, demokratische 102
Gstöhl, Sieglinde 71

Haas, Ernst 34, 254
Harmonisierung 211, 212
Helsinki Headline Goal 258
Héritier, Adrienne 64, 142, 156, 157, 162, 163,
  178, 187, 196, 200, 202, 203, 205
High politics 48
Hix, Simon 61, 62, 63, 81, 86, 91, 99, 100, 130,
  183, 190-194, 196, 205
Hoffmann, Stanley 27, 48-50, 154
Hoher Repräsentant 246
Holler, Manfred 113
Holzinger, Katharina 86, 105, 155, 168, 171,
  183-188, 208-210
Homogenität von Mehrheit 87
Hooghe, Liesbet 195

Idealpunkt 122, 123

Identifikation 40
Identität 39, 71, 72, 76, 77, 78
Identität, kollektive 92, 98, 101
Implementation 166
Implementationsdefizite 172
Implementationseffektivität 167
Implementationserfolg 177
Implementationsforschung 175
Implementationstheorie 176
Implementationsprobleme 169
Indifferenzkurve 122
Ingebritsen, Christine 70
Innen-Außen-Analogie 215-218, 230, 231,
  237, 241, 251, 260-262, 269
Input-Legitimation 92-94, 104
Institutionalismus
  akteurzentrierter 241-244
  historischer 33
Integration
  abgestufte 143
  differenzierte 143-145
  flexible 82, 137, 142, 144
  horizontale 21-22, 67-78
  negative 182, 183
  politische 20-22
  positive 182, 184
  sektorale 20, 22, 40-55
  vertikale 20-22, 55-66
Interessengruppen 140-142
Interessenverbände 141
Intergouvernementalismus 22-30, 42-45, 48-
  51, 224, 236, 252, 253, 269
  liberaler 23, 27-31, 38, 44, 50, 57, 61, 62, 68,
  69, 71-75, 78, 79
  realistischer 23, 27-31, 44, 55-57, 61, 69, 71,
  79, 253, 254, 269
Internationaler Strafgerichtshof 249

Jachtenfuchs, Markus 81
JI _ Zusammenarbeit Justiz und Inneres
Jordan, Andrew 168-172, 175
Jurisdiktion 146, 148, 149

Keohane, Robert 153
Kern 123-125, 131, 133
Kern der EU 133
Einstimmigkeitskern 133
Kerneuropa 144
Klimaschutz 240, 241, 243, 244
Knill, Christoph 105, 142, 156-158, 160-165,
  187-189
Knoepfel, Peter 171

Koalitionsregierung 87
Kodezionsverfahren _ 93, 96, 128, 130, 131, 133, 152
Kohäsionsfond 193, 210
Kohler-Koch, Beate 81, 154, 156-159, 164, 196, 197
Kommissare 85
Kommissionspräsident 86
Kompensationszahlungen 210
Konferenz über Sicherheit und Zusammenarbeit in Europa (KSZE) 247
König, Thomas 62, 113
Konsensusdemokratie 81, 87, 150
Konstruktivismus 236, 237, 251, 254, 255, 270
Konsultationsverfahren 96, 126, 133, 151
Konventsverfassung 98
Krämer, Ludwig 171
KSZE _ Konferenz über Sicherheit und Zusammenarbeit in Europa

legislative Verfahren _ Gesetzgebungsverfahren
    Anhörungsverfahren _ Konsultationsverfahren
    Mitentscheidungsverfahren _ Kodezionsverfahren
    Kooperationsverfahren 95, 126, 131, 133, 151
    Zustimmungsverfahren 125
Legitimation 97
    direkte 92
    indirekte 92, 95
    intergouvernementale 150
    supranationale 96, 98, 150
Legitimationsdefizit 90
Legitimationskette 94
    direkte 91
    formal-institutionelle 91, 94
    indirekte 90, 91
    supranationale 93
Legitimationslücke 97
Legitimität(-sideen) 39, 40, 65, 66
Lehmkuhl, Dirk 156, 158, 165, 197, 200
Lenschow, Andrea 157, 160, 169, 171, 175, 198, 211
Liberalisierung des Handels 184
Lijphart, Arend 84
Lindner, Johannes 64
Low politics 48
Luxemburger Kompromiss 108

Macht 106, 111

Machtanteil 114, 115, 117, 118
Machtindices 106, 111, 113, 130, 135
Majone, Giandomenico 187
Manners, Ian 52
Marks, Gary 195
Mattli, Walter 69, 70
Mayntz, Renate 200, 241
Mediterranean Syndrome 172
Mehrebenenspiel 231-233
Mehrebenensteuerung 137, 142, 152
Mehrebenensystem 82, 136, 140, 152
Mehrheitsbeschaffer 112, 115
Mehrheitsdemokratie 81, 87, 150
Mehrheitsentscheidung 93, 94, 101
Mehrheitsprinzip 88
Mehrheitsregeln 98, 106, 107, 115, 130, 131, 133, 151
    absolute Mehrheit 88, 96128, 131
    doppelte Mehrheit 107, 108, 115, 117, 134
    einfache Mehrheit 88, 105, 128
    Einstimmigkeit 88, 95, 107, 112, 115, 126, 138
    qualifizierte Mehrheit 88, 95, 107, 112, 115, 126, 131
Mehrparteienregierung 87
Mehrparteiensystem 87, 88
Migrationspolitik 265, 266
Militärausschuss 258
Militärstab 258
Ministerrat 81, 95, 107, 111, 125, 131, 207, 222-224, 225-227, 235, 236, 239, 242, 246, 258, 268
Mißtrauensvotum des Parlaments 86
Mitgliedstaaten 81
Mittelmeerpolitik 247, 248
Modelle, räumliche 120
Moravcsik, Andrew 24, 25, 27, 28, 44, 57, 68, 69, 73-75, 153, 186, 194
Multi-level System 136
Mutual recognition _ Wechselseitige Anerkennung

Neofunktionalismus 22, 34, 224
Neorealismus 43
Nicolaïdis, Kalypso 50

Oates, Wallace 147, 184
Öffentlichkeit, europäische 92, 102
ökonomische Theorien des Föderalismus 137, 143
Olson, Mancur 146, 149, 189, 190
Opportunity Structures 161, 162

Osterweiterung 72-77, 94
Ost-West-Konflikt 49
Output-Legitimation 92-94, 150

Paketlösungen 210
parlamentarische Demokratie 84, 85
parlamentarisches System 81
Parlamentarisierung 60-66
Parlamentarismus 150
Parteien, europäische 99
Parteienkonkurrenz 98, 151
Parteiensystem 84, 87, 88, 91, 93, 98, 99
Parteifamilien 99
Parteizusammenschlüsse, europäische 99
Partizipation 93
Petersberg-Aufgaben 256, 257, 261
Pfadabhängigkeit 33, 34, 38
Pfeiler (in der EU) 83
Pierson, Paul 188
Pivot-Position 113
Policies 181
Policy Impacts 173
Policy Outcomes 173
Policy-Instrumente 172
Policy-Typen 181
Politikfelder 181
Politikstabilität 121, 123, 135
Politikverflechtung 137, 139
    horizontale 138
    vertikale 138
Politikverflechtungsfalle 137, 138
Politisches und Sicherheitspolitisches Komitee
    (PSK) 258
Pollack, Mark A. 57, 61, 62
Pooling 55
Präferenzen 120
Präsidentialismus 150
präsidentielle Demokratie 84, 85
präsidentielles System 81
Präsidentschaft 208
Pressman, Jeffrey 166
Prinzip der fiskalischen Äquivalenz 146, 147,
    150
Prinzipal-Agent-Ansatz 225, 269, 270
Privatisierung 184
Problemdefinition 202
Produktregulierung 211
Programmformulierung 205
PSK _ Politisches und Sicherheitspolitisches
    Komitee
Putnam, Robert 231

Race to the bottom 145
Radaelli, Claudio 154
Rat (der EU) _ Ministerrat
Realismus 253, 254, 262-264, 269
Rechtsintegration 55-60
Rechts-Links-Dimension 99
(Re)distributive Politik 189
Referendum 104
Reformunfähigkeit 139
Regierungssystem der EU 85
regulative Politik 182
Regulierung
    Koregulierung 178, 198
    offene Methode der Regulierung 178
    prozedurale 178
Renationalisierung 103
Resonanz 39, 40
Risse, Thomas 46
Rittberger, Berthold 56, 64-66

Sabatier, Paul 141, 160, 176, 206
Sandholtz, Wayne 36, 45, 46
Scharpf, Fritz 92, 137, 138, 139, 145, 148, 184,
    186, 191, 200, 206, 210, 211, 241
Schimmelfennig, Frank 72, 76
Schmitter, Phillippe 254
Schulz, Heiner 62
Schutz der Ozonschicht 240
Schwab, Robert 147, 184
Selbstregulierung
    private 178, 199
    regulierte 198
Senatsprinzip 85
Shapley, Lloyd 112
Shapley-Shubik-Index 112, 113, 117
Shubik, Martin 112
Skålnes, Lars 75
Smith, Michael E. 51
Sozialisationstheorie 33, 34
Sozialpolitik 185
Spillover 34, 35, 36, 46
Status quo 123
Steuerung, politische 178, 196-198
Steuerungsmuster 197
Stimmanteil 114, 115, 117
Stimmgewichtung 106-108, 130, 150
Stimmverteilung 98, 109, 111
Stone Sweet, Alec 36, 58-60
Strukturfonds 193
Sui generis 82, 150
Supranationalisierung 103
Supranationalismus 22-31, 45-48, 51-55, 236,

254, 255, 270
konstruktivistischer 23, 31-34, 38-40, 48, 52, 64-66, 71, 72, 74, 75, 77, 78, 80, 254, 255, 270
rationalistischer 23, 31-34, 37-38, 40, 45, 52, 57-60, 62-64, 77, 78, 80
Systemwettbewerb 147, 148

Tiebout, Charles 148, 184
Tsebelis, George 61, 89, 119-121, 123, 124, 131, 132, 136

Umweltpolitik 185, 237, 239, 271

Verfassung 87, 89
Verfassungsentwurf, europäischer 108, 113, 116, 117
Verhandlungsdemokratie 88
Verlustkoalition 112
Versäulung 267
Verträge 81
    Einheitliche Europäische Akte (EEA) 51, 65, 90, 93-95, 108
    Fusionsvertrag 108
    Römische Verträge von 1957 107
Vertrag von Amsterdam 48, 63, 91, 93, 94, 96, 98, 108
Vertrag von Luxemburg 65
Vertrag von Maastricht 49, 63, 90, 94-96, 108, 128
Vertrag von Nizza 48, 50, 96, 98, 108, 111, 115, 133
Vertragsverletzungsverfahren 168
Veto 151
Vetomacht 119
Vetorecht 96, 128
Veto-Spieler-Analyse 119, 131
    institutionelle Vetospieler 120

parteiische Vetospieler 120
    Theorie der Vetospieler 106, 119-121, 135
Vetopunkte 142
Vetospieler 88, 89, 119-121
Voice-opportunity-These 43
Volksinitiative 104
Vorabentscheidung 58
Vorrang des Gemeinschaftsrechts 58

Wagner, Wolfgang 53, 54
Wahlbeteiligung 100
Wahlen, europäische 91, 98, 100
Wähler, europäische 98, 99
Weale, Albert 171
Wechselseitigen Anerkennung 56, 60
Weiler, Joseph 91, 103
Westeuropäische Union (WEU) 256, 257, 263
Wettbewerb (regulativer) 184, 212
WEU _ Westeuropäische Union
Whitman, Richard 52
Wildavsky, Aaron 166
Winset (des Status quo) 123
Wirtschafts- und Währungsunion (WWU) 42-48, 90, 94, 227
Wohlfahrt 92
WTO 224
WWU _ Wirtschafts- und Währungsunion

Zivilgesellschaft, europäische 103
Zivilmacht 216, 217, 261, 264, 265, 270-272
Zusammenarbeit Justiz und Inneres (JI) 83, 118, 265
Zweiebenenspiel 231
Zweikammersystem 87, 88
Zweiparteiensystem 87

pro Studium Politikwissenschaft

Jörn Altmann
Wirtschaftspolitik
Eine praxisbezogene Einführung
UTB 1317
ISBN 3-8252-**1317**-X
Lucius & Lucius. 7., erw. u. völlig
überarb. Aufl. 2000. 728 S., 371 Abb.,
EUR 19,90, sfr 34,90

Bernd Becker
Politik in Großbritannien
Einführung in das politische System
und Bilanz der ersten Regierungsjahre
Tony Blairs
UTB 2373
ISBN 3-8252-**2373**-6
Schöningh. 2002.
330 S., 2 Abb., zahlr. Tab.,
EUR 14,90, sfr 26,80

Michael Berger
Karl Marx: "Das Kapital"
Eine Einführung
UTB 2456
ISBN 3-8252-**2456**-2
W. Fink. 2., durchg. Aufl. 2004. 273 S.,
EUR 15,90, sfr 28,50

Wolfdieter Bihl
Islam
Historisches Phänomen und politische
Herausforderung für das 21. Jahrhundert
UTB 2296
ISBN 3-8252-**2296**-9
Böhlau. 2003. 224 S.,
EUR 19,90, sfr 34,90

Hermann-Josef Blanke (Hrsg.)
Deutsche Verfassungen
Dokumente zur Vergangenheit
und Gegenwart
UTB 2336
ISBN 3-8252-**2336**-1
Schöningh. 2003. 456 S.,
EUR 17,90, sfr 31,70

Pierre Bourdieu
Das Elend der Welt
Gekürzte Studienausgabe
UTB 8315
ISBN 3-8252-**8315**-1
UVK. 2005. 446 S.,
EUR 24,90, sfr 43,70

Mir A. Ferdowsi (Hrsg.)
**Internationale Politik
im 21. Jahrhundert**
UTB 2284
ISBN 3-8252-**2284**-5
W. Fink. 2002. 422 S., zahlr. Abb.,
EUR 24,90, sfr 43,70

Mir A. Ferdowsi (Hrsg.)
Afrika - ein verlorener Kontinent?
UTB 8290
ISBN 3-8252-**8290**-2
W. Fink. 2004.
384 S., einige Tab.,
EUR 31,90, sfr 55,50

Karl Peter Fritzsche (Hrsg.)
Menschenrechte
Eine Einführung mit Dokumenten
UTB 2437
ISBN 3-8252-**2437**-6
Schöningh. 2004.
422 S., zahlr. Abb.,
EUR 15,90, sfr 28,50

Alexander Hamilton, James Madison,
John Jay
Die Federalist-Artikel
Herausgeb., übersetzt, eingeleitet
und kommentiert von Angela Adams
und Willi Adams.
UTB 1788
ISBN 3-8252-**1788**-4
Schöningh. 1994. 696 S.,
EUR 21,90, sfr 38,50

pro Studium Politikwissenschaft

Arne Heise
Einführung in die Wirtschaftspolitik
Grundlagen, Institutionen, Paradigmen
UTB 8297
ISBN 3-8252-**8297**-X
Fink. 2005. 348 S., zahlr. Abb.,
Fotos u. Tab., kart.,
EUR 24,90, sfr 43,70

Karl-Rudolf Korte, Manuel Fröhlich
Politik und Regieren in Deutschland
Strukturen, Prozesse, Entscheidungen
UTB 2436
ISBN 3-8252-**2436**-8
Schöningh. 2004. 384 S., 48 Abb.,
EUR 18,90, sfr 33,40

Thomas Mergel
Großbritannien seit 1945
Europäische Zeitgeschichte Band 1
UTB 2656
ISBN 3-8252-**2656**-5
Vandenhoeck & Ruprecht. 2005.
229 S., 14 Tab.,
EUR 16,90, sfr 30,10

Manfred Mols, Hans-Joachim Lauth,
Christian Wagner (Hrsg.)
Politikwissenschaft
Eine Einführung
UTB 1789
ISBN 3-8252-**1789**-2
Schöningh. 4., aktual. u. erw. Aufl. 2003.
528 S., 9 Abb., 5 Tab.,
EUR 20,90, sfr 36,70

Karlheinz Niclauß
**Das Parteiensystem der
Bundesrepublik Deutschland**
Eine Einführung
UTB 1896
ISBN 3-8252-**1896**-1
Schöningh. 2., überarb. u. aktual.
Aufl. 2002. 326 S., 4 Abb., 20 Tab.,
EUR 15,90, sfr 28,50

Karlheinz Niclauß
Kanzlerdemokratie
Regierungsführung von Konrad Adenauer
bis Gerhard Schröder
UTB 2432
ISBN 3-8252-**2432**-5
Schöningh. 2004. 414 S.,
EUR 16,90, sfr 30,10

Peter J. Opitz
Die Vereinten Nationen
UTB 2283
ISBN 3-8252-**2283**-7
W. Fink. 2002. 326 S., 18 Abb.,
EUR 17,90, sfr 31,70

Anton Pelinka
Grundzüge der Politikwissenschaft
UTB 2613
ISBN 3-8252-**2613**-1
Böhlau. 2004. 234 S.,
EUR 19,90, sfr 34,90

Frank R. Pfetsch
Die Europäische Union
Geschichte, Institutionen, Prozesse
UTB 1987
ISBN 3-8252-**1987**-9
W. Fink. 3. Aufl. 2005.
417 S., 33 Abb., 66 Tab.,
EUR 22,90, sfr 40,10

Frank R. Pfetsch
Theoretiker der Politik
Von Platon bis Habermas
UTB 8252
ISBN 3-8252-**8252**-X
W. Fink. 2003.
714 S., 22 Abb., zahlr. Tab., geb.,
EUR 36,90, sfr 63,50

pro Studium Politikwissenschaft

Jean-Jacques Rousseau
Diskurs über die Ungleichheit
Discours sur l'inégalité
Kritische Ausgabe des integralen
Textes von Heinrich Meier.
UTB 725
ISBN 3-8252-**0725**-0
Schöningh. 5., verbess. Aufl. 2001.
640 S., 6 Abb.,
EUR 20,90, sfr 36,70

Sieglinde Rosenberger,
Birgit Sauer (Hrsg.)
Politikwissenschaft und Geschlecht
Konzepte - Methoden - Perspektiven
UTB 2479
ISBN 3-8252-**2479**-1
WUV. 2004. 314 S., 1 Abb.,
EUR 22,90, sfr 40,10

Kuno Schedler, Isabella Proeller
New Public Management
UTB 2132
ISBN 3-8252-**2132**-6
Haupt. 2., überarb. Aufl. 2003.
342 S., 45 Abb.,
EUR 19,90, sfr 34,90

Joseph A. Schumpeter
Kapitalismus, Sozialismus und
Demokratie
Einleitung von Edgar Salin
UTB 172
ISBN 3-8252-**0172**-4
A. Francke. 7., erw. Aufl. 1993.
552 S., 1 Abb.,
EUR 21,90, sfr 38,50

Adam Smith
Untersuchung über Wesen und
Ursachen des Reichtums der Völker
UTB 2655
ISBN 3-8252-**2655**-7
Mohr Siebeck. 2005. 928 S.,
EUR 28,90, sfr 50,50

Manfred E. Streit
Theorie der Wirtschaftspolitik
wisu-Texte
UTB 8298
ISBN 3-8252-**8298**-8
Lucius & Lucius. 6., durchg. u. erg.
Aufl. 2005.
480 S., 20 Abb.,
EUR 34,90, sfr 60,40

Jan Tonnemache
Kommunikationspolitik in
Deutschland
Eine Einführung
UTB 2416
ISBN 3-8252-**2416**-3
UVK. 2., überarb. Aufl. 2003.
384 S., 26 Abb.,
EUR 19,90, sfr 34,90

Rudolf Weber-Fas
Staatsdenker der Moderne
Klassikertexte von Machiavelli
bis Max Weber
UTB 2380
ISBN 3-8252-**2380**-9
Mohr Siebeck. 2003.
375 S.,
EUR 16,90, sfr 30,10

Rudolf Weber-Fas
Staatsdenker der Vormoderne
Klassikertexte von Platon bis
Martin Luther
UTB 2722
ISBN 3-8252-**2722**-7
Mohr Siebeck. 2005.
280 S.,
EUR 16,90, sfr 30,10